utb 5753

Eine Arbeitsgemeinschaft der Verlage

Brill | Schöningh – Fink · Paderborn
Brill | Vandenhoeck & Ruprecht · Göttingen – Böhlau Verlag · Wien · Köln
Verlag Barbara Budrich · Opladen · Toronto
facultas · Wien
Haupt Verlag · Bern
Verlag Julius Klinkhardt · Bad Heilbrunn
Mohr Siebeck · Tübingen
Narr Francke Attempto Verlag – expert verlag · Tübingen
Ernst Reinhardt Verlag · München
transcript Verlag · Bielefeld
Verlag Eugen Ulmer · Stuttgart
UVK Verlag · München
Waxmann · Münster · New York
wbv Publikation · Bielefeld
Wochenschau Verlag · Frankfurt am Main

StandardWissen Lehramt

Die Bände zur Didaktik des Deutschen werden herausgegeben von Jakob Ossner

Bislang sind erschienen in der Reihe:

Jakob Ossner: Sprachdidaktik Deutsch. Eine Einführung für Studierende
Martin Fix: Texte schreiben. Schreibprozesse im Deutschunterricht
Jakob Ossner: Orthographie. System und Didaktik
Gabriele Kniffka/Gesa Siebert-Ott: Deutsch als Zweitsprache. Lehren und lernen
Ursula Bredel: Sprachbetrachtung und Grammatikunterricht
Gina Weinkauff/Gabriele Glasenapp: Kinder- und Jugendliteratur
Jakob Ossner/Heike Zinsmeister (Hg.): Sprachwissenschaft für das Lehramt
Christian Dawidowski: Literaturdidaktik Deutsch
Ursula Bredel/Irene Pieper: Integrative Deutschdidaktik
Gabriele Kniffka/Thorsten Roelcke: Fachsprachenvermittlung im Unterricht
Kaspar H. Spinner/Jan Standke: Erzählende Kinder- und Jugendliteratur im Deutschunterricht. Textvorschläge – Didaktik – Methodik
Swantje Ehlers: Der Roman im Deutschunterricht

Jakob Ossner

Grammatik:
verstehen – erklären – unterrichten

Theorie und Praxis der Schulgrammatik des Deutschen

BRILL | SCHÖNINGH

Der Autor:
Jakob Ossner ist ein deutscher Germanist, Sprachwissenschaftler und Sprachdidaktiker. Er lehrte zuletzt an der PHSG (St. Gallen, Schweiz).

Online-Angebote oder elektronische Ausgaben sind erhältlich unter **www.utb-shop.de**

Bibliografische Information der Deutschen Nationalbibliothek

Die Deutsche Nationalbibliothek verzeichnet diese Publikation in der Deutschen Nationalbibliografie; detaillierte bibliografische Daten sind im Internet über http://dnb.d-nb.de abrufbar.

© 2021 Brill Schöningh, Wollmarktstraße 115, D-33098 Paderborn, ein Imprint der Brill-Gruppe
(Koninklijke Brill NV, Leiden, Niederlande; Brill USA Inc., Boston MA, USA; Brill Asia Pte Ltd, Singapore; Brill Deutschland GmbH, Paderborn, Deutschland; Brill Österreich GmbH, Wien, Österreich)
Koninklijke Brill NV umfasst die Imprints Brill, Brill Nijhoff, Brill Hotei, Brill Schöningh, Brill Fink, Brill mentis, Vandenhoeck & Ruprecht, Böhlau, Verlag Antike und V&R unipress.

Internet: www.schoeningh.de

Das Werk, einschließlich aller seiner Teile, ist urheberrechtlich geschützt. Jede Verwertung außerhalb der engen Grenzen des Urheberrechtsgesetzes ist ohne Zustimmung des Verlages unzulässig und strafbar. Das gilt insbesondere für Vervielfältigungen, Mikroverfilmungen und die Einspeicherung und Verarbeitung in elektronischen Systemen.

Printed in Germany.
Herstellung: Brill Deutschland GmbH, Paderborn
Einbandgestaltung: Atelier Reichert, Stuttgart

UTB-Band-Nr: 5753
ISBN 978-3-8252-5753-8

Vorwort

2001 habe ich in einem Aufsatz beklagt, dass es bis dahin keine vertieften Überlegungen zu einem Grammatikcurriculum gegeben habe und die Frage gestellt: „Was sollte man von einem solchen Curriculum erwarten? Es sollte
- an vorhandenes Wissen und vorhandene Strukturen anknüpfen. Dazu muss es die Anknüpfungspunkte für die Möglichkeit, Sprache mit Schülern zu thematisieren, aufzeigen; dabei sollten auch die Beziehungen zu anderen Arbeitsfeldern des Deutschunterrichts hergestellt werden;
- Schritt für Schritt ein grammatisches System herausbilden. Das bedeutet, dass die Inhalte einer Jahrgangsstufe aufgezeigt werden, wobei die Perspektive, das System der Sprache zu verstehen, erkennbar wird;
- operatives Problemlösungswissen vermitteln, indem das methodische Repertoire für sprachliche Entdeckungen als Problemlösungsverfahren bereitgestellt werden;
- die Problemlöseverfahren interiorisieren. Dazu muss vertieft und mit Nachdruck so geübt werden, dass Automatisierungen möglich werden." (Ossner 2001, S. 238 f.)

Die folgenden Jahre standen bekanntlich ganz unter dem PISA-Schock, die Deutschdidaktik hat sich anderen Aufgaben zugewandt. Erst die immer deutlicher zutage tretende Rechtschreibmisere in den letzten Jahren hat zumindest die Kultusministerin von Baden-Württemberg die Notwendigkeit eines gründlichen Unterrichts in den Basisqualifikationen deutlich werden lassen. Die Stellungnahme des Rats für deutsche Rechtschreibung zum Orthographieunterricht an den Schulen hat sie überzeugt, dass es geboten ist, einen durchgehenden „Rechtschreibrahmen" für die Klassen 1-10 entwickeln zu lassen und dass ein solcher Rahmen durch einen „Grammatikrahmen" ergänzt werden muss. Im Auftrag des Landes Baden-Württemberg ist das vorliegende Curriculum, das im Zentrum dieses Buches steht, entstanden. Die Inhalte, ihre curriculare Verteilung sowie die didaktisch immer bedeutsame Auswahl der Beispiele konnten in einer Arbeitsgruppe, in der die verschiedenen Schularten vertreten waren, diskutiert werden. Waltraud Haußmann, Dr. Barbara Krebs (Grundschule), Susanna Bernard-Kurka, Maren Rössler, Patric Siber (Sekundarstufe I: G- und M-Niveau), Peter Faul (Sekundarstufe

I: E-Niveau und Gymnasium) sowie Dorit Stribel vom Kultusministerium danke ich sehr für diese Diskussionen. Auch wenn sie dem Endprodukt in Inhalt und Form zugestimmt haben, so sind dennoch alle Fehler und Unzulänglichkeiten mir ganz allein zuzurechnen. Solche Fehler wird es geben, denn es fehlt eine breite Diskussion nicht nur über grammatikdidaktische Fragen, sondern über curriculare Fragen überhaupt. Daher wäre mit der Publikation der Wunsch verbunden, dass solche Fragen – sehr gerne in kritischer Abgrenzung zu dem hier vorliegenden Curriculum – wieder diskutiert werden.

Ein besonderer Dank gilt Waltraud Haußmann und Peter Faul für das Korrekturlesen des Manuskripts sowie Katrin Tenge-Borkowski und Sandra Eilts vom Verlag für die Herstellung.

Tettnang, März 2021

Inhalt

Seite			
	11	A	GRAMMATIK IN DER SCHULE
	12	1	Geschichte, Ziele, Terminologie
	24	2	Didaktische Aufbereitung der Grammatik
	28	3	Der Aufbau des Buches
	32	4	Notation
	33	5	Das Curriculum von 1-10
	33	5.1	Das Spiralcurriculum
	34	5.1	Die Gebiete des Curriculums: Wort – Wortgruppe – Satz – (Text)
	39	B	DAS CURRICULUM KLASSENSTUFENWEISE
	40	1	Klassen 1/2
	40	1.1	Inhalte der Klassen 1/2 und ihre Diskussion
	40	1.1.1	Übersicht über die Inhalte
	40	1.1.2	Gefüge der Teile des Curriculums
	41	1.1.3	Diskussion der Inhalte
	48	1.1.4	Verfahren und Strategien
	49	1.2	Das Curriculum der Klassen 1/2
	49	1.2.1	Wort und Wortarten
	50	1.2.2	Wortgruppen
	50	1.2.3	Satz
	51	1.3	Anwendungsaspekte in den Klassen 1/2
	51	1.3.1	Schreiben
	52	1.3.2	Lesen
	53	2	Klassen 3/4
	53	2.1	Inhalte der Klassen 3/4 und ihre Diskussion
	53	2.1.1	Übersicht über die Inhalte
	54	2.1.2	Gefüge der Teile des Curriculums
	55	2.1.3	Diskussion der Inhalte
	64	2.1.4	Verfahren und Strategien
	66	2.2	Das Curriculum der Klassen 3/4
	66	2.2.1	Wort und Wortarten
	70	2.2.2	Wortgruppe
	72	2.2.3	Satzglieder und Satz
	73	2.3	Anwendungsaspekte in den Klassen 3/4

INHALT

73	2.3.1	Schreiben
74	2.3.2	Lesen
76	2.3.3	Sprachbewusstheit
77	3	Klassen 5/6
77	3.1	Inhalte der Klassen 5/6 und ihre Diskussion
77	3.1.1	Übersicht über die Inhalte
80	3.1.2	Gefüge der Teile des Curriculums
81	3.1.3	Diskussion der Inhalte
102	3.1.4	Verfahren und Strategien
105	3.2	Das Curriculum der Klassen 5/6
105	3.2.1	Wort und Wortarten
113	3.2.2	Wortgruppen
116	3.2.3	Satzglieder und Satz
121	3.3	Anwendungsaspekte in den Klassen 5/6
121	3.3.1	Schreiben
123	3.3.2	Lesen
124	3.3.3	Sprachbewusstheit
125	4	Klassen 7/8
125	4.1	Inhalte der Klassen 7/8 und ihre Diskussion
125	4.1.1	Übersicht über die Inhalte
128	4.1.2	Gefüge der Teile des Curriculums
130	4.1.3	Diskussion der Inhalte
160	4.1.4	Verweise auf die Klassen 5/6 mit den entsprechenden Erläuterungen
160	4.1.5	Verfahren und Strategien
165	4.2	Das Curriculum der Klassen 7/8
165	4.2.1	Wort und Wortarten
176	4.2.2	Wortgruppen
179	4.2.3	Satzglieder und Satz
184	4.3	Anwendungsaspekte in den Klassen 7/8
184	4.3.1	Schreiben
187	4.3.2	Lesen
189	4.3.3	Sprachbewusstheit
192	5	Klassen 9/10
192	5.1	Inhalte der Klassen 9/10 und ihre Diskussion
192	5.1.1	Übersicht über die Inhalte
194	5.1.2	Gefüge der Teile des Curriculums

195	5.1.3	Diskussion der Inhalte
217	5.1.4	Verweise auf die Klassen 7/8 mit den entsprechenden Erläuterungen
217	5.1.5	Verfahren und Strategien
220	5.2	Das Curriculum der Klassen 9/10
220	5.2.1	Wort und Wortarten
227	5.2.2	Wortgruppen
228	5.2.3	Satzglieder und Satz
231	5.3	Anwendungsaspekte in den Klassen 9/10
231	5.3.1	Schreiben und Lesen
233	5.3.2	Sprachbewusstheit
237	C	GLOSSAR MIT DEFINITIONEN UND ERLÄUTERUNGEN
294		Literaturverzeichnis
296		Abbildungsverzeichnis
297		Register

Grammatik in der Schule | A

1 Geschichte, Ziele, Terminologie

Grammatik und Schriftsprache

Von Anfang an steht die Beschäftigung mit der Grammatik der eigenen Sprache unter Rechtfertigungszwängen (zur Geschichte der Grammatikdidaktik vgl. Ossner 2012). Im Wesentlichen geht es immer um die Frage, warum man etwas erwerben soll, was man schon kann. Aber was man kann, das ist sich in seiner Muttersprache verständigen – gerade so, wie einem der Schnabel gewachsen ist. Mit dem Erwerb der Schriftsprache erlernt man aber seine Sprache neu (Ivo 1994). Nicht von ungefähr bedeutet Grammatik die Lehre von den Buchstaben, hat also von Anfang an einen Bezug zur schriftlichen Sprache als einem Lerngegenstand, der nicht natürlich, sondern durch Schulunterricht erworben wird. Die schriftliche Sprache folgt anderen Gesetzmäßigkeiten als die mündliche, insbesondere braucht sie als Sprache der Distanz (Koch/Österreicher 1985) Explizitheit. Der Schreiber kann nicht darauf bauen, dass der Leser, weil er die Situation erfasst, auch das versteht, was gar nicht gesagt wurde, aber die Situation nahelegt. Der vollständige Satz ist ein Erfordernis der schriftlichen Kommunikation, nicht der mündlichen. Neben der Explizitheit erwartet der Leser aber auch eine gewisse Raffinesse des Ausdrucks, also das, was man Stil nennt. Kurzum, beim Gebrauch der schriftlichen Sprache wird zugleich eine gewisse reflektierte Bewusstheit im Umgang mit der Sprache erwartet.

Ziele der Grammatik

Dieser Gedanke ist allerdings nicht so alt, wie man vielleicht denkt. Einsichten in die mündliche Sprache haben wir vertieft erst in den letzten 40 Jahren gewonnen. Bis dahin war die Grammatik der Muttersprache eine normative Grammatik, um Solözismen und Barbarismen zu bekämpfen. Man sorgte sich um einen gewissen Sprachstandard, den man jenseits aller Bewusstheitsüberlegungen erreichen sollte. Die *ars grammatica* wird traditionell mit einer Rute oder einem sog. Zungenmesser dargestellt, mit dem die sprachlichen Unarten, wie sie die Bewohner von Soloi in Kleinasien zeigten oder gar wie Barbaren kauderwelschten, ausgepeitscht oder abgeschnitten werden sollten. Das Ziel, das verfolgt werden sollte, ist bis heute virulent, wenngleich man sie nicht mehr mit der Rute oder dem Zungenmesser erreichen möchte. Es geht um die Wahrung eines Sprachstandards bzw. – vom Schüler aus betrachtet – darum, dass er ein Anrecht darauf hat, in der Schule einen Standard – heute würde man von Bildungssprache sprechen – erlernen zu können, um so eine Sprachvariante mit der größtmöglichen kommunikativen Reichweite zu erlangen.

Um diesen Standard zu erreichen, muss man die Sprache, die man spricht und in der Schule zu schreiben erlernt, selbst zum Thema machen. Das bedeutet, dass Sprachliches benannt werden muss. Dazu braucht man einen Fachwortschatz, eine Terminologie.

Dem Ziel, einen Standard zu erlernen, kann man akzidentiell und systematisch nachkommen. Akzidentiell bedeutet, dass eine Lehrkraft einen Schüler bei entsprechenden Gelegenheiten korrigiert. Das wird immer dort auftreten, wo Schülerinnen und Schüler eine Form falsch bilden (*Ich gehte ins Kino.*), einen unangemessenen (*Der Film war ziemlich blöd.*), einen unspezifischen Ausdruck (*Wir machen einen Aufsatz.*) oder einen stilistisch schlechten Ausdruck (*Wir tun heute gemeinsam spielen.*) verwenden. Wenn man nun das Ziel verfolgt, wie es eine Schule aus ihrem Auftrag heraus tun muss, dass Schüler und Schülerinnen solche Fehler gar nicht machen, sodass die Lehrkraft sie nicht immer nachlaufend korrigieren muss, muss sie auch einen systematischen Unterricht anbieten, der Schülerinnen und Schüler in die Lage versetzt, etwaige Fehler schon bei der Sprachproduktion zu vermeiden. Das bedeutet, dass derjenige, der das erste Ziel, Sprachauf- und -ausbau nach Maßgabe einer Norm, verfolgt, in irgendeiner Art und Weise beim zweiten Ziel, also Terminologie, landen wird.

Es ist nicht verwunderlich, dass sich das zweite Ziel verselbständigte. Grammatikunterricht gehörte in der Darstellung der *septem artes liberales* zum Trivium, war im Wesentlichen Propädeutik. Man lernte propädeutisch die entsprechende Terminologie als Einstieg in das sprachlich verfasste Reich der Wissenschaft. Klassisch und unübertroffen der sog. *Donatus*, der im 4. Jh. n. Chr. das Kompendium für diesen Unterricht, das bis ins 18. Jh. Grundlage des Grammatikunterrichts war, zusammengestellt hatte: *Verbum quid est? (Was ist ein Verb?) Pars orationis cum tempore et persona sine casu aut agere aliquid aut pati aut neutrum significans. (Eine Wortart – ein Redeteil –, die mit Zeit und Person ohne Kasus eine Tätigkeit oder ein Leiden oder ein hinsichtlich dieser beiden neutral aufgefasstes Werden bezeichnet.) Verbum, quot accidunt? (Wie viele Formen hat das Verb?) Septem (Sieben) Qualitas –*

Terminologie als Ziel

conjugatio – genus – numerus – figura – tempus – persona (Modi, Konjugationen, Genera, Numeri, Figuren, Zeiten, Personen) (vgl. Ivo, 2011, S. 32). So oder ähnlich kann man das bis heute in einer Gebrauchsgrammatik – Hubert Ivo verweist auf den Kleinen Duden von 1988 – lesen. Donatus, der dem Inhalt nach die Tradition von Dionysos Thrax fortschreibt, bietet das Ganze bereits in der Rollenverteilung der Schule: Der Lehrer stellt die Frage: *Verbum, quid est?* und der Schüler antwortet. Das füllt einen Unterricht vollständig aus, sodass es nicht verwundert, dass zunehmend die Frage, wofür ein solches Wissen gut sein soll, in den Hintergrund gerät. Konrad Gaiser stellt 1950 die an Tolstois Novelle *Wie viel Erde braucht der Mensch?* angelehnte Frage: *Wie viel Grammatik braucht der Mensch?* und seine Antwort ist eindeutig: So gut wie keine. Man könnte hinzusetzen: So gut wie keine, die nur aus dem Erlernen von terminologischen Ausdrücken besteht. Der Sinn von Terminologie besteht in ihrer Anwendung.

Hier ist vor allem die schriftliche Sprache, also Lesen und Schreiben zu nennen. In diesen Feldern ist die Grammatik in den letzten Jahrzehnten sehr ins Hintertreffen geraten. Schreiben wie Lesen wird mehr unter den Kriterien von Personbildung als denen von Sprachbildung betrachtet. Aber beides sollte nicht als Gegensatz gesehen werden. Beides ist von der Schule zu erwarten und dies kommt, auch vor allem auf Grund der Erfordernisse des Zweit- und Fremdspracherwerbs, inzwischen wieder in das Blickfeld. Schließlich ist auch eine demokratisch verfasste Gesellschaft auf einen reflektierten, verantworteten Sprachgebrauch angewiesen.

Sprachbewusstheit als Ziel

Damit kommt man zum dritten Ziel: Sprachbewusstheit. Schülerinnen und Schüler sollten in der Schule lernen, ihre Sprache bzw. die Sprache der Gesellschaft, in der sie leben, bewusst zu gebrauchen. Bewusstheit drückt sich immer durch die Möglichkeit der Reflexion auf das eigene Tun aus. Sprechen und noch viel mehr Schreiben bedeutet, dass man formulieren muss. Somit steht man mehr oder weniger immer vor der Frage, welche Formulierung von mehreren möglichen die angemessenste ist. Sicherlich, die meisten sprachlichen Aufgaben erledigen wir routiniert und wir stellen uns die Frage nach der besten Formulierung nicht explizit, sondern vertrauen auf unser Geschick, diese schon zu finden. Aber auch eine Routine, zumal eine gute, muss erlernt und angeeignet werden. Dort, wo sich explizit die Fragen stellen, braucht es Gründe für die Auswahl. Dann sollte man in der Schule mehr gelernt haben, als damit zu antworten, dass Formulierung A *besser klinge* als Formulierung B.

Kurzum: Die Erfordernisse einer heterogenen Gesellschaft, die durch äußere und innere Mehrsprachigkeit (vgl. hierzu die Diskussion in Ossner 2008, S. 53 ff.) geprägt ist, verlangen als Ziel Sprachaneignung, Sprachauf- und -ausbau; eine demokratisch verfasste Gesellschaft verlangt Sprachbewusstheit; beide Ziele verweisen auf Terminologie.

Die grammatische Terminologie gehört zu den ältesten Bildungsgütern, die wir kennen. Von den Griechen zuerst formuliert, wird sie von den Römern zumeist wörtlich in das Lateinische übernommen und die lateinischen Ausdrücke wurden wiederum so gut wie immer wörtlich in das Deutsche übersetzt. So wurde aus dem griechischen ὑποκείμενον (hypokeímenon) in wörtlicher Übersetzung das lateinische *Subjekt* und der deutsche *Satzgegenstand*. Das griechische πτῶσις (ptōsis) wurde wörtlich als *casus* in das Lateinische übersetzt und wörtlich wiederum ins Deutsche als *Fall*. Die Formveränderung eines Nomens wird *Deklination*, also *Beugung*, genannt. Dahinter steckt eine didaktische Veranschaulichung der antiken Grammatiker durch einen Stab, der in den Sand gerammt wurde und dessen Neigungswinkel (Beugung) die jeweilige Form als „Fall" des Ausdrucks angab. Die Formveränderung des Verbs heißt *Konjugation*. *Conjugatio* bedeutet *Verbindung*, *Heirat*. Gefasst wird die „Heirat" des Verbs als Prädikat mit dem Subjekt, mit dem es kongruiert. Diese „Heirat" bringt die verschiedenen Formen des Verbs hinsichtlich Person und Numerus hervor. Dem griechischen ἄρθρον (wörtlich: Glied) entspricht das lateinische *articulus* (Fingerglied), das in der lateinischen Grammatik allerdings nicht auftaucht, weil Latein eine artikellose Sprache ist. Hier gab es eine Verschiebung: *Glied* meint im Deutschen Satzglied oder Gliedteil, verweist also auf den Satzzusammenhang bzw. in einer neueren Grammatikdarstellung auf die Nominalgruppe. Für den *Artikel* wurde in der Schule häufig *Geschlechtswort* genommen, was aber fatale Konsequenzen haben kann, wenn nicht deutlich von *grammatischem Geschlecht* die Rede ist.

Das wirft die Frage auf, wie brauchbar überhaupt eine deutsche Terminologie ist. Diese Frage ist nicht leicht zu beantworten. Seit 300 Jahren wird erbittert darüber gestritten. Jean Paul lässt

Woher kommt unsere Terminologie?

Brauchen wir eine deutsche Terminologie?

in einem „grammatischen Traum" Donatus in der Bayrischen Akademie der Künste auftreten. Dessen flammende Rede vor den dort versammelten Grammatikern endet mit dem Aufruf, dass er erst dann „sterben und krepieren" wolle, wenn es die „Herren Räte [...] je zu einem deutschen Donat" gebracht hätten, gemeint ist ein Sprachlehrer, dessen Benennungen dieselbe Autorität beanspruchen können, wie die lateinischen des Donatus. Philipp Wackernagel (1863, S. 80 ff.), der den Traum Jean Pauls zitiert, benennt den Einwand gegen die lateinische Terminologie, dass sie nämlich unverständlich sei und kontert diesen Einwand: „Das ist gerade ihr Vorzug. Hätten wir unverständliche deutsche, so wäre es freilich noch besser. Aber eben, daß die deutschen zu verständlich sind, das macht sie unbrauchbar. Sie bezeichnen ein Merkmal, oft gar nicht das wesentlichste, und sind die Ursache unsäglicher Oberflächlichkeit und Verwirrung. Wir haben schon vorhin von dem Namen *Hauptwort* gesprochen. Aber sage selbst, ist *Zeitwort* für *Verbum* etwas Besseres? Würden nicht richtiger die Wörter *Tag, Stunde, Mittag, Abend, gestern, heute, jetzt, bald* Zeitwörter heißen? Und *Eigenschaftswörter* für *Adjektiva*; so wären gar *Licht, Wärme, Schönheit, Großmut* Adjektiva."

Sein Dialogpartner Karl wendet an dieser Stelle ein: „Gleichwohl werden kleine Kinder vor den lateinischen Namen ein Grauen haben."

Darauf erwidert Wackernagel: „Dann erfinde man sich gleich Namen, die außer aller Beziehung auf die Redeteile stehen. Freilich, an den Wörtern *regieren* und *Rektion* kann man wohl weiter gehen und die Wörter wie Stände unterscheiden, so daß eine Klasse die Edelleute, andere die Bürger, Bauern, Bediente u. dgl. wären; denn da geriete man in denselben Rangstreit, wie durch den Namen *Hauptwort*. Allein warum nicht okennagelneue oder wackernagelneue Namen? – Es wäre eine vortreffliche Aufgabe für die Lehrer, und jeder könnte ja sein Ingenium walten lassen. So gut wie die Pflanzen einer Gegend Namen haben, welche in einer andern wieder anders sind, so gut könnten auch die Redeteile in Unter-Türigheim (Unter-Türkheim) anders heißen als in Teltow.

Karl. Das wäre ja nicht viel anders, als wir es schon haben. Nur daß wir es bis jetzt als Verwirrung angesehen und nicht gerade als willkommene Mannigfaltigkeit. Der eine spricht von *Dingwörtern*, der andere von *Selbstandwörtern*, der dritte von

Hauptwörtern und so fort, jeder, als wüßte er es am besten und als wäre es seine Pflicht, auf den von ihm erfundenen Namen zu beharren, bis alle andern denselben als den einzig richtigen anerkannt." Wackernagel gibt mit einem Verweis auf Jean Paul einen Fingerzeig, woran es liegen mag, und fährt fort: „So fallen die Grammatiken, welche das Erlernen der Sprache bezwecken, aus einer Einseitigkeit in die andere. Es wird wohl so sein, wie du sagst, nicht der Gegenstand verleitet sie dazu, sondern die jedesmalige pädagogische Ansicht. Dass diese aber für die Wissenschaft ganz gleichgültig ist, zieht man nicht in Betracht, und vielleicht mit Recht, nur sollte auch eine solche Sprachlehre bei ihrer ursprünglichen Bestimmung bleiben und nicht in die andere umbiegen, nicht der Erkenntnis oder dem Studium der Muttersprache dienen wollen." (Philipp Wackernagel 1863; hier zitiert nach Geffert,1956, S. 70 f.).

In gewisser Weise nimmt Wackernagel vorweg, was man heute als Diskussionsstand nehmen kann. Das, was Wackernagel die „okennagelneuen" bzw. „wackernagelneuen Namen" nennt, die zudem in Untertürkheim anders heißen können als in Teltow, würde man heute eine Arbeitsterminologie nennen, die, sofern es gelingt, mit ihr linguistische Sachverhalte für Kinder vorübergehend zu fassen, erlaubt sein sollte. Ziel aber wird die international verbreitete lateinische Terminologie sein. Dabei bedient sich auch dieses Curriculum gerade bei neuen Termini der alten Methode, sprechende Ausdrücke zu verwenden. Dies ist bei neuen Ausdrücken vielleicht die beste Methode der Einführung. So ist z. B. von „satz- und textbildenden Adverbien" die Rede. Dabei werden die Pronominal- und Konjunktionaladverbien zu einer Gruppe zusammengenommen und gemäß ihrer Funktion terminologisch gefasst. Hat sich diese Einführung bewährt, dann kann später einmal von *Konnektoren* gesprochen werden. Im Glossar sind bei vielen Ausdrücken deutsche Bezeichnungen, wie sie Bohusch (1972) anführt, wiedergegeben. Man kann gut sehen, wie häufig ein solcher Ausdruck nur einen, oft einen prototypischen Aspekt terminologisiert. So ist *Leideform* für das Passiv bei einem Beispiel wie: *Die Maus wird von der Katze gefressen.* passend, bei: *Emma wird von Karl geliebt.* (hoffentlich) nicht. *Anteilgröße* trifft ziemlich gut den Genitivus possessivus, aber den freien Genitiv *eines Abends* trifft weder dieser Ausdruck noch *Wes-* und ebenso wenig *Wessen-Fall*. Dagegen ist *führender Teilsatz* eine sehr treffende Ausdrucksweise für *Trägersatz*; wird sie allerdings nur auf den Hauptsatz angewandt, dann greift man zu kurz. Die Leser und Leserinnen können sich selbst ein Bild machen.

Bei der Terminologie stellt sich also immer die Frage, welche und wie viele es sein sollen und wie sie benannt werden sollen.

Festlegung der Terminologie durch die KMK

1982 veröffentlichte die Kultusministerkonferenz (KMK) ein Verzeichnis grammatischer Fachausdrücke mit ca. 146 Termini, das in den Folgejahren linguistisch und sprachdidaktisch zwar sehr kritisiert wurde, aber dennoch bis 2019 Bestand hatte. (Zu diesem Verzeichnis siehe Bausch/Grosse, 1987.) 2019 stimmte die KMK einem neuen Verzeichnis zu, das nun keine reine Auflistung von Termini (mit gelegentlichen erläuternden Hinweisen) mehr ist, sondern in dem ausgewählte Termini eine Definition besitzen. (Wenn im Folgenden von „Verzeichnis" die Rede ist, dann ist diese neue Terminiliste von 2019 gemeint.) Dieses neue Verzeichnis hat 277 Termini, 112 davon sind mit einer Definition versehen. Zumindest ahnt man bei diesen Zahlen etwas vom Umfang der grammatischen Terminologie. Dabei sind die gewählten Termini immer noch eine Auswahl. Das sollte aber bei einer Wissenschaft, die fast 2500 Jahre alt ist, auch nicht verwundern. Zu diesem Verzeichnis ist die Debatte im Gange. Da diese aber erst nach dem Inkrafttreten einsetzen konnte, darf man annehmen, dass die Liste die nächsten Jahrzehnte Bestand haben wird. Die Autoren der Liste sind jedoch vorsichtig und sprechen davon, dass es Ziel gewesen sei, „Anhaltspunkte zu geben für die Konzeption von Lehrplänen und Schulbüchern für das Fach Deutsch. Als Grundkatalog impliziert das Verzeichnis nicht, dass lediglich die enthaltenen Termini aus fachlicher und didaktischer Sicht wichtig seien. [...] Das Verzeichnis ist nicht als ein Minimalkatalog zu lernender Fachausdrücke zu verstehen. Was im grammatischen Bereich gelernt werden soll, legen Lehr- und Bildungspläne sowie Bildungsstandards fest." (IDS 2019, S. 1)

Terminologie im vorliegenden Curriculum

Wichtig bei einer Terminologie ist, dass sie am Schluss einheitlich ist. Daher orientiert sich auch die im folgenden Curriculum am „Verzeichnis grundlegender grammatischer Fachbegriffe", wenngleich nicht jeder Terminus übernommen wird. Man wird Fälle des AcI behandelt sehen, ein Phänomen, das im Verzeichnis fehlt, man wird von keinem *Spezialverb* lesen, Konjunktionaladverbien (im Verzeichnis mit einer Definition versehen) wird man wie Pronominaladverbien (im Verzeichnis ohne Definition) ihrer Funktion gemäß behandelt sehen, aber nicht terminologisch (s.o.). Der Grund liegt darin, dass die klassische Bezeichnung auf dem E-Niveau angebracht sein mag, aber kaum auf den anderen Niveaus. Am weitesten geht die Abweichung beim Funktionsverbgefüge. Das Verzeichnis betrachtet einen Ausdruck wie *zur Anwendung kommen* funktional als Prädikat im Satz. In dem hier vorgeschlagenen Curriculum aber werden die präpositionalen bzw. nominalen Teile eines Funktionsverbgefüges als Prädikative behandelt, die das Prädikat semantisch füllen. (Zur weiteren Erläuterung s. M-, E-Niveau, Kl. 7/8, S. 155.)

Anders als im Verzeichnis wird nicht von *Adjunktoren* gesprochen, sondern von *Adjunktionen,* um so einen Gleichklang zu *Konjunktion* und *Subjunktion* herzustellen; die entsprechenden Gruppen werden aber wie im Verzeichnis als *Adjunktorgruppen* bezeichnet. Dort, wo das neue Verzeichnis von Wortbausteinen spricht, wird nachfolgend der Terminus *Morphem* bzw. *morphologisch* – mit dem wiederum das Verzeichnis auch hantiert – verwendet. Für die Grundschule werden die Ausdrücke *Vorbaustein* und *Nachbaustein* genommen, die aber, anders als *Wortbaustein* im Verzeichnis, grundsätzlich nur unselbständige Morpheme bezeichnen. Es wird von einer *Infinitiv-* und *Superlativpartikel* gesprochen, während das Verzeichnis *zu* beim Infinitiv einen Wortbaustein nennt und zu *am* gar nichts ausführt.

Das Curriculum folgt der Terminologie beim *Nomen.* Hier geht es um eine didaktische Entscheidung. Der Ausdruck *Nomen* ist verbreiteter, vor allem aber gibt es einen direkten Weg von *Nomen* zu *Nominalgruppe* – ganz analog wie *Adjektiv* und *Adjektivgruppe* etc. zusammengehören. Es ist also eine pragmatische, keine substantielle Entscheidung.

Dagegen werden Wortgruppen nicht nur *sub specie* Satz betrachtet, sondern als durchaus eigenständige Einheiten, wie man sie z. B. in Überschriften finden kann (*Mein schönstes Ferienerlebnis, Im Garten* ...), vor allem aber werden Verbgruppen postuliert, weil sie hilfreich sind, verbale Strukturen zu durchschauen und Verbkomplexe werden nicht unter Wortgruppen geführt.

Man könnte diese Liste noch fortführen, die Ausführungen zeigen, dass hier zwar teilweise andere Auffassungen im Detail vertreten werden, die so lange erlaubt sein müssen, solange keine ergiebige Diskussion über das Verzeichnis stattgefunden hat, und man kann die Terminologie dieses Curriculums auch als

Beitrag zu dieser Diskussion sehen. Das Grundanliegen, dass es eine maßgebende Terminologie für den Grammatikunterricht geben sollte, ist davon nicht berührt.

Grammatik und Norm

Wenngleich man einer im Großen und Ganzen normierten Terminologie zustimmen sollte, stellt sich die Frage nach der Norm im Sprachgebrauch ganz anders. Grammatik und Grammatikdidaktik sind durchdrungen vom Geist des Richtig oder Falsch. Das behindert in einer ganz besonderen Weise ihre diskursive Behandlung. Es ist nicht immer leicht zu entscheiden, wo ein echter Grammatikfehler vorliegt und wo nur eine – vielleicht sogar raffinierte – stilistisch-rhetorische Variante. Didaktisch gewendet entsteht die Frage, wie viel Norm eine didaktische Grammatik haben muss. Diese Frage ist in einer Zeit eines starken Sprachwandels, wie wir ihn zurzeit erleben, nicht leicht zu beantworten. Dabei darf auch nicht vergessen werden, dass eine gewisse Laissez-faire-Haltung zwar linguistisch zu rechtfertigen sein mag, aber didaktisch nicht immer geboten ist. Wer *wegen* mit dem Dativ verwendet, gibt möglicherweise zugleich zu erkennen, dass er die „korrekte" Verwendung nicht gelernt hat, also nicht am Bildungsstandard teilhat. Dabei macht es aber einen großen Unterschied, ob ein Professor der Linguistik dies macht, dem man unterstellen kann, dass er um den Standard und um die Abweichungen Bescheid weiß, oder ein Hauptschüler, dem man sofort unterstellen wird, dass er es einfach nicht weiß. Eine zu große Freizügigkeit kann also gerade auf Kosten der Schwächsten erkauft sein.

Anders liegt der Fall, wenn auf folgende Weise pronominalisiert wird: *Als mich das Mädchen erblickte, so trat sie den Pferden näher.* Grammatisch ist diese Pronominalisierung falsch. Dem natürlichen Empfinden nach aber richtig, ein Mädchen ist ein Femininum, wenngleich *Mädchen* grammatisch wegen des Diminutivums *-chen* Neutrum ist. Nun werden wir kaum darüber richten, wenn wir die Stelle bei Goethe in *Hermann und Dorothea* lesen, aber vielleicht, wenn sie in einem Text eines Schülers der 10. Klasse steht.

Die Didaktik ist vermutlich gut beraten, wenn sie solche Fälle nicht entscheidet, in dem Sinne, dass sie festsetzt, dass in der Schule dieses oder jenes zu gelten habe, sondern wenn sie die Fälle im Unterricht zur Diskussion stellt. Diskussion bedeutet, dass Gründe gesucht werden, die für den Dativ bei *wegen* sprechen und die *sie*-Pronominalisierung bei *Mädchen*. Die Gründe mögen für das eine oder das andere sprechen, was dann zu einem begründeten, also verantworteten Sprachgebrauch führen würde. Darin muss das letzte Ziel einer Sprachbetrachtung liegen.

Wie oben schon dargestellt, ist dieses Ziel eng an die Schriftsprache gebunden, genauer an konzeptionelle Schriftlichkeit. Damit ist gemeint, dass ein Text, unabhängig davon, in welchem medialen Gewand er letztlich erscheint, ob im schriftlichen oder im mündlichen, nach den Modalitäten, die die Schrift verlangt, konzipiert ist: So explizit als nötig! Das ist nur zu erreichen, wenn sich ein Schreiber einen Leser und dessen Fragen anlässlich eines Textes vorstellen kann, d. h. wenn er in der Lage ist, die Perspektive auf den Leser zu lenken und seine eigenen Aktivitäten in den Dienst des gemeinsamen Verständnisses zu stellen. Perspektivenwechsel ist eine der Grundlagen der eigenen Emanzipation. Solange man die Perspektive auf andere nicht eröffnen kann, sich nicht vorstellen kann, vor welchen Problemen ein unbekannter Anderer stehen könnte, solange braucht man jemanden, der einem genau bei diesem Schritt hilft. Wer seine eigene Sprache beherrscht, wer sie selbst verantwortet einsetzen kann, wer sein Reden begründen kann, der ist in einem besonderen Sinne emanzipiert. Grammatik kann für dieses letzte Ziel von Bildung und Erziehung einen Grunddienst leisten.

Ziel: selbst verantworteter Sprachgebrauch

Worin äußert sich das selbstverantwortete Sprechen und Schreiben? Es müssen die intendierten Inhalte der Intention entsprechend transportiert werden. Dazu muss der mögliche Interpretationsspielraum eingeengt werden. Das ist niemals vollständig möglich, denn die Sprache ist ihrer Natur nach vage. Aber der Interpretationsspielraum wird eingeengt, wenn mit einem Satz mindestens ein vollständiger Gedanke, ein vollständiger Sachverhalt ausgedrückt wird: Etwas wird von etwas ausgesagt. Das ist in einer Subjekt-Prädikat-Struktur kodiert. Für den intendierten Sachverhalt braucht es die richtige Wortwahl. Aber nicht für alles gibt es auch einen sprachlichen Ausdruck. Wir kennen den *Baum*, darunter die *Buche*, darunter die *Hainbuche* – aber jetzt hören die verfügbaren Ausdrücke auf. Ab jetzt muss man beschreiben: *eine kräftige Hainbuche/eine Hainbuche am Wegrand /eine Hainbuche, die gerade ihre ersten Blätter trieb/die sich unter der Last des nassen Schnees bog* usw. Aber auch jedes dieser Wörter kann weiter präzisiert werden: *eine sehr kräftige/am Wegrand einer sehr befahrenen Straße/ersten zarten Blätter/des nassen Schnees, nachdem es seit Tagen taute, ...* Und natürlich geht es weiter. Schule hat die Aufgabe, einen Weg zu den vielfältigen Möglichkeiten, die sich auftun, zu bahnen. Ausgeschöpft werden können die Möglichkeiten nicht, sie sind prinzipiell unendlich. Sprechen, im Sinne von Sprache benutzen, bedeutet, wie es bei Humboldt heißt, mit endlichen Mitteln unendlichen Gebrauch machen zu können. Der Weg zu den endlichen Mitteln kann beschritten werden, man kann die Raffinesse des Sprachbaus lernen, ihn ganz ausschöpfen kann man nicht. Was man lernen kann, ist: Wie wird überhaupt ein vollständiger Gedanke ausgedrückt? Bei der mündlichen Sprache der Nähe stellen sich andere Aufgaben als der schriftlichen Sprache als Sprache der Distanz. Letztere zu erlernen ist die Aufgabe der Schule schlechthin (auch Mathematik ist das Anwenden schriftlicher Sprache!). Man muss also nicht nur die Wahl der richtigen Wörter lernen, die Möglichkeiten der Benennung über den Wortbestand hinaus zu erweitern, man muss lernen, wie Wörter zu einem vollständigen Satz zusammengefügt werden, so dass mindestens ein vollständiger Gedanke ausgedrückt wird, sodass der Leser diesen Gedanken auf der Grundlage der gewählten Konstruktion sofort erkennen kann, man muss lernen, wie Gedanken mit Gedanken verschränkt werden können zu komplexen Sätzen oder als selbständige Sätze zu einem kohäsiven Text.

Anlass, Sprache zum Gegenstand der Betrachtung in der Schule zu machen, gibt es immer. Dies wurde im Konzept des „situativen Grammatikunterrichts" (Boettcher/Sitta 1979) gezeigt und betont. Für das Lernen und Beherrschen braucht es aber mehr. Es braucht, damit ein solches Lernen selbsttätig vollzogen werden kann, einen systematischen Unterricht. Nur wenn man gelernt hat, systematisch zu denken, kann man auf den Spuren des Systems selbständig weiterdenken. Daher ist die in letzten Jahren gebetsmühlenartige Wiederholung, dass der Grammatikunterricht funktional in die anderen Arbeitsbereiche integriert werden müsse, genauer zu betrachten.

Systematik im Unterricht

Bekanntlich steht in den Nationalen Bildungsstandards der Arbeitsbereich *Sprache und Sprachgebrauch untersuchen* über den drei anderen, für sich stehenden Arbeitsbereichen (*Sprechen und Zuhören, Schreiben, Lesen – mit Texten und Medien umgehen*) und er ist direkt mit dem Arbeitsbereich Schreiben verbunden. In der Erläuterung heißt es: „Die Schülerinnen und Schüler nutzen ihr Wissen über grundlegende grammatische Erscheinungen und deren Funktionen zum Textverständnis, zur Textproduktion sowie zur Textüberarbeitung. Sie denken über Sprache nach, indem sie die erforderlichen Fachbegriffe verwenden." (Nationale Bildungsstandards 2004, S. 10; hier zitiert nach den besonders kurzen Ausführungen des Hauptschulabschlusses. Die gegebene Formulierung findet sich aber auch so beim Mittleren Bildungsabschluss. Dort sind die Ausführungen darüber hinaus detaillierter.) Der letzte Satz ist problematisch. Gemeint ist wohl: ... *dabei verwenden sie die erforderlichen Fachbegriffe*. Es fehlt bei dieser Bestimmung vor allem, dass es aus dem angegebenen Grund auch um ein systematisches Nachdenken gehen muss und nicht nur um ein akzidentielles. Nur so kann vermieden werden, dass mal in diese, mal in jene Richtung nachgedacht wird. Zudem sollte dieses Nachdenken geeignet sein, bei der Produktion und Rezeption von Texten gewinnbringend eingesetzt zu werden. Dies muss Schülerinnen und Schülern gezeigt werden. Spontan wird das nicht gelingen. Dies erfordert einen sehr hohen Ausbildungsstandard auf Seiten der Lehrkraft. Boettcher/Sitta (1979) haben darauf mit Nachdruck hingewiesen – wenngleich ohne nennenswerten Erfolg. Umso wichtiger sind Curricula wie das hier entwickelte, das fachlich abgesichert und didaktisch reflektiert ist, mit Hinweisen und Erläuterungen versehen, sodass die Lehrkräfte ein Kompendium an der Hand haben, das ihnen einen fundierten Grammatikunterricht ermöglicht.

Niemand wird behaupten, dass ein fundierter Grammatikunterricht allein ein so großes Ziel wie Sprachbewusstheit garantieren könne. Grammatik ist sicherlich kein hinreichender Grund hierfür, aber ein notwendiger, weil man in einem guten Grammatikunterricht lernt,
— Sprache zum Thema zu machen
— was sprachliche Einheiten sind
— wie sprachliche Einheiten konstruiert und umkonstruiert werden können
— eine dafür angemessene Ausdrucksweise zu gebrauchen.

Was sind die sprachlichen Einheiten? Es sind dies Laut (Phone und Phoneme) und Silbe als Einheiten der Phonetik/Phonologie, Morpheme, das sind Lexeme (Einheiten des Lexikons/Wörter- | Einheiten des Grammatikunterrichts buchs) und grammatische und Wortbildungsphoneme – didaktisch kann man von Wörtern und Wortbausteinen sprechen – als Einheiten der Morphologie; Wortgruppen (Syntagmen) und Sätze als Einheiten der Syntax. Während die Laute interessant sind hinsichtlich ihrer Gestaltung und ihrer Funktion als bedeutungsunterscheidende Einheiten, was bedeutet, dass sie – didaktisch betrachtet – in der Orthographie eine Rolle spielen müssen, sind alle weiteren Einheiten Bausteine, die eine Verbindung zur Bedeutung haben. Die engere Grammatik (Morphologie und Syntax) muss erweitert werden, nach unten zur Phonologie und nach oben zur Semantik. Weil es schlussendlich darum geht, wie Sprache von Menschen verwendet wird, braucht man zudem eine Erweiterung zur Pragmatik. Das nachfolgende Curriculum hat als Kern die engere Grammatik, also Morphologie und Syntax; bei den einschlägigen Wortarten wird auch ein Bogen zur Semantik geschlagen, das ist bei den Wortfeldern der Fall, weil Wortfeldbetrachtung für die Wahl eines angemessenen Ausdrucks wichtig ist, bei Kommentaradverbien muss es einen Bogen zur Pragmatik geben, weil anders diese Wortart nicht transparent beschrieben werden kann. Aber immer sind Morphologie und Syntax der Kern, von dem auch weiterführende Betrachtungen zur Semantik und Pragmatik angestellt werden können. Diesen Kern gilt es didaktisch zu sichern.

2 Didaktische Aufbereitung der Grammatik

Didaktik ist als Handlungswissenschaft immer auf Ziele hin orientiert. Ihre Akzeptanz vorausgesetzt, hängt es von ihrer Gewichtung ab, wie das Curriculum ausbuchstabiert werden kann. Die Ziele haben zwei Pole: a) Sprachauf- und -ausbau und b) Sprachbewusstheit. Das bedeutet, dass der nötige Sprachauf- und -ausbau auch mit Blick auf Sprachbewusstsein, womit wiederum auch die Einheiten erfasst werden sollen, die bereits beherrscht werden, geschehen sollte. Dazwischen steht als Dienerin dieser beiden Ziele die terminologische Propädeutik, die aber nicht unabhängig von den beiden Zielen, sondern mit ihnen erworben wird.

Operatoren für einen Grammatikunterricht

Um sich diesen Zielen zu nähern, braucht es ein Arsenal von Operatoren, denn Sprache untersuchen und den Blick auf das Medium lenken, geschieht am besten dadurch, dass man mit

Sprache handelt und experimentiert. Unter dieser Sichtweise eines operationalen Grammatikunterrichts kommt den Handlungsverben für den sprachlichen Wissens- und Könnenserwerb eine besondere Rolle zu. Zu Operatoren sprachlichen Handelns und sprachlicher Reflexion werden diese Verben, wenn sie auf sprachliche Operationen (Proben) abzielen. Im Folgenden werden solche Handlungsverben im Sinne eines Lernmodelles in ein hierarchisches Ebenenmodell gebracht, das mit den Zielen des Grammatikunterrichts in Beziehung gesetzt wird. Um dies zu verdeutlichen, werden Beispiele aus dem Curriculum angeführt und zugleich soll jeweils ein Aufgabenbeispiel das Gemeinte verdeutlichen. Dabei ist zu beachten, dass zwischen den Ebenen keine scharfen Grenzen gezogen werden können, sondern fließende Übergänge sind.

1. Ebene: Operatoren, die direkt auf **Sprachhandeln** zielen, wie *ausdrücken, bilden, einsetzen, erfragen, erweitern, konstruieren, umschreiben, verwenden, verbinden*.

    Diese Operatoren tauchen typischerweise bei der Einführung eines grammatischen Terminus auf. Da immer nur Aspekte des mit dem Terminus verbundenen Phänomens curricular behandelt werden können, sind sie daher in allen Klassenstufen anzutreffen und vor allem auf den Auf- und Ausbau der sprachlichen Fähigkeiten ausgerichtet. Man erwirbt neue Muster und lernt, sie zu verwenden. Man erfragt Informationen, um einen Überblick zu bekommen, was schon ausgedrückt ist und was noch fehlt usw.

    — Typische Ausdrucksweisen im Curriculum: „Mit prototypischen Verben Tätigkeiten (*lernen*) oder Vorgänge (*kommen*) ausdrücken." (Kl. 1/2) „Durch Wortbildung entstandene Adverbien verwenden." (Kl. 5/6) „Wortbildungsmittel zur Steigerung (*erz-, hyper-, ultra-, super-*) bzw. zur Negation (*un-, miss-*) einsetzen." (Kl. 7/8)

    — Aufgabenbeispiel: Bilde zum Verbstamm *lach-* eine Wortfamilie. Suche auch Wörter mit ä. (Kl. 3/4)

    Operatoren für das Sprachhandeln

2. Ebene: Operatoren, die die **Form- und Funktionserfassung** thematisieren, wie *beschreiben, benennen, bestimmen, erfassen, feststellen, identifizieren*.

    Diese Operatoren tauchen typischerweise auf, wenn es darum geht, Form- und Funktionseinheiten zu identifizieren sowie sprachliche Merkmale und Bezüge zu kennzeichnen.

    Operatoren für die Form- und Funktionserfassung

- Typische Ausdrucksweisen im Curriculum: „Den Infinitiv gegenüber den flektierten Formen im Satz bestimmen." (Kl. 3/4) „Durch Gegenüberstellung erfassen, dass manche Nomen mit unterschiedlichem Genus eine jeweils andere Bedeutung haben: *die Leiter – der Leiter*." (Kl. 5/6) „Morphologische Formen des Konjunktiv I durch Formenvergleich als Formen des Präsensstammes identifizieren." (Kl. 7/8)
- Aufgabenbeispiel: *Endlich kamen sie bei den Tieren Australiens an. Gerade kletterte der kleine Koala, der eben noch geschlafen hatte, auf einen Baum.* Bestimme, wann *der* bestimmter Artikel und wann Relativpronomen ist. Stelle in beiden Fällen den Bezug durch einen Doppelpfeil her. (Kl. 5/6)

Operatoren für sprachliche Analyse

3. Ebene: Operatoren, die **sprachliche Analyse** fokussieren, wie *analysieren, aufzeigen, beobachten, erkunden, herausarbeiten, ordnen, prüfen, unterscheiden, untersuchen, vergleichen, (auf)zeigen.*
Diese Operatoren sind der Kern von *Sprache untersuchen*. Sie tauchen typischerweise auf, wenn es darum geht, sprachliche Erscheinungen gegenüberzustellen bzw. aus Untersuchungen Schlussfolgerungen zu ziehen.
- Typische Ausdrucksweisen im Curriculum: „Aufzeigen, dass im Satz die obligatorischen Satzglieder (Objekte) nicht nebeneinander stehen müssen." (Kl. 3/4) „Kopula(verben) als verbale Verbindungswörter eines Subjekts mit einem Prädikativ analysieren, die selbst nichts zur Bedeutung des Satzes beitragen." (Kl. 5/6) „Herausarbeiten, dass Präpositionalgruppen durch Präposition und regierte Nominalgruppe oder Präposition und Adverb gebildet sind." (Kl. 7/8)
- Die Operatoren der 2. und 3. Ebene bilden den Kern dessen, was man Sprachanalyse als propädeutisches Ziel nennen kann. Am Ende dieser Prozesse stehen Termini, mit denen sprachliche Phänomene benannt werden, um auf einer höheren Ebene kompakt und professionell darüber reden zu können.
- Aufgabenbeispiel: *Das Heft lag hier, nicht auf dem Küchentisch. Das Heft hier gehört meiner Schwester.* Analysiere die beiden Satzfunktionen von *hier*. (Kl. 7/8)

4. Ebene: Operatoren, die **sprachliches Reflektieren und Interpretationen** thematisieren, wie *auswerten, beurteilen, bewerten, deuten, diskutieren, erkennen, erklären, erschließen, reflektieren, verstehen*.

Operatoren für sprachliche Reflexion und Interpretation

Diese Operatoren tauchen typischerweise dann auf, wenn es darum geht, sprachliche Erscheinungen einzuschätzen und gegebenenfalls zu erklären.

- Typische Verwendungsweisen im Curriculum: „Die Kongruenz zwischen gereihtem Subjekt und Plural des Prädikats erklären." (Kl. 5/6) „Generische, d. h. die beiden natürlichen Geschlechter umfassende Bezeichnung, gegenüber markierter Bezeichnung diskutieren und bewerten." (Kl. 9/10) „Den Zusammenhang von Präposition und Subjunktion mittels Ersetzung einer Präpositionalgruppe durch einen Nebensatz verstehen." (Kl. 9/10)
- Aufgabenbeispiel: *Auf der Baustelle haben Anwesende zur Vermeidung von Unfällen die Pflicht zum Tragen von Sicherheitsschuhen und Schutzhelmen. Formt diesen Satz so um, dass er mit weniger Nomen oder nominalisierten Ausdrücken gebildet ist. (Umformung des Nominalstils in einen Verbalstil.) Vergleicht die beiden Ausdrucksweisen und diskutiert Vorteile und Nachteile.* (Kl. 9/10)

Das Ziel der Operatoren der 4. Ebene ist Sprachbewusstheit. Diese zeigt sich am deutlichsten darin, dass man bei möglichen alternativen Formulierungen sprachgebundene Gründe nennen kann, warum man einer den Vorzug gibt.

3 Der Aufbau des Buches

Hauptteil dieser Schrift ist die Darstellung und Erörterung eines Grammatik-Curriculums. Dabei werden die Inhalte klassenstufenweise, indem immer zwei Klassen zusammengefasst werden, vorgestellt und erörtert. Das Schema ist dabei immer dasselbe:

1 Klassen x/y

1.1 Inhalte der Klassen x/y und ihre Diskussion
1.1.1 Übersicht über die Inhalte
(geordnet nach *Wort und Wortarten, Wortgruppen, Satzglieder und Satz*)
1.1.2 Gefüge der Teile des Curriculums und Beispiele als grafische Darstellung
1.1.3 Diskussion der Inhalte
1.1.4 Rückverweise auf die Diskussion der Klassen davor (Klassen 7-10)
1.1.5 (bzw. 1.1.4) Verfahren und Strategien
1.2 Das Curriculum der Klassen x/y
1.2.1 Wort und Wortarten
1.2.2 Wortgruppen
1.2.3 Satzglieder und Satz
(entsprechend der jeweiligen Klassen)
1.3 Anwendungsaspekte
1.3.1 Schreiben
1.3.2 Lesen
1.3.3 Sprachbewusstheit

Erläuterung des Aufbaus — Unter 1.1.1 wird das, was später im Curriculum die Überschrift sein wird, vorgestellt. Dabei ist die Reihenfolge immer Wort und Wortarten – Wortgruppen – Satzglieder und Satz. In dieser analytischen Darstellung gehen aber die Zusammenhänge verloren. Daher wird unter 1.1.2 das Gefüge der drei Teile grafisch und an Beispielen dargestellt. Anschließend werden die Phänomene diskutiert. Maßgabe aber ist hier nicht Vollständigkeit, sondern Exemplarität und Auffälligkeit. Die Diskussion der Wortgruppen wird bis auf die Klassen 9/10, die eine Zusammenfassung bringen, an die jeweilige Wortart gezogen; Satzglieder und Satz folgen. Abschließend werden besondere Aspekte von Verfahren und Strategien erörtert.

Es folgt als nächstes Kapitel das Curriculum selbst. Abschließend werden Anwendungsaspekte beim Lesen und Schreiben und Aspekte von Sprachbewusstheit diskutiert.

Ab den Klassen 5/6 stellt sich eine besondere Herausforderung. Das Curriculum muss die verschiedenen Niveaus (früher: Schulformen) berücksichtigen. Sofern sich Inhalte oder Ausführungen nur auf ein bestimmtes Niveau beziehen, wird dies durch eine Überschrift, die das Niveau angibt, zusammen mit einer Randmarkierung angezeigt.

Die Niveaus sind folgendermaßen bezeichnet: *Niveaus in der Sekundarstufe*
- G-Niveau, das in einem gegliederten Schulwesen dem Hauptschulniveau entsprechen würde.
- M-Niveau bezeichnet das mittlere Niveau, das mit dem sog. Mittleren Bildungsabschluss endet; in einem gegliederten Schulwesen meint das die Realschule.
- E-Niveau bezeichnet das höchste Niveau. Ein eigenes Gymnasialniveau wird nicht ausgebracht, das E-Niveau kann mit dem Niveau, das zum Abitur führt, identifiziert werden.

Dabei kann es vorkommen, dass ein Niveau
a) einen Inhalt eine Klassenstufe früher als ein anderes thematisiert.
b) einen Inhalt exklusiv hat. Dies ist in den höheren Klassen beim E-Niveau öfters der Fall.
c) einen Inhalt mit anderen Beispielen oder im Ganzen anders behandelt.

Ein Beispiel für a) ist die Behandlung des Plusquamperfekts, das auf dem E-Niveau bereits in den Kl. 5/6 thematisiert wird, auf dem G- und M-Niveau erst in den Klassen 7/8. Dies wird bei den Übersichten am Anfang einer Klassenstufe angezeigt, indem ein Pfeil → auf das entsprechende Niveau zusammen mit der Klassenstufe in einem Klammerausdruck zeigt: (→ G-, M-Niveau: 7/8). Bei der Diskussion der Inhalte wird an der einschlägigen Stelle der Verweis in der Marginalspalte angezeigt: → G-, M-Niveau, Kl. 7/8. Da der Inhalt gemeinhin beim ersten Auftreten diskutiert wird, finden sich ab den Kl. 7/8 am Ende der Diskussion der Inhalte vor dem Kapitel zu „Verfahren und Strategien" Verweispfeile auf die (niedrigere) Klassenstufe, auf der das Thema diskutiert wurde. So wird das Modalverb auf dem G-Niveau erst in den Kl. 7/8 behandelt, besprochen wurde das Modalverb aber im Zusammenhang der Diskussion der Inhalte in den Kl. 5/6. Also findet man unter 4.1.4 (Kl. 7/8):

Neu in Kl. 7/8	Bereits behandelt in Kl. 5/6
G-Niveau: Modalverb	←M-, E-Niveau, Kl. 5/6, S. 49

Zu b): Exklusive Inhalte hat nur das E-Niveau. Diese werden ab den Kl. 5/6 in den Übersichten grau markiert.

Zu c): In den Kl. 7/8 finden sich z. B. bei der Apposition auf dem M-Niveau andere Beispiele als in Kl. /5/6 auf dem E-Niveau. Dabei wird teilweise nicht nur auf die frühere Klassenstufe zurückverwiesen. Solche Verschiebungen werden in den Übersichten nicht angezeigt. Hier sollte immer das Curriculum selbst konsultiert werden.

Minimalstandards In der Diskussion um Bildungsstandards war ein Kriterium für gute Standards, dass Minimalkompetenzen ausgewiesen werden: „4. Verbindlichkeit für alle: Sie drücken die Mindestvoraussetzungen aus, die von allen Lernern erwartet werden. Diese Mindeststandards müssen schulformübergreifend für alle Schülerinnen und Schüler gelten." (Klieme u. a. 2007, S. 27) Mit der Darstellung des G-Niveaus liegt erstmals nun ein solcher Vorschlag vor. Allerdings fehlt dem Vorschlag eine zurückliegende breite Diskussion, wie überhaupt curriculare Fragen aus dem Horizont der fachdidaktischen Diskussion geraten sind. Dies ist ausgesprochen schade, weil ohne eine solche Diskussion immer die Gefahr besteht, dass ein gewisser Usus lediglich fortgeschrieben wird. Die Vorlage eines grammatischen Curriculums ist eine Vorlage für eine solche Diskussion. Das Curriculum ist mit Fachleuten aus der Schule und den Studienseminaren diskutiert und geprüft (s. Vorwort). Es bräuchte aber ohne Zweifel a) eine breitere Diskussion und b) eine empirische Absicherung – so schwer Letztere auch zu designen sein wird.

Das Glossar: Termini und Begriffe Da Grammatik eine eigene Terminologie hat, braucht es am Ende ein Glossar mit Begriffsdefinitionen und Erläuterungen, in dem die Termini begrifflich gefasst werden. Im diskursiven Text, d. h. in der Erläuterung des Curriculums, findet sich auf einen Glossarbegriff aus Lesbarkeitsgründen ein Verweispfeil (↑) nur dann, wenn es sich um besondere Begriffe handelt. Das bedeutet, dass die Wortarten, die Wortgruppen und die Satzglieder keine Verweispfeile bekommen, dagegen haben z. B. ‚Suffix' oder ‚AcI' einen solchen Pfeil. Ein Verweispfeil wird innerhalb eines Absatzes nur an der ersten Stelle angebracht – auch dies, um den Lesefluss nicht zu sehr zu stören.

Dieses Glossar unterscheidet sich, wie oben schon ausgeführt, vom „Verzeichnis grundlegender grammatischer Fachausdrücke" (IDS 2019), das nur Definitionen umfasst. Neben dem oben angeführten inhaltlichen Unterschied ist auch der Umfang anders, dies schon deswegen, weil der ganze Teil zu „Laut, Buchstabe und Interpunktion" wegfällt. (Man vergleiche hierzu den Rechtschreibrahmen für die Klassen 1-10, 2018.) Auch die Darstellung ist anders. Während das Verzeichnis nur Definitionen kennt, sind die Begriffe des Glossars auf der Grundlage des Curriculums entstanden. Die dort vorkommenden Fachausdrücke wurden in das Glossar aufgenommen und erläutert. Dies ist bei einem spiralcurricularen Aufbau (s. u.) von großer Bedeutung, da das Spiralcurriculum im Normalfall klassenweise immer nur Aspekte eines Begriffs thematisiert, der sukzessive immer weiter aufgebaut wird, ohne dass im Curriculum eine Gelegenheit wäre, den ganzen Begriff darzustellen. Wer aber in den Klassen 1/2 z. B. ein Nomen einführt, der sollte wissen, wohin das Ganze getrieben wird.

Damit sich der Leser selbst ein Bild machen kann, sind im Glossar auch die Termini des Verzeichnisses grundlegender grammatischer Fachausdrücke (IDS 2019) abgedruckt. Wie im Curriculum entschieden wurde, kann der Leser sehen, der Vergleich sollte eine nötige Diskussion anregen, ohne dass diese Diskussion im Glossar geführt würde.

Schließlich umfasst das Glossar auch „andere Ausdrücke". Hier ist Bohusch (1972) die Quelle. Das Verfahren ist eingangs des Glossars erläutert.

4 Notation

In der Grammatik gibt es eine Reihe üblicher Abkürzungen: Kennzeichnung von grammatischen Kategorien:

Genus: mask. = maskulin, fem. = feminin, nt. = neutral
Numerus: Sg. = Singular, Pl. = Plural
Kasus: Nom. = Nominativ, Gen. = Genitiv, Dat. = Dativ, Akk. = Akkusativ
Person: 1./2./3. Ps. (= Person)
Tempus: Pr. = Präsens, Prät. = Präteritum, Perf. = Perfekt, Plusperf. = Plusquamperfekt, Fut. = Futur
Modus: Ind. = Indikativ, Konj. = Konjunktiv, Imp. = Imperativ
Genus Verbi: Akt. = Aktiv, Pass. = Passiv
Verbformen: Part. = Partizip
Komparation: Pos. = Positiv, Komp. = Komparativ, Sup. = Superlativ

* = grammatisch fehlerhafter Ausdruck: **Der Rat ist ärztlich.*

? = grammatisch/stilistisch/standardsprachlich fraglicher Ausdruck: *?wegen dem Regen*

→ = a) Ausdruck X wird zu Ausdruck Y: *zu* + *dem* → *zum*; b) Verweis auf eine höhere Klassenstufe; c) innerhalb der Passagen aus dem „Verzeichnis grundlegender grammatischer Fachausdrücke": Verweis auf einen anderen Terminus im Verzeichnis.

Die jeweilige Bedeutung wird aus dem Kontext offensichtlich.

← = Verweis auf eine niedrigere Klassenstufe

↑ = Verweis auf das und innerhalb des Glossars

5 Das Curriculum für die Klassen 1-10

5.1 Das Spiralcurriculum

Der Gedanke eines Spiralcurriculums wurde insbesondere von dem Entwicklungspsychologen Jerome Bruner nachdrücklich formuliert: „Jedem Kind kann auf jeder Entwicklungsstufe jeder Lehrgegenstand in einer intellektuell ehrlichen Form erfolgreich gelehrt werden. Es ist eine kühne Hypothese; und sie ist von entscheidender Bedeutung, wenn man über das Wesen eines Curriculums nachdenkt." (Bruner 1970) Bruner sagt implizit, dass man den Lehrgegenstand immer wieder neu fassen muss, ihm neue Aspekte abgewinnen kann, eben die, die auf einer Entwicklungsstufe möglich sind. Auf diese Weise schraubt sich das Wissen über den Lehrgegenstand empor. Solange es in der Grammatikdidaktik nur um das propädeutische Ziel geht, das wesentlich darin besteht, dass man eine Terminologie erlernt, solange braucht es kein Spiralcurriculum. Es braucht auch keines, wenn es nur um die bildungssprachliche Ausdrucksweise geht, die über weite Strecken situativ erreicht werden wird. Anders ist dies beim Ziel der Sprachbewusstheit. Sie kann nur spriralcurricular aufgebaut werden, indem immer mehr und immer neue Aspekte eines Phänomens entdeckt werden, die erst die freie Formulierungsentscheidung und das selbstverantwortete Sprechen und Schreiben ermöglichen. Daher behandelt das folgende Curriculum z. B. eine Wortart nicht nur in einer bestimmten Klassenstufe – bei den Hauptwortarten zudem in der Grundschule –, um sie dann vorauszusetzen, sondern gewinnt ihr immer neue Aspekte ab. Nicht nur entsteht dadurch ein Unterricht, der aus Wiederholung (Was kennen wir schon?) und Neuem (Was können wir Neues dazulernen?) besteht, es entsteht auch einer, der mit dem Neuen jeweils neue Formulierungsaspekte eröffnet.

Ein Spiralcurriculum muss sich, wie jedes Curriculum, an den sachlichen Inhalten, hier der Grammatik des Deutschen, und an den Schülerinnen und Schülern ausrichten. Bei den Schülerinnen und Schülern gibt die Entwicklungspsychologie zwar grundlegende Hinweise, etwa den, dass das von der grammatischen Beschreibung oft verlangte abstrakte Denken, dass der extrakommunikative Blick auf die Sprache (vgl. August 1977) nicht schon durchgehend in der Grundschule erfolgen kann (vgl. Bremerich-

Vos 1999). Diesem Gedanken folgend, findet sich der Gipfel der grammatischen Anstrengungen in den Kl. 7/8.

5.2 Die Gebiete des Curriculums: Wort – Wortgruppe – Satz – (Text)

Gebiete des Spiralcurriculums: Wort und Wortarten

Das Curriculum umfasst die klassischen Gebiete der Grammatik:
- das Wort und damit verbunden die Lehre von den Wortarten. Dabei nimmt das Curriculum die folgenden Wortarten an (siehe auch Abb. 17):
    - (a) Flektierbare vs. (b) Nichtflektierbare
      (a) Flektierbare: deklinierbar (Nomen, Artikel und Pronomen, Adjektive) – konjugierbar (Verben) – komparierbar (Adjektive)
    - (b) Nichtflektierbare: satzgliedfähig (Adverb), nicht satzgliedfähig: kasusregierend (Präposition), verknüpfend (nebenordnend: Konjunktion, unterordnend: Subjunktion, beiordnend: Adjunktion), nicht verknüpfend (Partikeln: Abtönungs-, Fokus-, Grad-, Negations-, Antwort- und sonstige Partikeln)

In der Grundschule wird mit den flektierbaren Hauptwortarten begonnen, in der Sekundarstufe folgen die nicht flektierbaren. Dabei werden die sog. *Partikeln* differenzierter dargestellt als dies im bisherigen Schulcurriculum der Fall war. Dies ist dem Umstand geschuldet, dass verschiedene Partikel sehr unterschiedliche Aufgaben übernehmen und im Satz ein sehr unterschiedliches Verhalten zeigen. Neu ist auch die Klasse der Adjunktionen, also einer zuordnenden Junktion, wie sie z. B. in Komparativsätzen auftaucht. Natürlich kann man fragen, ob da der Ausdruck *Vergleichswort* nicht ausreiche. Aber dann steht man vor dem Problem, angeben zu sollen, wie man mit *als* in *Sie sahen ihn als ihren Retter an.* umgehen soll. Unstrittig ordnet *als* den Ausdruck *einen Retter* dem Pronomen *ihn* zu. Formaler Ausdruck dieser Zuordnung ist die Kasusidentität. Exakt so geschieht dies aber auch in Komparativsätzen. In *Sie achteten ihn mehr als ihren eigenen Herrn.* wird der Akkusativ *ihren eigenen Herrn* dem Pronomen *ihn* mittels des Adjunktors *als* zugeordnet. Der Komparativ *mehr* stellt den Vergleich her.

- Für die Schulgrammatik sind auch die Wortgruppen neu. Zwar tauchen bereits in den 70er Jahren über die Generative Transformationsgrammatik Wortgruppen als NG und VG auf und werden Satzfunktionen auf der Grundlage ihrer Stellung im Strukturbaum definiert (Subjekt ist diejenige NG, die direkt von S dominiert wird. Vgl. Abraham 1974, S. 434), ebenso sind Wortgruppen in der Akademie-Grammatik (Heidolph 1980) zentral, in der Schule können sie sich dennoch nicht wirklich etablieren. Dort ist man mit dem Ausdruck *Satzglied* zufrieden, das über die Verschiebeprobe gefasst wird. Dabei ist aber die Verschiebeprobe nur äußerlich und lose mit dem Begriff eines Satzgliedes verbunden, denn es können auch Gliedteile aus einem Satzglied herausgelöst und verschoben werden. Insbesondere aber kann ohne den Wortgruppenbegriff nicht sauber zwischen der Form und der Funktion eines Ausdrucks unterschieden werden. Aber für die schulische Betrachtung sind die Fragen „Wie ist der Ausdruck gebildet?" und „Welche Funktion hat der so gebildete Ausdruck?" von einiger Bedeutung. Die erste Frage wird durch eine Betrachtung von Wortgruppen beantwortet, die zweite durch eine der Satzglieder. Wortgruppen sind grammatisch auf der Grundlage von Kongruenz (Nominalgruppen, Adjunktorgruppen) und Rektion (Verbgruppen und Präpositionalgruppen) oder semantisch auf der Grundlage von Graduierung/Intensivierung (Adjektivgruppen, wenige Adverbgruppen) oder näherer Bestimmung (Adverbgruppen) zu beschreiben. Satzglieder auf der Grundlage ihrer Funktion im Satz: Subjekt, Objekt, Prädikat, Prädikativ, Adverbial. Wie so oft in der Sprache kann man dann schnell sehen, dass Verben/Verbkomplexe auf das Prädikat zielen, Nominalgruppen dagegen jede Funktion einnehmen können – ausgenommen das Prädikat. Mit dem Konzept der Wortgruppen können also Form und Funktion sauber getrennt werden, sodass ihr Zusammenhang klarer zutage treten kann.

  Gebiete des Spiralcurriculums: Wortgruppe

- Die Satzlehre ist immer das Herzstück einer Grammatik. Für eine didaktisch orientierte Betrachtungsweise ist entscheidend, unter welcher Perspektive ein Satz betrachtet wird. Die Einschätzung eines Ergebnisses unter Berück-

  Gebiete des Spiralcurriculums: Satzglieder und Satz

sichtigung der Perspektive, unter der es erzielt wurde, gehört überhaupt zu den großen Aufgaben der Schule. Man erhält andere Ergebnisse, wenn man den Satz als eine Informationseinheit betrachtet, als wenn man ihn als Struktureinheit betrachtet. Augenfällig gehen diese beiden Perspektiven in der traditionellen Schulgrammatik durcheinander, sodass auch das Ziel, Perspektivität zu erlernen, verlorengeht. Wer nach dem Subjekt mit *Wer?/Was?* und dem Objekt mit *Wessen?* fragt, vermengt beide Sphären. Aber man würde das Kind mit dem Bade ausschütten, wenn man deswegen die sog. Satzfragen als Fragen an einen Satz ganz aus der Schule entfernen würde (vgl. Granzow-Emden 2013, S. 245 f.). Sätze kodieren Informationen und das beste Mittel, diese Informationen dem Satz wieder zu entnehmen, ist es, Fragen an ihn zu stellen. Schwierig ist nur der vorschnelle Schluss auf die Satzfunktionen. Obwohl statistisch in den meisten Fällen dabei ein richtiges Ergebnis herauskommt, verdunkelt die Antwort die Satzfunktion. Was sollte *Wen/Was?* mit Objekt zu tun haben? Die Antwort auf die Frage gibt keine Aufklärung über die Funktion.

Kurzum, man braucht beides: Man muss lernen, systematisch Fragen an einen Satz zu stellen, lernen dass man je nach Fragebasis unterschiedliche Antworten bekommt, dass man also in dem Satz *Er erinnerte sich des Vaters seiner Mutter nicht mehr.* zweimal mit *Wessen?* fragen kann, aber das eine Mal es um das Erinnern geht und das andere Mal um den Vater der Mutter. Aber ebenso muss man lernen, einen Satz als eine ziemlich raffinierte Struktureinheit zu analysieren. Also die Kongruenz von Subjekt und Prädikat, die Objekte als valenzabhängige Größen im Rahmen von Verbgruppen, wo sie als Ergänzungen des Verbs fungieren, Attribute als formgebundene Einheiten im Rahmen von Nominalgruppen usw. Erst wenn man beides gelernt hat, wird man auch verstehen, warum es Zusammenhänge zwischen den kodierten Informationen und ihrer Form und Funktion im Satz gibt.

Warum spielte das in der bisherigen Grammatikdidaktik so gut wie keine Rolle? Die Antwort ist, dass es der bisherigen Sprachdidaktik kaum um Sprachreflexion, sondern im Wesentlichen um propädeutisches Lernen ging. Wenn es nur um den Terminus *Subjekt* geht und nicht um ein Verständnis darüber, was damit gemeint sein könnte, dann sind kurze Wege probat. Und Satzfragen bieten kurze Wege zu den Satzfunktionen.

Im folgenden Curriculum wird als Gegenmaßnahme beim Satz grundsätzlich unterschieden, ob er als Informationseinheit oder als Struktureinheit betrachtet wird. Für das Erstere braucht man eigentlich keinen eignen Grammatikunterricht, für das Letztere sehr wohl – und auch dafür, wenn die Zusammenhänge geklärt werden.

Bei der Erörterung dieser Fragen wurde öfters einseitig argumentiert. Ein Beispiel hierfür ist Ingendahl (1999), der programmatisch „Sprachreflexion statt Grammatik" fordert. Demgegenüber versucht das Curriculum, wie Sprachreflexion mit Grammatik vonstattengehen könnte, wobei keineswegs Sprachreflexion mit Grammatik gleichgesetzt wird. (Oben wurden die nötigen Erweiterungen angesprochen.) Das kann aber nur geschehen, wenn man von einem terminologieorientierten Unterricht weggeht, dessen propädeutische Funktion im weiteren Unterricht keine Rolle mehr spielt.

Das Curriculum klassenstufenweise | B

1 Klassen 1/2

1.1 Inhalte der Klassen 1/2 und ihre Diskussion

1.1.1 Übersicht über die Inhalte

Wort und Wortarten

Verb	Nomen	Artikel + Pronomen	Adjektiv
– Prototypische Verben – Personalform des Verbs	– Prototypische Nomen – Nomen und Artikel	– Bestimmter und unbestimmter Artikel – Personanzeigende Wörter – Fragewörter	– Prototypische Adjektive

Satzglieder und Satz

Satzglieder und Satz
– Einfach strukturierter Satz – Satzarten

1.1.2 Gefüge der Teile des Curriculums

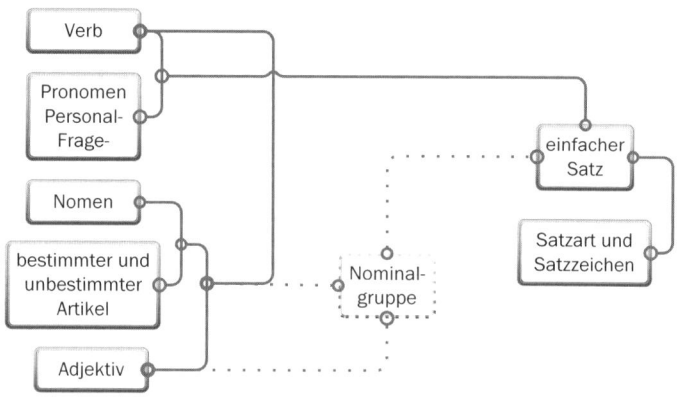

Abb. 1 | Verknüpfung der Inhalte der Klassen 1/2
(Die gestrichelte Linie bedeutet, dass die Zusammenhänge zwar angesprochen, aber noch nicht grammatisch/terminologisch behandelt werden.)

Beispiele

Wortart	Wort	Wortgruppe	Funktion / Satzfunktion	Satz
Verb	*laufen*	Verbgruppe, noch kein Inhalt (Hinweise auf den jeweils erforderten Kasus)	(Prädikat, noch nicht begrifflich und terminologisch, aber im Zusammenhang mit dem einfachen Satz)	*Johannes läuft.* *Magdalena liest ein Buch.*
Nomen	*Hund*	Nominalgruppe, noch nicht begrifflich und terminologisch, aber im Zusammenhang mit dem Artikel	(Subjekt, Objekt, noch nicht begrifflich und terminologisch, aber im Zusammenhang mit dem einfachen Satz)	*Hunde bellen.* *Ein Hund bellt.*
Personalpronomen Fragepronomen (keine terminologische Benennung)	*ich, wer*	-	Stellvertreter für Personen oder als Fragewort (keine terminologische Benennung) → Verweise auf Satzschlusszeichen	*Ich schlafe.* *Wer schläft?*
Adjektiv	*gut, schön, lustig*	Adjektivgruppe, noch kein Inhalt	(Attribut, noch nicht begrifflich und terminologisch, aber im Zusammenhang mit dem einfachen Satz)	*Ein guter Hund bellt.*

1.1.3 Diskussion der Inhalte

Wort und Wortarten, Wortgruppen

Im Grammatikunterricht der Klassen 1/2, beim Erlernen von Lesen und Schreiben, wird Sprache in sehr vielfältiger Weise thematisiert, ohne aber alles terminologisch fassen zu wollen. Es handelt sich um eine erste Begegnung. Dabei sind die Unterschiede auf Seiten der Kinder groß. Während die einen etwa bei Sprachrätseln wie „Was liegt zwischen Deutschland und der Schweiz?" nur inhaltlich mit „der Bodensee" antworten, verstehen andere, dass diese Frage auch medial verstanden werden kann und dann die Antwort „und" ist. Das bedeutet, dass die Thematisierung von Sprache in sehr vielen Fällen angeleitet werden muss, indem die Lehrkraft den Blick der Kinder auf Laute, Silben, Wörter beim

Orthographieerwerb, auf eine Wortgruppe und einen Satz beim Lesen und Texteschreiben lenkt. Dabei ist es sehr wichtig, dass die Kinder auf prototypische Fälle aufmerksam werden. Es sollen erste Vorstellungen entwickelt werden, was am besten immer an prototypischen Fällen geschieht, von denen aus später auch die Ränder betrachtet werden können. Im engeren Grammatikunterricht, der immer in einen Gesamtunterricht eingebettet sein wird, werden die folgenden Gebiete thematisiert: die Grundwortarten Verb, Nomen zusammen mit prototypischen Begleitern, also dem bestimmten und unbestimmten Artikel, und das Adjektiv.

Dabei wird Sprache von Anfang an zweifach erfahren: a) als symbolisches Medium zur Bezeichnung von Gegenständen und b) als Struktur.

Nomen

Als symbolisches Medium bezeichnen prototypische Nomen konkrete Gegenstände. In diesem Sinne meint *Baum* eine Pflanze mit einer typischen Größe und Silhouette und *Schule* das Gebäude, in dem unterrichtet wird. In den Anfangsklassen wird dieser Zugang gewöhnlich über Zuordnungen von Nomen zu entsprechenden Bildern gewährleistet. Dabei vermitteln die stilisierten, auf das Prototypische abhebenden Bilder bereits etwas Wesentliches. Ein Nomen wie *Baum* meint keinen individuellen Baum, sondern alle Bäume. Nomen werden damit als Gattungsnamen (Appellativa) erfahren. Umso wichtiger ist, genau solche Nomen zu nehmen, die Hoffmann (1986) unter die Primärbegriffe rechnet. Damit bezeichnet er „die relativ allgemeinsten noch sensorisch repräsentierten Begriffe". (Hofmann 1986, S. 108) In diesem Sinne ist *Baum* im Gegensatz zu *Eiche* ein Primärbegriff, weil er der allgemeinste Begriff ist, der aber noch v. a. über seine Silhouette sensorisch visuell wahrnehmbar ist. Solche Begriffe sind im Lernen und für das Lernen primär.

Strukturell werden Nomen als veränderliche Wörter in den Blick genommen und syntaktisch als Wörter, die sich typischerweise mit Artikeln verbinden.

Numerus und Kasus

Veränderlich sind Nomen nach Numerus und Kasus. Numerus wird am besten zusammen mit (zählenden) Begleitern eingeführt: *ein Baum – viele Bäume*. Dabei ist auch auf die Orthographie zu achten, denn im Deutschen lauten bestimmte Pluralendungen /a/ zu /ɛ/ und /aɔ/ zu /ɔɪ/ um. Dabei wirkt die Konstantschreibung, sodass <ä> und <äu> geschrieben wird. Kasus spielt im Satz eine Rolle. Dabei wird häufiger das Problem der Dativ-/Akkusativverwechslung auftreten. Hier muss dann im Sinne des ersten Ziels, Sprachauf- und -ausbau, eingegriffen werden.

Veränderung ist auch bei der Wortbildung zu erfahren. Die Verkleinerungsformen *-chen* und *-lein* sind, nicht zuletzt aus inhaltlichen Gründen, besonders geeignete Kandidaten. Dabei ist zu beachten, dass auch beide Verkleinerungssuffixe (↑Suffix) Auswirkungen auf die Schreibung haben können, da beide Formen umlauten: *die Mauer – das Mäuerchen, der Garten – das Gärtlein*, mit den entsprechenden Konsequenzen für die Schreibung von *a*/ä bzw. *au*/äu. Unter grammatischem Gesichtspunkt ist interessant, dass alle Verkleinerungsformen den neutralen Artikel *das* haben. Daher auch *das Mädchen*, entstanden aus assimiliertem *Magd + chen*. Welches der beiden Suffixe genommen wird, hängt vom Grundwort ab. Aus phonetischen Gründen ist **Bächchen* oder **Kirchchen* ausgeschlossen, obwohl *-chen* heute eher das produktive Suffix ist. Als sehr ungewöhnlich würden wir ?*Stühllein* empfinden und vielleicht sogar zweifelnd fragen, ob hier nicht ein *-l-* ausfallen würde. Dagegen findet sich *Stühlchen* – wenngleich solche Wortbildungen sehr selten sind. Im Leipziger Korpus taucht *Stühlchenkreis* mit gerade 2 Belegen auf (vgl. Wortschatz Leipzig, o. J.). In vielen Fällen existieren beide Formen nebeneinander: *Tellerchen – Tellerlein;* wobei auch Kontexteinschränkungen dazukommen. Ein *Männlein* steht im Walde, aber ein Hund macht nur *Männchen*.

Nomen gehen mit Artikeln eine typische Verbindung ein (strukturelles Merkmal). In den Anfangsklassen spielen nur der bestimmte und der unbestimmte Artikel eine Rolle, auf deren besondere Leistung bereits die Attribute *bestimmt* und *unbestimmt* hinweisen. Dass damit noch nicht alles gesagt ist, wird – wie bei allen Wortarten – im Curriculum noch öfters angesprochen werden. Dass aber bereits in den Anfangsklassen mehr über Artikel als Begleiter des Nomens erfahren werden kann, zeigt der Vorschlag für die Pluralbildung. Man sollte diesen nicht über *die* vornehmen lassen, da diese Form bei den Feminina auch Singular ist und damit keinen Hinweis auf den Numerus gibt.

In den Anfangsklassen werden das Personalpronomen und das Fragepronomen in den Blick genommen. Dabei spielt der eigentliche pronominale Stellvertretercharakter eine untergeordnete Rolle. Wichtig sind die Aspekte, dass mit den einschlägigen Wörtern Personen angezeigt oder Fragen gestellt werden können.

Verkleinerungsformen

Artikel

Pronomen

Dabei spricht man am besten von *personanzeigenden* Wörtern und *Fragewörtern*. Erstere spielen eine wichtige Rolle im Zusammenhang mit dem Verb, weil die Verbindung von Personalpronomen und Verb die Veränderlichkeit des Verbs besonders anschaulich macht, letztere sind wichtig, um Fragen stellen zu können. Dabei wird man dann im Schriftlichen auch die Satzschlusszeichen ansprechen.

Verb

Prototypische Verben bezeichnen Tätigkeiten oder Vorgänge (von Zustandsverben wird man in den Anfangsklassen noch absehen), etwa *gehen* eine Fortbewegungsart, die sich von *laufen* im Modus der Geschwindigkeit und von *schleichen* zudem im Modus der Lautstärke unterscheidet. *Kommen* ist ein Vorgangsverb. Es benennt den Vorgang , dass jemand sich von X auf Y hin zubewegt (= Tätigkeit). Natürlich geht es in den Anfangsklassen nicht darum, den Unterschied zwischen Tätigkeit oder Vorgang zu thematisieren, sondern einzig darum, aus diesem Bereich häufige und prototypische Verben auszuwählen, um eine Vorstellung von Verben zu etablieren.

Strukturell sind Verben Wörter, die a) andere Wörter an sich ziehen (↑Valenz des Verbs) und sich im Satz als Prädikat mit einem Subjekt verbinden und die Form dem Subjekt angleichen. Der Einstieg hierzu geschieht über Personalpronomen (personanzeigende Wörter). Man sollte anschaulich zeigen, wie sich die Verbendung mit dem Personalpronomen ändert: *ich geh*e – *du geh*st ... Um zu keiner Problemhäufung zu kommen, sollten hier keine Verben genommen werden, die in der 2. und 3. Ps. ihren Vokal ändern, also beispielsweise nicht: *nehmen, geben, graben, fahren* ...

Adjektiv

Lustig ist ein prototypisches Adjektiv, das eine Eigenschaft – gewöhnlich einer Person – meint. Adjektive werden strukturell am besten prädikativ eingeführt. *Wie bist du? – Du bist nett.* Prototypische Adjektive sind solche, die man auch steigern kann.

Alle vier Wortarten werden als in der Form veränderliche Wortarten erfahren: Sie verändern ihre Form. Für die Verben ist hier immer eine Verbindung mit einem Subjekt nötig, am anschaulichsten ist dies im Zusammenhang mit den Personalpronomen machbar, die Person und Numerus zeigen. Bei Nomen, Artikel und Adjektiv werden Numerus und Kasus betrachtet. Letzterer wird bei einigen Kindern mit dem Ziel der Bildungssprache geübt werden müssen. Wird das Zusammenspiel von Personalpronomen und Verb, von Artikel – Adjektiv – Nomen erfahrbar gemacht, ist der Einstieg in Strukturbetrachtungen getan.

Von der Leistung her wird häufig auch eine Arbeitsterminologie für die Grundschule gewählt. Dann sind Nomen *Namenwörter*, Verben *Tu(n)wörter*, Adjektive *Eigenschaftswörter*. (Dagegen verdankt sich der Ausdruck *Wiewort* dem Umstand, dass man nach dieser Wortart mit *wie* fragen können soll. Aber solche Fragen sollten für Satzglieder oder Gliedteile aufgespart werden. In diesem Sinne fragt *wie?* oben nicht nach der Wortart, sondern nach dessen Funktion, dass es Prädikativ ist.) Eine Arbeitsterminologie führt man ein, um einen Weg zu einem Verständnis zu eröffnen. Daher sollte man von einer Arbeitsterminologie erwarten, dass sie einen wesentlichen Aspekt erfasst, der später erweitert wird, sodass auch die Arbeitsterminologie verändert werden muss. Von den genannten Ausdrücken ist daher allein *Eigenschaftswort* brauchbar, da es den Aspekt, dass prototypische Adjektive Eigenschaften erfassen, ausdrückt. Dagegen sind alle Wörter in einer gewissen Weise Namen für etwas. In dieser Sicht ist *gehen* der Name für eine bestimmte Fortbewegungsart. *Tu(n)wort* zielt nur auf Tätigkeitsverben. Dagegen ist *kommen* kaum als ein Tun beschreibbar. Manchmal wird vorgebracht, dass zu jedem Verb *tun* gesetzt werden könne: *ich tu gehen/kommen/glauben* ... Aber schon diese Beispiele zeigen, dass das nur die Erziehung zu einem schlechten Deutsch wäre.

Weiter führt hier die strukturelle Perspektive. Jetzt ist interessant, dass sich alle genannten Wortarten im Satz verändern können, z. B. in der Kategorie Numerus, als einer Kategorie, die der Sprecher/Schreiber selbst wählt, weil er über einen Gegenstand in der Einzahl (Singular) oder von mehreren Gegenständen sprechen/schreiben möchte. Bildet der Ausdruck für einen Gegenstand das Subjekt im Satz, so entscheidet der Sprecher/Schreiber, ob es um eines oder um mehrere geht. Das hat aber Auswirkungen auf das Verb als Prädikat, das jetzt auch in der Einzahl bzw. Mehrzahl stehen muss. Wird der Gegenstand durch ein Adjektiv näher beschrieben, muss auch die Form des Adjektivs angepasst werden. Dagegen ist der Kasus – ausgenommen der Nominativ – eine nominale Kategorie, die nicht unmittelbar vom Sprecher abhängt, sondern über die besonderen Verhältnisse im Satz gesteuert wird. Daher spricht man bei *Genitiv, Dativ, Akkusativ* von *casus obliqui, geforderten Kasus* – gefordert durch einen bestimmten Ausdruck im Satz, insbesondere durch das Verb. Für die Anfangsklassen ist dies noch kein Thema. Bedeut-

Arbeitsterminologie

sam ist nur, dass der Nennfall auch der Fall des Lexikons (Wörterbuchs) ist.

Würde an dieser Stelle ein Vorschlag für eine bestimmte Arbeitsterminologie gegeben, würde damit das, was unter Arbeitsterminologie zu verstehen ist, konterkariert. Arbeitsterminologie entsteht aus der konkreten Arbeit mit den konkreten Kindern. Es sind (vorübergehende) Termini, die eine Zeit lang hilfreich sind. Daher sollte als Richtschnur gelten, dass Arbeitsterminologie aus der gemeinsamen Arbeit im Klassenzimmer entsteht.

Spiralcurriculare Perspektiven

In den Anfangsklassen werden folgenreiche Spuren gelegt. Der Hinweis, dass die Verkleinerungsformen immer den Artikel *das* haben, ist so ein Beispiel. Eine für das Deutsche so bedeutsame Kategorie wie der Kasus wird durch Korrekturen – insbesondere bei der Verwechslung oder Einebnung von Dativ und Akkusativ – in den Blick genommen. Beim Verb ist die Veränderung in der Person bedeutsam, weswegen personanzeigende Wörter (Personalpronomen) mit ins Blickfeld kommen. Kinder schreiben über sich und über Ereignisse in der Welt oder sie sprechen jemanden an. Das erfordert die Wahl der richtigen Person und damit vor allem eine Fokussierung auf die persondeiktischen (↑Deixis) Pronomen *ich/wir, du/ihr*.

Insbesondere ist aber perspektivenreich, wenn betrachtet wird, welche Wörter sich mit welchen Wörtern verbinden können. Nun kann man sehen, dass Nomen Artikel (= Name für die Wortart) als Begleiter (= Name für die Funktion der Wortart) bei sich haben: *der/ein Mann, die/eine Frau, das/ein Kind*. Bei den bestimmten Artikeln unterscheiden wir drei Formen: *der, die, das*; beim unbestimmten Artikel aber nur zwei: *ein, eine*. Das hat Auswirkungen auf die Form eines Adjektivs, wenn es als Attribut zwischen Artikel und Nomen steht: *der nette Mann – ein netter Mann*. Dies aber wird erst in sehr viel späteren Klassen Gegenstand der Betrachtung sein können (Kl. 7/8, Stichwort ↑*Monoflexion*). In solchen Fällen empfiehlt sich immer eine stillschweigende Korrektur oder eine Korrektur mit einem Hinweis, warum das so ist, ohne dass das Phänomen wirklich thematisiert würde und schon gar nicht, indem es in einen Gesamtzusammenhang gestellt wird. Ein solcher Hinweis wäre, dass wir einmal ein *r* bzw. ein *s* brauchen: entweder ist es am Artikel zu sehen (*de<u>r</u> nette Mann, da<u>s</u> schlechte Wetter*) oder am Adjektiv (*ein nette<u>r</u> Mann, ein schlechte<u>s</u> Wetter*).

In einigen Grammatiken und noch häufiger in Schulbüchern werden Nomen über Eigennamen eingeführt. Davon wird hier abgeraten. Während Eigennamen eine Art Etikett für eine Person oder einen Gegenstand sind, sind dies die sog. Gattungsnamen nicht. Ein Nomen bezeichnet kein Individuum, indem es ihm einen Namen verleiht, sondern ist immer eine Zusammenfassung und damit Abstraktion von etwas Individuellem: Das bestimmte Tier wird mit dem Wort *Hund* bezeichnet, und von den so bezeichneten Tieren mag einer *Fifi* mit Eigennamen heißen.

Das Problem der Eigennamen

Noch überhaupt nicht systematisch, aber als Lesehilfe sollten Nominalgruppen ins Auge gefasst werden. Es geht nicht um die Thematisierung des Aufbaus, sondern darum, zu lernen, dass Nominalgruppen, die in den ersten beiden Klassen aus Artikel und Nomen – in einigen Fällen aufgefüllt mit einem Adjektivattribut – bestehen, als eine Gruppe für das sinnerfassende Lesen erfasst werden. Das bedeutet, dass man lernen sollte, Nominalgruppen zusammenhängend mit einem Atem zu sprechen.

Nominalgruppe

Satz und Satzschlusszeichen

Für die Anfangsklassen ist wichtig, dass eine Vorstellung von einem Satz aufgebaut wird. Dies kann nicht nur unter einem grammatischen Blickwinkel geschehen, sondern ebenso unter einem phonologischen: Sätze erkennt man dadurch, dass man die Stimme senkt. Nicht von ungefähr spricht man von einer terminalen, also abschließenden Intonation. Vor allem aber sollte man ein Verständnis dafür bereiten, dass ein Satz mindestens eine vollständige Information im Sinne eines vollständigen Gedankens aufbaut. Unter dieser Perspektive kann man Fragen an einen Satz stellen. Für jegliches Fragen ist entscheidend, von welcher Basis aus man fragt. Wenn man Fragen an den ganzen Satz stellt, dann ist die Basis immer das ↑Vollverb. Von jeder anderen Wortart aus würde man nur das erfragen, was zu diesem Wort gehört, nicht aber, was zum ganzen Satz gehört. Das Verb ist das strukturelle und informatorische Zentrum eines Satzes. Wenn man als Satz hat: *Amalia schläft.*, so kann man nur die Frage stellen: *Wer schläft?* Hat man dagegen *Anja isst einen Apfel.*, so kann man nicht nur fragen, wer einen Apfel isst, sondern auch, was Anja isst.

Satz: Intonationseinheit und Informationseinheit

Hinsichtlich des Ziels, dass im Schreiben Satzzeichen zunehmend richtig gesetzt werden sollten, sind die drei Satzschluss-

Satzschlusszeichen

zeichen zu unterscheiden. In den Anfangsklassen ist hier nur ein erster Zugang möglich. Für den Anfangsunterricht empfiehlt sich: Immer wenn ein vollständiger Satz dasteht, d. h. ein Satz, der vom Verb aus gesehen die Grundfragen *Wer/Was?*, *Wen?*, *Wem?* beantwortet, steht ein Punkt. Dabei belässt man es, wenn man beim Lesen seine Stimme senkt. Über den Punkt setzt man eine kleine Schlange, wenn man etwas erfragt und möchte, dass der Leser dies versteht. Ein weiteres sicheres Zeichen für ein Fragezeichen ist ein Fragewort (*wer, was, wen, wo, wann*) am Anfang des Satzes (W-Fragesätze). Schließlich setzt man einen Strich über den Punkt, wenn man etwas mit großem Nachdruck ausgedrückt haben möchte. Das bedeutet, dass der Satzschlusspunkt als allgemeines Satzabschlusszeichen behandelt wird und Frage- und Ausrufezeichen als „Äußerungszeichen" (Engel 1988, S. 833 ff.): Der Schreiber instruiert, wie der mit diesen Zeichen abgeschlossene Satz geäußert werden soll.

1.1.4 Verfahren und Strategien

In der gesamten Grundschule muss der Blick auf die Sprache erst gelernt werden. Daher braucht es in den ersten Klassen vor allem Hinweise durch die Lehrkraft oder das eingesetzte Unterrichtsmaterial, auf dessen Grundlage die Schülerinnen und Schüler analogisierend fortfahren. Das bedeutet, dass beispielsweise die im Curriculum unten angegebenen Beispiele ggf. ersetzt, aber unbedingt erweitert werden. Bei der Beobachtung und Bestimmung der Konjugations- und Deklinationsformen können darüber hinaus die Zusammenhänge zwischen Personalpronomen und Verbendung bzw. die Kongruenz zwischen Artikel als Begleiter und Nomen entdeckt werden und entsprechende Paradigmen von Schülerinnen und Schülern selbst gebildet und gefüllt werden. Entdeckungen müssen in der Grundschule veranschaulicht werden. Das bedeutet, dass der Zusammenhang von beispielsweise *ich* und der Personalendung am Verb *-e* farblich oder durch einen Bogen oder eine andere auffällige Art markiert wird.

Eine der grundlegendsten Proben hat bereits im Anfangsunterricht ihren festen Platz: die Ersatzprobe. Wer z. B. *ich* durch *du* ersetzt und aufmerksam darauf wird, was das bedeutet, hat einen wesentlichen Einstieg in die Sprachbetrachtung geschafft.

1.2 Das Curriculum der Klassen 1/2

1.2.1 Wort und Wortarten

Verb

Inhalte und Beispiele	Erarbeitung: Verfahren und Hinweise
Prototypische Verben ① Beispiele: *lernen, kommen, tun*	① Mit prototypischen Verben Tätigkeiten (*lernen*) oder Vorgänge (*kommen*) ausdrücken. Verben sind grundsätzlich mindestens zweisilbig, bis auf *tun* und *sein*.
Personalform des Verbs ② Beispiele: *ich lerne, du lernst, er/sie/es lernt, wir lernen, ihr lernt, sie lernen*	② Verben mit personanzeigenden Wörtern (Personalpronomen) verbinden und dabei die Veränderung am Verb (Personalendung) beobachten: *ich lern**e**, du lern**st**, er/sie/es lern**t**, wir lern**en**, ihr lern**t**, sie lern**en**.*

Nomen

Inhalte und Beispiele	Erarbeitung: Verfahren und Hinweise
Prototypische Nomen ① Beispiele: *Mund, Katze, Auto* Nomen und Artikel ② Beispiele: *der/ein Mund – den/einen Mund, die/eine Katze – die Katzen, das/ein Auto – die Autos* Wortbildung des Nomens: Verkleinerungsformen ③ Beispiele: *(der) Teller – (das) Tellerchen/ Tellerlein, (der) Bach – (das) Bächlein*	① Nomen zur Benennung von konkret wahrnehmbaren Gegenständen verwenden. ② Nomen, auch wenn sie in verschiedenen Kasus- und Numerusformen vorliegen, im Zusammenhang mit bestimmtem und unbestimmtem Artikel bestimmen. ③ Die Nachbausteine (Suffixe) *-chen*, *-lein* als Verkleinerungsformen bestimmen und anwenden. Produktiv ist heute vor allen *-chen*; *-lein* steht dann, wenn ein Wort auf *-ch* oder *-che* endet. Umlautbildung zusammen mit den orthographischen Besonderheiten bei *a/ä* bzw. *au/äu* und grammatische (Artikel *das*) Konsequenzen beachten.

Artikel und Pronomen

Inhalte und Beispiele	Erarbeitung: Verfahren und Hinweise
Bestimmter und unbestimmter Artikel ① Beispiele: *der, die, das, den, dem, ein, eine, einen, einem* Personanzeigende Wörter ② Beispiele: *ich/wir, du/ihr, er, sie, es/sie* Fragewörter ③ Beispiele: *wer, was, wem*	① Bestimmten und unbestimmten Artikel in verschiedenen Flexionsformen (Kasus, Numerus) mit einem Nomen verbinden: **das** *Auto,* **den** *Löwen,* **die** *Löwen,* **ein** *Löwe,* **einen** *Löwen.* ② Personanzeigende Wörter (Personalpronomen) in den verschiedenen Personalformen im Singular und im Plural mit Verben verbinden: **ich** *laufe,* **du** *läufst,* **er/sie/es** *läuft,* **wir** *laufen,* **ihr** *lauft,* **sie** *laufen.* ③ Mit Fragewörtern (Fragepronomen) W-Fragesätze bilden: **Wer** *besucht seine Schwester?* **Wen** *retten die Kinder?* **Wem** *schenken wir etwas zu Weihnachten?*

Adjektiv

Inhalte und Beispiele	Erarbeitung: Verfahren und Hinweise
Prototypische Adjektive ① Beispiele: *neu, nett, leise*	① Mit prototypischen Adjektiven Eigenschaften ausdrücken (= Eigenschaftswörter). Adjektive mit der Kopula *ist* verbinden: *Mein Roller ist **neu**. Du bist **nett**. Wir sind **leise**.* (Singular und Plural sind beim Adjektiv nur in attributiver Stellung (3./4. Klasse) unterscheidbar.)

1.2.2 Wortgruppen

Nominalgruppe

Inhalte und Beispiele	Erarbeitung: Verfahren und Hinweise
Nominalgruppen ①	① Nominalgruppen als Lesehilfe nutzen. (Nominalgruppen sind der Sache nach zu behandeln, *Nominalgruppe* ist kein terminologischer Inhalt.)

1.2.3 Satz

Inhalte und Beispiele	Erarbeitung: Verfahren und Hinweise
Einfach strukturierter Satz ① Beispiele: *Amalia schläft. Kai-Hendrik isst einen Apfel.* Satzarten ② Beispiele: *Unsere Klasse gewinnt einen Preis. Wo ist mein Deutschbuch? Kommst du morgen? Komm ganz schnell her! Das tut weh!*	① Vom Vollverb als Basis die Frage *Wer?/Was?* und gegebenenfalls *Wen?/Was?/Wem?* stellen, so dass sich ein ganzer Satz ergibt: *Wer schläft? Wer isst? Was isst Kai-Hendrik?* Das Verb selbst ist nicht erfragbar, sondern höchstens spezifizierbar durch eine Frage wie *Was tut X?*, eine Frage, die aber nur bei Tätigkeitsverben zielführend ist. ② Aussagesatz (*Unsere Klasse gewinnt einen Preis.*), Fragesatz (*Wo ist mein Deutschbuch? Kommst du morgen?*) und Ausrufesatz (*Komm ganz schnell her! Das tut weh!*) mit Blick auf die Satzzeichen unterscheiden. Dabei Satz als Sinn- und Klangeinheit erfassen.

1.3 Anwendungsaspekte der Klassen 1/2

1.3.1 Schreiben

Typischerweise lernt man in den Anfangsklassen, ganze Sätze zu schreiben, die Wörter im Satz richtig zu schreiben und die richtigen Satzzeichen zu setzen. Die Grammatik steuert bei, dass am Satzanfang ein Großbuchstabe steht und im Satzinnern Wörter, die einen Begleiter haben, großgeschrieben werden. Diese Perspektive, die ab der 3. Klasse mit dem Blick auf die Struktur von Nominalgruppen fortgeführt wird, sollte von Anfang an eingenommen werden. Dabei ist der Ausdruck *Begleiter* wegweisend. Es wird nicht nur einfach nach *der/die/das, ein/eine* großgeschrieben, sondern wenn und weil diese Wörter Begleiter sind. Das bedeutet, dass man von Anfang an den Zusammenhang vom Begleiter zum begleiteten Wort herstellt (vgl. Abb. 4).
Begleiter und begleitetes Wort

Da Satzschlusszeichen im engeren Sinne nicht grammatisch fundiert sind, sondern als „Äußerungszeichen" (Engel 1988, S. 833 ff.) fungieren, muss hier vor allem auf die Intonation und den Äußerungszweck geachtet werden. Die Satzzeichen an die sog. Satzarten zu koppeln, ist nicht ratsam. Satzart meint zweierlei: a) eine ↑Satzform, definiert über die Stellung des Verbs und b) eine pragmatische Funktion wie Aussage, Frage, Befehl. Beide entsprechen sich aber nicht, wie im Glossar unter ↑Satzart bzw. ↑Satzform ausgeführt ist.
Satzschlusszeichen

Neben der Großschreibung am Satzanfang und Nomen als ↑Kernen von Nominalgruppen hat man mit der Pluralbildung und ebenso mit *-chen* und *-lein* sichere Indikatoren für die Schreibung der Laute /ɛ/ → <ä> und /ɔɪ/ → <äu> im Stamm. Wenn man das Wort *Bäume* schreiben will, muss man sich erinnern, nun den Singular zu bilden. Das Signal muss sein: Höre ich die Laute /ɛ/ oder /ɔɪ/, suche ich die Einzahl (*Bäume-Baum*) oder das Wort ohne Verkleinerungsform (*Rädchen-Rad*). (*Mädchen* ist hier kein besonders guter Kandidat, da die Wortbildung verdunkelt ist.) Ähnlich muss man bei der sog. *Auslautverhärtung* verfahren, nur jetzt in der anderen Richtung: Höre ich am Wortende /p/, /t/, /k/ suche ich die Mehrzahl zu diesen Wörtern und weiß, wie zu schreiben ist: /bɛrk/ → /bɛrgə/, also immer <g>; /hart/ → /hartə/, also immer <t>.
Konstantschreibung

1.3.2 Lesen

Syntaktische Gliederung als Lesehilfe

Am Anfang geht es um das alphabetische Erlesen von Wörtern, später um das Erlesen von Wörtern im Satz. Auf dieses Stadium, das häufig dadurch geprägt ist, dass die Kinder nach dem Wort eine Pause machen und dann fortfahren, sollte folgen, dass Wortgruppen ohne Pause erlesen werden. Dazu kann man Artikel suchen lassen und das zum Artikel gehörende Wort. Dieses wird, zumindest in den Fällen, die in die nähere grammatische Betrachtung kommen, ein Nomen sein. Auf die Art und Weise wird nicht nur zunehmend sinnerfassendes Lesen geübt. Das, was im Schreiben unter dem Gesichtspunkt der Großschreibung betrachtet wurde, wird nun unter dem Gesichtspunkt der besonderen Zusammengehörigkeit (mit einem Atem lesen) erarbeitet. So entsteht über das Lesen eine Intuition grammatischer Gliederung: [*Ein Hund*] *frisst* [*einen Knochen*]. Mit dem Hinweis, dass in *mein* auch der Artikel *ein* steckt, kann das dann übertragen werden auf: [*Meine Freundin*] *isst* [*einen Apfel*]. Das würde auf eine sehr einfache Weise anbahnen, was dann Stoff der Klassen 3/4 ist.

2 Klassen 3/4

2.1 Inhalte der Klassen 3/4 und ihre Diskussion

2.1.1 Übersicht über die Inhalte

Wort und Wortarten

Verb	Nomen	Artikel + Pronomen	Adjektiv	Präposition	Junktion

– Aspekte des Verbs:
  – Infinitiv –
    Person und
    Numerus
  – Präsens
  – Präteritum
    und Perfekt
  – Futur I
  – Hilfsverb
    und Verb-
    komplex
  – Partizip II
  – Imperativ
– Wortbildung
  des Verbs
– Stamm und
  Wortfamilie
– Wortfeld
	– Konkreta
	  und
	  Abstrakta
	– Aspekte des
	  Nomens:
	  – Numerus
	  – Genus
	
	– Wortbildung
	  des Nomens
	– Stamm und
	  Wortfamilie
	– Wortfeld
		– Artikelwörter
		– Deklinierte
		  Personalpro-
		  nomen
		– Bestimmter
		  Artikel als
		  Teil ver-
		  schmolzener
		  Präpositio-
		  nen
			– Deklination
			  des Adjektivs
			– Komparati-
			  onsformen
			  des Adjektivs
			
			– Wortbildung
			  des Adjektivs
			– Wortfamilie
			– Wortfeld
				– Präposition
				  mit lokaler
				  Bedeutung
				– Verschmel-
				  zung von
				  Präposition
				  und Artikel
					– Konjunktion
					– Mehrgliedri-
					  ge Konjunk-
					  tion
					– Adjunktion
					  als und *wie*
					  in Vergleichs-
					  sätzen

Wortgruppen

Verbgruppe	Nominalgruppe
– Form der Verbgruppe – Form und Stellung des Verbs in der Verbgruppe und im Satz – Verbgruppe und Satzfunktion	– Form der Nominalgruppe – Nominalgruppe und Satzfunktion

Satzglieder und Satz

– Satzglieder:
  – Subjekt
  – Prädikat
  – Objekt
– Satzart, Satzform und Satzzeichen

2.1.2 Gefüge der Teile des Curriculums

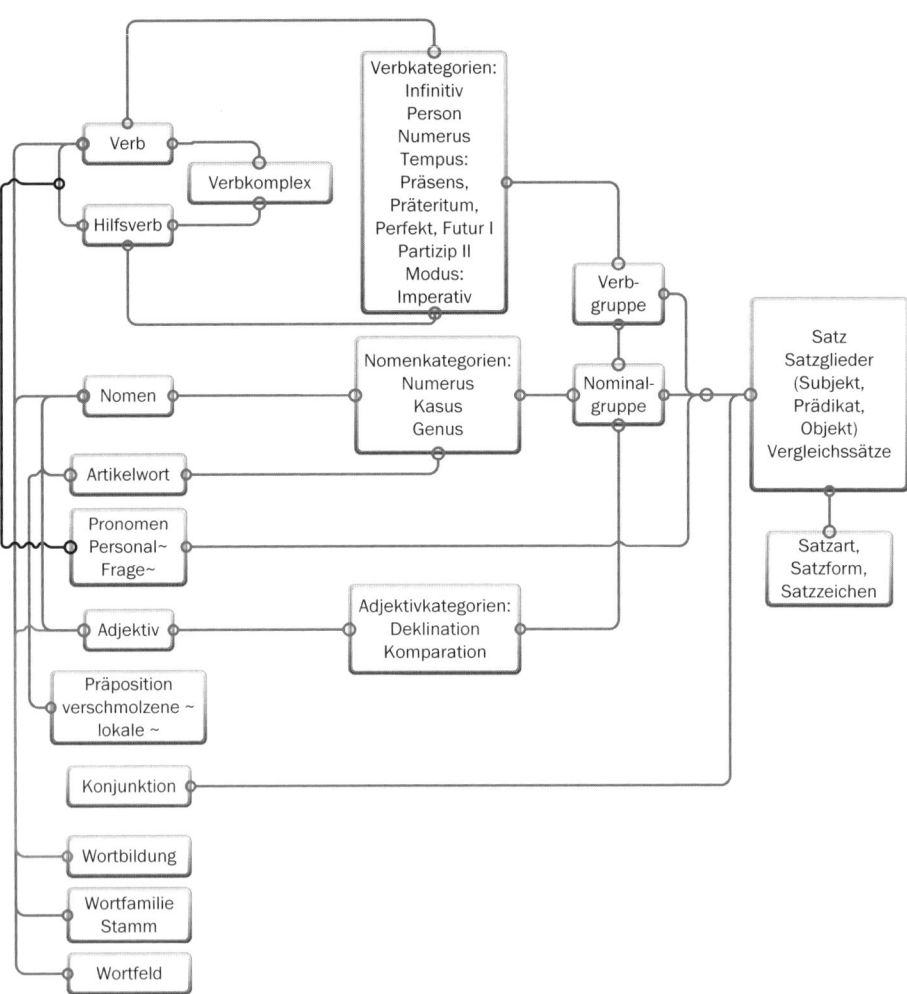

Abb. 2 | Verknüpfung der Inhalte der Klassen 3/4

Beispiele

Wortart	Wort	Wortgruppe	Funktion	Satz
Verb Hilfsverb/ Verbkomplex	schreiben sein, haben, geschrieben haben, gegangen sein	etwas schreiben	Prädikat	Lisa _schreibt_ einen Brief. Lisa _hat_ einen Brief _geschrieben_. Sie _ist_ zur Post _gegangen_.
Nomen	Post, Brief	die Post den/einen/ diesen/ meinen Brief	Subjekt Objekt	Die _Post_ befördert _den/ einen/ diesen/meinen Brief_.
Artikelwort	der/ein/dieser/ mein	-	Begleiter	_Die_ Post befördert _den/einen/ diesen/meinen_ Brief.
Pronomen Personal- Frage-	ich/wir, du/ihr, er, sie, es/sie wer, wen, wem, was	-	Stellvertreter	_Ich_ schreibe _dir_ einen Brief. _Wer_ schreibt _mir_ einen Brief?
Adjektiv	schön, freundlich	Noch kein Inhalt.	(Attribut/ Prädikativ – noch keine terminologische Behandlung)	Gestern hörten wir ein _schönes_ Konzert. Das Konzert war _schön_.
Präposition	in, an, auf im, am	Noch kein Inhalt.	lokales Verhältnis	Der Brief liegt _auf_ dem Tisch. Der Brief ist _im_ Postkasten.
Junktion: Konjunktion	und, oder, sowohl ... als auch	-	Verbindung von Gliedteilen Satzgliedern Sätzen	gelbe _und_ rote Rosen eine Zeitschrift _oder_ einen Roman. Peter wäscht ab _und_ Hanna räumt das Geschirr auf.

2.1.3 Diskussion der Inhalte

Wort und Wortarten, Wortgruppen

Ab der 3. Klasse beginnt das, was man Grammatikunterricht nennen kann. Dies ist dem Umstand geschuldet, dass vor allem im Schreiben die einzelnen Bereiche ausgebaut werden müssen und für das Lesen komplexere Satzstrukturen durchschaut werden sollten.

Auf allen drei Ebenen – Wort, Wortgruppe, Satz – wird die Betrachtung erweitert und vertieft.

Bei den Verben bedarf die Kategorie Tempus besonderer Aufmerksamkeit. Wesentlich ist dabei die Unterscheidung zwischen Zeitstufe, also Gegenwart, Vergangenheit und Zukunft, und den sechs Zeitformen des Deutschen. Von Anfang an sollte man da-

Verb

her Zeit/Zeitstufe nicht mit dem grammatischen Tempus als Zeitform identifizieren. Ein Schwerpunkt liegt in den Klassen 3/4 darauf, dass das Präteritum im Zusammenhang mit dem Schreiben von Erzählungen eingeführt wird. Man nennt das Präteritum auch einen Anzeiger für Fiktionalität im Schriftlichen (Uhl 2015). In vielen regionalen Varianten des Deutschen ist ein Präteritum im Mündlichen nicht verfügbar. Dafür wird, z. B. in den oberdeutschen Dialekten ebenso wie in der Umgangssprache, das Perfekt verwendet. Das Perfekt hat durch die Verbklammer den Vorteil, dass ein Sprecher bis zum Satzende Zeit hat für das wichtigste Wort, das Vollverb. Dagegen hat ein Schreiber, der seinen Text konzipiert, Zeit und kann daher problemlos das Präteritum, das im Aussagesatz relativ früh im Satz an der 2. Satzgliedstelle stehen muss, verwenden. Hinzu kommt ein zweites Problem, das aber auch im Perfekt über die Form des Partizip II relevant ist, die Bildung der starken Verben, deren Formen keineswegs alle im aktiven Wortschatz der Kinder sind (siehe hierzu auch ↑Ablaut).

Bei den Verben kommen zudem Infinitiv und Personalformen in den Blick. Der Infinitiv ist wichtig, weil er als Nennform des Verbs für das Nachschlagen im Wörterbuch bedeutsam ist. Vor allem aber ist der Infinitiv eine subjektlose Form, die lediglich die obligatorischen ↑Ergänzungen des Verbs an sich bindet: *etwas lesen*, *einem etwas geben*. Es ist wichtig, die obligatorischen Ergänzungen eines Verbs zum Infinitiv zu stellen. Also nicht nur *geben*, sondern *einem etwas geben*.

Verbgruppe

Dies ist für die Bestimmung der Verbgruppe bedeutsam. Im Gegensatz dazu kommen die Personalformen nur im Zusammenhang des Satzes ins Spiel, wobei für die jeweilige Personalform das Subjekt ausschlaggebend ist. Mit den obligatorischen Ergänzungen kommt ↑Rektion, mit der Angleichung zwischen Subjekt und Prädikat ↑Kongruenz ins Spiel. Rektion liegt vor, wenn eine Größe, hier das Verb, die Form anderer Wörter oder Wortgruppen festlegt, dagegen ist Kongruenz ein gegenseitiger Anpassungsprozess in der Form. Beim Verb geschieht dies im Rahmen eines Satzes in Numerus und Person. Dabei werden alle nichtpersonalen Subjekte, also alle Subjekte, die nicht mit Personalpronomen im Nominativ gebildet sind, als 3. Person gewertet. In der Verbgruppe liegt immer das Verb zusammen mit den regierten, obligatorischen Ergänzungen vor. Verbgruppen werden in den großen Wörterbüchern genannt. Im *Deutschen Wörterbuch* von Wahrig (Wahrig-Burfeind 2011, S. 1284) heißt es beispielsweise bei *schenken*: „[...]1 jmdm. etwas ~ [...]". Dies ist die aus der lateinischen Grammatik bekannte Form: *dare alicui aliquid*. Diese Form gibt das vom Verb geforderte Szenario (zu diesem Begriff siehe Ágel 2019, S. 40) an, das im konkreten Satz immer durch ein Subjekt ergänzt werden muss. Dass aber das Subjekt einer anderen syntaktischen Kategorie als die Objekte angehört, zeigt sich in der Kongruenz des Subjektes mit dem Prädikat sowie der Rektion des Objekts durch das Verb.

Damit kommen (in den Klassen 3/4) Nomen und Nominalgruppen ins Spiel. Bei den Nomen sind unter einem semantischen Blickwinkel nicht mehr nur Konkreta als sinnlich wahrnehmbare, prototypische Nomen interessant, sondern auch Bezeichnungen für Gegenstände, die sinnlich Wahrnehmbares unter einem Oberbegriff aggregieren (Kollektiva wie *Obst, Lebensmittel, Möbel*) und auch sog. *Abstrakta*, also Ausdrücke für alles, was als geistiger Gegenstand, von dem etwas ausgesagt werden kann, gefasst wird. In der Grundschule spielen Abstrakta als Bezeichnungen für Gefühle (*Angst, Liebe*) oder Einstellungen (*Freiheit*) eine Rolle, ohne dass diese Verallgemeinerung schon thematisierbar wäre. Hier ist, wie bei den Verben, eine syntaktische Behandlung bedeutend einfacher, wie sie bei den Wortgruppen angestellt werden wird. Als Kategorien des Nomens werden – im Zusammenhang mit den Erfordernissen der Konstruktion eines Satzes – die Kategorien *Genus, Numerus* und *Kasus* relevant. Dabei sind Nomen genusfest. Allerdings ist die Zuweisung des Genus im Deutschen alles andere als einfach. Im Gegensatz zu den meisten Sprachen der Welt ist im Deutschen z. B. der *Mond* maskulin und die *Sonne* feminin. *Mädchen* ist Neutrum – wenigstens kann hier ein Grund angegeben werden, der schon in den Klassen 1/2 eine Rolle spielte, nämlich die Wortbildung. (Grammatik – Genus – siegt über Natur – Sexus!) Beim Kasus muss unterschieden werden zwischen dem *casus rectus*, also dem Nominativ, der nicht nur die Nennform des Nomens im Wörterbuch angibt, sondern auch der Fall des Subjekts ist. (Aber von Anfang an sollte man nicht in den Fehler verfallen, dass alles, was Nominativ ist, auch Subjekt ist, denn auch nominale Prädikative – Stoff der Kl. 5/6 – stehen im Nominativ: *Meine Tochter ist Ärztin*.) Gegenüber dem Nominativ sind die übrigen Kasus gewöhnlich von einer anderen Größe im Satz geforderte Kasus (*casus obli-*

Nomen

quus). (Die sog. *freien Kasus* sind Stoff in den Kl. 9/10 auf dem E-Niveau.) Dabei ist das Verb die wichtigste Größe, die die Form von Nomen/Pronomen als Objekten festlegt. Man kann auch sagen: Da der Sprecher oder Schreiber entscheidet, was Subjekt im Satz ist, entscheidet er auch über den Nominativ, dagegen hängen die übrigen Kasus davon ab, was er weiter sagen oder schreiben will. Diese Kasus werden über die Verhältnisse im Satz gesteuert.

Im Gegensatz zu den Nomen sind die Artikelwörter und die Adjektive nicht genusfest, aber wie die Nomen in Numerus und Kasus veränderlich (flektierbar).

Artikelwort   In den Klassen 1/2 wurde mit dem bestimmten und unbestimmten Artikel hantiert. Jetzt wird erweitert von *Artikelwörtern* gesprochen. Artikelwörter sind alle Wörter, die die Funktion haben, Begleiter eines Nomens zu sein. Dagegen sind Pronomen alle Wörter, die die Funktion haben, Stellvertreter (lat. *Pronomen*) zu sein. Das bedeutet, dass die meisten der einschlägigen Wörter zu zwei Wortarten gehören. Dabei kann dem Wort als Wort seine Wortart nicht angesehen werden. Erst im Satz entscheidet sich die Wortart. Einige der einschlägigen Wörter gehören sogar noch weiteren Wortarten an, z. B. das Wort *ein*. In *ein Mädchen* ist es unbestimmter Artikel, in *Einer flog* übers Kuckucksnest. ist *einer* Pronomen, in *Wir haben nur die eine Welt*. ist *eine* Adjektiv und in *Er beobachtete genau einen Vogel*. ist *einen* Numerale (sofern man eine solche Wortart annehmen möchte – jedenfalls sollte man hier nicht von einem unbestimmten Artikel sprechen).

Allgemein kann man sagen, dass man Wortarten immer dreifach bestimmen sollte:
a) semantisch, um die Leistung einer Wortart zu erfassen. Dazu muss aber zuerst die Wortart feststehen.
b) morphologisch, d. h. ob ein Wort deklinierbar, konjugierbar, komparierbar oder unveränderlich ist.
c) syntaktisch. Das ist auf alle Fälle bei den Unveränderlichen nötig, die sonst weiter nicht unterschieden werden könnten.

Es empfiehlt sich, bei jeder Wortart sowohl das morphologische als auch das syntaktische Kriterium anzuwenden.

Unter dieser Betrachtung gehört beispielsweise *ein* zu den deklinierbaren Wörtern. Erst die syntaktische Betrachtung ergibt die einzelnen Unterschiede.

Bei Anwendung des syntaktischen Kriteriums sind Verben Wörter, die sich mit Personalpronomen verbinden: *ich gehe, du gehst* ... Nomen sind Wörter, die einen Begleiter, nämlich ein Artikelwort, bei sich haben können. Das sind in den Klassen 3/4: *ein, das, mein, dieses, unser, jedes Rad; einige, alle Räder*. Weitere Artikelwörter kommen in den Klassen 5/6 hinzu.

Nomen bilden also zusammen mit ihren Begleitern einen syntaktischen Verband, eine Nominalgruppe: *das Rad, die Räder; der Sommer; die Hitze*. Eine Wortgruppe besteht aus einem Kern und den weiteren Gliedern und, da Wortgruppen gewöhnlich geordnet sind, kann man immer auch den linken sowie den rechten Rand einer Wortgruppe bestimmen. Dabei bildet der Kern meist den rechten Rand. Der Kern gibt bei allen veränderlichen Wörtern deren Form an. Nominalgruppen kongruieren in Genus, Numerus und Kasus: *das Rad, des Rades, dem Rad; die Räder, der Räder, den Rädern, die Räder*. Dabei bestimmt das Nomen als Kern das Genus und den Kasus des Begleiters. (In der Orthographie bewirkt der Begleiter die Großschreibung des Kerns.)

Nominalgruppe

Adjektive sind ebenfalls deklinierbar, prototypische Adjektive zudem aber auch komparierbar. Dabei sollte man sehen, dass morphologisch so gut wie alle Adjektive komparierbar sind. Semantisch macht es aber nur bei denen einen Sinn, bei denen es Vergleichsmöglichkeiten gibt. Treten komparierte Adjektive in prädikativen Sätzen auf, dann bilden sie eine besondere Gruppe, die mit *als* an den Komparativ angeschlossen wird: *größer als* ... Im Superlativ liegt als Gruppe eine Bildung mit *am* (*am größten*) vor.

Adjektiv

Betrachtet man einen prädikativen Komparativ wie *Das Ulmer Münster ist höher als der Kölner Dom.* so sieht man, dass *als* mittels des im Komparativ stehenden Adjektivs *höher* eine (vergleichende) Verbindung herstellt zwischen dem Ulmer Münster und dem Kölner Dom. In den Kl. 3/4 wird der vergleichende Charakter betrachtet, daher ist *als* hier Vergleichswort und *am* ein Wort, das den Superlativ ausdrückt. Dass *als* – anders als *am* – auch eine Verbindung herstellt, ist dann Inhalt der Kl. 5/6.

Man hat in der Komparation dann:
Positiv: *Melek lief so schnell wie Leon.*
Komparativ: *Das Ulmer Münster ist höher als der Kölner Dom.*
Superlativ: *Johannes war am schnellsten.* Dabei ist *am* höchstens indirekt Vergleichswort, sofern die Klasse der verglichenen

Objekte betrachtet wird. Es bildet zusammen mit der Superlativform in Prädikativsätzen den Superlativ. Grammatisch sollte man von einer Superlativpartikel sprechen – ähnlich wie man *zu* eine Infinitivpartikel nennt.

In den Klassen 3/4 geht es darum, dass die Schülerinnen und Schüler Vergleichssätze bilden und dabei im Positiv *so ...wie* im Komparativ aber *als* verwenden. Die Verwendung der Superlativpartikel *am* ist dagegen kaum ein Problem – höchstens orthographisch. D. h. man muss aufpassen, dass es nicht als verschmolzene Präposition gelesen wird, was Großschreibung nach sich ziehen würde. (Sprachhistorisch ist *am* tatsächlich *an dem*, was aber synchron in der Gegenwart nicht mehr ersichtlich ist.)

Adjektive bilden aber nicht nur wie beim Komparativ oder Superlativ eigene Gruppen, sie können auch Teil einer Nominalgruppe sein. Dies geschieht, wenn sie sich attributiv in eine Nominalgruppe einfügen. Ihr Genus, Numerus und Kasus wird dann wie beim Artikelwort durch das Nomen bestimmt: *ein heißer Sommer, des heißen Sommers*. Auch hier gilt: Es geht um die Bildung und Verwendung, nicht um die terminologische Fassung, dass hier Attribute vorliegen (Inhalt der Klassen 5/6).

Präposition   Obwohl Präpositionen alleine nicht vorkommen, sondern immer Wortgruppen bilden, sind Letztere noch nicht Gegenstand der Klassen 3/4, sondern nur die Wortart. Aber spätestens in der 4. Klasse sollten die typischsten Präpositionen, nämlich die Lokalpräpositionen, thematisiert werden. Im Rahmen einer Gruppe werden sie erst behandelt, wenn auch ihre Funktion, ein Adverbial oder ein Objekt zu bilden, angesprochen wird. Dabei ist in den Klassen 3/4 auch der Umstand zu besprechen, dass einige Präpositionen mit dem bestimmten Artikel eine feste Verbindung eingehen können: *zu/von + dem → zum/vom; zu + der → zur*. Wer nun denkt, dass *vor* aus *von + der* entstanden sei, irrt. Denn nach verschmolzenen Präpositionen kann kein weiterer Artikel stehen (*zur der Schule*), wohl aber nach *vor* (*vor der Schule*). Hinzuweisen ist auch darauf, dass mit *am* ein Homonym vorliegt. Zum einen ist *am* eine verschmolzene Präposition und kann in *an + dem* aufgelöst werden. Zusammen mit einem Superlativ ist *am* aber eine Partikel (s.o. unter Adjektiv). Daher verbietet sich hier jeder Gedanke an Großschreibung.

Junktion   Konjunktionen werden im Rahmen ihrer Möglichkeit, Attribute (Gliedteile: *der heiße und trockene Sommer*) oder Satzglieder

(Subjekt oder Objekt: *Mein Bruder und meine Schwester lesen ein Buch oder eine Zeitschrift.*) zu reihen, betrachtet.

Abb. 3 zeigt eine „Wortschatzkiste", in der die Wortarten der Grundschule je ein eigenes Fach bekommen (vgl. hierzu Ossner 1996). Die Unflektierbaren, die noch nicht unterschieden werden können, sind unter *Sonstige Wörter* zusammengefasst. Eine solche Wortschatzkiste sollte bei den veränderlichen Wörtern auch verschiedene Wortformen umfassen. Solche Formen gewinnt man, indem man Sätze aus Lesestücken oder Zeitschriften ausschneidet, in ihre Wörter zerschneidet und dann in die Kiste einordnet. Ihre Früchte trägt diese Kiste, wenn nicht nur Sätze in Wörter abgebaut und sortiert werden, sondern aus der Kiste wieder Sätze aufgebaut werden. Zieht nun ein Kind z. B. *Bücher*, braucht es den Artikel *die* oder *der* jeweils in der Kategorie Plural, je nachdem, was die Aussageintention ist: *die* als Nominativartikel, dann ist *die Bücher* Subjekt (*Die Bücher liegen auf dem Tisch*), oder als Akkusativartikel (*Lisa las die Bücher*) oder *der* als Genitivartikel (*der Inhalt der Bücher* ...). Auf diese Weise kann ein Begreifen darüber aufgebaut werden, wie in einem Satz alles zusammenhängt.

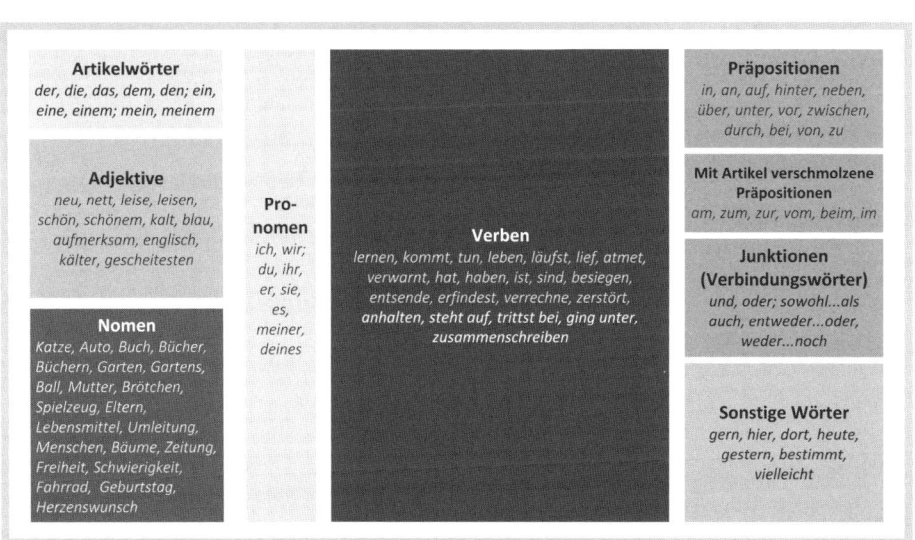

Abb. 3 | Wortschatzkiste: Die Wortarten der Grundschule

Satzglieder und Satz

Bei der Betrachtung eines Satzes geht es nicht nur darum, aus welchen Wörtern oder Wortgruppen dieser besteht, sondern vor allem auch darum, welche Funktion diese haben. Dazu braucht man den Begriff des Satzgliedes. Ein Satzglied ist diejenige Einheit, die eine auszuweisende Funktion im Satz hat. (Gliedteile werden in der Grundschule noch nicht terminologisch betrachtet.)

Satzglieder bestehen entweder aus Wörtern oder aus Wortgruppen. Auf dieser Klassenstufe identifiziert man ein Satzglied am einfachsten über die Verschiebeprobe, die man dahingehend verschärfen kann, dass alles ein Satzglied ist, was im Aussagesatz vor dem finiten Verb an der ersten Satzgliedstelle stehen kann (Spitzenstellungstest). Bei dieser Betrachtung bleibt ein Satzglied immer platzfest: das Prädikat, das grundsätzlich über ein Verb gebildet wird und gesondert bestimmt werden muss. Da aber das Verb bzw. ein Verbkomplex – in den Kl. 3/4 sind das Perfektformen aus Hilfsverb und Partizip II eines ↑Vollverbs – immer das Prädikat bilden, ist dies nicht schwer. Besteht das

Prädikat Prädikat nur aus dem finiten Verb, so steht es an der zweiten Satzgliedstelle, besteht es aus einem Verbkomplex, so steht der finite Teil (das Hilfsverb) an der zweiten Satzgliedstelle, der infinite Teil (das Vollverb) an der letzten Satzgliedstelle. In dem Satz: *Schüler schreiben Briefe.* hat man also mit dem Prädikat drei Satzglieder: Prädikat: *schreiben;* Subjekt*: Schüler;* Objekt: *Briefe.* An der Anzahl der Satzglieder hätte sich nichts geändert, wenn der Satz geheißen hätte:

a) *Die Schüler schreiben einen Brief.*
b) *Die Schüler haben einen Brief geschrieben.*

Bei a) wären lediglich Subjekt und Objekt aus Nominalgruppen gebildet gewesen und bei b) ist das Prädikat aus einem Verbkomplex gebildet. An a) kann man zudem sehen, dass *einen Brief* Akkusativ ist, da *schreiben* einen Akkusativ als Ergänzung braucht (*etwas schreiben*). Dagegen kann *die Schüler* Nominativ oder Akkusativ sein. An der Form kann man dies nicht sehen. Dies gilt im Übrigen für alle Nomen im Plural. Um hier Klarheit zu bekommen, muss man anders herangehen. Ein Satz ist ein sprachliches Ge-

Subjekt bilde, bei dem etwas von etwas ausgesagt wird. Jeder Satz hat also ein Subjekt, sonst liegt kein Satz vor. (In höheren Klassen werden Sonderfälle wie *Mich friert.* betrachtet werden.) Dieses *von etwas* bildet immer das Subjekt. Subjekt bedeutet so viel wie *Grundgrö-*

ße, Ausgangspunkt des Satzes, wörtlich: *das (dem Satz) Zugrundeliegende.* Die Grundgröße steht in der Grundform, dem Nominativ. In unserem Fall kann das nur *Schüler* bzw. *die Schüler* sein. Wenn man das bezweifelt, genügt es, *(die) Schüler* in den Singular zu setzen: *Ein Schüler schreibt einen Brief.* Zugleich wird nun auch die ↑Kongruenz zwischen Subjekt und Prädikat in Gestalt des finiten Verbs sichtbar. Steht das Subjekt im Plural, steht auch das finite Verb im Plural, steht es im Singular, so auch das finite Verb.

Die betrachteten Sätze haben jeweils auch ein Objekt, weil *schreiben* eine Ergänzung braucht: *etwas schreiben.* Da die entsprechende Größe im Akkusativ steht, handelt es sich um ein Akkusativobjekt, das im Übrigen immer unbelebt ist. Menschen, denen geschrieben wird, stehen im Dativ.

Objekt

Auf den ersten Blick scheint man das alles einfacher haben zu können, wenn man die sog. Frageprobe anwendet. Dann heißt es: Auf die Frage *wer/was?* steht das Subjekt, auf die Frage *wen/was?* das Objekt. Das ist in vielen Fällen auch richtig, aber es erklärt überhaupt nichts. Zum Beispiel wird der grundlegende Unterschied zwischen Subjekt und Objekt eingeebnet. Tatsächlich aber kongruiert das Subjekt mit dem Prädikat, während das Objekt eine notwendige ↑Ergänzung des Verbs in der Verbgruppe ist, von diesem im Kasus festgelegt (regiert). Das Subjekt wählt der Sprecher intentional, die Objekte und ihre Form sind eine Folge der Wahl des Prädikats.

Daher ist zu klären, was man möchte und unter welcher Perspektive man etwas möchte.

Wenn man einen Satz als eine Informationseinheit ansieht – ein Satz gibt immer mindestens eine vollständige Information, indem etwas von etwas ausgesagt wird –, dann ist es vernünftig, Fragen an den Satz zu stellen: *Wer?, Was?, Wem?, Wessen?, Wann? Wo?* etc. Mit der Nennung der entsprechenden Stelle des Satzes ist es aber dann auch erledigt. Die Auskunft, dass auf die Frage *Wer?* das Subjekt stehe, ergibt keinen Mehrwert. Lediglich wurde ein so nicht durchschaubarer Terminus erzeugt. Dagegen erzeugt die Perspektive, den Satz als Struktureinheit zu betrachten, den Blick auf den Umstand, dass Subjekte in der Grundform stehen und mit dem Prädikat mittels kongruierender Formen eine untrennbare Verbindung eingehen. Nicht von ungefähr nannten die Römer die Beugung des Prädikats nach Maßgabe des Subjekts *conjugatio,* zu deutsch: *Heirat.*

Satz als Informationseinheit – Satz als Struktureinheit

Daher braucht eine schulische Betrachtung beides. Unter der Perspektive Lesen und der damit verbundenen Erfassung der Informationen, die in einem Satz gebunden sind, müssen Fragen an den Satz gestellt werden. Unter der Perspektive Schreiben aber geht es darum, was als Größe gesetzt (Subjekt) und was davon ausgesagt werden soll und um die richtige Form des jeweiligen Ausdrucks.

Satzart — In den Klassen 3/4 sollte schließlich das, was in den Anfangsklassen hinsichtlich ↑Satzart und ↑Satzzeichen angebahnt wurde, dahingehend erweitert werden, dass nun auch die Satzform auf der Grundlage der Stellung des finiten Verbs bzw. der Einleitung durch ein Fragewort in den Blick kommt.

2.1.4 Verfahren und Strategien

Feminina verhalten sich anders als Maskulina — Auch in den Klassen 3/4 geht es ganz wesentlich um Bestimmen nach Mustern, aber auch um mögliche Entdeckungen auf der Grundlage eines gut arrangierten Materials. Dazu gehört beispielsweise, dass sich bei den Nomen Feminina bei der Deklination im Singular im Gegensatz zu Maskulina nicht verändern. Daher ist es günstig, wenn man einer Form den Kasus nicht ansehen kann, den entsprechenden Ausdruck durch ein Maskulinum zu ersetzen: *Die Frau liebt die Katze.* Hier ist nicht ersichtlich, was Nominativ und damit Subjekt und was Akkusativ und damit Objekt ist. Setzt man hingegen Maskulina ein, lichten sich die Verhältnisse schnell: *Der Mann liebt den Hund.*

Bildung des Imperativs — Selbständig entdeckt werden kann, dass das Wegstreichen der Endung der 2. Ps. -st bei Verben immer eine gute Grundlage für die Bildung des Imperativs ist, dass man aber mindestens drei Paradigmenklassen unterscheiden muss. Solche, wo dies ausreicht (*gibst → gib!*), solche, bei denen ein -e nötig (*handeltst → handle!*), aber ein -e zuvor ausgefallen ist, und solche, bei denen der Umlaut im Imperativ nicht realisiert ist (*rätst → rate!*). (Zum gesamten Formenparadigma siehe ↑Imperativ.)

Verallgemeinerte Formen bilden — In den Klassen 3/4 steht zum ersten Mal ein ganz wesentliches Verfahren an, das Verallgemeinern. Das wird geübt, wenn bei den Verbgruppen aus inhaltlich gefüllten Ergänzungen verallgemeinerte Formen konstruiert werden: *meiner Mutter Blumen schenken – jemand etwas schenken.*

Kongruenz — Ganz wesentlich ist auch die Feststellung von ↑Kongruenzen. Bei Nominalgruppen in Genus,

Kasus und Numerus (*das neue Rad* – *des neuen Rades*), beim Satz von Subjekt und Prädikat in Numerus und Person (*ich schlafe*). Nichts zeigt eine Gruppe oder einen Satz als ein Gewebe (als eine gefügte Struktur) mehr als die Kongruenz. Dass bei Nominalgruppen die Kongruenz zwischen Artikelwort und Nomen als ↑Kern der Gruppe wesentlich ist und Adjektive als Attribute in diese Klammer hineingeschoben werden können, wobei sie sich der Form der beiden beugen müssen, führt auch zu einer einfachen und stimmigen Großschreibung der Nomen: Großgeschrieben wird der Kern der Nominalgruppe, d. h. das vom Begleiter begleitete Wort und eben nicht: Nach *der, die, das* wird großgeschrieben (vgl. auch Abb. 4).

↑Rektion spielt bei den Verben eine Rolle – die Ergänzungen des Verbs werden im Kasus durch das Verb festgelegt – und in den Kl. 3/4 auch bei den Präpositionen – eine Präposition regiert einen bestimmten Kasus. Die Ergänzungen des Verbs in der Verbgruppe werden im Satz zu Objekten. Auf diese Weise werden *Ergänzung* und *Objekt* klare Bereiche zugewiesen. Von *Ergänzungen* spricht man bei notwendigen ↑Konstituenten im Rahmen der Verbgruppe, also außerhalb des Satzes, innerhalb des Satzes handelt es sich bei diesen notwendigen Konstituenten um Objekte.

Rektion

Mit dem Satz ist die Frage der Satzglieder aufgeworfen und damit die Umstellprobe: Was hier zusammenbleibt, kann als Satzglied betrachtet werden. Das ist eine für das Deutsche typische Probe, die nicht für alle Sprachen anwendbar ist. Bei SVO-Sprachen (Subjekt-Verb-Objekt) kann nicht einfach das Objekt an die Satzspitze gestellt werden (vgl. Englisch oder Chinesisch), ebenso wenig wie bei SOV-Sprachen wie dem Persischen (Farsi) oder Japanischen. Bildlich kann das Prinzip der Umstellprobe zur Ermittlung der Satzglieder als Planetenmodell dargestellt werden. Um das Verb als Sonne kreisen die Planeten Subjekt und Objekt(e). Beachten sollte man auch, dass die Umstellprobe im Wesentlichen bei isolierten Sätzen anwendbar ist. Im Text folgt die Stellung der Satzglieder der Thema-↑Rhema-Abfolge, also der Abfolge von alter und neuer Information. Daher verändern Umstellungen einen Text zumindest stilistisch.

Problematik der Umstellprobe

2.2 Das Curriculum der Klassen 3/4

2.2.1 Wort und Wortarten

Verb

Inhalte und Beispiele	Erarbeitung: Verfahren und Hinweise
Aspekte des Verbs:	① Unterschiedliche Sätze mit unterschiedlichen Subjekten bilden und die Verben als Wortart beschreiben, die nach Person und Numerus (*ich lebe*/*wir leben*) veränderlich (konjugierbar) sind. Dabei immer den Infinitiv gegenüber den flektierten Formen im Satz bestimmen: Infinitiv (Grundform): *laufen*; 1. Ps. Sg.: *ich **laufe***, Pl.: *wir **laufen***; 2. Ps. Sg.: *du **läufst***, Pl.: *ihr **lauft***; 3. Ps. Sg.: *er/sie/es **läuft***; Pl.: *sie **laufen***. Den Infinitiv (***laufen***) als subjektlose Form und Form des Wörterbuchs bestimmen. Die Personalformen in Abhängigkeit vom Subjekt beschreiben. Dabei kann die 1. und die 2. Personalform nur durch *ich/wir*, *du/ihr* gebildet werden, während die 3. Person durch ein Personalpronomen (*er/sie/es, sie*) oder den jeweiligen Bezugsausdruck (*Peter, die Lehrerin, das Kind, die Kinder*) besetzt sein kann.
Infinitiv – Person und Numerus ① Beispiele: *leben – ich lebe, wir leben; du lebst, ihr lebt; er (Peter), sie (die Lehre-rin), es (das Kind) lebt, sie (die Kinder) leben laufen – ich laufe, wir laufen; du läufst, ihr lauft; er/sie/es läuft, sie laufen*	
Präsens ② Beispiele: *(ich) lebe, (ich) laufe*	
Präteritum und Perfekt ③ Beispiele: *(ich) lebte – (ich) habe gelebt, (ich) las – (ich) habe gelesen, (ich) lief – (ich) bin gelaufen; es war einmal*	② Für die Gegenwart (Zeitstufe) die Form des Präsens (Zeitform) verwenden. Die Form hat keine eigene Markierung, die Personalendung tritt an den Stamm: *ich **leb-e***.
Futur I ④ Beispiel: *(ich) werde schlafen*	③ Für Vergangenes (Zeitstufe) Präteritum oder Perfekt (Zeitformen) verwenden. Die Präteritumsform (das Präteritum) beschreiben als veränderte (flektierte) Form a) bei regelmäßigen (schwachen) Verben, indem zwischen Stamm und Personalendung ein -(e)t- eingefügt wird (*ich **leb-t-e**, **redete***), b) bei den unregelmäßigen (starken) Verben, indem sich der Stammvokal (*ich **lief***) ändert. Präteritum als Form für fiktionale (schriftliche) Texte verwenden (*Es **war** einmal ...*). Die Perfektform als eine komplexe Verbform beschreiben, die mit der Personalform der Hilfsverben ***haben*** oder ***sein*** + Partizip II gebildet wird: *ich **habe** gelesen, du **bist** gelaufen*. Das Perfekt wird vor allem im Mündlichen für Vergangenes verwendet.
Hilfsverb und Verbkomplex ⑤ Beispiele: *sein (ich bin gelaufen), haben (wir haben geschlafen), werden (du wirst kommen)*	
Partizip II ⑥ Beispiele: *gelebt, verwarnt, gelaufen, belogen*	
Imperativ ⑦ Beispiele: *lach(e)!/lacht!, rech-ne!/rechnet!; lies!/lest!, nimm!/nehmt!*	
Wortbildung des Verbs ⑧ Beispiele: *besiegen, entsenden, erfinden, verrechnen, zerstören, anhalten, aufstehen, beitreten, mitlaufen, zusammenschreiben*	
Stamm und Wortfamilie ⑨ Beispiele: *rechn-: rechnen, rechne, rechnest ... rechnete, hat gerechnet, berechnen, errechnen, verrechnen, Rechnung lach-: lachen, lachst, lacht, lächeln, Gelächter, lächerlich*	④ Für Zukünftiges (Zeitstufe) das Futur (Zeitform) verwenden. Die Futurform beschreiben als eine Form, die mit der Personalform des Hilfsverbs ***werden*** im Präsens + Infinitiv gebildet wird: *ich **werde schlafen***. ⑤ Hilfsverben (*haben, sein, werden*) bestimmen, die zusammen mit Vollverben (*laufen, schlafen, kommen*) einen Verbkomplex zur Bildung von Zeitformen

2 Klassen 3/4

Inhalte und Beispiele	Erarbeitung: Verfahren und Hinweise
Wortfeld ⑩ Beispiel: *sagen, reden, schreien, brüllen, flüstern, antworten, erwidern, entgegnen, auffordern, fragen ...*	bilden: *ich **bin** gelaufen, ich **habe** geschlafen, du **wirst** kommen*. ⑥ Das Partizip II als Form des Vollverbs im Perfekt einsetzen. Dabei die Form beachten: schwache einfache Verben: **ge-...-t** (**ge**warn**t**); schwache abgeleitete Verben: kein Präfix **ge-**, nur **-t** (verwarn**t**); starke einfache Verben: **ge-...-en** (**ge**lauf**en**), starke, abgeleitete Verben: kein Präfix **ge-**, nur **-en** (belog**en**). ⑦ Die Imperativform (Aufforderungsform) der Verben bilden, die auf der Grundlage der 2. Ps. Sg. Entsteht: *lach~~st~~ – lach(e)!, rechn~~est~~ – rechne!, schau(~~st~~) – schau!, liest – lies!, nimm~~st~~ – nimm!* Im Plural sind die Formen der 2. Ps. Pl. Ind. und des Imperativs identisch: *ihr lacht – lacht!* Die Funktion der Imperativform als Aufforderungsform – gerichtet an ein Du oder Ihr – herausarbeiten. ⑧ Mittels häufiger Präfixe (Vorbausteine) wie **be-, ent-, er-, ver-, zer-** sowie trennbarer Verbpartikeln wie **an-, auf-, bei-, mit-, zusammen-** neue Verben zur Wortschatzerweiterung bilden. (Wortbildung mittels Derivation sowie Partikelverbbildung.) ⑨ Von einem für die Orthographie bedeutsamen Verb ausgehend, eine Wortfamilie bilden. Von einem Verbstamm ausgehend, Flexions-formen und Wortbildungen zu einer Wortfamilie, in der verschiedene Wortarten vertreten sind, zusammenstellen. ⑩ Von einem für die Textarbeit bedeutsamen Verb ausgehend, verwandte Ausdrücke zu einem Wortfeld zusammenstellen. Dabei die Bedeutungsunterschiede herausarbeiten.

Nomen

Inhalte und Beispiele	Erarbeitung: Verfahren und Hinweise
Konkreta und Abstrakta ① Beispiele: *Ball, Mutter, Obst, Möbel, Freiheit, Spaß* Aspekte des Nomens: Numerus ② Beispiele: *(die) Mutter – (die) Mütter, (der) Ball – (die) Bälle, (die) Katze – (die) Katzen, (das) Brötchen – (die) Brötchen* Kasus ③ Beispiele: *der Zeuge, dem Zeugen, den Zeugen; die Freundin, der Freundin, die Freundin*	① Nomen als Ausdrücke zur Benennung von Gegenständen über das unmittelbar sinnlich Wahrnehmbare hinaus einsetzen. Dabei kann zwischen Konkreta (= Nomen für sinnlich Wahrnehmbares: **Ball, Mutter**), Sammelbezeichnungen wie **Obst, Möbel** und Abstrakta (= Nomen für Gefühle, Ideen: **Freiheit, Spaß**) unterschieden werden. ② Numerus bestimmen: Plural mit Singular vergleichen. Dabei zumindest die wichtigsten Pluralbildungen beachten: Singular: **Mutter** – Plural: **Mütter** (Umlaut), **Ball** – **Bälle** (Umlaut und Suffix), **Katze** – **Katzen** (Suffix), *das* **Brötchen** – *die* **Brötchen** (keine Veränderung). Die Funktion des Numerus zur Anzeige von Anzahl herausarbeiten.

Inhalte und Beispiele	Erarbeitung: Verfahren und Hinweise
Kasus ③ Beispiele: *der Zeuge, dem Zeugen, den Zeugen; die Freundin, der Freundin, die Freundin*	③ Die Kasus Nominativ, Dativ und Akkusativ im Singular und Plural in geeigneter Satzumgebung identifizieren. **_Der Richter_** fragt **_den Zeugen_**. **_Die Mutter_** glaubt **_meiner Freundin_**. Den Unterschied zwischen dem Nominativ, der von keiner weiteren Größe abhängig ist, und Dativ und Akkusativ, die von einem Verb abhängen, herausarbeiten. ④ Die drei Genera anhand des bestimmten Artikels unterscheiden. Herausarbeiten, dass das Genus im Unterschied zu Numerus und Kasus beim Nomen feststeht. Genus auch aufgrund von Wortbildung erfassen: **-ung, -heit, -keit, -in** immer feminin (weiblich); **-chen, -lein** immer Neutrum (sächlich). ⑤ Derivation: Mit den Nachbausteinen (Suffixen) **-ung, -heit, -keit** Nomen bilden: **_frei_** + **_heit_** → **_Freiheit_**. Komposition: Ein Nomen als Grundwort mit einem Wort verschiedener Wortarten zu einem neuen Nomen zusammensetzen, Grundwort, das das Genus bestimmt, und Bestimmungswort, mit dem unterklassifiziert wird, analysieren: **_fahr_** (Verb) + **_Rad_** (Nomen) → **_Fahrrad_**, **_frei_** (Adjektiv) + **_Stunde_** (Nomen) → **_Freistunde_**, **_Sonne_** (Nomen) + **_Strahl_** (Nomen) → **_Sonnenstrahl_** (Fugen -n beachten!) Auf nötige (aber nicht immer vorhersagbare) Fugenelemente achten. ⑥ Von einem für die Orthographie bedeutsamen Nomen ausgehend, eine Wortfamilie mit Flexionsformen und Wortbildungen bilden. Darauf achten, dass sich der Stammvokal ändern kann: **_Haus_/_Häus_-/_häus_-** ⑦ Von für die Textarbeit bedeutsamen Nomen ausgehend, verwandte Ausdrücke zu einem Wortfeld zusammenstellen, dabei die Bedeutungsunterschiede herausarbeiten.
Genus ④ Beispiele: *der Winter, die Sonne; die Zeitung, die Freiheit, die Schwierigkeit; die Lehrerin; das Märchen, das Büchlein*	
Wortbildung des Nomens ⑤ Beispiele: *Zeitung, Freiheit, Schwierigkeit Fahrrad, Freistunde, Schreibtisch, Glückskind, Geburtstag, Sonnenstrahl, Kindergarten, Freundeskreis, Herzenswunsch*	
Stamm und Wortfamilie ⑥ Beispiel: *Haus – Hauses, Häuser, Häusern, häuslich, Haustür, Hausaufgabe*	
Wortfeld ⑦ Beispiel: *Baum, Tanne, Fichte, Buche, Eiche, Erle, Strauch, Gebüsch, Obstbaum, Kirschbaum, Apfelbaum*	

Artikel und Pronomen

Inhalte und Beispiele	Erarbeitung: Verfahren und Hinweise
Artikelwörter ① Beispiele: *der, die, das, ein, eine, einige, dieser, diese, dieses, mein, unser, jeder, jede, jedes, alle*	① Artikel(wörter) in ihrer Funktion als Begleiter durch geeignete Wortgruppen bestimmen. Die in den Klassen 1/2 bestimmten Artikel als Teilklasse der Artikelwörter erfassen. Artikelwörter als linken Rand (Eröffnung) einer Nominalgruppe und als Begleiter von Nomen identifizieren: **_der wilde Löwe_, _meine rechte Hand_**. Feststellen, dass das Nomen (*Löwe, Fahrrad*) Genus, Numerus und Kasus des Artikel(-wortes)/des Begleiters festlegt, dass aber der Artikel bzw. das Artikelwort/der Begleiter (*der, meine*) die Großschreibung des rechten Randes auslöst.
Deklinierte Personalpronomen ② Beispiele: *ich, mich, mir, (meiner), wir, uns, unser, (unser), du, dich, dir, (deiner); ihr, euch, euch (eurer)*	

2 Klassen 3/4

Inhalte und Beispiele	Erarbeitung: Verfahren und Hinweise
Bestimmter Artikel als Teil verschmolzener Präpositionen ③ Beispiele: *am, beim, im, vom, zur, zum*	② Sätze für Personalpronomen in den verschiedenen Kasus (Genitiv fakultativ) bilden: *ich laufe, sie gratuliert mir, er sucht dich.* Mit Fragepronomen W-Fragesätze bilden: **Wer** besucht seine Schwester? **Wen** retten die Kinder? **Wer** schenkt **wem was**? ③ Verschmolzene Präpositionen in Präposition und Artikel zerlegen und die jeweiligen Anteile beschreiben: *am = an + dem, zur = zu + der.*

Adjektiv

Inhalte und Beispiele	Erarbeitung: Verfahren und Hinweise
Deklination des Adjektivs ① Beispiel: *schön – schöner, schöne, schönes, schönen*	① Typische Adjektive als attributive Adjektive zur genaueren und differenzierteren Beschreibung einsetzen. Dabei die Form den Erfordernissen der Nominalgruppe angleichen. Die Grundform (*schön*) gegenüber den deklinierten Formen (**schön – schöne, schönes, schöner, schönen, schönem**) bestimmen. ② Adjektive komparieren: Positiv (Grundstufe): **schnell, kalt**; Komparativ (Vergleichsstufe/Höherstufe): **schneller, kälter**; Superlativ (Höchststufe): **am schnellsten, am kältesten**. Durch Bezug zum Eigenschaftsträger den relativen Charakter der Steigerung feststellen (die schnellste Schnecke ist immer noch absolut gesehen sehr langsam). ③ Durch Hinzufügen von Suffixen (Nachbausteinen) zur Wortschatzerweiterung neue Adjektive bilden. Adjektive mittels typischer Suffixe ableiten: *-sam, -isch, -lich, -bar, -ig* (weitere Suffixe in Kl. 5/6) (Beachten: *-lich* erzeugt auch Adverbien: *sicherlich*.) ④ Von einem Adjektiv ausgehend, für die Orthographie bedeutsame Flexionsformen und Wortbildungen zu einer Wortfamilie zusammenstellen. ⑤ Von einem für die Textarbeit bedeutsamen Adjektiv ausgehend, verwandte Ausdrücke zu einem Wortfeld zusammenstellen, dabei die Bedeutungsunterschiede herausarbeiten.
Komparationsformen des Adjektivs ② Beispiele: *schnell – schneller – am schnellsten; kalt – kälter – am kältesten*	
Wortbildung des Adjektivs ③ Beispiele: *aufmerksam, englisch, freundlich, furchtbar, mutig*	
Wortfamilie ④ Beispiel: *kalt – kalte, kalter, kaltes, kaltem, kalten, kälter, am kältesten, (die) Kälte, Kälteeinbruch*	
Wortfeld ⑤ Beispiele: *klug, aufgeweckt, findig, gescheit, gewitzt, listig, schlau*	

Präposition

Inhalte und Beispiele	Erarbeitung: Verfahren und Hinweise
Präposition mit lokaler Bedeutung ① Beispiele: *in, an, auf, hinter, neben, über, unter, vor, zwischen, durch, bei, von, zu*	① Präpositionen als unflektierbare Wörter zur Herstellung eines lokalen Verhältnisses erfassen, z. B.: *Petra singt **in**/**vor**/**hinter**/**bei** dem Haus*. Herausarbeiten, dass Präpositionen den Kasus von Nominalgruppen oder Pronomen bestimmen (regieren): ... ***in**/**vor**/**hinter**/**bei** dem Haus* (Dativ).
Verschmelzung von Präposition und Artikel ② Beispiele: *zum, im, am, beim, vom, zur*	② Verschmolzene Präpositionen in den präpositionalen und den Artikelteil auflösen: *zum → zu dem, zur → zu der*. Verschmolzene Präposition *am* (*am Bahnhof*) und Superlativpartikel *am* (*am schnellsten*) nicht verwechseln.

Konjunktion

Inhalte und Beispiele	Erarbeitung: Verfahren und Hinweise
Konjunktion ① Beispiele: *und, oder*	① Mit Konjunktionen als unveränderlichen (unflektierbaren) Ausdrücken Wörter oder Wortgruppen miteinander verbinden: *Sie sammelte rote, grüne **oder** mehrfarbige Blätter. Er trug ein blaues Hemd, eine grüne Hose **und** eine bunte Mütze.* Den Zusammenhang von nebenordnender Konjunktion und reihendem Komma beachten.
Mehrgliedrige Konjunktion ② Beispiele: *sowohl ... als auch; entweder ... oder; weder ... noch*	② Die Konstituenten mehrgliedriger Konjunktionen identifizieren und mit ihnen Satzglieder oder Sätze verbinden: *Sie spielte **sowohl** Fußball **als auch** Tennis. Sie wollte **entweder** wandern **oder** Pilze suchen. Er wollte **weder** schwimmen **noch** tauchen.*

2.2.2 Wortgruppe

Verbgruppe

Inhalte und Beispiele	Erarbeitung: Verfahren und Hinweise
Form der Verbgruppe ① Beispiele: *einen Fahrradschlauch flicken – etwas reparieren, dem Opa lauschen – einem lauschen*	① Verbgruppen als Gruppen aus dem Verb im Infinitiv (Präsens) zusammen mit den vom Verb regierten Wörtern bzw. Wortgruppen z. B. als Überschrift bilden. Dabei feststellen, dass Verbgruppen eine zusammenhängende Wortgruppe mit dem rechtsstehenden Verb als Kern bilden: *einen Fahrradschlauch flicken; dem Opa lauschen*. Herausarbeiten, dass das Verb die Form der von ihm abhängigen Wörter und Wortgruppen regiert: *einen Fahrradschlauch flicken* (*flicken* regiert einen Akkusativ); *dem Opa lauschen* (*lauschen* regiert einen Dativ). Verbgruppen verallgemeinern: *einen Fahrradschlauch flicken → etwas flicken; dem Opa lauschen → jemandem lauschen*.
Form und Stellung des Verbs in der Verbgruppe und im Satz ② Beispiel: *einen Fahrradschlauch flicken – Ich flicke einen Fahrradschlauch.*	

2 Klassen 3/4

Inhalte und Beispiele	Erarbeitung: Verfahren und Hinweise
Verbgruppe und Satzfunktion ③ Beispiel: *Ich schenke meiner Mutter einen Blumenstrauß.*	② Feststellen, dass das Verb im Infinitiv immer den rechten Rand einer Verbgruppe bildet, dass aber das (finite) Verb im (Haupt-)Satz die zweite Satzgliedstelle einnimmt: **einen Fahrradschlauch <u>flicken</u>** (= rechter Rand) – *Ich <u>flicke</u> einen Fahrradschlauch.* (finites Verb an der 2. Satzgliedstelle). ③ Herausarbeiten, dass in Sätzen, in denen wie bei *schenken* eine Verbgruppe (*einem etwas schenken*) erforderlich ist, diese zusammen mit einem Subjekt den jeweils kleinstmöglichen Satz bildet. In diesem hat das Verb die Funktion des Prädikats, die ganze Verbgruppe die des (engen) Prädikatsverbands, die vom Verb geforderten Konstituenten die Funktion von Objekten.

Nominalgruppe

Inhalte und Beispiele	Erarbeitung: Verfahren und Hinweise
Form der Nominalgruppe ① Beispiele: *das Wetter, ein schönes Wetter, diese Schule, mein Roller, unser Klassensprecher, einige Kinder, jede neue Lehrerin, alle Eltern* *Mein Fahrrad hat einen roten Rahmen.* Nominalgruppe und Satzfunktion ② Beispiel: *Unser Klassenzimmer bekam einen neuen Anstrich.*	① Nominalgruppen aus Artikelwort⌒Nomen bzw. Artikelwort⌒Adjektiv⌒Nomen bestimmen und bilden: **das <u>Wetter</u>, ein schönes <u>Wetter</u>**. Dabei feststellen, dass innerhalb und außerhalb eines Satzes Nominalgruppen eine zusammenhängende Wortgruppe mit dem rechtsstehenden Nomen als Kern bilden. Von einem Artikelwort als Begleiter (= linker Rand) ausgehend, das begleitete Wort (= Nomen als rechter Rand) suchen und den Bezug kennzeichnen und umgekehrt, vom Nomen ausgehend, die Form des Artikelwortes und gegebenenfalls des Adjektivattributs (Kongruenz der Nominalgruppe) bestimmen. Dabei die Großschreibung des Kerns beachten: *ein schöner <u>**Baum**</u>*. (Monoflexion, siehe Adjektivgruppe, Kl. 7/8.) Herausarbeiten, dass im Satz die Konstituenten einer Nominalgruppe zusammenstehen. **Mein <u>Fahrrad</u>** hat **einen roten <u>Rahmen</u>**. ② Durch geeignete Verfahren (siehe Satzglieder und Satz) im Satz die Satzfunktionen Subjekt bzw. Objekt einer Nominalgruppe identifizieren: **Unser Klassenzimmer** (Subjekt) *bekam* **einen neuen Anstrich** (Objekt). Großschreibung des Kerns der Nominalgruppe beachten.

2.2.3 Satzglieder und Satz

Inhalte und Beispiele	Erarbeitung: Verfahren und Hinweise
Satzglieder ①: Beispiele: *Meine liebe Schwester gibt mir ein neues Buch. Sie sammelte grüne, rote und mehrfarbige Blätter.* Subjekt ② Beispiele: *Du schreibst mir eine Karte. Mein Vater besucht seine Schwester. Meinem Bruder hat dieses Buch gehört.* Prädikat ③ Beispiele: *Du kaufst ein neues Heft. Ich habe einem Freund einen Goldfisch geschenkt.* Objekt ④ Beispiele: *Die Kinder retteten einen Hund. Er las Abenteuerbücher, Pferdebücher und Zeitschriften. Mein kleiner Bruder schenkt meiner Schwester einen Bleistift.* Vergleichssätze ⑤ Beispiele: *Das Ulmer Münster ist höher als der Kölner Dom. Melek lief so schnell wie Leon. Johannes war am schnellsten.* Satzart, Satzform und Satzzeichen ⑥ Beispiel: *Meine Schwester gibt mir ein neues Buch. Wer gibt mir ein neues Buch? Gibt mir meine Schwester ein neues Buch? Gib mir ein Buch? Raus mit euch! Hurra!*	① Satzglieder durch die Umstellprobe, insbesondere den Spitzenstellungstest, bestimmen: Alles, was beim Umstellen zusammenbleibt und an die erste Satzgliedstelle bewegt werden kann, als ein Satzglied bestimmen: **Meine liebe Schwester** *gibt mir ein neues Buch./* ***Mir*** *gibt meine liebe Schwester ein neues Buch./* ***Ein neues Buch*** *gibt mir meine liebe Schwester.* ***Sie*** *sammelte grüne, rote und mehrfarbige Blätter./* ***Grüne, rote und mehrfarbige Blätter*** *sammelte sie.* Satzglieder auf ihre Form untersuchen: **Meine liebe Schwester** (Nominalgruppe aus Artikelwort, Adjektiv, Nomen) **gibt** (Vollverb) **mir** (Pronomen) **ein neues Buch** (Nominalgruppe aus Artikelwort, Adjektiv, Nomen). ② Satz als Informationseinheit: Vom Verb/Verbkomplex als Prädikat/mehrteiligem Prädikat ausgehend das passende Satzglied durch wer?/was? ersetzen/erfragen. *Wer schreibt mir eine Karte? –* **du** (Personalpronomen = Subjekt). *Meinem Bruder hat* **was** *gehört? –* **dieses Buch** (Nominalgruppe = Subjekt). Diese Frage nach einem oder mehreren Objekten kombinieren: *Wer besucht wen? Wem hat* **was** *gehört?* Herausarbeiten, dass Subjekte immer im Nominativ stehen. Satz als Struktureinheit: Die Kongruenz in Person und Numerus von Subjekt und Prädikat feststellen: <u>**Dieses Buch**</u> *hat meinem Bruder gehört.* <u>**Die Bücher**</u> **gehören** *meinem Bruder.* ③ Das Prädikat als Funktion des finiten Vollverbs bzw. des Verbkomplexes mit dem finiten Verb im Satz bestimmen: *Du* **kaufst** *ein neues Heft. Ich* **habe** *einem Freund einen Goldfisch* **geschenkt**. Das Prädikat kann als Satzglied nicht erfragt werden. (Die Frage *Was tut X?* zielt auf eine Spezifikation des semantisch allgemeinen Verbs *tun*.) Die Kongruenz zwischen Subjekt und finitem Verb des Prädikats feststellen: <u>**Du**</u> **kaufst** *ein neues Heft.* <u>**Ich**</u> **habe** *einem Freund einen Goldfisch geschenkt*. Die Kongruenz besteht nur zwischen Subjekt und finitem Verb. Daher muss als Erstes ggf. der Verbkomplex als Prädikat bestimmt werden. ④ Satz als Informationseinheit: Vom Verb/Verbkomplex als Prädikat/mehrteiligem Prädikat ausgehend, das bzw. die passenden Satzglieder durch wen/was bzw. wem/was? ersetzen. *Die Kinder retteten wen? – einen Hund. Er las was? – Abenteuerbücher, Pferdebücher und Zeitschriften. Mein kleiner Bruder schenkt meiner*

Inhalte und Beispiele	Erarbeitung: Verfahren und Hinweise
	Schwester was? – einen Bleistift? Mein kleiner Bruder schenkt wem einen Bleistift? – meiner Schwester. Mein kleiner Bruder schenkt wem was? Die Frage mit Fragen nach dem Subjekt kombinieren: *Wer schenkt wem was?* <u>Satz als Struktureinheit</u>: Die vom Verb/Verbkomplex als Prädikat/mehrteiligem Prädikat regierten Satzglieder als Objekte fassen: *Die Kinder **retteten** **<u>einen Hund</u>*** (Nominalgruppe im Akkusativ als Akkusativobjekt). *Mein kleiner Bruder **schenkt** **<u>mir</u>*** (Personalpronomen im Dativ als Dativobjekt) ***<u>einen Bleistift</u>*** (Nominalgruppe im Akkusativ als Akkusativobjekt) . ⑤ Vergleichssätze mit Formen im Positiv (**so ... wie**), Komparativ (**höher als** ...) und Superlativ (**am schnellsten**) bilden. ⑥ Satzarten nach verschiedenen Merkmalen mit Blick auf die zu verwendenden Satzzeichen unterscheiden: a) Aussagesatz (Punkt): *Meine Schwester gibt mir ein neues Buch.* b) Fragesatz (Fragezeichen): *Wer gibt mir ein neues Buch?* (W-Fragesatz), *Hast du das neue Buch gelesen?* (Entscheidungsfragesatz) c) Ausrufesatz (Ausrufezeichen): *Gib endlich auf!*

2.3 Anwendungsaspekte in den Klassen 3/4

2.3.1 Schreiben

In den Klassen 3/4 sind die dominierenden Textsorten das schriftliche, gesellige Erzählen in Form der Höhepunkterzählung und das Beschreiben. Mit dem Erzählen kommt die Form des Präteritums zentral ins Spiel, mit dem Beschreiben das Präsens sowie das Adjektiv als Möglichkeit der genau(er)en Benennung. Zum Erzählen gehört die wörtliche Rede, was bedeutet, dass Formen wie das Perfekt (im Gegensatz zur Erzählzeit Präteritum) betrachtet werden müssen, was wiederum die Bildung des Partizips II in den Blick rückt, aber auch das Futur I und als Modus den Imperativ.

Grammatik bei Erzählen und Beschreiben

Mit Blick auf das Rechtschreiben ist die Bildung von Wortfamilien das wichtigste aller Mittel, weil sich in der Wortfamilie, als Ergebnis der zusammengehörenden Wortformen, aufgrund grammatischer Veränderung und der Möglichkeiten der Wortbildung die für das Deutsche so wesentliche Konstantschreibung manifestiert: *zahl: Zahl, Zahlung, zählen, erzählen, Zählmaschine* ...

Wortfelder

Wortfelder sind ein probates Mittel der Wortschatzerweiterung. In allen beschreibenden Teilen einer Erzählung oder in Beschreibungen selbst ist Genauigkeit der Beobachtung und ihrer sprachlichen Wiedergabe bedeutsam. Mit dem Adjektiv steht eine Wortart zur Verfügung, die etwas genauer und anschaulicher in der Gegenstandsbeschreibung machen kann. Adjektive leisten dies in ihrer attributiven und prädikativen Verwendung. Daher ist nun in einer Erzählung nicht nur von einer *Katze* die Rede, sondern von einer *schwarzen* (Farbe), *geschmeidigen* (Bewegungsart), *listigen* (Wesensart) *Katze* oder von einer, die *listiger als eine andere Katze oder der Hund ist*, von der *geschmeidigsten aller Katzen* oder vom *schnellsten Rennen* usw.

2.3.2 Lesen

Wortgruppen als Lesehilfen

Mit der Verwendung von Adjektiven wachsen Nominalgruppen an. Daher braucht es Strategien, diese zu überblicken. Dabei ist eine Vorstellung vom linken Rand (= Artikelwort als Begleiter) und rechten Rand (= ↑Kern der Nominalgruppe) bedeutsam. Dies geschieht dadurch, dass vom Artikelwort als Begleiter aus das begleitete Wort als Abschluss (Kern) der Nominalgruppe gesucht wird. Für das Lesen braucht es nur diesen einen Pfeil vom Begleiter zum rechts stehenden Nomen als Kern der Nominalgruppe, unter einem grammatischen Gesichtspunkt ist es aber bedeutsam, auch einen Pfeil vom Kern der Nominalgruppe zurück zum Begleiter zu ziehen, da der Kern die Form des Begleiters in Genus, Numerus und Kasus festlegt. Abb. 4 macht dies auch für Schülerinnen und Schüler anschaulich.

Unter dem Aspekt der Informationsermittlung gibt es zwei Grundfragen: Von wem/was wird etwas ausgesagt? In gewisser Weise kann man auch sagen: Worum geht es? und Was wird ausgesagt? Auf die letzte Frage gibt es grundsätzlich zwei Antworten, eine engere und eine weitere. Bei der engeren Antwort werden nur das finite Verb zusammen mit seinen obligatorischen Mitspielern genannt, bei der weiteren Antwort alles, was nicht Subjekt ist. Um hier einen systematischen Aufbau zu gewährleisten, ist es sinnvoll, geordnet vorzugehen: Man beginnt mit Sätzen mit Verben, die keine obligatorischen Ergänzungen brauchen: *Peter schläft*. Von wem wird etwas ausgesagt? – *von Peter*. Was wird von Peter ausgesagt? – *dass er schläft*. Dann schreitet man fort zu Sätzen, bei denen die Verben obligatorische Mitspieler (= Objekte im Satz) haben. *Peter schreibt einen Text*. Was wird von Peter ausgesagt? – *dass er einen Text schreibt*. Auch wenn Adverbiale in der 3./4. Klasse als grammatischer Lernstoff nicht vorkommen, so kommen sie dennoch in Lesestücken vor: *Peter schreibt gerne spannende Geschichten*. Was wird von Peter ausgesagt? – *dass er gerne spannende Geschichten schreibt*. In den Folgeklassen wird dann thematisiert werden, dass diese letzte Antwort zerlegt werden kann in die Kernaussage (*dass er spannende Geschichten schreibt*) und die Angabe der Art und Weise (*gerne*).

Großschreibung des Kerns einer Nominalgruppe

Schreibe ich einen Begleiter, dann schreibe ich das Wort, das zum Begleiter gehört, groß.

Abb. 4 | Plakat/Lernhilfe zur Großschreibung von Nomen

Die informatorische Betrachtungsweise muss dringend mit einer formalen Betrachtungsweise ergänzt werden. Dann werden Personalpronomen/Nomen/Nominalgruppen im Nominativ als Subjekte identifiziert. (In den Kl. 5/6 kommt hinzu, dass sie auch Prädikativ sein können.) Obligatorische Kasus werden als Teile der Verbgruppe, die im Satz den engen Prädikatsverband (↑Satz) bildet, gefasst. Die ↑Kongruenz zwischen dem Subjekt und dem finiten Verb in Numerus und Person wird festgestellt. Solche Übungen helfen, Texte informatorisch und strukturell zu durch-

Satz als Informationseinheit – Satz als Struktureinheit

schauen. Hierzu kann eine Veranschaulichung wie sie in Abb. 7 und Abb. 8 zu sehen sind, wo Sätze als Puzzle modelliert werden, hilfreich sein. (Die Puzzleteile sind einfach mit PowerPoint herstellbar. Anleitungen finden sich im Internet mit ‚Puzzleteile PowerPoint'.) Dadurch wird der Satz als strukturelles Gefüge begreifbar.

2.3.3 Sprachbewusstheit

Paradigmenklassen als Ausdruck von Sprachthematisierung

Mit den Prozeduren der Bestimmung von Formeinheiten, der Entwicklung entsprechender Paradigmenklassen, wird Sprache zum Thema gemacht, also in den Fokus gerückt. Sprachthematisierung ist eine Vorbedingung für Sprachbewusstheit. Mit der Beantwortung der Frage, mit welchem Adjektiv ein Gegenstand oder ein Ereignis am treffendsten beschrieben werden kann, wird das Tor zur Sprachbewusstheit aufgestoßen. Sprachbewusstheit äußert sich immer dadurch, dass aus verschiedenen Möglichkeiten ausgewählt wird. In den Klassen 3/4 geht es dabei um die Sachangemessenheit, später wird Situations- und Intentionsangemessenheit dazukommen. Daher ist es sehr bedeutsam, dass die Suche nach dem treffenden Adjektiv als Ausprobieren, Vergleichen, Überprüfen der Folgen inszeniert wird.

3 Klassen 5/6

3.1 Inhalte der Klassen 5/6 und ihre Diskussion

3.1.1 Übersicht über die Inhalte

Wort und Wortarten

	Verb	Nomen	Artikel und Pronomen	Adjektiv	Adverb	Präposition	Junktion	Partikel
alle Niveaus	– Weitere Aspekte des Verbs: – Schwache/starke Verben – Weitere Formen des Imperativs – Partizip I – Kopula(-verb) – Verbkomplex und Verbklammer – Weitere Aspekte der Wortbildung des Verbs – Weitere Wortfamilien – Weitere Wortfelder	– Nomen und nominalisierte Ausdrücke – Weitere Aspekte von Genus und Numerus – Weitere Aspekte der Wortbildung des Nomens – Weitere Wortfamilien – Weitere Wortfelder	– Weitere Artikelwörter – Nullartikel – Personalpronomen und Textpronomen – Unterscheidung: Artikelwort – Pronomen – Bestimmter Artikel als Teil verschmolzener Präpositionen	– Zahlwörter als Adjektive und Artikelwörter – Besondere Komparationsformen – Weitere Aspekte der Wortbildung des Adjektivs – Weitere Wortfamilien – Weitere Wortfelder	– Lokaladverb – Temporaladverb – Interrogativadverb	– Lokale Präposition als Wechselpräposition – Präposition mit temporaler Bedeutung – Verschmelzung von Präposition und Artikel	– Adversative Konjunktion – Subjunktion *dass* – Temporale Subjunktion	– Negationspartikel – Intensitätspartikel
+ M-Niveau	– Weitere Aspekte des Verbs: – Besondere Verwendung des Präsens – Vergleich Präteritum – Perfekt – Vergleich Präsens – Futur I – Modalverb		– Kongruenz bei Artikelwort und Pronomen	– Weitere Besonderheiten bei Komparationsformen	– Wortbildung des Adverbs		– Subjunktion *ob*	

	Verb	Nomen	Artikel und Pronomen	Adjektiv	Adverb	Präposition	Junktion	Partikel
+ E-Niveau	– Weitere Aspekte des Verbs: – Besondere Verwendung des Präsens – Vergleich Präteritum – Perfekt – Vergleich Präsens – Futur I – Plusquamperfekt (→ G, M: 7/8) – Modalverb – Unterscheidung der Modalverben	– Singularetantum und Pluraletantum (→ M, 7/8)	– Kongruenz bei Artikelwort und Pronomen	– Weitere Besonderheiten bei Komparationsformen	– Wortbildung des Adverbs		– Subjunktion *ob* – Temporale Subjunktion der Vorzeitigkeit	

Wortgruppen

	Verbgruppe	Nominalgruppe	Adjektivgruppe	Präpositionalgruppe	Adjunktorgruppe
alle Niveaus	– Verbgruppe bei Partikelverben – Weitere Aspekte von Verbgruppe und Satzfunktion	– Weitere Nominalgruppen – Weitere Aspekte der Form der Nominalgruppe – Nominalgruppe und weitere Satzfunktionen	– Form der Adjektivgruppe – Adjektivgruppe und Satzfunktion	– Form der Präpositionalgruppe – Präpositionalgruppe und Adverbialfunktion	– Form der Adjunktorgruppe (Komparation)
+ M-Niveau	– Verbgruppe bei Modalverbkomplex				
+ E-Niveau	– Verbgruppe bei Modalverbkomplex				

3 KLASSEN 5/6

Satzglieder und Satz

alle Niveaus	– Weitere Aspekte von Satzgliedern: 　– Subjekt 　– Prädikat 　– Objekt 　– Adverbial 　– Prädikativ – Satzgliedteil: Attribut – Stellung der Satzglieder im einfachen Satz – Satzreihe – Satzgefüge: Hauptsatz – Nebensatz – Satzgliedteil: Relativsatz – Verschiedene Satzformen – Pronominalisierung
+ E-Niveau	– Genitiv- und Präpositionalobjekt (→ M: 7/8) – Satzgliedteil: Apposition (→ M: 7/8) – Satzverneinung und Satzgliedverneinung – Indirekter Fragesatz (→ M: 7/8) – Kataphorische Pronominalisierung

Exklusive Inhalte des E-Niveaus auf dieser Klassenstufe sind grau unterlegt.

3.1.2 Gefüge der Teile des Curriculums

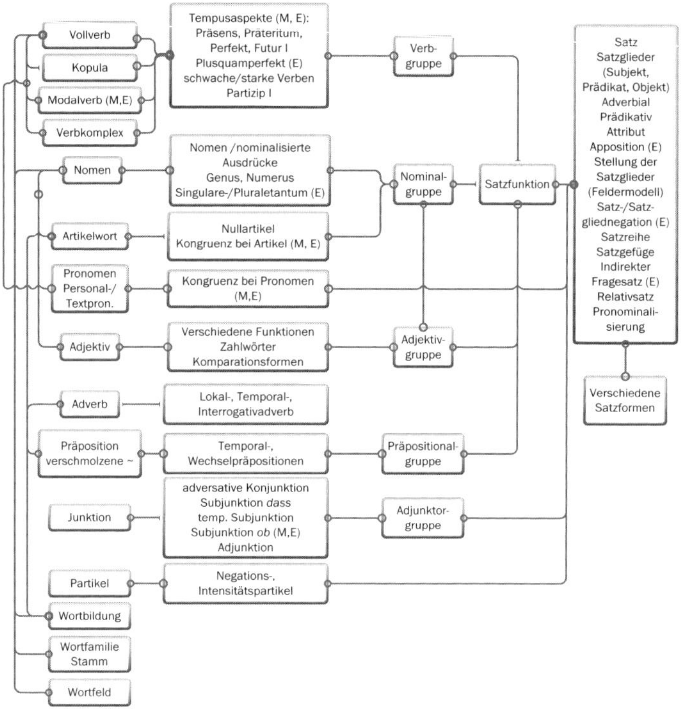

Vollverb — **Verbgruppe**: Tempusaspekte (M, E): Präsens, Präteritum, Perfekt, Futur I, Plusquamperfekt (E), schwache/starke Verben, Partizip I
Kopula
Modalverb (M, E)
Verbkomplex

Nomen — **Nominalgruppe**: Nomen /nominalisierte Ausdrücke, Genus, Numerus, Singulare-/Pluraletantum (E)

Artikelwort: Nullartikel, Kongruenz bei Artikel (M, E)

Pronomen Personal-/Textpron.: Kongruenz bei Pronomen (M,E)

Adjektiv — **Adjektivgruppe**: Verschiedene Funktionen, Zahlwörter, Komparationsformen

Adverb: Lokal-, Temporal-, Interrogativadverb

Präposition verschmolzene ~ — **Präpositionalgruppe**: Temporal-, Wechselpräpositionen

Junktion — **Adjunktorgruppe**: adversative Konjunktion, Subjunktion *dass*, temp. Subjunktion, Subjunktion *ob* (M, E), Adjunktion

Partikel: Negations-, Intensitätspartikel

Wortbildung
Wortfamilie Stamm
Wortfeld

Satzfunktion → Satz: Satzglieder (Subjekt, Prädikat, Objekt), Adverbial, Prädikativ, Attribut, Apposition (E), Stellung der Satzglieder (Feldermodell), Satz-/Satzgliednegation (E), Satzreihe, Satzgefüge, Indirekter Fragesatz (E), Relativsatz, Pronominalisierung

Verschiedene Satzformen

Abb. 5 | Verknüpfung der Inhalte der Klassen 5/6

Beispiele

Wortart	Wort	Wortgruppe	Funktion	Satz
Verb/Verbkomplex	lesen gelesen haben	dieses Buch gelesen haben	Prädikat	Sie <u>hat</u> dieses Buch zügig <u>gelesen</u>.
Kopula	sein, ist	-	Prädikat	Das Wetter <u>war</u> nasskalt.
Modalverb (M, E)	wollen, dürfen	dieses Buch lesen wollen	Prädikat	Sie <u>wollte</u> dieses Buch zügig <u>lesen</u>.
Nomen/ nominalisierter Ausdruck	Mannschaft, Wandern	das Wandern, die Mannschaft	Subjekt /Objekt/ Prädikativ	<u>Das Wandern</u> ist des Müllers Lust. Sie liebte <u>diese Mannschaft</u>. <u>Ihre Lieblingsbeschäftigung</u> war <u>das Wandern</u>.

Wortart	Wort	Wortgruppe	Funktion	Satz
Artikelwort	etwas, manch, nichts, viel	-	Konstituente (= linker Rand) einer Nominalgruppe	<u>Etwas</u> Gutes sollte <u>jeder</u> Mensch tun.
Pronomen	ich – er – der	-	Satzglied	<u>Ich</u> schreibe einen Brief, <u>den</u> <u>ich</u> ihm schicke.
Adjektiv	groß, eine	sehr groß	Attribut	Wir sind alle Kinder dieser <u>einen</u> Welt. Das Gebäude ist <u>sehr groß</u>.
Adverb	hier, heute, wo	Noch kein Inhalt.	Satzglied (Adverbial)	<u>Wo</u> treffen wir uns? Wir treffen uns <u>hier</u>/<u>heute</u>.
Präposition	in, bis, um	in das …, in dem …, bis, ins, ums	Konstituente, gewöhnlich linker Rand einer Präpositionalgruppe	Sie gingen <u>ins</u> Haus, <u>in dem</u> sie sich <u>vom</u> Regen trockneten.
Junktion: Konjunktion	aber, nicht nur …, sondern auch	-	Verbindung von Gliedteilen, Satzgliedern, Sätzen	Es waren lehrreiche, <u>aber</u> harte Jahre. Sie spielten Fußball, <u>aber</u> mit wenig Erfolg. Sie spielten <u>nicht nur</u> gemeinsam Fußball, <u>sondern</u> sie lernten <u>auch</u> gemeinsam.
Junktion: Subjunktion	dass, ob (M, E), als	-	Verbindung eines Nebensatzes mit einem Trägersatz	Ich glaube, <u>dass</u> ich das kann. Ich weiß nicht, <u>ob</u> ich das kann. Es regnete, <u>als</u> er spazieren ging.
Junktion: Adjunktion	als	als der Kölner Dom	Verbindung von zwei Vergleichsgrößen	Das Ulmer Münster ist höher <u>als</u> der Kölner Dom.
Partikel: Negationspartikel	nicht	-	Negation eines Satzes	Er hat <u>nicht</u> gearbeitet.
Partikel: Intensitätspartikel	sehr	-	Verstärkung/ Intensivierung einer Qualität Konstituente einer Adjektivgruppe	Der Sommer war <u>sehr</u> schön.

3.1.3 Diskussion der Inhalte

Wort und Wortarten, Wortgruppen

Es gehört zum Wesen eines Spiralcurriculums, dass ein Bereich immer weiter ausgebaut wird. Daher tauchen die Phänomene der Klassen 3/4 wieder auf. Dies ist auch deswegen nötig, weil die

5. Klasse die erste Klasse einer weiterführenden Schule ist. Nun setzt in den meisten Bundesländern und für die meisten Schüler und Schülerinnen ein gegliedertes Schulwesen ein und auch in einer Gemeinschaftsschule werden verschiedene Niveaus unterschieden. In allen Fällen ist Wiederholung und darauf aufbauend Ausbau notwendig.

Verb

Im Mittelpunkt beim Verb steht die Behandlung des Tempus. Insbesondere wird das Präsens, das in der Grundschule im Wesentlichen noch die Tempusform für Gegenwärtiges war, als unmarkierte Tempusform behandelt. Präsens kann auch allgemein Gültiges ausdrücken, es kann in Erzählungen auf dem Höhepunkt als Form der unmittelbaren Vergegenwärtigung, als historisches Präsens auftauchen und vor allem wird es häufig für Zukünftiges verwendet. Insbesondere dann, wenn andere Tempusmarkierer, wie etwa Zeitadverbien (*morgen, in zwei Tagen* ...) vorhanden sind und wenn subjektive Gewissheit – objektive Gewissheit kann es für Künftiges so gut wie nie geben – herrscht, dass das angekündigte Ereignis eintreten wird.

In der Sprache finden sich an den verschiedensten Stellen unmarkierte Formen, die für Verschiedenes eingesetzt werden können und sehr markierte, spezialisierte. (Siehe dazu auch die Bemerkungen zu den Satzformen unten.) Das Präsens ist unmarkiert, das Präteritum dagegen markiert. Mit ihm kann nur Vergangenes ausgedrückt werden. Vergangenes drücken wir in der mündlichen Rede gewöhnlich mit dem Perfekt aus. (Gründe wurden bereits in den Kl. 3/4 genannt.)

Verbkomplex

Insofern konkurrieren Perfekt und Präteritum, wobei es eine Verteilung auf Mündlichkeit und Schriftlichkeit gibt. Da aber das Perfekt aus einem Verbkomplex besteht, der mit einem Hilfsverb und dem Partizip II gebildet werden muss, kommen weitere Komponenten ins Spiel: Das Hilfsverb, das zur Bildung des Perfekts nötig ist, steht immer im Präsens, das ↑Vollverb hat die Form des Partizips II. Dadurch kommt der Aspekt der Abgeschlossenheit/Vollendung ins Spiel. Folglich heißt das Perfekt manchmal auch *abgeschlossene/vollendete Gegenwart*. Daher ist für jemanden, der vor die Tür tritt und Schnee sieht, eine besonders treffende Ausdrucksweise: *Es hat geschneit.* Das Partizip II *geschneit* bringt die Abgeschlossenheit der Handlung, die auch durch das Präteritum (*schneite*) hätte angezeigt werden können, zum Ausdruck, das Präsens *hat* die Gegenwart (den Zeitpunkt des Sprechens), zu der etwas abgeschlossen ist, aber noch wirkt.

Auch die Futurform bildet einen Verbkomplex aus dem Hilfsverb *werden* und dem Infinitiv des Vollverbs. Mit dem Hilfsverb kommt eine modale Bedeutung der Unsicherheit und Ungewissheit ins Spiel: *Wenn ich erwachsen bin, erlerne ich einen Beruf.* drückt die subjektive Gewissheit aus; dagegen: *Wenn ich groß bin, werde ich als Bäcker arbeiten.* den Vorsatz in der Gegenwart, von dem der Sprecher aber nicht weiß, ob er sich verwirklichen lässt. In solchen Sätzen kann dann auch ein Modaladverb wie *vielleicht* stehen. Allerdings sollte man sehen, dass in den Beispielen bereits in den *wenn*-Temporalsätzen Zukünftiges ausgedrückt wird. Ohne jeden zeitlichen Bezug kann daher ein Satz wie *Ich gehe.* keineswegs Zukünftiges ausdrücken.

Auf dem E-Niveau wird man in den Klassen 5/6 auch das Plusquamperfekt einführen. Alle Zeitformen sind relativ. Mit dem Gebrauch einer Zeitform wird immer ein Netz aus Sprechzeit, Ereigniszeit und Betrachtzeit aufgespannt. Bei kaum einer Zeitform wird das deutlicher als beim Plusquamperfekt (und dem Futur II, das wegen seiner Komplexität und Seltenheit aber erst Stoff der Klassen 7/8 auf dem E-Niveau und in 9/10 auf dem M-Niveau sein wird). Das Plusquamperfekt drückt gegenüber einem Zeitpunkt, der vom Zeitpunkt des Sprechens aus vergangen ist, etwas noch Vergangeneres aus. Daher heißt das Plusquamperfekt manchmal auch *Vorvergangenheit*. Die Bildung erfolgt wie beim Perfekt mittels eines Verbkomplexes aus Hilfsverb im Präteritum (*war, hatte*) und Partizip II.

Zusammen mit dem Plusquamperfekt muss auch die Subjunktion *nachdem* betrachtet werden.

Auf diese Weise kommt man, wenn man alle Tempusformen des Deutschen betrachtet, zu einer Darstellung wie sie Abb. 10 zeigt.

Nachdem zusammen mit dem Perfekt das Partizip II bereits in den Klassen 3/4 eingeführt wurde, geht es jetzt um starke und schwache Verben, die auch im Partizip II ihren Niederschlag finden, und um das Partizip I.

Bei den starken und schwachen Verben sind die ↑Ablautreihen, wie sie im Glossar zu finden sind, ein nützliches Wissen für die Lehrkraft, als Lernstoff eignen sie sich allerdings nicht, weil das Wissen darüber nicht angeben kann, wie ein Verb flektiert

Inhalt des E-Niveaus: Plusquamperfekt → G-, M-Niveau, Kl. 7/8 wird. Lediglich bei einem vorliegenden Verb kann man sagen, zu welcher Ablautreihe es gehört. Die Bildung starker Verben ist klassischer Lernstoff. Dabei muss bedacht werden, dass regional Verben stark sein können, die in der Standardsprache schwach sind und umgekehrt.

Das Partizip I wird im Gegenwartsdeutsch häufig wie ein Adjektiv gebraucht (*das lachende Kind*). Daher findet sich für diese Wörter auch der Ausdruck *Verbaladjektiv,* so auch im „Verzeichnis grundlegender grammatischer Fachausdrücke", wo es folgendermaßen definiert wird: „Das Verbaladjektiv ist ursprünglich eine →infinite Verbform (prototypisch Partizip I; vgl. →Partizipien), die adjektivisch gebraucht wird. Verbaladjektive werden innerhalb der →Nominalgruppe wie →Adjektive dekliniert (→Deklination) und fungieren wie Adjektive als →Attribute." (IDS 2019, S. 14) Der wesentliche Unterschied der Partizipien zu den Adjektiven besteht aber darin, dass ein prädikativer Gebrauch bei echten Partizipia unüblich (?*Das Kind ist lachend.*) ist – ein Umstand, der in der Klassen 7/8 weiter behandelt werden wird. Daher wird in diesem Curriculum *lachend* zu den Partizipien, *spannend* (*Das Buch ist spannend.*) zu den Adjektiven gerechnet und auf den Terminus *Verbaladjektiv* gänzlich verzichtet.

Inhalt des M-, E-Niveaus: Modalverb → *G-Niveau, Kl. 7/8*

Schließlich werden in den Klassen 5/6 auf dem M- und E-Niveau noch die Modalverben eingeführt: *dürfen, können, müssen, sollen, wollen*. Modalverben geben wieder, ob ein Sprecher etwas als erlaubt, möglich, notwendig, gewollt einschätzt oder etwas bevorzugt. Formal zeigen sie eine besondere Eigenschaft, dass sie sich nämlich mit einer reinen Infinitivform eines Vollverbs verbinden. Im Gegensatz zu den Hilfsverben, die sich ebenfalls mit einer infiniten Form (Partizip II) verbinden, bringen sie aber in den Satz eine eigene Bedeutung ein.

Inhalt des E-Niveaus: Unterscheidung der Modalverben

Auf dem E-Niveau sollten die Modalverben semantisch unterschieden werden: Notwendigkeit: *müssen* und *sollen*, Möglichkeit (*können*), Erlaubnis (*dürfen*), Wille (*wollen*) und Vorliebe (*mögen*). Auf dem M- und G-Niveau kann man sich mit einer entsprechenden Umschreibung begnügen: *Ich mag Äpfel.* → *Ich esse gerne Äpfel.*

Damit ist nun endgültig das Phänomen des Verbkomplexes und damit der Verbklammer (s. u. unter ‚Satz') aufgeworfen. Hilfsverben und Modalverben bilden Verbkomplexe aus Hilfsverb bzw. Modalverb und Vollverb mit den entsprechenden ↑Valenzforderungen. Das Vollverb steht im Partizip II (Perfekt, Plusquamperfekt) oder im Infinitiv (Futur I und nach Modalverben). Dabei bilden das Modalverb bzw. Hilfsverb den finiten Teil im Satz, während das Vollverb die Anzahl der Ergänzungen, d. h. der Objekte im Satz, angibt.

Im (Haupt-)Satz bilden Verbkomplexe stets Verbklammern. Der finite Teil steht an der zweiten Satzgliedstelle, der infinite Teil nach dem Mittelfeld, bzw., sofern kein Nachfeld kommt, am Satzende: *Ich* (1. Satzgliedstelle = Vorfeld) *werde/will* (2. Satzgliedstelle = linke Verbklammer) *morgen* (Mittelfeld) *kommen* (rechte Verbklammer). (S. u. unter Feldermodell bei Satzglieder und Satz.)

Verbklammern bilden auch Partikelverben. Hier ist die Bildung von Verbgruppen hilfreich, denn dann hat man immer Kontaktstellung: *Ich fahre das Altglas weg. – das Altglas/etwas wegfahren.* Überhaupt ist die Bildung von Verbgruppen bei Verbkomplexen interessant: *Ich will meinen Opa besuchen. – den Opa/jemanden besuchen wollen.* Immer bleiben in der Verbgruppe mit allen Verben im Infinitiv die Elemente des Verbkomplexes zusammen und der Verbkomplex steht, wie auch andere Kerne von Wortgruppen, rechts.

Partikelverben und Verbgruppe

Verbgruppen sollten nicht mit Verbkomplexen verwechselt werden. Beide bestehen aus mehreren ↑Konstituenten. Aber bei Verbkomplexen hat man immer Formen von Verben, die zusammen das Prädikat bilden, wobei das Hilfs- oder Modalverb im Satz den finiten Part übernimmt und das Vollverb die Semantik beisteuert, während eine Verbgruppe aus einem Verb oder einem Verbkomplex zusammen mit den vom Vollverb erforderten Ergänzungen gebildet ist. Es ist typisch für Wortgruppen, dass bei ihnen gewöhnlich verschiedene Wortarten eine Gruppe bilden. (Anders wird es bei Adverbgruppen sein, die aber erst Stoff der Kl. 7/8 sind). Verbgruppen bilden im Satz – dann in finiter Form – immer den engen Prädikatsverband (Prädikat + Objekt(e)), während Verbkomplexe oder Verben das Prädikat bilden.

Verbkomplex vs. Verbgruppe

In dem bekannten Lied mit dem Text von Wilhelm Müller *Das Wandern ist des Müllers Lust ...* kann man sich fragen, ob *Wandern* ein Verb oder ein Nomen ist. Die klassische Antwort ist, es sei ein nominalisiertes Verb. Aber nominalisierte Verben sind wie hölzerne Eisen. Man erwartet, dass etwas ein Verb oder ein Nomen ist, Holz oder Eisen. In *das Wandern* hat *wandern* alle Eigenschaften eines Verbs verloren und viele, wenn auch nicht alle

Nomen

Eigenschaften eines Nomens angenommen. Am deutlichsten wird dies in der Verbindung mit einem Artikelwort als Begleiter: *das Wandern*. Am besten spricht man von nominalisierten Ausdrücken. Damit soll gesagt werden, dass es sich nicht um genuine Nomen wie etwa *Tisch* oder *Seele* handelt, sondern um Wörter, die die Funktionen eines Nomens im Satz übernehmen. Manche dieser Ausdrücke schaffen sogar den Übergang ins Lexikon. Man erkennt sie daran, dass sie einen Plural bilden können, während nominalisierte Ausdrücke das nicht können. *Wandern* hat keinen Plural, aber *Leben* oder *Essen* schon. Letztere sind also daher auch als lexikalisierte Nomen einzustufen, der Übergang zum Nomen ist vollständig vollzogen.

Während nominalisierte Ausdrücke immer den Artikel *das* haben, kann er bei einigen genuinen Nomen wechseln und dann unterschiedliche Bedeutung anzeigen: *die Leiter – der Leiter*. Manchmal liegt der Artikel nicht fest, besonders bei Fremdwörtern. *Mail* kann mit *die* oder *das* zu einer Nominalgruppe verbunden werden. Ganz interessant ist die Genuszuweisung bei Ländernamen: *die Schweiz, die Türkei;* aber *Deutschland, Großbritannien* ohne Artikel.

Inhalt des E-Niveaus Singularetantum – Pluraletantum → M-Niveau, Kl. 7/8

Auf dem E-Niveau sollten Nomen behandelt werden, die – gewöhnlich aus semantischen Gründen – nur einen Singular (sog. *Singulariatantum*, Sg. *Singularetantum*) bzw. nur einen Plural (sog. *Pluraliatantum*, Sg.: *Pluraletantum*) bilden. Nur im Singular kommen Stoffbezeichnungen vor: *das Mehl, das Wasser*. Stoffe werden nicht gezählt. Wenn man es tut, dann geht es immer um Sorten: *verschiedene Mehlsorten* (wofür fachsprachlich dann auch *die Mehle* verwandt wird). Nur im Singular kommt alles vor, was unzählbar ist: *Lärm, Schutz* etc. Abstrakta auf *-heit*, *-(igkeit)* haben nur in besonderen Kontexten einen Plural: *Es befielen ihn verschiedene Müdigkeiten: die Müdigkeit des Körpers und des Geistes* ... Interessant sind nominalisierte Ausdrücke: *Das Wandern*, wenn man hier einen Plural braucht, dann muss man auf *Wanderungen* ausweichen. Dort, wo es einen Plural gibt, ist dieser ein sicheres Zeichen, dass es sich inzwischen um einen lexikalisierten Ausdruck handelt: *das Leben/Essen – die Leben/Essen*. Solange es nur die eine Post gibt, macht ein Plural keinen Sinn, man kann aber bei der *Bahn* sehen, dass dieser Ausdruck auch als *die Bahnen* auftritt, dann aber die verschiedenen Organisationsformen meint. Pluraliatantum sind *Eltern* (mit dem fachsprachlich-juristischen *Elter*), *Leute*; bei *Trümmer* ist der Singular *Trumm* nur noch regional (bairisch) gebräuchlich. Fehlt die Bezeichnung für ein Einzelteil eines Bruchs, dann kann das Ganze in seinen Einzelteilen nur noch pluralisch dargestellt werden.

Schon in der Grundschule ist man über den bestimmten und unbestimmten Artikel hinausgegangen und hat Artikelwörter wie Possessiv- oder Demonstrativartikel betrachtet. Jetzt kommen vor allem Indefinitartikel (*etwas, viel* ...) hinzu. Im Satz kann aber auch der Nullartikel stehen. Dies ist z. B. dann der Fall, wenn Stoffnamen auftauchen, allgemein immer dann, wenn eine bezeichnete nominale Größe zwar identifizierbar, aber unspezifisch ist (siehe ↑Artikel). Für die Großschreibung ist es aber interessant, wenn auch ein alleinstehendes Wort wie *Mehl* in *Zum Backen braucht man Mehl.* als Kern einer (potentiellen) Nominalgruppe identifiziert werden kann. Dazu muss man den Ausdruck spezifizieren, z. B. im angegebenen Beispiel quantifizieren: *Zum Backen braucht man viel Mehl.* Nun hat man eine Nominalgruppe, deren Kern immer großgeschrieben wird.

In den Klassen 5/6, in denen auch Nebensätze eingeführt werden, ist die Unterscheidung zwischen Artikelwörtern, die in den Klassen 5/6 weiter aufgefüllt werden, und Pronomen von einiger Bedeutung. Zuerst einmal muss man bei den Pronomen zwischen situationsdeiktischen und textdeiktischen Ausdrücken unterscheiden. Die 1. und 2. Ps. sind immer situationsdeiktisch. Erst die Situation (oder im Text der Kontext) gibt an, worauf die 1. oder 2. Person verweisen. Es sind dies immer Sprecher oder Hörer, die wiederum kontextuell/situativ spezifiziert werden. Dagegen sind die Pronomen der 3. Person im Rahmen von Sätzen und Texten bedeutsam. Pronomen sind jetzt echte Stellvertreter, ihre Bedeutung ergibt sich aus dem jeweiligen Bezugswort, das im Satz oder im Text gesucht werden muss. (Ausgenommen ist hiervon die 3. Ps. Pl. der höflichen Anrede: *Sie.*)

Gewöhnlich sind textdeiktische Pronomen anaphorisch (siehe ↑Anapher), was bedeutet, dass sie auf vorgenannte Nomen/Nominalgruppen rückbezogen werden müssen.

Für das E-Niveau ist auch Kataphorik interessant: *Wer sie öffnet, muss die Tür auch schließen.* Hier muss das Pronomen *sie* auf den Folgetext (*die Tür*) bezogen werden. Kataphorik ist ein Stilmittel, das in rhetorischer Absicht eingesetzt wird.

Personalpronomen (und einige Pronomen wie *man*) sind immer Pronomen im Sinne von Verweiswörtern auf Sprecher oder

Artikelwort
Nullartikel

Pronomen

Inhalt des
E-Niveaus:
Kataphorik

Artikel und
Pronomen

Hörer oder eine unbestimmte Menge, dagegen sollte man bei Ausdrücken wie *mein, dein, sein, dieser, jener* etc. erst vor dem Hintergrund der Verwendung im Satz entscheiden, ob sie Artikelwort mit der Funktion eines Begleiters oder Pronomen in der Funktion eines Verweiswortes sind. In *Mein Rad ist gelb.* ist *mein* Artikelwort, genauer Possessivartikel, dagegen ist *deines* in *Deines ist rot.* Pronomen/Verweiswort. Es ist semantisch (fast) leer, erst durch den Bezug auf *Rad* im ersten Teilsatz wird klar, worum es geht. Diese Unterscheidung ist sehr einfach, einfacher als die herkömmliche, bei der die Eigenschaft einer Wortart an das Wort geheftet wurde. Danach war z. B. *mein* immer Possessivpronomen, auch wenn es gar keine Verweisfunktion, sondern nur Begleiterfunktion wie in *mein Rad* hatte. (Auch andere Wörter können mehreren Wortarten angehören: So ist *während* in *während des Essens* Präposition, aber in *während er aß* Subjunktion.)

Artikelwort und Pronomen weisen auch einen formalen Unterschied in der ↑Kongruenz auf (siehe Abb. 6).

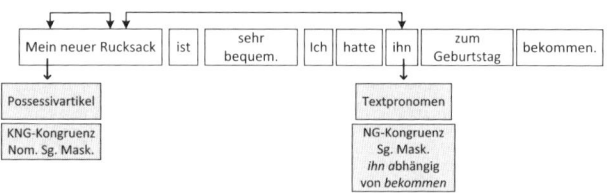

Abb. 6 | Kongruenz bei Artikelwort und Pronomen

Während ein Artikelwort in Genus, Numerus und Kasus mit dem Kern der Nominalgruppe kongruiert, kongruiert ein (Text-)Pronomen nur in Numerus und Genus mit dem Bezugswort, nicht aber im Kasus. Dieser wird immer durch die jeweiligen Satzverhältnisse bestimmt: <u>Der freundliche Herr</u>, <u>den</u> ich gestern traf ... In <u>der freundliche Herr</u> findet Kongruenz in Genus (Mask.), Numerus (Sg.) und Kasus (Nominativ) statt, *der* ist also Begleiter. In <u>den ich gestern traf</u> stimmt *den* in Genus (Mask.) und Numerus (Sg.) mit *Herr* im übergeordneten Satz überein, während das Relativpronomen *den* im Kasus durch das Prädikat des Relativsatzes *treffen* als Akkusativobjekt bestimmt wird (*einen treffen*).

Adjektiv   Da beim Satz nun auch Prädikativsätze betrachtet werden, rückt beim Adjektiv nach der attributiven Funktion auch die prädikative Funktion grammatisch in den Vordergrund. Gewöhnlich können Adjektive – zumindest alle prototypischen Adjektive – von der einen in die andere Form transformiert werden: *ein heißer Sommer – ein Sommer, der heiß ist.* (Defektive Adjektive, die dies nicht können, werden in Kl. 9/10 behandelt werden.)

Eine alte Frage ist, zu welcher Wortart ↑Numerale (Zahlwörter) gehören. Um ein möglichst einfaches Modell zu haben, wird hier wiederum das syntaktische Kriterium für die Wortarten angewandt. Sofern sie als Begleiter gebraucht werden, sind sie Artikelwörter. Bei *ein* hat man das auch in der Schulgrammatik schon immer so gemacht. Es wird erweitert auf die übrigen Kardinalzahlwörter. Ordinalzahlwörter sind Adjektive (*der dritte Mann*), aber auch Kardinalzahlwörter können Adjektiv sein (*die eine Welt, diese drei Liter*).

Zum Stoff der Klassen 5/6 gehören besondere Komparationsformen. Dabei sind die häufigsten Ersatzformen (*besser, am besten; mehr, am meisten; höher, am höchsten; näher, am nächsten*) für alle Niveaustufen von Bedeutung.

Inhalte des M- und E-Niveaus sind dagegen Besonderheiten wie der *e*-Ausfall (Elision) (*teuer – teurer*) oder die *e*-Einfügung (Epenthese) (*hart – härteste*) sowie fakultative Umlautung (*blasser – blässer*).

Inhalt des M- und E-Niveaus: Besonderheiten bei der Komparation

In den Klassen 5/6 sollten auch einfache Adjektivgruppen betrachtet werden. Adjektive werden mit der Grad-/Intensitätspartikel (*sehr, überaus*) oder anderen graduierenden/intensivierenden Ausdrücken (*außerordentlich, wahnsinnig, ziemlich*) erweitert. Dabei sind diese Ausdrücke selbst schon unflektierbar (*sehr*) oder werden unflektiert gebraucht (*außerordentlich*). Daher meint *das außerordentliche, kalte Wetter* (Nominalgruppe mit zwei attributiven Adjektiven) etwas anderes als *das außerordentlich kalte Wetter* (Nominalgruppe mit einer attributiven Adjektivgruppe).

Adjektivgruppe

Zum ersten Mal werden Adverbien als Wortart in den Klassen 5/6 grammatisch betrachtet. Darunter versteht man nicht flektierbare Wörter, die im Satz ein ganzes Satzglied (= Adverbial) bilden können. Prototypisch sind Lokal- und Temporaladverbien. Interrogativadverbien kommen dazu, weil sie bei W-Fragesätzen eine wichtige Rolle spielen. Ihr wesentliches Kennzeichen ist, dass sie mit *w*- beginnen: *Wo warst du? – Ich war da.*

Adverb

Beim Adverb lohnt auch ein Blick auf dessen Wortbildung. Als Wortbildungselemente kommen die Morpheme -*e* und -*s* bzw.

> Inhalt des M- und E-Niveaus: Wortbildung des Adverbs
> → G-Niveau, Kl. 7/8

-ens, -dings, -mals, -wärts vor. Dabei ist auf die Abgrenzung zu Adjektiven und Nomen zu achten. In einem Satz wie *Er wartete lange.* liegt ein mit dem Suffix *-e* gebildetes Adverb vor. Ein Adjektiv kann es nicht sein, da Adjektive adverbial unflektiert erscheinen. Dann hieße es: *Er wartete lang.* Allerdings eignet sich dieser Fall im Wesentlichen zur Demonstration, denn man findet keinen weiteren derartigen Fall. Dagegen ist das Suffix *-s* zusammen mit weiteren Suffixteilen häufig anzutreffen: *mittags, abends* (zu unterscheiden vom Genitiv des Nomens: *eines Mittags/Abends* – erkennbar an der obligatorischen Nominalgruppe), *bereits, stets, links, rechts* (Basis: Adjektiv), *eilends, vergebens* (Basis: Verb), *öfters* (Basis: Adverb); zusammen mit weiteren Suffixteilen: *-ens: höchstens, wenigstens, rechtens; -dings: neuerdings, schlechterdings, allerdings; -mals: oftmals, einstmals, niemals; -wärts: rückwärts, vorwärts, abwärts, stromabwärts.* Ein orthographisch interessanter Fall liegt bei *zu Hause/zuhause* vor. In der Getrenntschreibung muss das *-e* bei *Hause* als inzwischen veraltetes Dativ *-e* interpretiert werden; dagegen kann man die Zusammenschreibung *zuhause* als normal gebildetes Adverb interpretieren. Auf Adverbbildungen mit *-weise* wird auf dem M- und E-Niveau in höheren Klassen noch eingegangen werden. Auf dem G-Niveau wird es den Kl. 7/8 bei der Adverbbildung mitbehandelt, da auf diesem Niveau besondere Aspekte der Modalisierung nicht differenziert behandelt werden.

> Präposition

In den Klassen 3/4 waren Präpositionen mit lokaler Bedeutung von Interesse. In den Klassen 5/6 werden diese Präpositionen unter dem Aspekt *Wechselpräpositionen* betrachtet. Im Deutschen haben lokale Präpositionen eine Besonderheit: Ort (*Wo?*) ist mit Dativ verbunden, Richtung (*Wohin?*) mit Akkusativ. Auf diese Weise kann eine Präposition wie *in* eine Richtungsbedeutung (*in das Haus*) und eine Ortsbedeutung (*im Haus*) haben. Bei den Beispielen im Curriculum werden alle Wechselpräpositionen genannt. Wie später beim Beispiel der Präpositionalgruppe zu sehen sein wird, bedeutet Wechselpräposition nicht, dass diese Präpositionen nur lokal gebraucht werden können. Viele können auch temporal gebraucht werden: *vor dem Haus* (Ort: Wo?)/*vor das Haus* (Richtung: Wohin?)/*vor dem Essen* (temporal: Wann?).

Präpositionen haben ↑Rektionseigenschaften, d. h. sie bestimmen die Form von ↑Konstituenten. Die weitaus häufigsten Konstituenten sind Nominalgruppen, die zusammen mit der regierenden Präposition eine Präpositionalgruppe bilden. Sie nehmen gemäß der Präposition einen obliquen Kasus an: *Genitiv* (der als Präpositionalkasus in den folgenden Klassen betrachtet werden wird), Dativ oder Akkusativ. Bei den Wechselpräpositionen sieht man, dass die Bedeutung der Präposition im Zusammenspiel mit dem Kasus gesehen werden sollte.

Für das Verständnis von Wortgruppen ist es sinnvoll, herauszustellen, dass eine Präpositionalgruppe in den allermeisten Fällen eine Nominalgruppe als Konstituente hat. Dabei kann der Begleiter der Nominalgruppe mit der Präposition verschmolzen sein. Nominalisierte Ausdrücke werden mit verschmolzenen Präpositionen in Präpositionalgruppen verbunden, selbst dann, wenn die verschmolzenen Präpositionen in anderen Kontexten als umgangssprachlich gelten: *ins Reine schreiben, ums Ganze*. Sie stehen auch vor Abstrakta (*im Vertrauen*) und vor Stoffbezeichnungen, wenn diese spezifisch gebraucht sind (*ins Wasser springen*).

Präpositionalgruppe

In den Klassen 5/6 werden die Junktionen um die Subjunktionen und die Adjunktionen vermehrt. Wie immer sind sie längst im Gebrauch, insbesondere die Subjunktion *dass*, ohne dass sie aber grammatisch reflektiert worden wären.

Junktion

Junktionen heißen so, weil sie irgendeine Art von Verbindung (Junktion) herstellen. Dabei gelten die folgenden Unterscheidungen:

- *Konjunktion* wird für echte, reihende Verbindungswörter verwendet, egal, ob sie einteilig wie *und* bzw. *oder* oder mehrteilig wie *sowohl ... als auch, weder ... noch* sind. (In der Schulgrammatik ist der Terminus *Konjunktion* oft auch als Überbegriff über *Konjunktionen* und *Subjunktionen* gebraucht worden. Mit der Hinzunahme der Adjunktionen ist es aber günstig, zwischen den drei genannten Arten auch terminologisch zu unterscheiden. Zur Sinnhaftigkeit des Begriffs der Adjunktion siehe Kl. 9/10: Verfahren und Strategien.)
- *Subjunktion* bezeichnet unterordnende Junktionen, die einen Nebensatz (untergeordneter Satz) mit einem Hauptsatz (übergeordneter Satz) verbinden. Die vielleicht typischste Subjunktion ist *dass*.
- Schließlich bezeichnet *Adjunktion* eine Verbindung von zwei Größen. Dafür ist *als* im Komparativ typisch.

Junktion ist also der Oberbegriff über alle drei.

Die Subjunktion *dass* hat keinen Inhalt wie z. B. das temporale *als*. *Dass*-Sätze stehen nach performativen Verben (*Ich verspreche, dass ich komme.*) und nach Verben des Glaubens, Wissens, Meinens (*Ich glaube, dass ich kommen kann.*). In den Kl. 5/6 geht es um die Satzkonstruktion mit Subjunktionen, noch nicht um die satzfunktionale Einordnung von Subjunktionssätzen. (S. u. bei Satzglieder und Satz.)

Inhalt des M- und E-Niveaus Junktion ob

Neben dem inhaltsleeren *dass* kommt auf dem M- und E-Niveau *ob* ins Spiel. Grammatisch ist dies problemlos: Nach Verben des Fragens oder Nichtwissens wird ein Nebensatz nicht mit *dass*, sondern mit *ob* angeschlossen. Empirisch betrachtet liegt ein Problem bei der Zeichensetzung vor. Da die Frage nicht direkt ausgesprochen, sondern über das performative Verb angezeigt wird, steht nur ein Punkt am Satzende. Auf dem G-Niveau wird der indirekte Fragesatz im Zusammenhang mit dem komplexen Satz angesprochen, er bildet jedoch keinen eigenen Inhalt.

Adjunktion und Adjunktorgruppe

Mit Komparativsätzen rückt auch die Adjunktion *als* in den Fokus. Das Augenmerk ist darauf zu lenken, dass mit Adjunktionen immer zwei ↑Konstituenten verbunden werden, die im selben Kasus stehen: <u>Das Ulmer Münster</u> (Nominativ) *ist höher als* <u>der Kölner Dom</u> (Nominativ). Komparativsätze sind häufig mit einem Kopulaverb gebildete Prädikativsätze. In solchen Sätzen werden zwei Größen miteinander hinsichtlich irgendeines Maßes miteinander verglichen. Die zweite Vergleichsgröße (*der Kölner Dom*) wird dabei mit der ersten (*das Ulmer Münster*) mit einer sog. *Adjunktion* (*als*) verbunden. Komparativsätze können auch mit Vollverben gebildet sein: *Hans rennt schneller als Fritz.* Zwar hat *schneller als Fritz* jetzt eine andere Satzfunktion (Adverbial), an den Aussagen über die Adjunktion ändert dies nichts.

Partikel

Als neue Wortart werden nun auch die Partikeln betrachtet. Auf die Intensitätspartikel wurde bereits im Zusammenhang mit Adjektivgruppen verwiesen. Intensitätspartikeln leisten lexikalisch, was die Komparation morphologisch leistet, allerdings immer ohne einen Vergleichsrahmen. Als dritte Möglichkeit gibt es die Wortbildung beim Adjektiv: *mausetot*. Da diese Steigerungen ohne Vergleichsrahmen erfolgen, spricht man auch von einem Elativ im Gegensatz zum Superlativ als Höchststufe innerhalb eines Vergleichsrahmens.

Die vielleicht wichtigste Partikel überhaupt ist die Negationspartikel.

Die ↑Negation ist nicht nur philosophisch, sondern auch grammatisch ein ausgesprochen komplexes Phänomen, das in der Sekundarstufe – und schon gar nicht in den Klassen 5/6 – nicht erschöpfend behandelt werden kann. Wichtig ist die Stellung der Negationspartikel im einfachen Satz. Die Negationspartikel steht grundsätzlich im Mittelfeld (↑Feldermodell), nicht vor Objekten, wohl aber vor Adverbialen: *Wir lösen dieses Rätsel nicht (schnell)*. Da die Negation nicht vor Objekten steht, rückt sie an das Satzende. Steht aber eine (Prädikats-)Adverbiale, dann steht die Negation vor dieser. Hinzu kommt, dass immer dann, wenn Objekte den unbestimmten oder den Nullartikel haben, nicht mit *nicht*, sondern mit *k-* verneint wird: *Marianne mag keine Tomaten*. Würde mit der Negationspartikel verneint, würde die Beschränkung, wie sie oben beschrieben wurde, verletzt und es handelte sich um eine Satzgliedverneinung. (Vgl. unten unter Satzglieder und Satz, E-Niveau.)

Satz und Satzglieder

Die Überlegungen hinsichtlich der Negationspartikel als Negation des Satzes verdeutlichen einen weiteren Aspekt des Subjekts. *Nicht* kann als Satznegation niemals vor dem Subjekt stehen, denn das Besondere der Satznegation ist, dass dem Subjekt das im Prädikatsverband Gesagte abgesprochen wird. Da das Subjekt mit dem finiten Teil des Prädikats eine ↑Kongruenz bildet, fällt zudem das Subjekt immer weg, wenn das Verb bzw. der Verbkomplex, der das Prädikat bildet, in den Infinitiv gesetzt wird. Beim Prädikat wird mit Blick auf die Einführung des Feldermodells (s. u.) die Verbklammer bei Verbkomplexen im einfachen Aussagesatz relevant. Verbklammern treten auf bei

— Formen mit Hilfsverben: Perfekt/Plusquamperfekt:
  Ich habe meiner Schwester ein Buch geschenkt.
  Futur: *Ich werde meiner Schwester ein Buch schenken.*
— Modalverbkomplexen: *Ich will meiner Schwester ein Buch schenken.*
— Passiv: *Mir wird ein Buch geschenkt.*
— Partikelverben: *Er reist morgen ab.*

Subjekt und Prädikat

Objekte sind obligatorische Satzglieder. Verben haben aufgrund ihrer Valenz obligatorische Ergänzungen: *einem etwas schenken*.

Objekt

Diese Ergänzungen werden im Satz zu Objekten – obligatorischen Satzgliedern. Geht man so vor, dann kann man auch schnell zwischen den obligatorischen Satzgliedern und den fakultativen unterscheiden. In einem Satz wie: *Ich schenke meinen Eltern zu Weihnachten etwas Selbstgebasteltes.* kann *zu Weihnachten* nicht obligatorisch sein, da Zeitangaben nicht zum Szenario von *schenken* gehören. Mit der Einführung des Adverbials wird also die Unterscheidung zwischen Objekten und Adverbialen von Bedeutung. Ein Objekt gehört immer zum besonderen Szenario eines Prädikats: *geben* bedeutet, dass es etwas gibt, das gegeben wird, und jemanden, der das bekommt. Dagegen gehört z. B. die Angabe, wann oder warum etwas gegeben wird, nicht zum Szenario, das durch das das Prädikat bildende Vollverb aufgespannt wird.

Inhalt des E-Niveaus: Genitiv- und Präpositionalobjekt → M-Niveau, Kl. 7/8

Seltene und besondere Objekte sind das Genitiv- und das Präpositionalobjekt, die auf dem E-Niveau bereits in den Klassen 5/6 behandelt werden sollten, um alle Objektarten zu erfassen. Genitivobjekte, also Satzglieder im Genitiv, die zum Verbszenario gehören, sind im Gegenwartsdeutsch selten, sie gehören einer gehobenen und älteren Sprachschicht an (*einer Sache harren*) und werden zusehends durch Präpositionalobjekte ersetzt: *sich einer Sache erinnern → sich an eine Sache erinnern*. Vorfindlich sind sie noch in der Sprache des Rechts. Bei Verben wie *anklagen, berauben, beschuldigen, bezichtigen, entheben, entsetzen, überführen, verdächtigen, verweisen, zeihen* wird die Person in den Akkusativ, die Sache in den Genitiv gesetzt: *Der Richter klagte ihn des Diebstahls an.* Von Präpositionalobjekten spricht man, wenn die Präposition inhaltsleer und fest mit dem Verb verbunden ist: *erinnern an, warten auf, danken für, erzählen von …* Aber es gibt hier einen Graubereich. So kann man *für* und *gegen* etwas stimmen, sodass das Kriterium der festen Präposition nicht voll erfüllt ist. (Zu einer sehr ausführlichen Diskussion vgl. Zifonun u. a. 1997, Bd. 2, S. 1093 ff.) Da aber *stimmen* immer eine obligatorische Ergänzung braucht, wird man auch *für etwas stimmen* und auch *gegen etwas stimmen* als Verbgruppen mit obligatorischen Präpositionalergänzungen (im Satz Präpositionalobjekte) fassen. (In den Klassen 9/10 wird dann die Abgrenzung zum Adverbial auf dem E-Niveau thematisiert werden.) Bei Präpositionalobjekten bewährt sich in besonderer Weise die Verbgruppe: *auf etwas warten, für etwas danken* etc., da nun das Präpositionalobjekt immer mitgenannt wird.

Adverbiale sind im Gegensatz zu den Objekten fakultative Satzglieder (zu den Proben siehe unten unter Strategien und Verfahren.) Sie situieren oder modalisieren den elementaren Satzgedanken, der aus Subjekt und Prädikat gebildet wird zuzüglich der Objekte, sofern das Vollverb, das das Prädikat bildet, Ergänzungen fordert. *Situieren* bedeutet, dass z. B. Ort und/oder Zeit angegeben werden (*Ich komme morgen.*), *modalisieren,* dass Werturteile ausgesprochen werden (*Susanne spielt gut Fußball.*) oder sich auf eine andere Art und Weise der Sprecher ins Spiel bringt, denn *Modus* bedeutet immer, eine Stellungnahme des Sprechers zum Gesagten. Unter einer kommunikativ-informatorischen Sicht sind Adverbiale keineswegs fakultativ. Für den Sprecher stellt sich vermutlich nicht die Frage, ob er diese Satzglieder ausspricht oder weglässt. Wenn er sie ausspricht, dann hält er sie vermutlich/hoffentlich auch für wichtig. Grammatisch aber sind diese Satzglieder für die Konstitution eines Satzes nicht wichtig. Ein Satz wird auch ohne sie konstituiert. In den Klassen 5/6 wird mit dem Lokal- und Temporaladverbial der Einstieg in die Adverbialen unternommen, nachdem in den Klassen 3/4 die entsprechenden Präpositionen bereits behandelt worden sind.

Adverbial

Bei allen Satzgliedern wird, wie schon in den Klassen 3/4, zwischen dem Satz als Informationseinheit und dem als Struktureinheit unterschieden. Unter dem Gesichtspunkt Informationseinheit werden Satzglieder und Gliedteile erfragt. Dabei werden Satzglieder vom Prädikat aus erfragt, Gliedteile vom Kern der Wortgruppe aus, zu denen sie Gliedteile sind. Unter dem Gesichtspunkt Struktureinheit wird ein Satz als Syntagma (Gewebe) untersucht. Dazu braucht man Beobachtung und ↑grammatische Proben.

Satz als Informationseinheit – Satz als Struktureinheit

Schließlich muss in den Klassen 5/6, wenn die attributive und prädikative Funktion von Adjektiven behandelt wird, das Prädikativ und der Typ des Prädikativsatzes besprochen werden. Das Prädikativ ist ein obligatorisches Satzglied, das nicht vom Verb gefordert ist. Das Verb ist gebildet durch die Kopula *sein* oder kopulaähnliche Wörter wie *heißen*. *Sein* trägt zur Satzbedeutung gar nichts bei und *heißen* wenig. Vielmehr sind diese Verben Ausdrücke dafür, dass etwas etwas zugeschrieben wird: eine Eigenschaft irgendeiner Person oder Sache oder ein Name. Der Ausdruck *Prädikativ* ergibt sich aus dem Umstand, dass der Inhalt des Prädikats erst wesentlich durch das Prädikativ gegeben ist. Trotz-

Prädikativ

dem sollte man aber nicht das Prädikativ als Teil des Prädikats behandeln, weil man dann große Schwierigkeiten hätte zu erklären, dass sich diese Konstituenten wie gewöhnliche Satzglieder verhalten – man kann sie problemlos umstellen: *Der Sommer war schön. – Schön war der Sommer.* Würde man sie als Konstituenten des Prädikats behandeln, dann würde immer die Konstituente, die das Prädikativ bildet, zusammen mit dem Verb einen Verbkomplex bilden, was zu einer ungeheuren Vermehrung der Verbkomplexe führen würde. Wird das Prädikativ durch ein Nomen gebildet (*Meine Schwester ist Lehrerin/eine gute Fußballspielerin*) hat man im Satz zwei Nominative. Das hat Auswirkungen auf die Wer-oder-Was-Frage (siehe unten). In nicht prädikativer Stellung hat man funktional ein Attribut (*der schöne Sommer*) oder eine Apposition (*mein Bruder Daniele*).

Inhalt des E-Niveaus Apposition → M-Niveau, Kl. 7/8

Appositionen – ein Inhalt auf dem E-Niveau in den Klassen 5/6 – stehen meist nach ihrem Bezugswort und sind mit jenem kasusidentisch. Davon weichen wir bei Zeitangaben manchmal ab. Appositiv heißt es: *am Freitag, dem 17. Juni, ...*, aber gehäuft ist heute zu hören und zu lesen: *am Freitag, den 17. Juni, ...* Jetzt ist *den 17. Juni* als ein freier Kasus zu interpretieren (eine grammatische Erscheinung, die als solche erst auf dem E-Niveau der Klassen 9/10 betrachtet wird). Ein Zweites sollte auffallen: Enge Appositionen, etwa Namen oder Namenszusätze, wie sie bei Eigennamen und Titeln auftreten (*mein Bruder Daniele, Rektorin Meier, Karl der Große*), haben kein Komma, während sog. lockere/ weite Appositionen, die eindeutig den Charakter von Erläuterungen haben (Zeitangaben, beschreibende Zusätze wie in *Ludwigsburg, die Geburtsstadt Eduard Mörikes, ...*), mit einem paarigen Komma abgetrennt werden. Bei engen Appositionen ist es nicht leicht zu sagen, was Apposition und was Bezugswort ist. Es heißt: *Rektor Meiers Büro*, aber: *Herrn Meiers Büro* und *Herrn Rektor Meiers Büro*. Daraus kann man zumindest entnehmen, dass *Rektor* Apposition ist und analog werden wir annehmen, dass dann auch *Herr* Apposition ist. Das liegt daran, dass das Bezugswort auf alle Fälle der Deklination unterliegt, während die Apposition unabhängig davon sein kann, wenngleich Kasusidentität der Normalfall sein sollte. Dies gilt auch für lockere/weite Appositionen: *Johannes Gutenberg* (Nom.), *Buchdrucker aus Mainz* (Nom.); aber: *Das Wirken Johannes Gutenbergs* (Gen.), *Buchdrucker* (Nom.) *aus Mainz, war von größter Bedeutung.* (nicht Gen.: **Buchdruckers*;

aber: *eines Buchdruckers* (in der Nominalgruppe wieder Gen.) oder auch *einem Buchdrucker aus Mainz* (Dat.)).

Appositionen können gereiht werden: *Meier – Herr Meier – Herr Rektor Meier – Herr Rektor Theodor Meier – Herr Rektor Theodor Meier mit Gemahlin und Hund – Herr Rektor a.D. Theodor Meier mit Gemahlin und Hund, Kommandant der örtlichen Feuerwehr, Vorsitzender der Sparkasse, Mitautor zahlreicher Publikationen, ...* usw. usw.

Lockere/weite Appositionen sind besondere Formen von ↑Einschüben und als solche werden sie ohne besondere terminologische Fassung auf dem G-Niveau in den Kl. 9/10 mitbehandelt, was aber zur Folge hat, dass Besonderheiten der engen Apposition auf diesem Niveau nicht vertieft werden.

In den Klassen 3/4 sind Adjektive als Teile von Nominalgruppen ins Blickfeld gekommen. Jetzt werden sie zusammen mit Nominalgruppen im Genitiv, die nicht als Ergänzungen zum Verb interpretiert werden können, satzfunktional betrachtet und terminologisch als Attribute gefasst. Attribute sind Gliedteile, also Konstituenten von Satzgliedern, was man auch daran sehen kann, dass sie mit dem Satzglied zusammen im Satz verschoben werden. Wenn daher *der Sportplatz unserer Schule* in einem Satz wie *Der Sportplatz unserer Schule muss neu angelegt werden.* als Satzglied gewertet werden muss, so ist doch wichtig zu sehen, dass dieses Satzglied aus zwei Nominalgruppen besteht: a) *der Sportplatz*, b) *unserer Schule*. Damit ist auch die Großschreibung eines jeden Kerns einer Nominalgruppe gesichert.

Attribute und Appositionen können auch in Relativsätze gepackt werden: *Meine Lehrerin, die nett ist, ...; meine Schwester, die eine gute Fußballspielerin ist, ...; mein Bruder, der Daniele heißt, ...,* sodass sich in vielen Fällen eine dreifache Ausdrucksweise ergibt: attributiv, prädikativ und schließlich in Form eines Relativsatzes.

Relativsätze werden mit einem Relativpronomen , das den Bezug zu dem Nomen bzw. der Nominalgruppe herstellt, zu der der Relativsatz Gliedteil ist, eingeleitet. Das Relativpronomen kongruiert wie alle Pronomen in Numerus und Genus, nicht im Kasus mit seiner Bezugseinheit. Der Relativsatz wird mit einem finiten Verb geschlossen (s. u. unter Nebensatz). Schon an dieser Stelle ist der Hinweis angebracht, dass Relativsätze, entgegen der üblichen Behandlung in der Schule, nicht nur Attributsätze sind. Vielmehr sind es Nebensätze, die mit einem Relativausdruck – im Deutschen ein W-Wort wie *welcher, was, weswegen* etc. – eingelei-

Attribut

Relativsatz

tet sind. Lediglich die attributiven Relativsätze können auch mit *der, die, das* eingeleitet werden. Man behandelt also in den Klassen 5/6 nicht den Relativsatz, sondern den Relativsatz als Attributsatz.

Satzgefüge Mit dem Relativsatz hat man den einfachen Satz verlassen, der nur eine Subjekt-Prädikat-Struktur aufweist. Nun liegt ein Satzgefüge aus Hauptsatz und Nebensatz vor.

Der Relativsatz ist Gliedteil (Attribut), Nebensätze können aber auch Satzgliedstatus haben. Welcher dies genau ist, wird aber erst in den folgenden Klassen betrachtet. In den Kl. 5/6 ist wichtig, dass ein Satzgefüge als Struktur in den Blick genommen wird. Satzgefüge bedeutet bei diesen Beispielen, dass in einem Satz mindestens zwei finite Verben vorkommen und damit mindestens zwei Sachverhalte ausgedrückt werden. Denn wo ein finites Verb ist, da ist auch ein Subjekt, mit dem das finite Verb kongruiert. Dabei ist nun ein Satz immer einem anderen untergeordnet. Bei einem Relativsatz ist dies einfach zu durchschauen, denn der Relativsatz hat ein Nomen, einen nominalisierten Ausdruck oder eine Nominalgruppe als Bezug. Grammatisch ist ein Nebensatz immer an der Einleitung und an der Stellung des finiten Verbs erkennbar. Eingeleitet werden Nebensätze – auf dieser Stufe der Betrachtung – durch Relativpronomen oder eine Subjunktion und das finite Verb steht am Ende des Nebensatzes. Dies sind auch die beiden Stellen, an denen ein Komma zu setzen ist. Daher sucht man in einem gegebenen Satz, wie viele finite Verben vorkommen. Sind es mehr als eines, sucht man dasjenige finite Verb, das am Ende einer Sachverhaltsdarstellung steht und ebenso die Einleitung (Relativpronomen oder Subjunktion), die zu dieser Endstellung geführt hat. Jetzt ist die Kommasetzung vor dem Pronomen bzw. der Subjunktion und nach dem finiten Verb klar. (Dass das erste Komma wegfällt, wenn das Satzgefüge mit dem Nebensatz beginnt, und das zweite Komma, wenn das Satzgefüge mit dem Nebensatz endet, versteht sich von selbst.)

Inhalt des E-Niveaus Indirekter Fragesatz → M-Niveau, Kl. 7/8

Obwohl die Subjunktion *ob* auch auf dem M-Niveau in dem oben angegebenen Sinn behandelt werden sollte, sind indirekte Fragesätze mit der damit verbundenen Problematik der Zeichensetzung (Punkt am Satzschluss) vorerst nur auf dem E-Niveau angesiedelt. Fragesätze stellen die Frage nicht direkt, erkennbar an der Spitzenstellung des finiten Verbs (*Kommst du?*) bzw. einem *w*-Fragewort (*Wann kommst du?*), sondern als Inhalt des performativen Verbs *fragen: Ich frage dich, ob du kommst.* Hier ein Fragezeichen zu setzen, wäre doppelt gemoppelt, denn das Verb gibt bereits alles an. Man sieht an diesen Erläuterungen, dass man etwas Aufwand betreiben muss, sodass die Einordnung in die Kl. 7/8 auf dem M-Niveau einsichtig wird. Dieses Niveau soll in den Kl. 5/6 nicht überfrachtet werden.

Trägt man diese Sätze in das Feldermodell ein, sieht man, dass Relativsätze gewöhnlich in dem Feld angesiedelt sind, in dem ihr Bezugsausdruck steht.

Feldermodell

Vorfeld	linke Verbklammer	Mittefeld	rechte Verbklammer	Nachfeld
Meine Mutter, die bald Geburtstag hat,	*hat*	*eine neue Arbeitsstelle, von der sie sich viel erhofft,*	*angenommen.*	

Dabei ist der erste Relativsatz nicht verrückbar, der zweite könnte aber auch ins Nachfeld treten: *Meine Mutter, die bald Geburtstag hat, hat eine neue Arbeitsstelle angetreten, von der sie sich viel erhofft.* Daran kann man auch sehen, dass bei einem Relativsatz der Bezug eindeutig sein muss, was aber nicht dazu führt, dass er immer unmittelbar beim Bezugsausdruck stehen muss.

Dass- und *ob-Sätze* stehen gewöhnlich im Nachfeld. Dabei sollten in den Kl. 5/6 sogar nur solche *dass-* und *ob-*Sätze behandelt werden, die diese Stellung aufweisen, da sich gezeigt hat, dass ein Satz, der mit einem *dass-*Nebensatz beginnt, orthographisch sehr fehleranfällig ist. *Als-*Sätze können im Vorfeld und im Nachfeld stehen.

Vorfeld	linke Verbklammer	Mittefeld	rechte Verbklammer	Nachfeld
Noah	hat	lange	gehofft	, dass Onkel Max bald kommt.
Als wir in der Hütte ankamen,	hörte	der Regen	auf.	
Der Regen	hörte		auf	, als wir in der Hütte ankamen.

Da das finite Verb im Nebensatz immer an der letzten Stelle steht, kann es im Nebensatz keine Verbklammer geben. Dies ist einer der Gründe, warum in dem vorliegenden Curriculum Nebensätze nicht nach dem Feldermodell behandelt werden. Bei Relativsätzen wäre dann die linke Klammerposition immer unbesetzt. Das widerspricht eigentlich dem Feldermodell. Dieses betrachtet einen Satz auf der Grundlage der Verbklammer. Alles, was vor dem finiten Verb steht, ist dann Vorfeld, alles, was innerhalb der Verbklammer steht, Mittelfeld und alles, was nach dem finiten Verb steht, Nachfeld.

Dabei steht im Vorfeld immer nur ein Satzglied, während sich im Mittelfeld mehrere Satzglieder tummeln können. Dies wiederum bedeutet, dass die Satzglieder in ihrer Funktion als Subjekt, Objekt oder Adverbial nicht über das Feldermodell bestimmt werden können.

Im Modell:

Vorfeld	linke Verbklammer	Mittefeld	rechte Verbklammer	Nachfeld
1 Satzglied	finite Verbform	alle weiteren Satzglieder, sofern sie nicht ins Nachfeld gerückt sind	infinite Verbform	Nachträge, nachgestellte Nebensätze

Daher taucht im Curriculum auch nicht der Begriff der *Satzklammer* auf, sondern nur der der *Verbklammer*. Das Feldermodell zeigt sehr gut die lineare Ordnung deutscher Sätze und vieles ist über das Feldermodell einfacher darzustellen.

Satzform Das Feldermodell ist auch sehr gut geeignet, um verschiedene Satzformen zu unterscheiden: Verbzweitsatz mit einem besetzten Vorfeld, Verberstsatz mit einem unbesetzten Vorfeld und Verbletztsatz ohne Möglichkeit einer Verbklammer.

Der Satz als verbundenes Ganzes In den Klassen 5/6 sind mit dem Prädikativ und dem Adverbial alle Satzglieder erarbeitet. Das Gewebe eines Satzes kann veranschaulicht werden, wenn man einen Satz wie ein Puzzle konstruiert, eine Idee, die Martin Binder für Tandem 5 (2004, S. 199) kreierte. (s. u. Abb. 8).

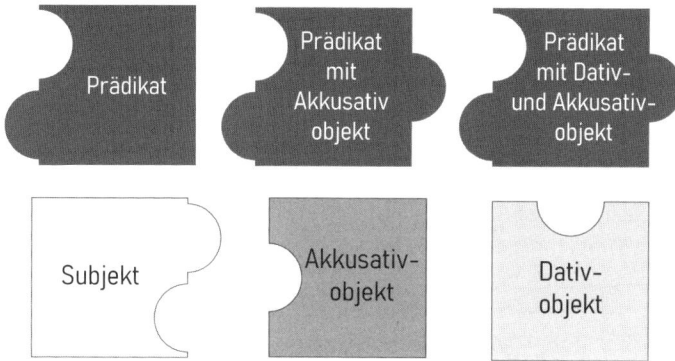

Abb. 7 | Puzzleteile für Satzglieder

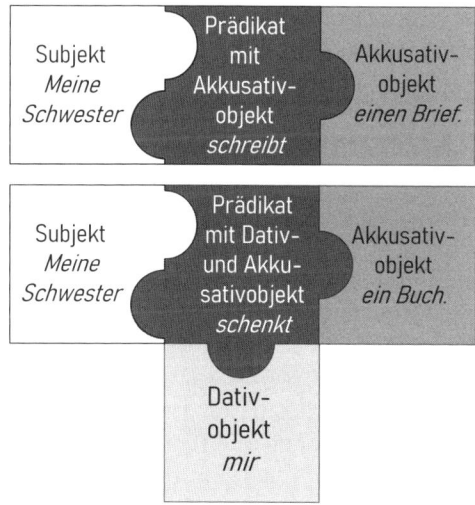

Abb. 8 | Der Satz als Puzzle

Dabei ist die Beziehung von Wortgruppen zu Satzfunktionen zu bedenken. Man kann schnell sehen, dass Nominalgruppen viele Funktionen übernehmen können. Gliedteil (Genitivattribut), Satzglied (Subjekt oder Objekt), Prädikativ. Präpositionalgruppen sind dagegen eingeschränkter. In einigen Fällen können sie Objekt sein, gewöhnlich aber sind sie Adverbial; Adjektivgruppen sind Gliedteil (Adjektivattribut) und Prädikativ. Dies wird in den folgenden Klassen zumindest auf dem M- und E-Niveau betrachtet werden.

3.1.4 Verfahren und Strategien

Verfahren zur Bestimmung des Subjekts

Grundsätzlich ist es günstig, für das Herauspräparieren von Erkenntnissen mehrere Strategien anzuwenden. Das geschieht beispielsweise beim Subjekt, das nun unter dem Aspekt des Satzes als Struktureinheit auch über die Negationsprobe und den Infinitivtest bestimmt wird. Bei Proben (Verfahren/Strategien/Tests – alles Ausdrücke, die dasselbe verschieden perspektivieren) macht man sich Eigenschaften einer Größe zunutze, um ein Phänomen zu überprüfen. Umstände wie die, dass ein Subjekt von der Satznegation nicht berührt ist oder das mit dem Prädikat kongruiert, kann hergenommen werden, um Subjekte zu bestimmen. Grundsätzlich gilt, dass wie in der Chemie, in der Medizin so auch in der Grammatik immer mehrere Verfahren angewendet werden bzw. im Spiralcurriculum immer neue Verfahren zur Bestimmung einer Größe hinzukommen sollten. Die Satznegation steht nicht nur nicht vor Subjekten, sie steht auch nicht, wie in späteren Klassen zu sehen sein wird, vor Satzadverbialen. Man braucht also weitere Tests. Ähnliches gilt für den Infinitivtest, der bei Prädikativsätzen versagt. In *Mein Bruder ist Ingenieur.* kann man *Ingenieur sein*, aber auch *mein Bruder sein* bilden. Hier braucht man den Koordinationstest: *Mein Bruder und meine Schwester sind Ingenieure.* Auch dieser Satz zeigt noch nicht das gewünschte Ergebnis, wohl aber: *Mein Bruder ist Ingenieur und Fußballspieler.* Nun kann man auf der Grundlage der ↑Kongruenz von Subjekt und Prädikat *mein Bruder* als Subjekt feststellen.

Tests für Adverbiale

Mit dem Feldermodell kann die Umstellprobe anschaulich durchgeführt werden. Damit erfährt man aber immer nur, dass eine Einheit Satzglied ist, nicht um welches Satzglied es sich handelt. Für Adverbiale braucht man den Und-das-geschieht-Test. Adverbiale situieren (Modalisierung kommt in späteren Klassen dazu) einen Sachverhalt temporal, lokal oder geben andere Begleitumstände an. Diese können in die Phrase *und das geschieht ...* gepackt werden. Der Satz *Im Sommer hütet der Schäfer seine Schafe auf der Heide.* kann umgeformt werden in: *Der Schäfer hütet seine Schafe und das geschieht im Sommer und auf der Heide.* Hier macht man sich den Umstand zunutze, dass Adverbiale nicht zum eigentlichen Sachverhalt gehören, also keine obligatorischen Satzglieder sind. Daher können sie in eine eigene Phrase gepackt werden und an den Kernsatz angereiht werden. Man könnte denken, dass die Weglassprobe deshalb auch völlig genügend sei: Alle Satzglieder, die man in einem Satz weglassen kann, sind dann fakultativ. Aber hier sollte man vorsichtig sein, weil bei der Anwendung dieser Probe zuerst gefestigt sein müsste, was alles zum Szenario eines Verbs gehört. In dem Satz *Christoph liest ein Buch.* kann man in bestimmten Kontexten *ein Buch* weglassen: *Christoph liest*. Aber zum Szenario (vgl. Ágel 2019, S. 40) von *lesen* gehört, dass *etwas* gelesen wird. Die Verbgruppe lautet also: *etwas lesen*. Bei vielen Tätigkeitsverben kann in bestimmten Kontexten das Augenmerk nur auf die Tätigkeit gelegt und alle weiteren mit der Tätigkeit notwendig verbundenen Aspekte können ausgeblendet werden: *Ich lese, esse, gehe ...* Aber das bedeutet nicht, dass es diese Aspekte nicht gäbe. Am besten kann man dies durch ein Bild vergegenwärtigen. *Lesen* wird auf einem Bild eine Person (Subjekt des entsprechenden Satzes) und ein Buch, eine Zeitschrift etc. umfassen, *essen* eine Person und ein Lebensmittel und *gehen* bedeutet immer Richtungsänderung – man geht irgendwohin. (Diese Aspekte werden in höheren Klassen noch betrachtet werden, man sollte sie aber von Anfang an im Hinterkopf haben.)

Fragen werden nicht als grammatische Proben i.e.S. angesehen. Vielmehr sind sie die möglichen Fragen an einen Satz als Informationseinheit. Die Prädikativsätze machen deutlich, dass sie nicht direkt als grammatische Fragen für Satzfunktionen eingesetzt werden sollten. Die Fragen an einen Satz als Informationseinheit werden in den Klassen 5/6 v. a. um *Wann?* und *Wo?* vermehrt.

Warum Fragen keine grammatischen Tests sind

Alle Schülerinnen und Schüler sollten lernen, einen Satz korrekt zu verneinen. Dies wurde bereits oben unter Partikel angesprochen. Auf dem E-Niveau sollte der Unterschied zwischen der Satzverneinung und der Satzgliedverneinung thematisiert werden. Grundsätzlich kann die Negationspartikel vor jeder Satzkonstituente stehen. Sie ist immer dann, wenn sie nicht Satzverneinung ist, Satzglied- oder Satzgliedteilverneinung. Mit Letzterem ist zweierlei verbunden: a) eine Hervorhebung des Verneinten und b) eine erwartbare Fortsetzung mit *sondern*: *Felix hat nicht seinen Onkel, sondern seine Oma besucht. Nicht Felix, sondern Max hat seinen Onkel besucht.* In den Klassen 5/6 kann es nur darum gehen, ein Verständnis für die Satz-

Inhalt des E-Niveaus: Satznegation

negation anzubahnen. Um dies sinnvoll leisten zu können, brauchen Lehrkräfte aber das entsprechende Hintergrundwissen.

Zu den grammatischen Proben, dem Vorgehen bei den einzelnen Proben, dem grammatischen Ertrag und was mit ihnen ermittelt werden kann, siehe ↑Grammatische Proben.

3.2 Das Curriculum der Klassen 5/6

3.2.1 Wort und Wortarten

Verb

Inhalte und Beispiele	Erarbeitung: Verfahren und Hinweise
Weitere Aspekte des Verbs:	**M, -E-Niveau**
M, -E-Niveau	① Die Leistung der unmarkierten Präsensform zum Ausdruck von Gegenwärtigem auch für allgemein Gültiges (*Der Klügere* **gibt** *nach.*) erfassen. In besonderen Fällen die Präsensform auch für Vergangenes oder Zukünftiges verwenden: Bei Vergangenem als sogenanntes *historisches* Präsens (*Man* **schreibt** *das Jahr 1492. Columbus* **entdeckt** *Amerika.*) oder als Höhepunktmarkierung einer Erzählung (*Die Turmuhr* **schlug** *Mitternacht. Da* **tritt** *plötzlich ein Geist aus der Wand.*); bei Zukünftigem, z. B. wenn weitere Zeitangaben vorhanden sind: *Morgen* **schreiben** *wir eine Grammatikarbeit.*
Besondere Verwendung des Präsens ①	
Beispiele: *Der Klügere gibt nach.*	
Man schreibt das Jahr 1492. Columbus entdeckt Amerika.	
Die Turmuhr schlug Mitternacht. Da tritt plötzlich ein Geist aus der Wand.	
Morgen schreiben wir eine Grammatikarbeit.	
Vergleich Präteritum – Perfekt ②	
Beispiel: *Es schneite. – Es hat geschneit.*	
Vergleich Präsens – Futur I ③	② Herausarbeiten, dass die formal markierte Präteritumsform immer Vergangenes ausdrückt und für fiktionale schriftliche Texte obligatorisch ist. Feststellen, dass im Mündlichen überwiegend die Perfektform für das Präteritum gebraucht wird. An geeigneten Beispielen untersuchen, dass die Perfektform gebraucht wird, wenn der Aspekt der Abgeschlossenheit (Partizip II) in der Gegenwart (Personalform von *haben* oder *sein*) betont wird. *Es* **schneite** (irgendwann in der Vergangenheit) – *Es* **hat geschneit** (in der Vergangenheit, wobei aber der Schnee noch liegt.)
Beispiele: *Wenn ich erwachsen bin, erlerne ich einen Beruf. – Wenn ich groß bin, werde ich als Bäcker arbeiten.*	
E-Niveau	
Plusquamperfekt ④	
Beispiele: *Nachdem er angekommen war, ruhte er sich aus. Er aß das Ei, das er sich gekocht hatte.*	
Schwache/starke Verben ⑤	
Beispiele: *lachen – lachte – gelacht; laufen – läufst – lief – gelaufen; geben – gibst – gibt – gab – gegeben; reiten – ritt – geritten*	③ Durch Gegenüberstellung analysieren, wann die Präsensform und wann die Futurform verwendet wird: *Wenn ich erwachsen bin,* **erlerne** *ich einen Beruf.* (Ausdruck der subjektiven Gewissheit) – *Wenn ich groß bin,* **werde** *ich als Bäcker* **arbeiten.** (Ausdruck der Wahrscheinlichkeit).
Weitere Formen des Imperativs ⑥	
Beispiele: *handle!, grab(e), lade!*	
Partizip I ⑦	**E-Niveau**
Beispiele: *lachend, sinkend, handelnd*	④ Die Plusquamperfektform als eine komplexe Form beschreiben, die mit der Personalform der Hilfsverben *sein* oder *haben* im Präteritum + Partizip II des Vollverbs gebildet wird: (*er*) **war angekommen**/(*er*) **hatte gekocht**. Zeitverhältnisse beim Plusquamperfekt erfassen: Von zwei Ereignissen in der Vergangenheit liegt eines noch weiter zurück (*er* **war angekommen**) als das andere (*er ruhte sich aus*). (Daher auch „Vorvergangenheit".)
Kopula(verb) ⑧	
Beispiele: *sein, werden, bleiben* (im Sinne von: *weiterhin sein*), *heißen*	

Inhalte und Beispiele	Erarbeitung: Verfahren und Hinweise
Verbkomplex und Verbklammer ⑨ Beispiele: *Sie hat lange gelacht. Sie ist nach Stuttgart gefahren. Er wird über das Wochenende wegbleiben. Sie fuhr vom Bahnhof ab. Die Klasse teilte sich in Gruppen auf, als sie ein Experiment durchführen wollte.*	⑤ Starke und schwache Verben unterscheiden: Schwache Verben bilden das Präteritum mit -t-: *lachte*, starke Verben, indem sich der Stammvokal auf der Grundlage des Ablauts ändert: *lief*. Der Stammvokal kann sich bereits in der 2. und 3. Person Präsens ändern: (*ich*) **laufe** – (*du*) l**äu**fst – (*er*) l**äu**ft – (*er*) *lief* – *gelaufen*; (*ich*) **gebe** – (*du*) g**i**bst – (*er*) g**i**bt – (*sie*) *gab* – *gegeben*; (*ich*) **reite** – (*du*) re**i**test – (*sie*)
M, -E-Niveau **Modalverb** ⑩ Beispiele: *dürfen, können, mögen, müssen, sollen, wollen* *Sie musste lange lachen. Er kann ruhig über das Wochenende wegbleiben.*	*reitet* – (*sie*) *ritt* – *geritten*; Reihen bilden: *lachen – lachte – gelacht, laufen – lief – gelaufen*. ⑥ Formen des Imperativs der Verben bilden, die Besonderheiten aufweisen. Das in der 2. Ps. Ind. eingeschobene -e wird getilgt: (*du*) *handel(st)* → *handle!*; eine Umlautung in der 2. Ps. Ind. wird im Imp.
E-Niveau **Unterscheidung der Modalverben** ⑪ Beispiele: *müssen, sollen, dürfen, können, wollen, mögen*	nicht vollzogen: (*du*) *gräbst* → *grab(e)*; -e ist obligatorisch, wenn der Stamm auf -d oder -t endet. (*du*) *lädst* → *lade!*
Weitere Aspekte der Wortbildung des Verbs ⑫ Beispiele: *an-/abreisen, aufsteigen, ausziehen, auseinanderlaufen, eingreifen, loslassen, nachwerfen, (mit der Fähre) übersetzen, (einen Text) übersetzen, (einen Ort) umfahren, (einen Pfosten) umfahren, vortreten, weglaufen, zumachen, zurückkommen, zusammenschreiben*	⑦ Das Partizip I in attributiver Funktion als Form benennen, die mit *-(e)nd* am Verbstamm gebildet wird: *eine lach**ende** Lehrerin, ein sink**endes** Schiff, die handel**nden** Personen*. ⑧ Kopula(verben) als verbale Verbindungswörter eines Subjekts mit einem Prädikativ analysieren, die selbst nichts zur Bedeutung des Satzes beitragen, wie Umformungen zeigen: *Das Ei ist hart* → *das harte Ei, mein Freund heißt Turan* → *mein Freund Turan*. ⑨ Verschiedene Formen eines Verbkomplexes unterscheiden:
Weitere Wortfamilien ⑬ Beispiele: *fahr-: fahren, fährst, fährt, fuhr, gefahren, befahren, auffahren, wegfahren, fahrbar, gefährlich, Gefahr, Fähre* *wiss-: wissen, weiß, weißt, wusste, gewusst, Wissenschaft, wissenschaftlich, Besserwisser, Witz, gewitzt*	a) Hilfsverb + Vollverb, z. B. Perfekt (*hat gelacht*); b) Hilfsverb + Infinitiv, z. B. Futur I (*wird wegbleiben*); c) Verb + trennbare Partikel (*fuhr ... ab*). Im Satz die Verbklammer beachten: *Sie **hat** lange **gelacht**. Sie **ist** nach Stuttgart **gefahren**. Er **wird** über das Wochenende **wegbleiben**. Sie **fuhr** vom Bahnhof **ab**.* Verbkomplex beim Hauptsatz (Verbklammer) und Nebensatz (keine Verbklammer) unterscheiden: *Die Klasse **teilte** sich in Gruppen **auf**, als sie ein Experiment **durchführen wollte**.* (Siehe Feldermodell.)
Weitere Wortfelder ⑭ Beispiel: *gehen, rennen, laufen, eilen, spurten, schlendern, spazieren (gehen), wandern, klettern*	**M, -E-Niveau** ⑩ Modalverben als Konstituenten von Verbkomplexen identifizieren und deren Bedeutung umschreiben. Den Verbkomplex aus finitem Modalverb und Vollverb bei einschlägigen Sätzen bestimmen. Im Satz die Verbklammer beachten: *Sie **musste** lange **lachen**. Er **kann** ruhig über das Wochenende **wegbleiben**.*

3 Klassen 5/6

Inhalte und Beispiele	Erarbeitung: Verfahren und Hinweise
	E-Niveau
	⑪ Die Modalverben nach Notwendigkeit (*müssen, sollen*), Erlaubnis (*dürfen*), Möglichkeit (*können*), Willen und Vorliebe (*wollen, mögen*) unterscheiden.
	⑫ Weitere Partikelverben mit Verbpartikeln wie **an-, ab-, auf-, aus-, auseinander-, ein-, los-, nach-, über-, um-, vor-, weg-, zu-, zurück-, zusammen-** zur Wortschatzerweiterung bilden. Partikelverben mit Betonung auf der Partikel von präfigierten Verben mit Betonung des Verbs durch Untersuchung der Wortbetonung unterscheiden: (*einen Ort*) um ´*fahren* (präfigiertes Verb), – (*einen Pfosten*) ´*umfahren* (Partikelverb), (*einen Text*) über´setzen (präfigiertes Verb) – (*mit der Fähre*) ´über**setzen** (Partikelverb).
	⑬ Von einem für die Orthographie bedeutsamen Verb ausgehend, weitere Wörter zu einer Wortfamilie, in der verschiedene Wortarten vertreten sind, zusammenstellen.
	⑭ Von einem für die Textarbeit bedeutsamen Verb ausgehend, verwandte Ausdrücke zu einem Wortfeld zusammenstellen. Dabei die Bedeutungsunterschiede herausarbeiten.

Nomen

Inhalte und Beispiele	Erarbeitung: Verfahren und Hinweise
Nomen und nominalisierte Ausdrücke ① Beispiele: *Ball, Mutter; Obst, Möbel; Freiheit, Schicksal, Wachstum; das Wandern, dieses Grün, das Heute*	① Erfassen, dass Nomen nicht nur Konkreta (*Ball, Mutter*), Sammelbezeichnungen (*Obst, Möbel*) und Abstrakta (*Freiheit, Schicksal, Mannschaft, Wachstum*) bezeichnen, sondern dass so gut wie alle Wörter wie ein Nomen (Nominalisierung: *das Wandern, dieses Grün, das Heute*) gebraucht werden können.
Weitere Aspekte von Genus und Numerus ② Beispiele: *die Mannschaft; die Ärztin; das Wachstum, das Essen/Leben/Wandern/Vergissmeinnicht; der Lehrer die Leiter/der Leiter, das Verdienst/der Verdienst, das/die Mail Bank: die Bänke, die Banken der Iran, der Sudan; die Türkei, die Slowakei; Deutschland, Frankreich, Belgien*	② Genuszuweisung aufgrund von Wortbildung vornehmen: -*schaft* (**Mannschaft**), -*in* (**Ärztin**) → *die*, -*tum* (**Wachstum**), Nominalisierungen (**Essen/Leben/Wandern/Vergissmeinnicht**) → *das*, Berufsbildungen auf -*er* (**Bauer, Lehrer**) → *der*. Durch Gegenüberstellung erfassen, dass manche Nomen mit unterschiedlichem Genus eine jeweils andere Bedeutung haben: <u>**die**</u> **Leiter** (*zum Hinaufsteigen*), <u>**der**</u> **Leiter** (*der Jugendabteilung*). Durch entsprechende Pluralbildungen zeigen, dass sich gleichlautende Nomen mit unterschiedlicher Bedeutung im Plural unterscheiden können: **die Bank – die Bänke – die Banken, der Strauß – die Sträuße – die Strauße**. Schwankendes Genus ausmachen: <u>**das**</u> **Mail**, <u>**die**</u> **Mail**. Bei Ländernamen ordnen, ob und mit welchem Artikel

Inhalte und Beispiele	Erarbeitung: Verfahren und Hinweise
E-Niveau **Singularetantum und Pluraletantum** ③ Beispiele: *Wasser, Mehl, Schnee, Lärm, Schutz, Obst, Durst, Hunger, Liebe, Hass, Ruhe, All, (das) Warten, (das) Lesen, Dunkelheit, Müdigkeit, Post, Gramm Eltern, Ferien, Kosten, Leute (Seeleute, Landsleute), Trümmer, Azoren, Tropen*	sie verbunden sind. a) mit Artikel: maskulin (Endung mit *-an*): **der Iran, der Sudan**; b) feminin (Endung mit *-ei*): **die Türkei, die Slowakei**; c) kein Artikel, aber als Genus Neutrum: Ländernamen auf *-land, -reich, -ien*: **Deutschland, Frankreich, Belgien**. Dass es sich um Neutra handelt, ist erst durch Pronominalisierung erkennbar: **Deutschland** hat über 80 Millionen Einwohner. **Es** ist damit das bevölkerungsreichste Land in der EU.
Weitere Aspekte der Wortbildung des Nomens ④ Beispiele: *Lehrerin, Zeugnis, Schicksal, Mannschaft, Wachstum, Sonderling, Künstler, Handwerk, Hebel, Kartei, Spielertrainer, Strumpfhose, Strichpunkt*	**E-Niveau** ③ Nomen, die nur im Singular vorkommen (Singulariatantum): – Stoffbezeichnungen: **Wasser, Mehl, Schnee** – Nomen für Unzählbares: **Lärm, Schutz, Obst, Durst, Hunger, Liebe, Hass, Ruhe, All** – nominalisierte Ausdrücke: (*das*) **Warten**, (*das*) **Lesen** – viele Nomen auf *-heit* und *-(ig)keit*: **Dunkelheit, Müdigkeit** – Organisationen: **Post, Bundestag** – Maß- und Mengenbezeichnungen: **Gramm**, aber: *von 20 Litern* – Nomen, die nur im Plural vorkommen (Pluraliatantum): **Eltern, Ferien, Kosten, Leute (Seeleute, Landsleute), Trümmer, Tropen** ④ Mit Wortbildungssuffixen wie *-in, -nis, -sal, -schaft, -tum, -ling, -(l)er, -el, -ei* neue Wörter zur Wortschatzerweiterung bilden (Derivation); Wörter mit anderen Wörtern zu neuen Wörtern zusammensetzen (Komposition). Durch Umformung zeigen, dass auch bei Kopulativbildungen (**Strumpfhose** = Kleidungsstück, das sowohl Strumpf als auch Hose ist) grammatisch der letzte Bestandteil als Grundwort fungiert und den Artikel zuweist: <u>**die Strumpfhose**</u>. ⑤ Von einem für die Orthographie bedeutsamen Nomen ausgehend, eine Wortfamilie mit Flexionsformen und Wortbildungen zusammenstellen. ⑥ Von einem für die Textarbeit bedeutsamen Nomen ausgehend, verwandte Ausdrücke zu einem Wortfeld zusammenstellen, dabei die Bedeutungsunterschiede herausarbeiten.
Weitere Wortfamilien ⑤ Beispiel: *Durst – Durstes, dürsten, durstig, verdursten*	
Weitere Wortfelder ⑥ Beispiel: *Dunkelheit, Dämmerung, Morgendämmerung, Abenddämmerung, Finsternis, Zwielicht*	

Artikel und Pronomen

Inhalte und Beispiele	Erarbeitung: Verfahren und Hinweise
Weitere Artikelwörter ① Beispiele: *etwas, manch, nichts, viel* Nullartikel ② Beispiele: *Zum Backen braucht man Mehl. Lebewesen brauchen Wasser zum Trinken.* Personalpronomen und Textpronomen ③ Beispiele: *ich/wir, du/ihr, er, sie, es/sie, Sie* Unterscheidung: Artikelwort – Pronomen ④ Beispiele: *Dieses Buch gehört mir, dieses stammt aus der Bibliothek.* *Mein Fahrrad ist gelb, deines ist blau.* *Das Auto, das in der Garage steht, ist schon alt.* **M, -E-Niveau** Kongruenz bei Artikelwort und Pronomen ⑤ Beispiel: *Lisa fragt nach deinem neuen Rucksack. Ihrer muss genäht werden.* Bestimmter Artikel als Teil verschmolzener Präpositionen ⑥ Beispiele: *ins, ans, aufs, ums*	① Bestand der Artikelwörter erweitern und als linken Rand von Nominalgruppen bestimmen. ② In Sätzen mit Nullartikel den Artikel durch die Erweiterungsprobe sichtbar machen: *Zum Backen braucht man **etwas**/**gutes** Mehl. Lebewesen brauchen **viel** Wasser zum Trinken.* ③ Den Unterschied zwischen Personalpronomen als Zeigwörter auf Sprecher (*ich/wir*) bzw. Hörer (*du/ihr*) und Textpronomen (*er/sie/es, sie*) als Verweiswörter auf Nomen bzw. Nominalgruppen herausarbeiten. Auf der Grundlage von Kongruenzbeobachtung das Höflichkeitspronomen *Sie* als 3. Ps. Pl. für eine Anrede eines oder mehrerer Gegenüber identifizieren: *Haben **Sie** Zeit für mich?* ④ Zwischen Artikelgebrauch (als Begleiter) und pronominalem Gebrauch (als Stellvertreter) unterscheiden: ***dieses*** *Buch* (Artikelwort = Demonstrativartikel), da hier ***dieser*** als Begleiter von *Buch* fungiert. ... ***dieses** stammt aus der Bibliothek* (Demonstrativpronomen, da es kein begleitetes Wort gibt, sondern ***dieses*** auf *Buch* im Teilsatz davor verweist). Ebenso: ***mein*** *Fahrrad* (Artikelwort = Possessivartikel, da ***mein*** Begleiter ist), ... ***deines** ist blau* (Possessivpronomen, da es auf *Fahrrad* im Teilsatz davor verweist). In besonderer Weise wichtig ist die Unterscheidung bei Artikel und Relativpronomen: ***das*** *Auto* (bestimmter Artikel, da ***das*** Begleiter von *Auto* ist), ... ***das** in der Garage steht,* ... (Relativpronomen, da es sich auf *Auto* im Satz davor bezieht). Ausschließlich Pronomen sind: *ich/wir; du/ihr* mit allen Personalformen: *dieses Fahrrad gehört **mir**, dieses kannst **du** fahren.* Herausarbeiten, dass bei Personalpronomen der 1. und 2. Ps. (sowie dem Anredepronomen *Sie*) die Bedeutung immer durch den jeweiligen Sprecher bzw. Hörer gegeben ist, während bei den weiteren Pronomen erst der jeweilige Bezug im Satz oder Text die Bedeutung herstellt. **M, -E-Niveau** ⑤ Bei Artikelwörtern die Kongruenz in Kasus, Numerus, Genus mit dem Kern einer Nominalgruppe herausarbeiten: *Lisa fragt nach <u>deinem neuen Rucksack</u>. <u>Ihrer</u> muss genäht werden.* Bei Artikelwort die Kongruenz in Kasus, Numerus, Genus (*ihrem neuen Rucksack*: alles Dat., Sg./mask.), bei Pronomen die Kongruenz nur in Genus und Numerus (*ihrer*: Sg. mask., aber keine Kongruenz im Kasus, da jetzt Nom.) herausarbeiten. ⑥ (Weitere) verschmolzene Präpositionen in Präposition und Artikel zerlegen und die jeweiligen Anteile analysieren: ***ins*** = ***in*** + *da**s***

Adjektiv

Inhalte und Beispiele	Erarbeitung: Verfahren und Hinweise
Zahlwörter als Adjektive und Artikelwörter ① Beispiele: *eine Welt – die eine Welt – die Kinder der einen Welt, drei Liter Wasser – diese drei Liter Wasser …, wenig/viel Gutes – die wenigen/vielen Menschen, der dritte Mann*	① Bei Kardinalzahlen (*ein, zwei, drei* …) und unbestimmten Zahlangaben (*wenig, viel* …) entscheiden, ob sie als Artikelwörter oder als Adjektive gebraucht werden: *eine* (= Artikelwort: unbestimmter Artikel) *Welt*, *die* (= Artikelwort: bestimmter Artikel) *eine* (= dekliniertes Adjektiv) *Welt*. Dagegen treten Ordinalzahlwörter (*dritter*), Bruchzahlwörter (*achtel*), Vervielfältigungszahlwörter (*zweifach*) niemals als Artikelwörter auf; als Adjektive: *der dritte Mann, ein achtel Liter, ein zweifacher Salto* oder als nominalisierte Ausdrücke: *der Dritte, das Zigfache*.
Besondere Komparationsformen ② Beispiele: *gut – besser – am besten viel – mehr – am meisten hoch – höher – am höchsten nah(e) – näher – am nächsten*	② Ersatzformen im Komparativ und Superlativ mit neuen Lexemen bei *gut* und *viel* bestimmen. Bei **hoch** und **nah** ändert sich im Komparativ (**höher**) bzw. Superlativ (**nächsten**) der Konsonant.
M, -E-Niveau	**M, -E-Niveau**
Weitere Besonderheiten bei Komparationsformen ③ Beispiele: *teuer – teure/teurer, dunkel – dunkle/dunkler hart – härteste, heiß – heißeste älter, ärmer, gröber, größer, härter, jünger, kälter, klüger, kürzer, länger, näher, schärfer, schwächer, stärker, wärmer; blasser/blässer; gesunder/gesünder, nasser/nässer, schmaler/schmäler bunter*	③ Komparationsformen untersuchen: Ausfall eines *-e-* im Komparativ (und allen deklinierten Formen) bei Adjektiven auf *-el, -er*: **dunkel – dunkler** (*dunkle*); **teuer –teurer** (*teure*). Einfügen eines *-e-* bei Superlativen auf *-t, -s, -ß*: **hart – härteste, heiß – heißeste**. Umlautung ist in den Komparationsformen teils obligatorisch (siehe die Beispielwörter), teils fakultativ: **blasser/blässer, gesunder/gesünder, nasser/nässer, schmaler/schmäler**, teils ausgeschlossen: **bunt/bunter**. Eine Regel ist hierfür nicht anzugeben.
Weitere Aspekte der Wortbildung des Adjektivs ④ Beispiele: *einfallslos, einfach, fabelhaft, regelmäßig mausetot, leuchtendgrün, himmelhochjauchzend, schwerstbehindert*	④ Durch Wortbildung das Ausdrucksspektrum erweitern: Durch Hinzufügen von Suffixen zur Wortschatzerweiterung neue Adjektive bilden. Adjektive mittels typischer Suffixe ableiten: *-los, -fach, -haft, -mäßig*; durch Komposition Steigerung erzeugen (Elativbildungen): **mausetot, leuchtendgrün**.
Weitere Wortfamilien ⑤ Beispiele: *heiß – heiße, heißes, heißer, heißesten, Heißhunger, Hitze*	⑤ Von einem für die Orthographie bedeutsamen Adjektiv ausgehend, eine Wortfamilie mit Flexionsformen und Wortbildungen bilden.
Weitere Wortfelder ⑥ Beispiele: *laut, lautstark, geräuschvoll, lärmend, leise, gedämpft, still, totenstill, lautlos*	⑥ Von einem für die Textarbeit bedeutsamen Adjektiv ausgehend, verwandte Ausdrücke zu einem Wortfeld zusammenstellen, dabei die Bedeutungsunterschiede herausarbeiten.

Adverb

Inhalte und Beispiele	Erarbeitung: Verfahren und Hinweise
Lokaladverb ① Beispiele: *hier, dort, zuhause, dorthin, hierhin, allerorts, bergauf, fort, weg, da, draußen, überall*	① Mit Lokaladverbien als unflektierbaren Ausdrücken ein Geschehen lokal situieren: *Ich wohne **hier**.* Durch die Umstellprobe die Stellungsmöglichkeit von Adverbien im Vorfeld wie im Mittelfeld überprüfen: ***Hier** wohne ich; ich habe **hier** gewohnt.*
Temporaladverb ② Beispiele: *heute, morgen, gestern, vorgestern, lange, oft, immer, frühmorgens, spätabends, montags, anfangs, stets, jahrelang, zeitlebens, einst, dann, damals, jetzt*	② Mit Temporaladverbien als unflektierbaren Ausdrücken ein Geschehen temporal situieren: *Ich komme **heute**.* Durch die Umstellprobe die Stellungsmöglichkeit von Adverbien im Vorfeld wie im Mittelfeld überprüfen: ***Heute** komme ich. Ich will **heute** kommen.*
Interrogativadverb ③ Beispiele: *wann, wie lange, wo, wohin, warum, weshalb, wie, worüber, wofür*	③ Interrogativadverbien (Frageadverbien) als W-Wörter identifizieren und in Frageformen einsetzen: ***Wann** kommst du?*
M, -E-Niveau Wortbildung des Adverbs ④ Beispiele: *allerorts, himmelwärts, vorwärts, rückwärts, frühmorgens, (spät)abends, montags, anfangs, stets, lange, zuhause*	**M, -E-Niveau** ④ Durch Wortbildung entstandene Adverbien verwenden. Als Wortbildungselemente kommen die Morpheme *-e* und *-s* bzw. *-wärts* vor. Darauf achten, ob es sich dabei um eine Flexionsendung (*lange Abende, eines Abends*) handelt oder um ein adverbiales Wortbildungselement: *lange* (nicht zu verwechseln mit dem Adjektiv *lang*), *abend**s***. Bei der Schreibung *zu Hause* muss das *-e* als (inzwischen veraltetes) Dativ *-e* interpretiert werden, im Gegensatz zu **zuhaus*e***.

Präposition

Inhalte und Beispiele	Erarbeitung: Verfahren und Hinweise
Lokale Präposition als Wechselpräposition ① Beispiele: *an einem/einen Tisch, auf dem/das Dach; hinter dem/das Haus; in der neuen/ die neue Schule, neben der/die Schule; über dem/ das Tor, unter dem/den Tisch, vor der/die Garage, zwischen den/die Jungen*	① Mit lokalen Präpositionen ein lokales Verhältnis ausdrücken, das durch den Kasus (Dativ = Ort; Akkusativ = Richtung) spezifiziert wird: *Ilka wohnt **in** einem schönen Haus* (= Ort). *Ilka geht **in** den Garten* (= Richtung). ② Mit Präpositionen ein temporales Verhältnis ausdrücken. Dabei kann ohne Bedeutungsunterschied der Dativ (**vor, bei, nach, seit**) oder der Akkusativ (**gegen, um, bis**) oder der Genitiv (**während**) regiert werden. Einige regieren Dativ und Akkusativ: ***Vor** dem Essen* waschen wir uns die Hände. *Er legte seine Verabredung **vor** das Essen.* Durch Fragen aufzeigen, dass temporale Präpositionen auch ein lokales Verhältnis stiften können: *Wir treffen uns **vor der** Schule.* (Wo?) – *Wir treffen uns **vor** dem Essen.* (Wann?) ③ Verschmolzene Präpositionen in den präpositionalen Teil und den Artikelteil auflösen: *zum → zu dem, ins → in das, hinters → hinter das*. Die verschmolzene Form steht obligatorisch vor nominalisierten Infinitiven: ***ins** Laufen kommen*, vor nominalisierten Adjektiven: ***ins** Reine schreiben, **ums** Ganze*, vor Abstrakta und Stoffbezeichnungen: ***im** Vertrauen sagen, **ins** Wasser springen*, bei Zeitangaben: ***am** Freitag*, bei Eigennamen: ***im** Schwarzwald*, bei festen Wendungen: ***vom** Regen in die Traufe, jemanden **hinters** Licht führen*.
Präposition mit temporaler Bedeutung ② Beispiele: *an, auf, bei, bis, durch, gegen, in, nach, seit, um, von, vor, während, zwischen*	
Verschmelzung von Präposition und Artikel ③ Beispiele: *am, beim, im, vom, zum, zur, ans, aufs, hinters, ins, ums*	

Junktion

Inhalte und Beispiele	Erarbeitung: Verfahren und Hinweise
Adversative Konjunktion ① Beispiele: *aber, nicht nur – sondern auch*	① Mit adversativen Konjunktionen Satzglieder oder Sätze verbinden: *Sie war klein, **aber** gewitzt. Sie spielten **nicht nur** Fußball, **sondern auch** Handball und Tennis.* Den Zusammenhang von adversativer Konjunktion und Komma verstehen.
Subjunktion *dass* ② Beispiele: *Ich glaube/meine/weiß/hoffe/verspreche/kündige an, dass ...*	② Mit *dass* einen Nebensatz einleiten und dabei als Subjunktion beschreiben. Dabei auch auf einschlägige Verben wie *glauben, wissen, hoffen, versprechen, sagen, mitteilen, dass ...* achten, zu denen ein *dass*-Satz ein Objekt bildet: *Ich **glaube**, **dass** ich das schaffen werde*.
M-, E-Niveau **Subjunktion** *ob* ③ Beispiel: *Ich frage mich/weiß nicht, ob ich meine Freundin antreffen werde.*	**M-, E-Niveau** ③ Nach Verben des Fragens, Nichtwissens *ob* als Subjunktion bestimmen, die einen Nebensatz einleitet: *Ich **frage mich**/**weiß nicht**, **ob** ich meine Freundin antreffen werde.*
Temporale Subjunktion ④ Beispiele: *während, als, wenn*	④ Mit temporalen Subjunktionen temporale Adverbialsätze (der Gleichzeitigkeit) einleiten: *Alle schlafen, **während** sie wacht. **Als** er in Mannheim ankam, rief er sofort seine Schwester an. Ich werde müde sein, **wenn** ich ankomme.*
E-Niveau **Temporale Subjunktion der Vorzeitigkeit** ⑤ Beispiele: *nachdem, als*	**E-Niveau** ⑤ *Nachdem* und *als* als Subjunktionen erfassen, mit denen Vorvergangenes im Plusquamperfekt ausgedrückt werden kann: ***Nachdem/Als** er seine Schwester getroffen hatte, fuhr er wieder heim.*
Adjunktion bei Komparativen ⑥ Beispiel: *als*	⑥ Das Vergleichswort *als* in Komparativsätzen als Adjunktion identifizieren, das zwei Vergleichsgrößen mittels des komparierten Adjektivs miteinander verbindet: ***Das Ulmer Münster*** (Vergleichsgröße 1) *ist höher* (kompariertes Adjektiv) ***als der Kölner Dom*** (Vergleichsgröße 2).

Partikel

Inhalte und Beispiele	Erarbeitung: Verfahren und Hinweise
Negationspartikel ① Beispiel: *nicht*	① Mit der Negationspartikel *nicht* einen Satz verneinen: *Wir haben **nicht** gewonnen. Wir lösen dieses Rätsel **nicht** (schnell).* Weisen die Konstituenten des engen Prädikatsverbandes den unbestimmten oder Nullartikel auf, so wird mit dem Artikelwort *kein* verneint: *Sheila mag **keine** Tomaten. Wir brauchen **kein** Wasser.*
Intensitätspartikel ② Beispiele: *sehr, ziemlich, äußerst, durchaus, höchst, recht, überaus, ungemein, zutiefst*	② *sehr* und *ziemlich* jeweils als Partikel zur Steigerung in einer Adjektivgruppe verwenden: ***ziemlich/sehr** schöne Ferien.*

3 Klassen 5/6

3.2.2 Wortgruppen

Verbgruppe

Inhalte und Beispiele	Erarbeitung: Verfahren und Hinweise
Verbgruppe bei Partikelverben ① Beispiele: *den Ball wegwerfen – etwas wegwerfen; meinem Freund zublinzeln – einem zublinzeln*.	① Verbgruppen aus Partikelverb im Infinitiv (Präsens) zusammen mit den vom Verb regierten Wörtern bzw. Wortgruppen bilden. Dabei feststellen, dass das Partikelverb als Kern den rechten Rand der Wortgruppe bildet: ***den Ball <u>wegwerfen</u>***, ***meinem Freund <u>zublinzeln</u>***. Herausarbeiten, dass das Verb die Form der von ihm abhängigen Wörter und Wortgruppen regiert: ***den Ball*** (Akkusativ) ***<u>wegwerfen</u>***; ***<u>meinem Freund</u>*** (Dativ) ***zublinzeln***. Verbgruppen mit Partikelverben verallgemeinern: ***etwas <u>wegwerfen</u>***; ***einem <u>zublinzeln</u>***.
M-, E-Niveau Verbgruppe bei Modalverbkomplex ② Beispiel: *die Oma besuchen wollen – jemanden besuchen wollen*	M-, E-Niveau ② Verbgruppen aus Modalverbkomplexen im Infinitiv (Präsens) zusammen mit den vom Verb regierten Wörtern bzw. Wortgruppen bilden. Dabei feststellen, dass der Modalverbkomplex als Kern den rechten Rand der Wortgruppe bildet: ***die Oma <u>besuchen wollen</u>*** ***– jemanden <u>besuchen wollen</u>***.
Weitere Aspekte von Verbgruppe und Satzfunktion ③ Beispiele: *Sie warf den Ball weg. Wir wollen unsere Oma besuchen.*	③ Herausarbeiten, dass in einem Satz, in dem ein Verbkomplex das Prädikat bildet, dieser zusammen mit den vom Vollverb erforderten Objekten den (engen) Prädikatsverband bildet. Zusammen mit dem Subjekt entsteht der kleinstmögliche Satz: ***Sie warf den Ball weg***. → *warf weg* = Verbkomplex mit der Funktion des Prädikats; *warf den Ball weg* = (enger) Prädikatsverband, *den Ball* = Objekt.

Nominalgruppe

Inhalte und Beispiele	Erarbeitung: Verfahren und Hinweise
Weitere cNominalgruppen ① Beispiele: *das Wandern, etwas Gutes, manches Verrückte, nichts Außergewöhnliches, viel Vermeidbares, das täglich wiederkehrende Warten an einer roten Ampel. Meine Schwester ist eine gute Zuhörerin. 24 Gänge, schwere Unwetter, frisches Wasser*	① Bei erweitertem Artikelwortbestand Nominalgruppen aus Artikelwort⌒Nomen bzw. Artikelwort⌒Adjektiv⌒Nomen bestimmen und bilden. Ebenso Nominalgruppen aus Adjektiv und Nomen. Dabei auch nominalisierte Ausdrücke einbeziehen: ***das täglich wiederkehrende <u>Warten</u>***, ***viel <u>Vermeidbares</u>***. Von einem Artikelwort als Begleiter (= linker Rand) ausgehen und das begleitete Wort (= Nomen oder nominalisierter Ausdruck als rechter Rand) suchen. Ebenso vom Kern der Nominalgruppe (= rechter Rand der Nominalgruppe), der durch ein Nomen oder einen nominalisierten Ausdruck gebildet wird, ausgehen und alle Konstituenten der Nominalgruppe, die mit dem Kern in Genus, Numerus und Kasus kongruieren, bestimmen. Großschreibung des Kerns von Nominalgruppen beachten.
Weitere Aspekte der Form der Nominalgruppe ② Beispiel: *Das Rad meines Bruders hat 24 Gänge.*	

Inhalte und Beispiele	Erarbeitung: Verfahren und Hinweise
Nominalgruppe und weitere Satzfunktionen ③ Beispiele: *Das Rad meines Bruders hat 24 Gänge. Wir wohnen in einem ganz neuen Haus. Meine Schwester ist eine gute Zuhörerin.*	② Herausarbeiten, dass innerhalb des Satzes der Kasus der Nominalgruppe durch die jeweilige Satzfunktion (Subjekt, Objekt, Genitivattribut, Prädikativ) bestimmt ist. Im Satz stehen Nominalgruppen zusammen. Der folgende Satz weist drei Nominalgruppen aus: [*Das **Rad**] [meines **Bruders**]* hat [*24 **Gänge**]*. ③ Durch geeignete Verfahren (siehe Satzglieder und Satz) im Satz die Satzfunktion einer Nominalgruppe identifizieren: *Das **Rad** meines **Bruders** hat 24 **Gänge**.* Nominalgruppen (Formeinheiten) von Satzgliedern (Satzfunktionseinheiten) unterscheiden: *das Rad meines Bruders* = Subjekt, aber zwei Nominalgruppen, die zweite in der Funktion eines Genitivattributs. Nominalgruppen als Konstituenten von Präpositionalgruppen identifizieren. Dabei regiert die Präposition den Kasus der Nominalgruppe: *Wir wohnen in **einem ganz neuen Haus**.* Nominalgruppen als Prädikative identifizieren: *Meine **Schwester*** (Nominalgruppe als Subjekt) *ist **eine gute Zuhörerin*** (Nominalgruppe als Prädikativ).

Adjektivgruppe

Inhalte und Beispiele	Erarbeitung: Verfahren und Hinweise
Form der Adjektivgruppe ① Beispiele: *dieses sehr/außerordentlich interessante Buch; Mein Buch ist interessanter als deines. ... am interessantesten* Adjektivgruppe und Satzfunktion ② Beispiele: *die sehr/überaus schnelle Läuferin. Die Läuferin war sehr/überaus schnell/... schneller als die anderen; am schnellsten.*	① Adjektivgruppen bestimmen und bilden. a) Von einem Adjektiv als Kern ausgehend, alle Ausdrücke suchen, die das Adjektiv verstärken (*dieses **sehr/außerordentlich** interessante Buch*). Feststellen, dass immer nur das rechtsstehende Adjektiv als Kern flektiert wird. b) Von komparierten Adjektiven als Kern ausgehend, im Komparativ die Adjunktorgruppe suchen (*Mein Buch war **interessanter** als deines.*), im Superlativ die Partikel *am* (*Dieses Buch war **am interessantesten**.*). ② Die Attribut- und Prädikativfunktion einer Adjektivgruppe identifizieren und bilden. Attribut: *Die **sehr/überaus schnelle** Läuferin.* Prädikativ: *Die Läuferin ist **sehr/überaus schnell**, **schneller** als die anderen, **am schnellsten**.*

3 Klassen 5/6

Präpositionalgruppe

Inhalte und Beispiele	Erarbeitung: Verfahren und Hinweise
Form der Präpositionalgruppe ① Beispiele: *im Garten, in einem schönen Garten, in einen schönen Garten, in den Garten, seit gestern, von hier* Präpositionalgruppe und Adverbialfunktion ② Beispiel: *Im Sommer hütet der Schäfer seine Schafe auf der Heide.*	① Von einer Präposition ausgehend, Präpositionalgruppen auf der Basis der jeweiligen Rektion bestimmen und bilden. Innerhalb und außerhalb eines Satz bilden Präpositionalgruppen eine zusammenhängende Wortgruppe mit der meist linksstehenden Präposition als Kern. Von Präpositionen, die den Akkusativ oder Dativ regieren, ausgehen und die ganze Wortgruppe bestimmen. Herausarbeiten, dass a) Nominalgruppen von Präpositionen regiert werden: *in einem schönen Garten* (Nominalgruppe im Dativ); *in einen schönen Garten* (Nominalgruppe im Akkusativ); b) Präpositionalgruppen auch aus Präposition und Adverb (Lokaladverb: **von hier**, Temporaladverb: **seit gestern**), und damit ohne Kasusmarkierung, bestehen können. ② Durch geeignete Verfahren (siehe Satzglieder und Satz) im Satz die Funktion einer Präpositionalgruppe als Adverbial bestimmen. *Im Sommer hütet der Schäfer seine Schafe auf der Heide. Der Schäfer hütet seine Schafe, und das geschieht **im** Sommer* (= Temporaladverbial, Frage wann?), *und das geschieht **auf** der Heide* (= Lokaladverbial, Frage Wo?)

Adjunktorgruppe

Inhalte und Beispiele	Erarbeitung: Verfahren und Hinweise
Form der Adjunktorgruppe (Komparation) ① Beispiele: *Das Ulmer Münster ist höher als der Kölner Dom. Die Niagarafälle sind viel höher als der Rheinfall. Er ist größer als sie. Ich wünsche mir einen größeren Rucksack als diesen.*	① Adjunktorgruppen in komparativen Vergleichssätzen aus Adjunktion und Nominalgruppe (**als der Kölner Dom**) bzw. Pronomen (**als sie**) bestimmen und bilden. Adjunktionen als Kern einer Adjunktorgruppe bestimmen. Herausarbeiten, dass die Adjunktorgruppe Konstituente einer Adjektivgruppe ist (**höher** (Kern) **als der Kölner Dom** (Konstituente) und die beiden Vergleichsgrößen, die durch eine Adjunktion verbunden werden, kasusidentisch sind: *Die Niagarafälle* (Nominativ) *sind viel höher als der Rheinfall* (Nominativ). *Ich wünsche mir einen größeren Rucksack* (Akkusativ) *als diesen* (Akkusativ).

3.2.3 Satzglieder und Satz

Inhalte und Beispiele	Erarbeitung: Verfahren und Hinweise
Weitere Aspekte von Satzgliedern: Subjekt ① Beispiele: *Cosima, Emil und Aisha spielen Fußball.* *Schreibt das ab.* Prädikat ② Beispiel: *Leonora hat gestern dem Spiel zugeschaut. Leonora schaute gestern dem Spiel zu.* Objekt ③ Beispiele: *Ich schenke meinen Eltern zu Weihnachten etwas Selbstgebasteltes. Anja kauft einen Bleistift, ein Heft und eine Mappe.*	① Satz als Informationseinheit: Vom Verb bzw. Verbkomplex als Prädikat ausgehend das passende Satzglied durch *Wer?/Was?* ersetzen: **Wer** spielt Fußball? – **Cosima, Emil und Aisha**. Satz als Struktureinheit: Aufzeigen, dass ein Subjekt nicht unter die Satzverneinung fällt (*Cosima, Emil und Aisha spielen* **nicht** *Fußball.*) und wegfällt, wenn eine Verbgruppe im Infinitiv gebildet wird (Infinitivprobe: *Fußball spielen* – **Cosima, Emil und Aisha**). Zeigen, dass ein Subjekt aus mehreren gereihten Konstituenten bestehen kann. Die Kongruenz zwischen gereihtem Subjekt und Plural des Prädikats erklären: **Cosima, Emil und Aisha** spiel**en** *gerne Fußball*. Die Kasusgleichheit (Nominativ) der Subjektglieder feststellen. Sätze mit Verben im Imperativ als subjektlose Verberstsätze analysieren: *Schreibt das ab.* ② Durch Bestimmen des Verbkomplexes herausarbeiten, dass ein Verbkomplex in einem Hauptsatz nicht zusammensteht, sondern eine Klammer bildet: *Leonora* **hat** *gestern dem Spiel* **zugeschaut**. bzw. *Leonora* **schaute** *gestern dem Spiel* **zu**. ③ Satz als Informationseinheit: Ein Objekt als Konstituente der Verbgruppe vom Vollverb als Fragebasis auf der Grundlage seiner Valenz aus erfragen: *schenken – wem? was?* Satz als Struktureinheit: Auf der Grundlage der Bestimmung der Verbgruppe (z. B. **einem etwas schenken**) Objekte als obligatorische, vom Vollverb regierte, also im Kasus festgelegte Satzglieder bestimmen: *Ich* **schenke** **meinen Eltern** (obligatorisch: Dativobjekt) *zu Weihnachten* (nicht obligatorisch, daher kein Objekt) **etwas Selbstgebasteltes** (obligatorisch: Akkusativobjekt). Zeigen, dass ein Objekt aus mehreren gereihten Konstituenten bestehen kann (asyndetische und syndetische Reihung): *Anja kauft* **einen Bleistift, ein Heft und eine Mappe**. Die Kasusgleichheit der Objektglieder einer Reihe feststellen, die vom Vollverb regiert werden. (Der Kasus ist bei Maskulina markiert: *einen Bleistift*.) Objekte als obligatorische Satzglieder von Adverbialen als fakultativen Satzgliedern auf der Grundlage der Verbvalenz und der Weglass- sowie Erweiterungsprobe unterscheiden.

3 KLASSEN 5/6

Inhalte und Beispiele	Erarbeitung: Verfahren und Hinweise
E-Niveau	**E-Niveau**
Genitiv- und Präpositionalobjekt ④ Beispiel: *Wir erinnern uns aller Einzelheiten. Wir erinnern uns an alle Einzelheiten.* Adverbial ⑤ Beispiel: *Im Sommer hütet der Schäfer seine Schafe auf der Heide.* Prädikativ ⑥ Beispiele: *Meine Lehrerin ist nett. Meine Nachbarin ist eine gute Tennisspielerin. Mein Bruder heißt Daniele.*	④ Genitivobjekte als sehr seltene Objekte aufgrund der Verbvalenz identifizieren: *Wir erinnern uns aller Einzelheiten*. In der Sprache des Rechts steht die Person im Akkusativ, die Sache im Genitiv: *Der Richter klagte ihn des Diebstahls an.* Bei Präpositionalobjekten feststellen, dass die Präposition, die die Präpositionalgruppe einleitet, sich nicht ändern kann, weil sie zum Vollverb gehört: *sich erinnern an* (*Wir erinnern uns an alle Einzelheiten*), *warten auf*, *garantieren für*, *antworten auf*, *erzählen von*. In diesen Fällen die Präpositionalgruppe als Präpositionalobjekt analysieren. ⑤ Satz als Informationseinheit: Z. B. mit *Wo?* nach dem Ort fragen: *Wo hütet der Schäfer seine Schafe im Sommer?* (Präpositionalgruppe als Lokaladverbial: *auf der Heide*) oder mit *wann?* nach der Zeit fragen: *Wann hütet der Schäfer seine Schafe im Freien?* (Präpositionalgruppe als Temporaladverbial: *im Sommer*) Satz als Struktureinheit: Adverbiale als fakultative Satzglieder bestimmen, die anders als das Subjekt und die Objekte nicht durch ein anderes Satzglied in ihrer Form bestimmt sind. Und-das-geschieht-Probe anwenden: *Im Sommer hütet der Schäfer seine Schafe und das geschieht im Freien. Der Schäfer hütet seine Schafe im Freien und das geschieht im Sommer.* ⑥ Prädikative auf der Grundlage der Kopula (*sein, bleiben, heißen*) bestimmen. Bei Adjektiven bzw. Adjektivgruppen als Prädikativen durch Umformung in eine attributive Wendung herausarbeiten, dass die Kopula nur Verbindung zwischen Subjekt und Prädikativ ist: *Meine Lehrerin ist sehr nett.* → *meine sehr nette Lehrerin. Mein Bruder heißt Daniele.* → *mein Bruder Daniele.* Verstehen, dass die *Wer/Was*-Frage zur Informationsermittlung zielführend ist, aber zur Bestimmung eines Subjekts bei Prädikativsätzen nicht, da in *Meine Nachbarin ist eine gute Tennisspielerin.* sowohl *meine Nachbarin* als auch *eine gute Tennisspielerin* auf die Fragen *Wer?* bzw. *Was?* antworten. Strukturell die Unflektiertheit eines prädikativen Adjektivs bzw. die Kasusidentität bei Nomen/Nominalgruppen herausarbeiten. Das Subjekt strukturell über die Kongruenzprobe ermitteln: *Unsere Nachbarin* (Sg.) *ist* (Sg.) *eine gute Tennisspielerin und Reiterin* (Pl.)*. Der linke Schuh und der rechte Schuh* (Pl.) *sind* (Pl.) *ein Paar* (Sg.).

Inhalte und Beispiele	Erarbeitung: Verfahren und Hinweise
Satzgliedteil: Attribut ⑦ Beispiele: *ein warmer/sehr warmer Sommertag; grüne, rote und mehrfarbige Blätter* *der Sportplatz unserer Schule; der Sportplatz am Waldrand*	⑦ Satz als Informationseinheit: Wörter oder Wortgruppen als Teile von Satzgliedern, die mit *wie?* oder *was für ein?* vom Bezugsnomen aus erfragt werden können, als Attribute bestimmen: *Wie ist der Sommertag?* **sehr warm** (Adjektivattribut). *Was für ein Sportplatz? der Sportplatz* **unserer Schule** (Genitivattribut). Satz als Struktureinheit: Den Gliedteilcharakter der Attribute durch die Umstellprobe ermitteln. Als Gliedteile werden Attribute zusammen mit dem ganzen Satzglied verschoben.
E-Niveau	**E-Niveau**
Satzgliedteil: Apposition ⑧ Beispiele: *Ludwigsburg, die Geburtsstadt Eduard Mörikes, liegt bei Stuttgart.* *Rektorin Meister, Karl der Große*	⑧ Appositionen als besondere Attribute erfassen. Dabei die Kasusidentität beachten: **Ludwigsburg**, *die Geburtsstadt Eduard Mörikes* (jeweils Nominativ), *liegt bei Stuttgart.* – *Wir fuhren nach* **Ludwigsburg**, *der Geburtsstadt Eduard Mörikes* (jeweils Dativ). Ausnahme: *Am* **Freitag**, *dem/den 17. Juni*, ... Kommasetzung beachten. Sog. enge Appositionen ohne Komma: *Rektorin* **Meister**, *Karl* **der Große**.
Stellung der Satzglieder im einfachen Satz ⑨ Beispiele: *Unsere Mannschaft hat das Turnier gewonnen. Sie fuhren gestern vom Bahnhof ab.*	⑨ Die Stellung der Satzglieder im einfachen Satz auf der Grundlage des Feldermodells erkunden. Für die Anwendung des Feldermodells Sätze im Perfekt oder mit Partikelverben wählen. Satzglieder umstellen und verschiedene Satzglieder ins Vorfeld rücken. Herausarbeiten, dass a) der Verbkomplex platzfest ist und der finite Teil an der 2. Satzgliedstelle steht; b) vor dem finiten Verb im Vorfeld genau ein Satzglied steht und alle weiteren Satzglieder im Mittelfeld stehen.

Vorfeld	linke Verbklammer (Vk): finite Verbform	Mittelfeld	rechte Verbklammer (Vk): infinite Verbform bzw. Verbpartikel
Unsere Mannschaft	hat	das Turnier	gewonnen.
Das Turnier	hat	unsere Mannschaft	gewonnen.
Sie	fuhren	gestern vom Bahnhof	ab.
Gestern	fuhren	sie vom Bahnhof	ab.
Vom Bahnhof	fuhren	sie gestern	ab.

3 Klassen 5/6

Inhalte und Beispiele	Erarbeitung: Verfahren und Hinweise
E-Niveau	**E-Niveau**
Satzverneinung und Satzgliedverneinung ⑩	⑩ Zwischen Satzverneinung und Satzgliedverneinung unterscheiden: Die Satzverneinung steht immer im Mittelfeld: *Felix hat seinen Onkel **nicht** besucht.* Dagegen steht die Satzgliedverneinung immer vor dem Satzglied, das verneint wird: *Felix hat **nicht** seinen Onkel besucht. **Nicht** Felix hat seinen Onkel besucht.* Aufzeigen, dass bei der Satzverneinung niemals das Subjekt verneint ist. Bei der Satzgliedverneinung wird eine Fortführung mit *sondern* erwartet: *Felix hat **nicht** seinen Onkel, sondern seine Oma besucht. **Nicht** Felix, sondern Max hat seinen Onkel besucht.* Zudem wird bei der Satzgliedverneinung das verneinte Satzglied betont.
Beispiel: *Felix hat seinen Onkel besucht. Felix hat seinen Onkel nicht besucht. Felix hat nicht seinen Onkel besucht. Nicht Felix hat seinen Onkel besucht.*	
Satzreihe ⑪	
Beispiele: *Paula hört Radio, Lukas übt Rechtschreiben. Paula hört Radio und malt ein Bild. Paula liebt und genießt das Wandern. Beide spielen Fußball, aber auch Handball und Tennis.*	⑪ Aus mehreren gleichgeordneten Sätzen eine Satzreihe konstruieren. *Paula hört Radio. Lukas übt Rechtschreiben.* → *Paula hört Radio**,** Lukas übt Rechtschreiben.* (asyndetische Reihung durch Komma) Oder: *Paula hört Radio **und** Lukas übt Rechtschreiben.* (syndetische Reihung durch Konjunktion). Bei gleichlautendem Subjekt oder Objekt das 2. Subjekt bzw. Objekt tilgen: *Paula hört Radio. Paula (Sie) malt ein Bild.* → *Paula hört Radio und malt ein Bild. Paula liebt das Wandern. Paula genießt das Wandern.* → *Paula liebt **und** genießt das Wandern. Beide spielen Fußball. Beide spielen Handball und Tennis.* → *Beide spielen Fußball**,** Handball **und** Tennis. Beide spielen Fußball**,** aber auch Handball **und** Tennis. Beide spielen nicht nur Fußball**,** sondern auch Handball **und** Tennis.* Bei adversativer Reihung das Komma beachten.
Satzgefüge: Hauptsatz – Nebensatz ⑫	
Beispiele: *Noah hat lange gehofft, dass Onkel Max bald kommt. Als wir an der Hütte ankamen, hörte der Regen auf.*	⑫ Von der Subjunktion (*dass, als*) ausgehend, den Nebensatz bestimmen: [Subjunktion – weitere Satzkonstituenten – Verb/Verbkomplex mit finitem Verb]. Nebensätze im Feldermodell verorten. Beachten, dass nur im Hauptsatz eine Verbklammer möglich ist. Kommasetzung beachten. (*Dass*-Sätze in Vorfeld- und Mittelfeldstellung erst in Kl. 7/8.)

Vorfeld	linke Vk	Mittelfeld	rechte Vk	Nachfeld
Noah	hat	lange	gehofft	, **dass** Onkel Max bald **kommt**.
Als wir an der Hütte **ankamen**,	hörte	der Regen	auf.	

Das Curriculum klassenstufenweise B

Inhalte und Beispiele	Erarbeitung: Verfahren und Hinweise
E-Niveau	**E-Niveau**
Indirekter Fragesatz ⑬ Beispiele: *Ich frage mich/weiß nicht, ob ich meine Freundin antreffen werde/wer gestern angerufen hat.*	⑬ Den indirekten Fragesatz als Nebensatz zu einem Verb des Fragens oder Nichtwissens identifizieren (*fragen, ob /wer/was*): Von der Subjunktion *ob* bzw. dem Fragepronomen (hier: *wer*) ausgehend, das Vollverb bzw. den Verbkomplex des Nebensatzes mit dem finiten Verb suchen und alles als indirekten Fragesatz bestimmen. Zeichensetzung beachten.
Satzgliedteil: Relativsatz ⑭ Beispiel: *Das Buch, das ich am liebsten mag, lese ich auch gerne vor.*	⑭ Das Relativpronomen aufgrund seines Bezugs auf ein Nomen bzw. eine Nominalgruppe bestimmen. Vom Relativpronomen ausgehend, den Relativsatz bestimmen: [Relativpronomen ... Verb/Verbkomplex mit finitem Verb]. Beachten, dass auch der Relativsatz als Nebensatz keine Verbklammer haben kann. Stellung des Relativsatzes in den verschiedenen Feldern beschreiben. Kommasetzung beachten.
Verschiedene Satzformen ⑮ Beispiel: *Lena liest ein Buch. Welches Buch hat Lena gelesen? Liest Lena ein Buch? Hat Lena ein Buch gelesen? Lies mal wieder ein Buch! Weil Lena ein Buch liest, ist es ganz still.*	

Vorfeld	linke Vk	Mittelfeld	rechte Vk	Nachfeld
*Das Buch, **das** ich am liebsten **mag**,*	*lese*	*ich auch gerne*	*vor.*	
Ich	*lese*	*das Buch, **das** ich am liebsten **mag**, auch gerne*	*vor.*	
Ich	*lese*	*das Buch auch gerne*	*vor,*	***das** ich am liebsten **mag**.*

⑮ Verschiedene Satzformen unterscheiden:
Verbzweitsatz: *Lena **liest** ein Buch. Welches Buch **hat** Lena **gelesen**?* Das Vorfeld ist durch ein Satzglied besetzt. Das finite Verb steht an der 2. Satzgliedstelle, ein Verbkomplex bildet eine Verbklammer.
Verberstsatz: ***Liest** Lena ein Buch? **Hat** Lena ein Buch **gelesen**? **Lies** mal wieder ein Buch!* Das Vorfeld ist unbesetzt. Das finite Verb steht an der Spitze des Satzes, ein Verbkomplex bildet eine Verbklammer.
Verbletztsatz: *Weil Lena ein Buch **liest**, ist es ganz still.* Das finite Verb/der gesamte Verbkomplex steht am Satzende; typische Stellung des Verbs bzw. Verbkomplexes bei Nebensätzen, die mit einer Subjunktion eingeleitet sind.

Inhalte und Beispiele	Erarbeitung: Verfahren und Hinweise
Pronominalisierung ⑯ Beispiele: *Die Mannschaft glaubt fest daran, dass sie gewinnen wird. Mein Hund ist ein Rüde, deiner eine Hündin. Ein Hund läuft über die Straße. Kinder laufen ihm hinterher.*	⑯ Durch die Herstellung des jeweiligen Bezugs aufzeigen, dass Pronomen der 3. Person auf Nomen bzw. Nominalgruppen eines anderen Satzteils oder Satzes verweisen: ***Die Mannschaft*** *glaubt fest daran, dass* ***sie*** *gewinnen wird.* ***Mein Hund*** *ist ein Rüde,* ***deiner*** *eine Hündin.* ***Ein Hund*** *läuft über die Straße. Kinder laufen* ***ihm*** *hinterher.*
E-Niveau	E-Niveau
Kataphorische Pronominalisierung ⑰ Beispiel: *Wer sie öffnet, muss die Tür auch schließen.*	⑰ Kataphorische, auf Folgendes verweisende Pronominalisierung identifizieren. *Wer* ***sie*** *öffnet, muss* ***die Tür*** *auch schließen.*

3.3 Anwendungsaspekte in den Klassen 5/6

3.3.1 Schreiben

Ob jemand schreibt: *Es war im letzten Jahr. Es war Sommer. Meine Mutter und ich fuhren an die Nordsee.* oder *Im Sommer des letzten Jahres fuhren meine Mutter und ich an die Nordsee.* ist semantisch, von der Sachverhaltsschilderung, dasselbe, aber es ist stilistisch dennoch ein großer Unterschied. Nun wird aus drei Sätzen einer, der nicht nur die für die Sachverhaltsschilderung nötigen, sondern auch fakultative, aber interessante Informationen enthält: Wann seid ihr gefahren? In späteren Klassen wird man daran arbeiten, dass nicht zu viele Informationen in einen Satz gepackt werden und aus einem Satz wieder mehrere werden. Man lernt in den Klassen 5/6, dass für eine Formulierungsabsicht verschiedene Formulierungsalternativen zur Verfügung stehen und man entscheiden muss, welche in einer gegebenen Situation bzw. in einem gegebenen Kontext die beste ist. So bietet der Umstand, dass eine Eigenschaft attributiv oder prädikativ ausgedrückt werden kann, dass die prädikative Eigenschaft in einem eigenen Hauptsatz oder in einem integrierten Relativsatz stehen kann, bereits ein Bündel an Alternativen.

Stilistik

In den Anfangsklassen der Sekundarstufe ist eine Textsorte wie Berichte von Bedeutung. Schülerinnen und Schüler sollen einen sachlichen, Ereignisse korrekt darstellenden Stil lernen. Dazu müssen die bekannten Fragen *Wer?, Was?, Wen?, Wem?, Wann?, Wo?, Mit wessen Hilfe?* beantwortet und in der Vergangen-

Fragen bei Textsorten

heit verortet und geordnet werden. Alle diese Fragen sind syntaktisch gebunden, d. h. dass ein Satz als Informationseinheit durchschaut werden können sollte. Für das Schreiben bedeutet dies immer, dass die Fragen nach der geeigneten Formulierung gesucht werden müssen: Nomen, Nominalgruppe oder Pronomen – ↑anaphorisch oder ↑kataphorisch? Die Situierung und Angabe der näheren Umstände mittels einer Präpositionalgruppe im Satz, als subordinierten Nebensatz oder als eigenständigen Satz? Ähnliches bei der Angabe von Eigenschaften: Adjektivattribut, eigenständiger Prädikativsatz oder Relativsatz? Dabei stellt sich auch die Frage, wann ein mögliches Mittel erschöpft ist, z. B. weil die Information zu dicht ist. So wird man die folgende Nominalgruppe *der ziemlich schnell aus der Kurve kommende, gelbe Sportwagen,* die eine Präpositionalgruppe mit einer Nominalgruppe in sich beherbergt (*aus der Kurve*), die wiederum Gliedteil einer Partizipialkonstruktion, die hier wie eine Adjektivgruppe gebraucht wird, besser auflösen: *Der gelbe Sportwagen kam ziemlich schnell aus der Kurve.* oder: *der gelbe Sportwagen, der ziemlich schnell aus der Kurve kam, ...* Dagegen empfiehlt sich *der Sportwagen, der gelb war, ...* kaum, denn *gelber Sportwagen* baut ein sinnlich gegebenes Bild auf, was bei der Relativkonstruktion erst sukzessive passiert. Derartige Transformationsübungen und ihre Bewertung sind ein wesentlicher Baustein für sprachbewusstes Handeln.

Orthographische Hilfen

Für die Orthographie ist es wichtig, dass weiterhin Wortfamilien gebildet werden, um die deutsche Konstantschreibung auch in den Fällen zu erfassen, in denen insbesondere aufgrund starker Verben die Familienzugehörigkeit nicht sofort an der Oberfläche erkennbar ist (*fahren, Fähre, Gefährte, Fuhre* ..., jeweils mit stummem <h>; *heiß – Hitze; wissen – (ich/er) weiß, Witz; sitzen – saß* – jeweils mit <ß> aufgrund von <tz>). Orthographisch ist die Großschreibung nominalisierter Ausdrücke Thema, die aber, wenn die Großschreibung als Phänomen des Kerns einer Nominalgruppe sorgfältig geübt wurde, kein ernsthaftes Problem darstellt. Alles, was man verinnerlicht haben muss, ist, dass die satzinterne Großschreibung kein Phänomen einer Wortart, sondern ein syntaktisches Phänomen ist, das dem Lesen dient (vgl. Ossner 2010, S. 187 ff.). Neu ist das Phänomen des paarigen Kommas, das bei Nebensätzen auftritt. (Zur Darstellung und Erklärung s. o.)

Für die Variabilität des Ausdrucks, die präzise Fassung des jeweils Gemeinten ist Wortfeldarbeit immer wichtig. Dadurch wird nicht nur Bedeutungsnuancierung beachtet, sondern auch der Wortschatz erweitert.

Wortbildung ist auch ein orthographisches Thema. Das wird z. B. bei Suffixen, die Großschreibung bewirken (*-in, -nis, -sal, -schaft, -(l)er, -werk, -el, -ei*), deutlich.

Auf dem M- und E-Niveau wird auch die Wortbildung von Adverbien in den Blick genommen. Hier ist vor allem adverbiales *-s* bedeutsam, das Kleinschreibung bewirkt. Ein *-s* kann aber auch Genitiv-s sein. Das merkt man immer daran, dass dann eine Nominalgruppe gebildet ist oder gebildet werden kann: *eines Abends*. Bearbeitet werden sollte aber auch der semantische Unterschied. Während die Nominalgruppe einen identifizierten und spezifischen (*des*) oder einen nicht identifizierten sowie spezifischen oder auch unspezifischen (*eines*) Abend meint (siehe im Glossar ↑Artikel), wird mit dem Adverb *abends* auf eine bestimmte Tageszeit (im Gegensatz zu anderen Tageszeiten) referiert und gemeinhin ein wiederkehrender Vorgang gemeint (*Abends gingen wir früh zu Bett*. im Gegensatz zu: *Eines Abends gingen wir früh zu Bett*.).

Inhalt des M- und E-Niveaus Wortbildung von Adverbien → G-Niveau: Kl. 7/8

3.3.2 Lesen

Für das Lesen als Lesetechnik ist weiterhin das richtige Phrasieren von Sätzen von Bedeutung, die mit der Konstruktion von Nebensätzen komplexer wird.

Zum Lesen als Informationsentnahme und Informationsverarbeitung gehört es, Sätze in ihrer Konstruktion zu durchschauen. Dazu gehört auch, dass man erkennt, welche Informationen in einem Satz kodiert sind und welche für das Gesamtgeschehen noch ausstehen (also in Folgesätzen erst kommen – oder verschwiegen werden).

Beim Lesen wird man immer wieder auf neue Wortbildungen stoßen. Daher ist es wichtig, dass Wortbildungen erkannt und aufgelöst werden können. Interessant ist zudem immer, wie z. B. englische Verben in das deutsche System integriert werden. Beim Nomen sollte das Arsenal der Suffixe, die Großschreibung bewirken, erweitert werden, bei Adjektiven die Möglichkeit von Elativbildung. Hier kann man besonders die Notwendigkeit einer pas-

Neue Wörter

senden Paraphrase lernen. *Bärenstark* ist als Vergleichsbildung aufzulösen: *stark wie ein Bär,* das funktioniert aber bei *mausetot* kaum. Hier liegt eine Verstärkungsbildung vor: *ganz und gar tot.* In umgangssprachlichen Ausdrücken wie *saustark* wird dies noch deutlicher.

3.3.3 Sprachbewusstheit

Formulierungsalternativen abwägen

Je deutlicher für Schülerinnen und Schüler verschiedene Formulierungsmöglichkeiten erkennbar sind, je mehr alternative Formulierungen geübt sind, desto eher werden sie einen Formulierungsprozess als einen Entscheidungsprozess verstehen (siehe die Ausführungen zum Schreiben). Bei Adverbialen und Attribuierungen rücken derartige Entscheidungen im Bereich der Satz- und Textkonstruktion in den Fokus. Daneben bleiben Sprachbewusstheitsaufgaben bei der Wortwahl bestehen und müssen ausgebaut werden.

4 Klassen 7/8

4.1 Inhalte der Klassen 7/8 und ihre Diskussion

4.1.1 Übersicht über die Inhalte

Wort und Wortarten

	Verb	Nomen	Artikel und Pronomen	Adjektiv

– alle Niveaus	– Weitere Aspekte des Verbs:
	  – Indikativ
	  – Aktiv – werden-Passiv
	– Weitere Aspekte der Wortbildung des Verbs
	– Weitere Wortfelder
		– Genus und Sexus beim Nomen
		– Weitere Aspekte der Wortbildung des Nomens
		– Weitere Wortfelder
			– Weitere Artikelwörter
			– Weitere Pronomen
			– Textpronomen und Bezüge
				– Weitere Aspekte der Wortbildung des Adjektivs
				– Weitere Wortfelder

–+ G-Niveau	– Plusquamperfekt (← E: 5/6) – Modalverb (← E: 5/6) – Weitere Wortfamilien	– Weitere Wortfamilien		– Weitere Wortfamilien
–+ M-Niveau	– Weitere Aspekte des Verbs: – Plusquamperfekt (← E: 5/6) – Konjunktiv I und II (→ G: 9/10) – Verbformen der indirekten Rede – Passiv intransitiver Verben	– Genus und Sexus beim Nomen – Singularetantum und Pluraletantum (← E: 5/6) – Weitere Aspekte der Wortbildung des Nomens	– Bedeutung und Form von Pronomen – Pronomen *es*	– Komparation: relativer und absoluter Gebrauch – Besondere Fremdwortbildungen

–+ E-Niveau	– Weitere Aspekte des Verbs:
	  – Futur II (→ M: 9/10)
	  – Konjunktiv I und II (→G: 9/10)
	– Verbformen der indirekten Rede
	– Passiv intransitiver Verben
	– sein-Passiv (→ M: 9/10)
	– Unterscheidung Partizip I – Adjektiv
	– Besondere Verbkomplexe
		– Genus und Sexus beim Nomen	– Bedeutung und Form von Pronomen
			– Pronomen *es*
				– Komparation: relativer und absoluter Gebrauch
				– Weitere besondere Komparationsformen und Zweifelsfälle (→ M: 9/10)
				– Besondere Fremdwortbildungen

Das Curriculum klassenstufenweise B

	Adverb	Präposition	Junktion	Partikel
– alle Niveaus	– Modaladverb	– Präposition ohne eigene Bedeutung	– Weitere Konjunktionen – Subjunktion mit finitem Nebensatz	– Antwortpartikel, Gesprächspartikel
– +G-Niveau	– Wortbildung des Adverbs (← M,-E: 5/6)			
– +M-Niveau	– Text- und satzbildende Adverbien (→ G: 9/10) – Weitere Aspekte der Wortbildung des Adverbs – Wortbildung besonderer Adverbien	– Besondere Aspekte von Präpositionen mit Genitiv (→ G: 9/10) – Präpositionen zum Ausdruck unterschiedlicher Verhältnisse – Vor- und nachgestellte Präpositionen	– Unterscheidung der Subjunktionen – Subjunktion mit Infinitivstruktur – Weitere Adjunktionen	–
– +E-Niveau	– Text- und satzbildende Adverbien – Komparation von wenigen Adverbien (→ M: 9/10) – Weitere Aspekte der Wortbildung des Adverbs – Wortbildung besonderer Adverbien	– Besondere Aspekte von Präpositionen mit Genitiv (→G: 9/10) – Präpositionen zum Ausdruck unterschiedlicher Verhältnisse – Vor- und nachgestellte Präpositionen	– Unterscheidung der Subjunktionen – Subjunktion mit Infinitivstruktur – Weitere Adjunktionen	– Fokuspartikel (→ M: 9/10) – Abtönungspartikel (→ M: 9/10)

Wortgruppen

	Verbgruppe	Nominalgruppe	Adjektivgruppe	Adverbgruppe	Präpositionalgruppe	Adjunktorgruppe
– alle Niveaus	– Weitere Aspekte von Verbgruppe und Satzfunktion	– Nominalgruppen in Überschriften, Wünschen und Anreden – Monoflexion in der Nominalgruppe	– Adjektivgruppe und weitere Satzfunktionen			
– + M-Niveau –	– Verbgruppe mit fester Präposition und Objektsatz			– Form der Adverbgruppe	– Form der Präpositionalgruppe – Präpositionalgruppe und Adverbialfunktion	– Form der Adjunktorgruppe (Komparation)
– + E-Niveau –	– Verbgruppe mit fester Präposition und Objektsatz	– Pronominalgruppe	– Form der Adjektiv+gruppe – Adjektivgruppe und Satzfunktion	– Form der Adverbgruppe	– Form der Präpositionalgruppe – Präpositionalgruppe und Adverbialfunktion	– Form der Adjunktorgruppe (Komparation)

Satzglieder und Satz

alle Niveaus	– Weitere Aspekte des Subjekts – Subjektlose Sätze – Weitere Aspekte des Prädikats – Weitere Adverbiale – Formen von Attributen – Satzgefüge: Hauptsatz – Subjunktionssatz – Textkohäsion und Textkohärenz
+ M-Niveau	– Präpositionalobjekt (←E: 5/6) – Funktionsverbgefüge als Prädikativ – Satzgliedteil: Apposition (←E: 5/6) – Satzgefüge: Hauptsatz – Infinitiv- und Partizipsatz – Obligatorischer Nebensatz: Subjekt- und Objektsatz – Indirekter Fragesatz (←E: 5/6) – Fakultativer Nebensatz: Adverbialsatz – Stellung der Satzglieder im komplexen Satz – Komplexes Satzgefüge
+ E-Niveau	– Funktionsverbgefüge als Prädikativ – Subjekts- und Objektsprädikativ – Satzgefüge: Hauptsatz – Infinitiv- und Partizipsatz – Obligatorischer Nebensatz: Subjekt- und Objektsatz – Fakultativer Nebensatz: Adverbialsatz – Stellung der Satzglieder im komplexen Satz – Komplexes Satzgefüge

Das Curriculum klassenstufenweise B

Exklusive Inhalte des E-Niveaus auf dieser Klassenstufe sind grau unterlegt.

4.1.2 Gefüge der Teile des Curriculums

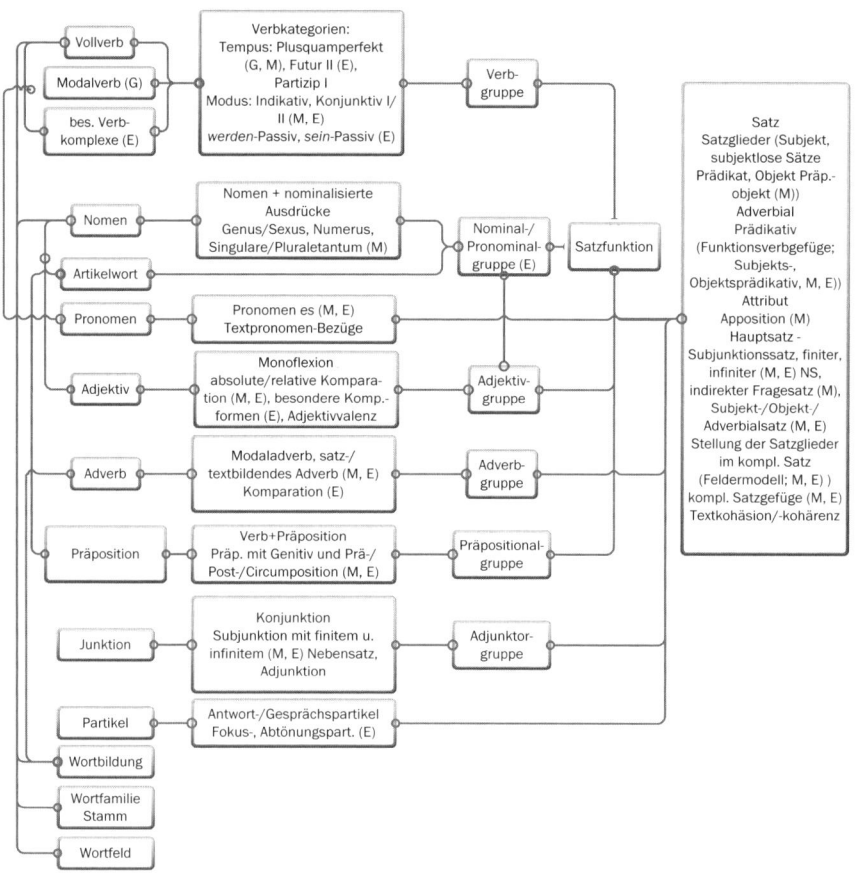

Abb. 9 | Verknüpfung der Inhalte der Klassen 7/8

Beispiele

Wortart	Wort/Verbkomplex	Wortgruppe	Funktion	Satz
Verb	*glauben* *gefangen werden* *zu schlafen scheinen*	*an etwas glauben*	Prädikat	Er *glaubt an sein Glück*. Die Maus *wird gefangen*. Er *scheint zu schlafen*.
Modalverb (G)	s.o. (Kl. 5/6)			
Nomen	*Mädchen* *Mehl*	*das Mädchen* (Neutrum) *das Mehl* (kein Plural)	Subjekt/Objekt	Ein *Mädchen* kauft *Mehl*.
Artikelwort	*welcher, was für ein, kein*	-	Konstituente (linker Rand) einer Nominalgruppe	*Welche* gute Spielerin kann morgen dabei sein?
Pronomen	*es*	-	Stellvertreter formales Subjekt Korrelat	*es* (das Fahrrad – *es*) ; *Es* regnet. *Es* wurde ein Name genannt.
Adjektiv	*weniger, minder, geringer*	*ziemlich minderer*	Prädikativ Attribut	Das ist von *ziemlich minderer* Qualität. Eine *ziemlich mindere* Qualität hatte ...
Adverb	*gern, rücklings*	*ziemlich gern*	Adverbial	Er arbeitete *gern*. Sie stand *rücklings* zur Tür.
Präposition	*auf, bei, abzüglich*	*auf meinen Freund, abzüglich der Fixkosten*	Präpositionalobjekt Adverbial	Ich warte *auf* meinen *Freund*. Das kostet *abzüglich der Fixkosten* ...
Junktion: Konjunktion	*denn*	-	Verbindung eines finiten Nebensatzes mit einem Trägersatz. Konnektor zu einem vorgehenden Satz.	Ich bleibe zu Hause, *denn* ich bin krank. Ich bleibe zu Hause. *Denn* ich bin krank.
Junktion: Subjunktion	*um zu*		Verbindung eines Infinitivsatzes mit einem Trägersatz.	Ich bleibe zu Hause, *um* gesund *zu* werden.
Junktion: Adjunktion	*als, für, pro*	*als Löwe, für einen Euro, pro Liter*	Adverbial, Attribut	Sie schminkten ihn als Löwen. Sie bekam das Brot *für einen Euro*. Das kostet einen Haufen Geld *pro/je verordneten Einsatz*.
Partikel: Antwort-/Gesprächs-/Fokus-/Abtönungs- (E)	*nur, ja, wohl*	-	-	Tim mag *nur* rote Äpfel. Das ist *ja/wohl* vergebens.

4.1.3 Diskussion der Inhalte

Wort und Wortarten, Wortgruppen

Einsichtigerweise werden die Niveauunterschiede ab den Klassen 7/8 größer. Dabei geschieht die Differenzierung auf einem zweifachen Weg:

    a) durch Verschiebung des Stoffes. So wurde das Plusquamperfekt nur für das E-Niveau in den Klassen 5/6 angesetzt, für das G- und M-Niveau ist es Inhalt der Klassen 7/8. Modalverben haben bislang nur das M- und E-Niveau behandelt; dies wird jetzt in den Klassen 7/8 für das G-Niveau nachgeholt.

    a) durch Weglassen und damit Reduzierung des Stoffes hinsichtlich des G- und des M-Niveaus. Beispielsweise werden Genitiv- und Präpositionalobjekte auf dem G-Niveau nicht gesondert behandelt.

Verb   So ist auch beim Verb das Futur II nur Stoff des M- und E-Niveaus, nicht des G-Niveaus. Dies kann man dadurch rechtfertigen, dass bei der zur Verfügung stehenden Zeit ausgewählt werden muss. Dies geschieht nicht nur hinsichtlich des Gesamtstoffes für die Schule überhaupt, sondern auch hinsichtlich der einzelnen Schularten bzw. Niveaustufen, sofern die Schülerinnen und Schüler eine Gemeinschaftsschule besuchen. Das Futur II ist eine im Gebrauch seltene Tempusform, die meist durch das Perfekt ersetzt wird. Die Schüler auf dem G-Niveau haben also keine Kommunikationseinbuße, wenn diese Form nicht schulisch behandelt wird. Aber auch für das M-Niveau ist das Futur II noch nicht in den Klassen 7/8 vorgesehen, sondern erst in den Klassen 9/10, sodass das Temporalsystem für das E-Niveau in den Klassen 7/8 abgeschlossen wird, für das M-Niveau erst in den Klassen 9/10 und für das G-Niveau wohl lückenhaft bleiben muss.

Abb. 10 zeigt, wie das System der Temporalformen aussieht. Dabei werden, um die Tempusformen zu erfassen, drei Zeitaspekte angenommen: Die Sprechzeit, die immer die Gegenwart des Sprechens ist. Von ihr ausgehend, kann ein Ereignis gleichzeitig (Präsens), vergangen (Präteritum) oder zukünftig (Futur I) geschehen bzw. geschehen sein (Ereigniszeit). Bezogen auf diese Zeitpunkte können Ereignisse betrachtet werden, die schon geschehen sind (Betrachtzeit). Bei Präteritum und beim Futur I sind Betracht- und Ereigniszeit eins. Beim Plusquamperfekt und Futur II meint aber die Betrachtzeit einen anderen Zeitpunkt als die Ereigniszeit, wie es Abb. 10 zeigt.

4 Klassen 7/8

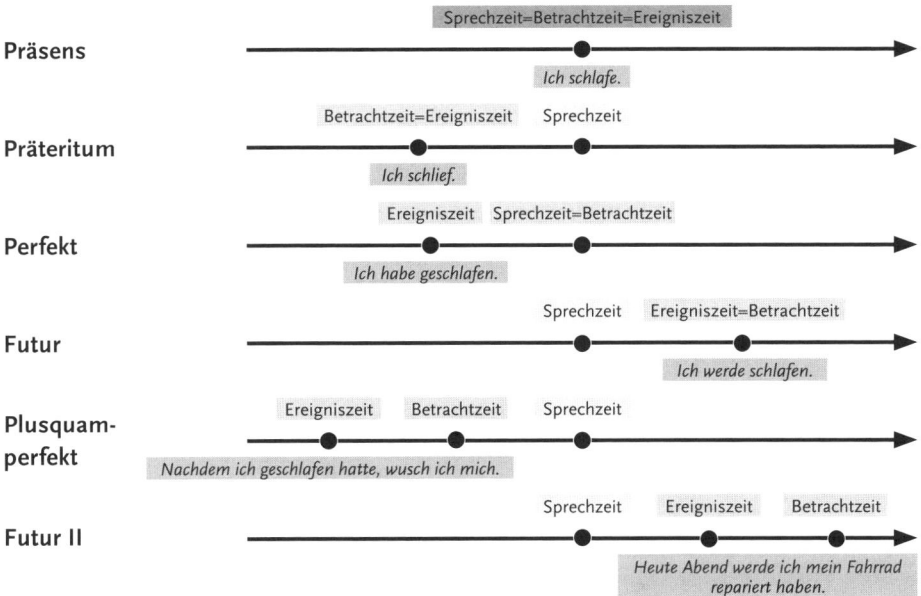

Abb. 10 | Die Tempora und ihre Relativität auf dem Zeitstrahl. Ausgangspunkt ist immer die aktuelle Sprechzeit, von der aus weitere Zeitpunkte in den Blick genommen werden.

In gewisser Weise ist das Futur II das Gegenstück zum Plusquamperfekt und wird wie dieses zuerst nur auf dem E-Niveau behandelt. In beiden Fällen wird ein Zeitpunkt – einmal in der Vergangenheit, einmal in der Zukunft – betrachtet, der, bezogen auf ein Ereignis, vergangen ist. Das Plusquamperfekt ist fest an das Erzählen gebunden, dagegen kommt es bei Vorhersagen weniger auf die genaue Abfolge der Ereignisse an: Alle Ereignisse und ihre Abfolge unterliegen der Ungewissheit der Zukunft.

Inhalt des E-Niveaus: Futur II → M-Niveau, Kl. 9/10

In der Literatur tritt Futur II oft im würde-Konjunktiv auf: „[...] und Unrat fühlte, daß jene ihn schwerlich bis hierher gebracht haben würden, bis zu den ungewöhnlichen Handlungen, die er nun beging, und dahin, daß er in einem Hotelzimmer [...] bei der Künstlerin Fröhlich saß." (H. Mann, Professor Unrat, Frankfurt, S. 41)

Überhaupt ist Modus eines der wesentlichen Themen in den Klassen 7/8. Man unterscheidet im Deutschen vier Modi: den Indikativ, den Konjunktiv I, den Konjunktiv II und den Imperativ.

Modus

Das Curriculum klassenstufenweise B

	Bildung	Funktion	häufiges Auftreten	Besonderheiten
Indikativ	– unmarkierte Form (↑Markiertheit) – kein eigener Indikator: *er lebt*	als unmarkierte Form für verschiedene Funktionen einsetzbar	Im gewöhnlichen Aussagesatz und Fragesatz	–
Konjunktiv I	– markierte Form (↑Markiertheit) – Bildung durch -e- zwischen Stamm und Personalendung	Möglichkeit (Einschränkung der Faktizität, Wunsch, Setzung)	Im Hauptsatz als Wunsch, in Nebensätzen als Kennzeichnung der indirekten Rede	Drückt Höflichkeit und Distanz aus.
Konjunktiv II	– markierte Form – Bildung durch Präteritalstamm. Bei schwachen Verben homonym mit den Indikativformen, bei starken Verben Umlautung des Stammes zusammen mit -e am Stamm: *er käme*	Vorgestelltes/ Gewünschtes als Potentialis oder Kontrafaktizität als Irrealis	Im Rahmen von *wenn*-Sätzen: Potentialis: *Wenn das Baby früher <u>schliefe</u>, <u>könnten</u> wir noch weggehen.* Irrealis: *Wenn das Baby früher <u>geschlafen hätte</u>, <u>hätten</u> wir noch <u>fortgehen gekonnt</u>.*	Ersatzform für Konjunktiv I, wenn dessen Form nicht erkennbar ist.
würde-Konjunktiv				Ersatzform für Konjunktiv I und Konjunktiv II, falls dessen Formen nicht erkennbar sind.
Imperativ	– markierte Form – Imperativendung am Indikativstamm – Sg.- und Pl.-Form: *komm(e)/ komm(e)t*	Aufforderung/ Bitte/ Befehl	In nachdrücklichen Aufforderungen/ Befehlen/Bitten: *Lauf jetzt los!*	Kann eine eigene Satzform bilden: Aufforderungs-/ Befehlssatz

Der Konjunktiv wird in den Kl. 7/8 auf dem M- und E-Niveau behandelt. Das G-Niveau wird hier in den Klassen 9/10 nachziehen und in diesem Zusammenhang auch die indirekte Rede thematisieren, die auf dem G-Niveau nicht eigens ausgewiesen ist. Von der Bildung her sind zwei Konjunktive zu unterscheiden: der Konjunktiv I, der mit dem Präsensstamm gebildet und an einem -e- zwischen Stamm und Personalendung erkenntlich ist, und der Konjunktiv II, der mit dem Präteritalstamm gebildet wird. Eine temporale Bedeutung haben aber beide nicht. Beim Konjunktiv I fallen bei den Formen, deren Personalendung selbst schon ein -e- enthält (1. Ps. Sg. und Pl. und 3. Ps. Pl.), Indikativ und Konjunktiv zusammen. Dann müssen, wenn der Konjunktiv I ausgedrückt werden soll, Ersatzformen gefunden werden. Dies ist der Konjunktiv II, der wiederum durch *würde* ersetzt wird, wenn seine Formen ebenfalls nicht als solche erkennbar sind.

Im Großen und Ganzen sind im heutigen Umgangsdeutsch Formen des Konjunktivs I selten. Selbst in speziellen Kontexten wie Rezepten (*Man nehme ...*) oder bei Setzungen (*Gegeben sei ...*) wird er zunehmend durch den Indikativ ersetzt. Selbst als höfliche Aufforderungsform (*Seien Sie gegrüßt!*) gilt er als veraltet und wird durch *Wir grüßen Sie!* ersetzt. Lediglich in feststehenden Wendungen wie *Er lebe hoch!* ist er noch zu finden.

In der mündlichen Rede ist er selbst bei der indirekten Rede selten geworden, gilt aber im Schriftlichen noch als Gebot. Dieses sollte auf dem M- und E-Niveau thematisiert werden. Dabei bietet der Konjunktiv I hier interessante Nuancierungen. Im Unterschied zu *Er sagte, er kommt morgen.* ist *Er sagte, er komme morgen.* distanzierter, weil sich der Sprecher des Satzes als reiner Übermittler des Inhalts zu erkennen gibt. Dagegen gibt die indikativische Form das Gesagte so wieder, als sei es schon faktisch. Tatsächlich ist aber nur faktisch, dass jemand etwas gesagt hat. Zu der Frage, ob jemand kommt oder nicht kommt, kann der Sprecher nichts sagen, sondern diesen Inhalt nur wiedergeben, ohne selbst Stellung dazu zu beziehen. Genau dieses leistet der Konjunktiv I. Dies wird noch deutlicher, wenn das Gesagte in der Vergangenheit liegt und damit der faktischen Überprüfung zugänglich ist: *Er sagte, er habe gestern in der Bibliothek gearbeitet.* im Gegensatz zu: *Er sagte, er hat gestern in der Bibliothek gearbeitet.* Das Letztere signalisiert, dass auch der Sprecher dieses Satzes an der Wahrheit des Satzes, dass jemand in der Bibliothek

Inhalt des M- und E-Niveaus: Konjunktiv I/II → G-Niveau, Kl. 9/10

gearbeitet habe (sic!), nicht zweifelt. Dagegen nimmt der Sprecher des ersten Satzes zum Inhalt des Gesagten keine Position ein.

Man kann dieser Darstellung gut entnehmen, dass die Unterschiede fein sind und daher – besonders in der mündlichen Rede – nicht immer ausgedrückt werden. Umso wichtiger erscheint es, dass diese Unterschiede Inhalt des schulischen Unterrichts sind und im Schriftlichen beachtet werden.

Der Konjunktiv II ist die Form der Vorstellung einer kontrafaktischen Welt, in gewisser Weise der Modus der Vorstellungskraft über die reale Welt hinaus. Für alles, was nicht real ist, aber sein könnte oder sollte, ist er der verbindliche Modus.

Passiv

Während der Konjunktiv II schon früh im Fiktionsspiel in der kindlichen Rede verankert ist, ist dies beim Passiv nicht so. Das Passiv bietet eine Form, mit der die Perspektive gewechselt werden kann. Prototypisch wird dies bei transitiven Tätigkeitsverben deutlich. *Transitiv* bedeutet, dass bei solchen Sätzen, die ein Subjekt und ein Akkusativobjekt (und ggf. Adverbiale) enthalten, ein Übergang (Transit) von der aktivischen zu einer passivischen Betrachtung möglich ist. Im Aktivsatz bildet der Täter (Agens) den Ausgangspunkt des Geschehens, also, grammatisch gesprochen, das Subjekt des Satzes. Das Objekt ist das von der Handlung Betroffene (Patiens), das im Deutschen im Akkusativ erscheint. Dieses wird im Passivsatz zum Subjekt. Der Sachverhalt wird also vom Patiens aus betrachtet. Das faktische Subjekt muss jetzt gar nicht mehr genannt werden. Aktiv: *Die Katze* (= Agens) *jagt die Maus* (=Patiens). Passiv: *Die Maus wird (von der Katze) gejagt.* Das Passiv bildet wie das Aktiv die verschiedenen Tempora und Modi aus.

Inhalt des E-Niveaus: sein-Passiv → M-Niveau, Kl. 9/10

Im Deutschen gibt es neben dem sog. *werden*-Passiv aber noch andere Passivformen, die auf dem E-Niveau bereits in den Klassen 7/8 behandelt werden. Das *sein*-Passiv drückt einen Sachverhalt als einen Zustand aus: *Melek ist geimpft. Der Rhein ist verschmutzt.* Daher hat es im Gegensatz zum *werden*-Passiv als Vorgangspassiv auch den Namen *Zustandspassiv.* Während beim Vorgangspassiv der eigentliche Täter noch häufig durch die *von*-Präpositionalgruppe genannt wird, ist eine solche Nennung beim Zustandspassiv eher untypisch. Der Fokus der Betrachtung liegt auf dem eingetretenen Zustand, nicht auf demjenigen, der ihn herbeigeführt hat. Zudem erscheinen Sätze im Zustandspassiv ganz analog zu Prädikativsätzen: *Melek ist fröhlich/geimpft. Der Rhein ist schmutzig/verschmutzt.* In der Tat ist der Übergang zu Prädikativsätzen fließend. Eindeutig liegt ein Passivsatz vor, wenn *worden* ergänzt werden kann: *Melek ist geimpft worden. Der Rhein ist verschmutzt worden.* In dieser Form erhebt sich die Fragen nach dem Agens (*von wem?*) durchaus. So betrachtet wird man einen Satz wie *Ich bin verloren.* als Prädikativsatz und nicht als Zustandspassivsatz interpretieren. Das hängt aber ganz wesentlich mit den Partizipien, die in der Passivkonstruktion obligatorisch sind, zusammen. Manche Partizipien sind nur noch als Adjektive interpretierbar: *Er ist ein gewitzter Redner.* Andere können rein adjektivisch oder als Verbform interpretiert werden. In *Ich bin verloren.* liegt nur adjektivischer Gebrauch vor, in *Das Geld ist verloren.* aber verbaler (partizipialer), denn man kann nach dem, der es verloren hat, fragen.

Verben haben gemeinhin die Funktion, im Satz das Prädikat zu bilden. Sie sind dann fünffach bestimmbar durch ↑Person, ↑Numerus, ↑Tempus, ↑Modus und ↑Genus Verbi. Davon sind manche unmarkiert (Präsens, Indikativ, Aktiv), die anderen markiert (↑Markiertheit). Sie zeigen sich in einer Formveränderung des Verbs. Mit Hilfsverben bilden Verben Verbkomplexe beim Perfekt, Plusquamperfekt, Futur I und Futur II, ebenso beim Passiv und beim würde-Konjunktiv. In einigen Fällen können aber Verben mit anderen noch besondere Verbkomplexe bilden. Einige Beispiele:

Inhalt des E-Niveaus: besondere Verbkomplexe

i) *Er verspricht ein guter Läufer zu werden.*
ii) *Das Gebäude droht einzustürzen.*
iii) *Du brauchst nicht zu kommen.*
iv) *Er scheint zu schlafen.*
v) *Ich lerne immer besser (zu) schwimmen.*
vi) *Ich lerne ihn kennen.*
vii) *Die Lehrerin lässt Anna zu sich kommen.*
viii) *Majda bleibt stehen.*
ix) *Ich gehe einkaufen.*
x) *Niemand hörte ihn kommen.*
xi) *Er hat seinen Plan fallengelassen.*
xii) *Er hat den Stein fallen gelassen.*

i. – iv. haben einen *zu*-Infinitiv. Bei v. ist dieser fakultativ. Bei vi. – x. ist dieser ausgeschlossen. i. – iii. haben einen modalisierenden

Charakter, aber sie verhalten sich wegen des *zu*-Infinitivs nicht wie Modalverben. Bei *lernen* liegen besondere Verhältnisse vor. Während bei *schwimmen lernen* ein *zu*-Infinitiv möglich ist, ist dieser bei *kennenlernen* ausgeschlossen. In vii. wird man auch in Kontaktstellung *kommen lassen* getrennt schreiben, also einen Verbkomplex unterstellen, dagegen ist in xi. *Er hat seinen Plan fallengelassen.* Zusammenschreibung angezeigt im Gegensatz zu xii. *Er hat den Stein fallen gelassen.* In xi. ist *fallenlassen* gleichbedeutend mit *aufgeben*, während es in xii. wirklich darum geht, dass jemand es zulässt, dass der Stein fällt. In vi. geht es im Gegensatz zu v. auch nicht um ein Lernen, sondern um den Anfang eines Kennens. Daher ist bei vi. ein Wortbildungsprozess anzunehmen (ebenso wie bei *fallenlassen* im Sinne von *aufgeben*), während es bei v. (analog bei xii.) um einen Verbkomplex geht. Bei viii. hat man die Möglichkeit *stehenbleiben* als Wortbildungsprozess (anhaltendes Stehen) oder als Verbkomplex (*stehen bleiben* als Spezifikation von *bleiben*) zu interpretieren und entsprechend getrennt oder zusammenzuschreiben. ix. und x. sind Verbkomplexe, die nur bei bestimmten Verben möglich sind. *Gehen/fahren* können mit anderen Verben kombiniert werden und legen dann den Betrachtungspunkt auf den Vorgang (*gehen/fahren*) und die Tätigkeit (*einkaufen*) gleichzeitig. Bei *kommen hören* ist der Betrachtpunkt sowohl der Vorgang des Kommens als auch die sinnliche Wahrnehmung: *Ich höre/sehe ihn kommen.* *Kommen* wiederum ist kombinierbar mit Partizip II- Konstruktionen: *Er kam gelaufen/gerannt.* In diesen Konstruktionen ist die Perspektive auf das Ankommen gerichtet, weswegen das Partizip auch mit dem ↑Präfix *an-* gebildet werden kann: In *Er kam angefahren.* kommt das Partizip nicht vom Verb *anfahren.* Vielmehr meint das Partizip, dass vom Standpunkt der Ankunft aus jemand gefahren kam. Die Richtungsbezeichnung von dort bis zum Standpunkt wird durch das Präfix *an-* ausgedrückt. Daher sind nun Partizipien möglich, zu denen es keine Grundverben gibt: *Er kam angekrochen* (?*ankriechen*). (An solchen Beispielen kann man den Reichtum einer Sprache sehen.)

Verbgruppe   Funktional bilden Verben oder Verbkomplexe im Satz das Prädikat. Dagegen fungieren Verbgruppen als Prädikatsverband. Verbgruppen können, wenn Verbkomplexe im Spiel sind, mitunter sehr komplex werden: *seinen Freund angerufen haben wollen.* Der Verbkomplex wird gebildet aus dem Hilfsverb *haben*, dem

Modalverb *wollen* und dem Vollverb *anrufen*. Das Vollverb verlangt einen Akkusativ: *jemanden anrufen;* im Satz kann der entsprechende Ausdruck (im Beispiel Nominalgruppe: *seinen Freund* bzw. Nomen: *Freunde*) als Akkusativobjekt gedeutet werden.

Komplexität wird auch sichtbar, wenn Verben mit Präpositionen fest verbunden sind. Auf dem M- und E-Niveau sollten diese in den Klassen 7/8 in den Blick genommen werden. Im Satz bedeutet dies, dass Präpositionalgruppen mit dem Verb zusammen die Verbgruppe bilden, die im Satz wiederum funktional als enger Prädikatsverband gedeutet wird: *warten auf, sich freuen auf.*

<small>Inhalt des M- und E-Niveaus: Verben mit festen Präpositionen</small>

Beim Nomen sind in den Klassen 7/8 noch einige Besonderheiten zu besprechen. Ganz wesentlich ist der Unterschied zwischen Genus und Sexus. Zweifelsohne ist das Genus, also das grammatische Geschlecht, bei dem man auch von der *der-, die-, das-Zuweisung* sprechen könnte, um den verdächtigen Ausdruck *Geschlecht* zu vermeiden, teilweise auch natürlich, also vom Sexus der Gegenstände her begründet. Aber keineswegs legt das natürliche Geschlecht das grammatische fest. Am Beispiel *Mädchen* kann man sehen, dass Grammatik, hier Morphologie, über der Natur der Dinge steht. Alle Verkleinerungsformen mit *-chen* und *-lein* haben eine *das*-Zuweisung (sächliches/neutrales Genus). Aber daraus zu schließen, dass man deshalb folgern könnte, dass Mädchen als Sache betrachtet werden, hat nichts mit einer grammatischen, sondern nur mit einer ideologischen Betrachtung zu tun. Bei Tätigkeitsverben können durch entsprechende Wortbildung Berufsbezeichnungen entstehen: *lehren – Lehrer*. Daraus wiederum kann durch eine weitere Wortbildung *Lehrerin* als markierte weibliche Personenbezeichnung abgeleitet werden. In Opposition zu dieser Wortbildung wird aber nun *Lehrer* auch zu einer männlichen Personenbezeichnung. *Lehrer* ist nun sowohl Berufsbezeichnung als auch männliche Personenbezeichnung.

<small>Nomen</small>

Um diesem Zusammenfallen zu entgehen, wird heute im Rahmen der Genderdebatte vorgeschlagen, für die generische Bezeichnung allgemeine Ausdrücke zu suchen. So hat sich in Deutschland *Lehrkraft,* in der Schweiz *Lehrperson* insbesondere im offiziellen Sprachgebrauch durchgesetzt. Aber ironischerweise kann man natürlich auch hier der Grammatik nicht entgehen. Nun sind beide feminin.

Nominalgruppe

Auch wenn es keine grammatische Besonderheit ist, so ist es doch schulisch interessant, besonders darauf hinzuweisen, dass Nominalgruppen gerne die Ausdrucksweisen für Überschriften bilden und die Form für Anreden sind: *Die Radwege unseres Landkreises. Schöne Ferien! Viel Freude! Erfolgreiches Verhandeln! Mein schönes Fräulein, (darf ich wagen, ...)* (Goethe, *Faust*).

Monoflexion in der Nominalgruppe

Nominalgruppen zeigen eine für das Deutsche typische Besonderheit, die allen, die Deutsch lernen, Schwierigkeiten bereitet. Es handelt sich um die sog. *Monoflexion* in der Nominalgruppe. Damit ist gemeint, dass der Flexionstyp (stark bzw. schwach) des Adjektivs von der formalen Markiertheit des Artikelwortes abhängt. Gibt das Artikelwort in seiner Form das Genus zweifelsfrei an, wie dies z. B. bei den bestimmten Artikeln der Fall ist, dann wird das Adjektivattribut schwach dekliniert: *der neue Tag*; ist dagegen das Artikelwort hinsichtlich des Genus nicht markiert, etwa beim unbestimmten Artikel, wo die maskuline wie die neutrale Form lautet, dann muss das Adjektivattribut den Genusmarkierer tragen, daher: *ein heißer Sommer*. -r ist der Markierer für Maskulin. An einer Stelle muss dieser Markierer auftreten, entweder beim Artikelwort de*r* oder wie bei *ein* beim Adjektiv: *heißer*. Analoges gilt für das Neutrum, bei dem -s der Markierer ist: *das herausragende Ergebnis – ein herausragendes Ergebnis*. Der Markierer für das Femininum ist *-e*: *eine gute Reise*. Dass das *-e* auch beim Adjektiv auftaucht, hängt mit der Deklinationsform zusammen. Anders gesagt: Beim Femininum treten Monoflexionserscheinungen nicht auf.

(Zu Nominalgruppen wie *heute Abend* vgl. Adverbgruppen.)

Artikelwort

Auch bei den Artikelwörtern wird weiter ausgebaut. Nun kommen auch komplexere Formen wie *irgendein* und Mehrwortausdrücke wie *was für ein* ins Spiel. Ebenso verneinter unbestimmter Artikel (*kein*) und Frageartikel (*welcher*). Sachlich sind die Dinge eindeutig: Sie alle haben die typischen Eigenschaften von Artikelwörtern, d. h., sie treten als Begleiter in Nominalgruppen auf (mit den entsprechenden orthographischen Konsequenzen). Dass sie erst in den Kl. 7/8 behandelt werden, hängt mit ihrer Seltenheit zusammen, aber auch mit curricularen Verknüpfungen. Um in den Klassen 9/10 die Unterscheidung von Satz- und Prädikatsadverbialen behandeln zu können, muss die Verneinung, die seit den Klassen 5/6 aufgebaut wird, beherrscht werden. Diese Unterscheidung wird zwar nur auf dem E-Niveau thematisiert werden, über die Formen des Fragens und Verneinens müssen aber alle verfügen.

Ähnliches gilt für die Erweiterung der Kenntnisse zu den Pronomen, die für die Vertextung eine wesentliche Bedeutung haben. Pronominale Bezugsfehler gehören zu den Problemstellen von Schülertexten. Daher sollte in den Klassen 7/8 der pronominale Bestand abgeschlossen werden und es sollten vor allem die Pronomen im Text thematisiert werden. Für den Bezug ist bei allen Pronomen die Übereinstimmung in Genus und Numerus bedeutsam. Da aber in einem Bezugssatz mehrere Bezüge auftauchen können (*Ein Mann hatte einen Hund und einen Hamster. Diesen verschenkte er.*), kommt als Zusatzregel hinzu, dass zuerst der letztmögliche Bezug genommen wird. Dieses ist aber eine schwache Regel, die immer durch das Weltwissen kontrolliert werden muss. Die Bezüge müssen nämlich inhaltlich stimmen. Hätte es geheißen: *Einen Hund und einen Hamster hatte ein Mann. Diesen verschenkte er.*, würde man – es sei denn man befindet sich in einer phantastischen Geschichte wie *Alice in Wonderland* – nicht annehmen, dass der Hamster den Mann verschenkt, obwohl *Mann* letztgenannt ist. In all diesen Fällen empfiehlt es sich, auf alternative Formulierungen auszuweichen: *Letzteren verschenkte er.*

Pronomen

Für das M- und E-Niveau empfiehlt sich, die zahlreichen unterschiedlichen Pronomen zu sortieren:

Inhalt des M- und E-Niveaus: Unterscheidung der Pronomen

Personal-pronomen	Reflexiv-pronomen	Inter-rogativ-pronomen	Relativ-pronomen	Nega-tions-pronomen	Indefinit-pronomen	Kollektiv-pronomen	Distri-butiv-pronomen
ich, wir; du, ihr, er/ sie/es, sie	*mich, uns; dich, euch; sich*	*wer, was, welch-, was für ein*	*der, die das; welch-*	*niemand, nichts, kein*	*irgendein-, wer auch immer*	*alle, sämtlich-*	*jede-, jeglich-*

Die meisten dieser Pronomen sind deklinierbar oder erscheinen wie die Reflexivpronomen nur in deklinierter Form (wobei sie dann von deklinierten Personalpronomen in der Form nicht unterscheidbar sind) – ausgenommen *man, etwas, nichts*. Dabei kann *man* nur als Subjekt auftreten, während *nichts* und *etwas* auch andere Funktionen, insbesondere die Objektfunktion annehmen können, ohne sich dabei aber zu verändern.

Pronomen *es*

Eine besondere Beachtung verdient das Pronomen *es*, das sehr unterschiedliche Funktionen einnehmen kann: In der prototypischen Funktion ist *es* Personalpronomen und hat dann einen Bezug auf Nomen/Nominalgruppen im Neutrum: *Das Auto ... Es.* Eine ganz andere Funktion hat *es*, wenn *es* als formales Subjekt bei Witterungsverben auftritt: *Es regnet.* Der Platz des Subjekts kann inhaltlich nicht gefüllt werden, diese Lücke wird durch ein inhaltsleeres *es* ausgefüllt. Eine verwandte Funktion liegt vor, wenn das Subjekt inhaltlich zwar gefüllt ist, sogar im Satz genannt ist, aber nicht die erste Satzgliedstelle einnehmen soll. Dieser Fall tritt aber nur bei Passivsätzen auf: *Ein Name wurde genannt* → *Es wurde ein Name genannt.* Es ist hier ein Platzhalter, der das Vorfeld, das besetzt sein muss, füllt. Man sollte sich hüten, hier von einem Bezug von *es* zu *Namen* zu sprechen, denn *Name* ist maskulin. *Es* hält in dieser unveränderlichen Form den Platz, den der Sprecher dem eigentlichen Subjekt aus Gründen der Thema-↑Rhema-Ordnung nicht zuweisen will. Schließlich ist *es* auch noch Korrelat: *Es freut mich, dass du kommen willst.* Hier korreliert *es* mit dem Subjektsatz. Das kann ebenso mit einem Objektsatz der Fall sein: *Ich hoffe es, dass du kommen kannst.* Wie schon das Platzhalter-*es* verschwindet auch das Korrelat-*es*, wenn der Satz eine andere Anordnung bekommt: *Mich freut, dass ... Ich hoffe, dass ...*

Inhalt des E-Niveaus: Pronominalgruppe

In wenigen Fällen, was rechtfertigt, dass die Behandlung nur auf dem E-Niveau stattfindet, können auch Pronomen Gruppen (Pronominalgruppen) bilden: <u>Wir alle</u> dürfen teilnehmen. <u>Das hier</u> ist eine Rose. <u>Allein du</u>/<u>du allein</u> kannst das schaffen. In den ersten beiden Fällen haben wir eine attributive Erweiterung, im letzten Fall eine Zuspitzung durch die Fokuspartikel *allein,* die anders als die beiden Attribute vor- und nachgestellt sein kann. Gehört zur Pronominalgruppe ein flektierbares Wort (*wir alle*), so wird es kongruierend dekliniert (*uns allen*).

Adjektiv

Beim Adjektiv sollten in den Klassen 7/8 die Funktionen, die ein Adjektiv syntaktisch einnehmen kann, überblicksartig diskutiert werden: attributiv – und dann so gut wie immer dekliniert – als Teil einer Nominalgruppe; prädikativ, in dieser Funktion so gut wie immer in der Grundform. Ausdrücke wie *Der Zustand ist ein schlimmer.* sind im Deutschen ungewöhnlich. Undekliniert, also in der Grundform, treten die Adjektive auch adverbial, gewöhnlich als Modaladverbial auf. Sie sind dann nicht weitergehend in den Satz integriert – wie dies für Adverbiale typisch ist. Es handelt sich bei Adverbialen (fast) immer um zum Satzgedanken zusätzliche

Angaben. (Notwendige Adverbiale werden in den Klassen 9/10 auf dem E-Niveau behandelt. Zur Flexion des Adjektivs innerhalb der Nominalgruppe siehe Nominalgruppe oben.)

Die Besonderheiten und Sonderfälle der Komparation sind Inhalte auf dem M- und E-Niveau. *Komparativ* bedeutet übersetzt *Vergleich*. Gewöhnlich werden durch die Formen des Komparativs Vergleiche auf einer gedachten Skala von *normal – mehr – meist* angestellt. Dabei wird im Komparativ ein Vergleichsobjekt gesetzt, das andere Vergleichsobjekt steht in der Adjunktorgruppe mit *als*: *Er ist schneller als sie*. Im Superlativ ist das zweite Vergleichsobjekt verschwunden. *Er ist am schnellsten*. Dabei werden aber die anderen, die langsamer sind, dazugedacht. Auch Komparationsformen können ohne Adjunktorgruppe vorkommen, etwa in: *Das ist ein größerer Schaden*. Gemeint ist damit ein Schaden, der über das Normalmaß hinausgeht, ohne mit anderen Schäden verglichen zu werden. Wer einen Brief mit *liebste Mutter* beginnt, denkt nicht die anderen Mütter mit oder vergleicht die eigene mit den anderen – was im Übrigen keinen Sinn machen würde –, sondern bringt zum Ausdruck, dass die Attribuierung *lieb* in einem Höchstmaß geschieht. Man kann an diesen Beispielen sehen, dass die Form der Komparation sowohl Vergleich als auch Steigerung ist. Liegt relativer Gebrauch vor, dann haben wir Vergleichsformen, liegt absoluter Gebrauch vor, haben wir immer Steigerung.

> Inhalt des M- und E-Niveaus: Komparation: absoluter und relativer Gebrauch

Bei manchen Komparationsformen liegen mehrere Möglichkeiten vor, die auf dem E-Niveau Betrachtungsgegenstand sind: *weniger – minder – geringer/am wenigsten – am mindesten – am geringsten*. Dabei sind alle drei auf bestimmte Kontexte eingeschränkt. Während *weniger* zählt, gibt *minder* eine Qualität an; am neutralsten ist *gering*, das aber auch nicht eingesetzt werden kann, wenn es nur um die Zahl geht. Daher: *von minderer/geringerer Qualität; Es waren weniger /*minderer/*geringerer Menschen, als gedacht. Der Schaden fiel geringer/?weniger/?minderer aus, als gedacht.*

> Inhalt des E-Niveaus: Besonderheiten und Zweifelfälle der Komparation → M-Niveau, Kl. 9/10

Besonders interessant ist die Frage, ob z. B. Farbadjektive gesteigert werden können. Kann man sagen, dass dieses Gras grüner als jenes ist? Um solche Fragen zu beantworten, sollte man sehen, dass es kein Problem ist, beispielsweise *grün* morphologisch in den Komparativ (*grüner*) oder den Superlativ (*am grünsten*) zu setzen. Die Frage ist, ob dies semantisch oder pragmatisch einen Sinn macht. Pragmatisch macht es z. B. in Werbekontexten Sinn. Eine Waschmittelfirma kann damit werben wollen, dass ihr Produkt eine grüne Bluse grüner wäscht. Der Leser versteht die rhetorische Absicht. Genau genommen versteht er die rhetorische Absicht, dass hier etwas gesagt werden soll, was man nicht wörtlich verstehen darf, sondern den Sinn erst suchen muss (Grice'sche Konversationsmaxime; Grice 1979, S. 243 ff.), der in der Werbeabsicht schnell gefunden ist. Ein solches Verfahren müssen wir auch bei Vergleichsbildungen wie *mausetot* anwenden. *Tot* ist ein absoluter Zustand, er kann weder verglichen noch gesteigert werden. In *mausetot* wird aber die absolute Endgültigkeit sprachlich drastisch zum Ausdruck gebracht. Wörtlich kann man *mausetot (tot wie eine Maus)* nicht verstehen.

Man spricht hier, wie oben schon erwähnt, von Elativbildungen, also herausgehobenen Verwendungen: Jemand kann *sehr aktiv* sein, verdichtet sich dies zu einem Krankheitsbild, ist er *hyperaktiv*, etwas kann *sehr modern* sein, wird es auf die Spitze getrieben, nennt man es *hypermodern*. Jemand kann als *erzkonservativ* bezeichnet werden, als **erzlinks* übrigens nicht. *Erz-* – aus dem griechischen *archi-* = *Ursprung* – bezeichnet selbst schon etwas, was zurückschaut. Dagegen kann jemand *ultrarechts*, aber auch *ultralinks* sein. *Ultra-* bezeichnet in politischen Kontexten immer etwas, was weit über (*ultra – jenseits*) ein erwartbares/ akzeptierbares Maß hinausgeht. Zur Wortbildung gehören auch Verneinungen mit *un-* und *miss-*. Am besten kann man den Unterschied an Paaren wie *unverständlich – missverständlich* erfassen. Wenn etwas unverständlich ist, dann versteht man – aus welchen Gründen auch immer – etwas nicht; ist dagegen etwas missverständlich, dann versteht man es möglicherweise falsch.

| Adjektivgruppe | Bei den Adjektivgruppen kommt die Funktion als Modaladverbial in den Blick, wie überhaupt der Modus in den Klassen 7/8 fokussiert wird (s.o.). |

Inhalt des E-Niveaus: Adjektivvalenz

Auf dem E-Niveau sollten die wenigen Adjektive, die eine ↑Valenzergänzung haben können, ins Spiel kommen: *Er war des Wartens müde*. Während das Adjektiv *müde* einen körperlichen Zustand meint, liegt bei *müde* mit Genitiv der Fokus auf schwindendem bzw. geschwundenem Willen. Ähnlich ist dies bei *zufrieden mit*: *Sie war mit ihrer Leistung zufrieden*. Während *zufrieden* einen psychischen Zustand beschreibt, thematisiert *zufrieden mit* auch das Ziel für diesen Zustand.

Adverbien haben gewöhnlich die Funktion, Adverbiale zu bilden, also im Satz eine eigene Satzgliedfunktion einzunehmen. Insbesondere Temporal- und Lokaladverbien können aber auch attributiv gebraucht werden, was auf dem M- und E-Niveau behandelt werden sollte, da die Möglichkeiten der Attribuierung erweitert werden: *der Tag heute, das Heft hier*. Sie müssen dann hinter das Nomen als Kern der Nominalgruppe gestellt werden, da sie als Adverbien nicht flektierbar sind. Sollen sie in die Nominalgruppe integriert werden, müssen sie die Wortart wechseln: *der heutige Tag, das hiesige Geschäft*.

Adverb

Nach den Lokal-, Temporal- und Interrogativadverbien sollten in den Klassen 7/8 die Modaladverbien und die Adverbien mit pronominaler und junktionaler Funktion im Zentrum stehen. Bei den Modaladverbien ist, wie schon bei den Adjektiven, dringend davon abzuraten, sie als Wörter zu klassifizieren, die mit *wie?* erfragt würden. Mit dieser Frage wird das Modaladverbial erfragt, nicht die Wortart. (Ansonsten wären auch Adverbien plötzlich *Wie-Wörter*.) Für Modaladverbien gibt es ein außerordentlich produktives Wortbildungsmuster: *-weise: schrittweise, glücklicherweise, dummerweise*. (Auf dem E-Niveau wird hier in Klasse 9/10 noch eine weitere Differenzierung vorzunehmen sein.) Im jüngsten Deutsch kommt eine Bildung mit *-technisch* hinzu: *arbeitstechnisch, werbetechnisch, ausflugstechnisch*. Damit wird eine Präpositionalgruppe *hinsichtlich/bei X*, die adverbial einen näheren Umstand angibt, ersetzt. Ob sich diese Bildung behaupten können wird, wird man sehen. (Zur Frage der Satzfunktion siehe Kl. 9/10.)

Besondere Adverbien, die auf dem M-, E-Niveau behandelt werden sollten, sind solche, die Sätze reihen, zu Texten verbinden bzw. – relativ gebraucht – komplexe Sätze erzeugen. In vielen Grammatiken werden diese Konjunktional- und Pronominaladverbien (↑Adverb) genannt. Dabei gelten als Pronominaladverbien diejenigen, die gebildet sind aus einer Präposition sowie *da(r)* bzw. *hier*, mit denen auf Vorerwähntes Bezug genommen wird (*daneben, darauf, danach, hierin, hiermit*). Satzreihend: *Auf dem Tisch lag ein Buch, daneben (= neben dem Buch) ein Apfel*. Satzverknüpfend: *Auf dem Tisch lag ein Buch. Daneben (= neben dem Buch) stand das Telefon*. Pronominaladverbien werden zudem als ↑Korrelate verwendet (E-Niveau, Kl. 9/10). Wegen ihrer besonderen Bildungsweise werden sie z. B. in der Duden-Grammatik (Dudenredaktion 2005, S. 585 ff.) auch *Präpositionaladverbien*

Inhalt des M- und E-Niveaus: satz- und textbildende Adverbien
→ G-Niveau: Klassen 9/10

genannt. Derartige Konstruktionen treten aber auch bei den Konjunktionaladverbien auf. In dem Satz *Er war Schreiner. Daneben arbeitete er auch als Gärtner.* ist *daneben* Konjunktionaladverb. Es kann jetzt nicht durch eine Präpositionalgruppe ersetzt werden, sondern durch *außerdem/darüber hinaus/zudem*. Es liegt keine pronominale Verknüpfung vor, sondern eine anreihende. Wie Subjunktion können Konjunktionaladverbien semantisch nach ihrer Leistung unterschieden werden: anreihend/kopulativ: *außerdem, zudem, dazu, daneben, darüber hinaus, desgleichen*; adversativ: *hingegen, dennoch, jedoch, doch, indes/indessen, allerdings, vielmehr, demgegenüber, stattdessen*; temporal: *anschließend, indessen, währenddessen*; kausal: *schließlich, nämlich*; konditional: *sonst, ansonsten, andernfalls, notfalls, gegebenenfalls*; konsekutiv: *also, demzufolge, folglich, infolgedessen, mithin, so, somit, deswegen, deshalb*; konzessiv: *trotzdem, gleichwohl, immerhin, allerdings, nichtsdestoweniger*.

Wie so häufig ist also nicht jedem Ausdruck dieser Gruppe seine Zugehörigkeit zur Wortart sofort anzusehen. Erst vor dem Hintergrund eines konkreten Satzes kann man sagen, ob es sich um ein Pronominal- oder Konjunktionaladverb handelt. Das sieht man z. B. auch daran, dass in der Dudengrammatik eine Reihe zuvor als Pronominaladverbien klassifizierter Adverbien auch unter den Konjunktionaladverbien auftauchen, und Konjunktionaladverbien wie *deswegen*, obwohl sie mit einer Präposition gebildet sind, nicht unter den Präpositionaladverbien.

In der Schule kann man diese Unterscheidungen behandeln, wichtiger aber als diese ist die Funktion dieser Adverbien, Sätze und Texte zu bilden. Unter diesem Aspekt werden sie in das Curriculum aufgenommen.

Bei den Pronominaladverbien ist ein weiterer Aspekt zu betrachten: Der pronominale Bezug ist eingeschränkt auf Unbelebtes. Belebtes wird gewöhnlich durch eine Präpositionalgruppe ersetzt: *Wir warteten auf das Gewitter/die Mutter – Wir warteten darauf/auf sie.* Da bei Pronominaladverbien pronominaler Bezug gegeben ist, muss text- oder situationsdeiktisch die semantische Füllung erfolgen. Ersteres liegt etwa vor in: *Peter erklärte mir die Adverbien. Ich wurde daraus nicht schlau. Daraus* bedeutet so viel wie *aus der Erklärung*, bezieht sich also auf den Vortext; Letzteres liegt vor, wenn es etwa heißt: *Wo ist eigentlich der Hund? Der Hund ist drin.* Was *drin* bedeutet, kann nur situativ geklärt werden. Hier fällt zudem noch die Verkürzung durch Wegfall des Vokals in *darauf*. (Auf dem E-Niveau wird in Kl. 9/10 zu reflektieren sein, dass die Pronominaladverbien noch eine andere Funktion haben, indem sie Korrelate bilden können.)

Von Subjunktionen unterscheiden sich Konjunktionaladverbien vor allem dadurch, dass sie – anders als die Subjunktionen, die einen Nebensatz einleiten – im Satz wie die Adverbien auch in das Mittelfeld wandern können: *Er arbeitete hart. Er wurde deshalb gut bezahlt.* Das kausale Konjunktionaladverb *nämlich* kann sogar nur im Mittelfeld positioniert sein: *Er wurde gut bezahlt. Er arbeitete nämlich hart.*

Konjunktional- wie Pronominaladverbien können auch relativ gebraucht werden: Der letzte Satz hätte auch so formuliert werden können: *Er arbeitete hart, wofür/weshalb er gut bezahlt wurde.* Mit dem *W*-Wort wird – wie sonst auch – ein relativer Anschluss innerhalb eines komplexen Satzes hergestellt. Ohne relativen Ausdruck wird ein neuer Satz etabliert. Dadurch ergeben sich weitere Paare wie: *dadurch – wodurch; dabei – wobei; daran – woran; darauf – worauf.*

Pronominal- und Konjunktionaladverbien sind also ihrer Funktion nach ↑Konnektoren und stiften auf Satzebene
— Reihung, wenn nach einem Komma mit einem Konjunktional- oder Pronominaladverb fortgefahren wird: *Auf dem Tisch lag ein Stift, daneben ein Buch.*
— Komplexität, wenn nach einem Komma ein relativer Anschluss kommt: *Er lachte laut, wobei ihm die Tränen herabflossen.* (Auf dem G-Niveau wird in den Kl. 9/10 auf die Behandlung der relativen Anschlüsse verzichtet.)

Auf der Textebene stiften sie Textkohäsion: *Sie war krank. Daher blieb sie zuhause.*

An dieser Stelle ist es angebracht, einen Blick auf die *W*-Wörter zu werfen. *W*-Wörter gibt es im Deutschen als Fragewörter und als relative Anschlusswörter. Was innerhalb eines Satzes pronominal oder subjunktional als relativer Anschluss und Nebensatzeinleitung eingesetzt wird, ist im Hauptsatz Fragewort. Das bleibt es auch im indirekten Fragesatz.

W-Wörter

	W-Wort	
W-Fragesatz	Indirekter Fragesatz	Komplexer Satz mit relativem Anschluss
Wer singt?	Er fragte, wer gesungen habe.	Wes Brot ich ess', des Lied ich sing'.
Warum singt er?	Er fragte, warum er singe.	Er wusste, warum er sang.
Weshalb singe ich?	Er fragte, weshalb er singe.	Er freute sich, weshalb er sang.
Wo singe ich?	Er fragte, wo er singe.	In Ulm, wo ich zuletzt sang, ...

Eine besondere Aufmerksamkeit braucht der Relativsatz. Zum einen fällt auf, dass wir hier ein *d*-Wort – im Deutschen für Deiktika eingesetzt – haben (*der, die, das* ...) und ein W-Wort (*welcher, welche, welches*), während *wer, was* nur als Fragewort vorkommt. Gerade im süddeutschen Raum wird aber das Fragewort *wo?* gerne als universaler relativer Anschluss verwendet: *Die Frau, wo* ... Bildungssprachlich kann *wo* relativ bei Lokalangaben (*Es gibt keinen Ort, wo (an dem) ich lieber lebte, ...*) gebraucht werden und, da wir die Zeit meist räumlich betrachten (das Ziehen einer Linie), auch temporal: *Die Zeit, wo (zu der) wir uns kennenlernten.*, wobei temporal die Verwendung des Relativpronomens vorzuziehen ist.

Inhalt des E-Niveaus: Steigerung von Adverbien → M-Niveau, Kl. 9/10

Sofern Adverbien, deren wesentliches morphologisches Kennzeichen die Unflektierbarkeit ist, eine vergleichbare Qualität ausdrücken, können sie auch (aus semantischen Gründen) gesteigert werden: *gern – lieber – am liebsten, wohl – wohler – am wohlsten*; das gilt auch für einen unbestimmten Zahlausdruck wie *oft: oft – öfter – am öftesten*. Dabei hat *öfter* die Bedeutung von *häufiger*. Dass man diese Ausdrücke dennoch bei den Adverbien belässt, hat pragmatische Gründe, die auf dem E-Niveau diskutiert werden können. Sie müssten sonst eine eigene Klasse bilden (komparierbar, aber im Positiv nicht deklinierbar).

Inhalt des M- und E-Niveaus Adverbgruppen

Adverbgruppen als Inhalte des M- und E-Niveaus können bei den Adverbien, die Komparation kennen, aus Intensitätspartikel + Adverb (*sehr gern/oft*) gebildet werden. Weitere Gruppenbildungen sind möglich über Fokuspartikel + Adverb (*nur heute*), unflektiertem Adjektiv + Adverb (*knapp daneben*) und Adverb + Adverb (*heute früh*). Bei Letzterem treten zwei Probleme auf. Das erste liegt darin, zu bestimmen, was Kern und was weitere Konstituente ist. Bei *knapp daneben* ist klar, dass es um *daneben* geht, das mit *knapp* näher bestimmt wird. Aber bei *heute früh* kann dies inhaltlich so nicht entschieden werden. Es kann um die Tageszeit gehen, die durch *heute* näher bestimmt wird oder um den heutigen Tag, der durch die Tageszeit näher bestimmt wird. Als Wortgruppe genommen, hat aber *früh* einen deutlichen Akzent. Würde *heute* betont, wäre es erkenntlich ein kontrastiver Akzent: *heute, nicht gestern früh*. Daher wird man *früh* als Kern bestimmen. Im Süddeutschen gibt es nun aber auch *die Früh(e)*. Dann lautet die Rechtschreibung *heute Früh* (§ 55 (6), Amtliches Regelwerk). Diese Art Wortgruppe taucht nur bei Zeitangaben auf und sie ist schwer zu analysieren. Bis 1996 wurde nicht nur *heute früh*, sondern auch *heute mittag, heute nacht* geschrieben. Das bedeutet, dass die Ausdrücke *früh, mittag, nacht* etc. als Adverbien gedeutet wurden. Mit der Rechtschreibreform von 1996 verschwanden diese Adverbien, übrig blieben nur die entsprechenden Nomen. Formal muss man nun Ausdrücke wie *heute Mittag* als Nominalgruppe deuten. Aber es handelt sich dann um eine sehr defizitäre Nominalgruppe. Sie kann in keinem Kontext mit einem Artikel verbunden werden. Das wird besonders deutlich bei der Gruppe *Dienstag Abend*. Wird dieser Ausdruck mit einem Artikel verbunden, dann ist Zusammenschreibung vorgeschrieben: *der Dienstagabend*. Grammatische Analyse und Orthographie passen nicht zueinander. Daher verwundert es nicht, dass in einer empirischen Untersuchung zur Orthographie in vier verschiedenen deutschsprachigen Ländern bzw. Regionen (Deutschland, Österreich, Schweiz, Belgien) dieser Fall der fehlerträchtigste überhaupt war (vgl. Ossner 2011).

Auf dem M- und E-Niveau sollten drei weitere Aspekte von Präpositionen behandelt werden.

a) Im Deutschen ist der Genitiv im Wesentlichen als attributiver Kasus (Genitivattribut) virulent. Beim Genitiv als präpositionaler Kasus fällt auf, dass es sich (fast) ausnahmslos um Ausdrücke handelt, deren präpositionaler Charakter erst in der jeweiligen präpositionalen Verwendung in den Blick tritt. Das wird dort besonders deutlich, wo in der Orthographie zwei Varianten bestehen: *anstelle/an Stelle, mithilfe, mit Hilfe* etc. (§ 39 (3) Amtliches Regelwerk).

Bei der Getrenntschreibung ist der folgende Genitiv (*auf Grund des Umstandes*) als Genitivattribut schnell auszumachen. Bei der Zusammenschreibung ist aber eine Präposition entstanden, die den Genitiv regiert. Bei einigen Exemplaren wie *angesichts, zwecks* liegt eine adverbiale Wortbildung mit *-s* vor. Aber die

Inhalt des
M- und E-Niveaus
Weitere Aspekte von
Präpositionen
→ G-Niveau:
Klassen 9/10

syntaktische Analyse ergibt, dass die folgenden Genitive als von diesen Wörtern regierte Genitive interpretiert werden müssen. Vielleicht möchte man einwenden, dass man diese Ausdrücke doch als Abverbien mit ↑Valenzforderung – analog zu *müde des Wartens* – interpretieren könnte: *zwecks anderer Verpflichtungen*. Es fällt aber auf, dass bei den Adjektiven die Erweiterung wegfallen kann: *er war müde*. Aber Ausdrücke wie *angesichts* oder *zwecks* können – wie alle anderen Präpositionen auch – nicht alleine stehen.

b) Präpositionen haben eine gewisse Nähe zu Subjunktionen. Dies wird besonders deutlich bei Ausdrücken wie *während*. In *Während er aß, ...* ist *während* eindeutig Subjunktion, weil es einen Nebensatz einleitet, aber in *während des Essens* ist es Präposition, da es nun eine Nominalphrase regiert. Die syntaktische Funktion der beiden Ausdrücke ist natürlich dieselbe, sie etablieren Temporaladverbiale der Gleichzeitigkeit. Es sollte also nicht überraschen, dass die Präpositionen wie die Subjunktionen semantisch weiter differenziert werden können. Dabei entscheidet gewöhnlich erst der Satzzusammenhang, welches Verhältnis durch die Präposition etabliert wird: *Sie kam aus* (kausal) *Furcht vor* (kausal) *der Dunkelheit vor* (temporal) *Einbruch der Nacht vor* (lokal) *das Haus*.

c) *Präposition* heißt übersetzt *Voranstellung* und weist darauf hin, dass Präpositionalgruppen (meist) mit Präpositionen eingeleitet werden. Aber es gibt (wenige) „Präpositionen", die nachgestellt sind: *zuliebe, zufolge, zuwider*. Genau genommen sollte man hier von *Postpositionen* sprechen. Schließlich gibt es welche, die umschließen die Gruppe: *um ... willen: um seiner Verdienste willen*. Konsequent heißen die dann *Circumpositionen*. Dann braucht man einen Überbegriff: *Adpositionen* mit Präpositionen, Postpositionen und Circumpositionen als Untergruppen. Spart man sich diese Differenzierung und spricht nur von *Präpositionen,* hat man einen typischen Terminus vor sich – man darf ihn nicht wörtlich nehmen. (Auch in der Physik sollte man *Strom* oder *Spannung* nicht wörtlich nehmen.)

Inhalt des M- und E-Niveaus: Weitere Aspekte der Form der Präpositionalgruppe

Präpositionen etablieren ein Verhältnis. Prototypisch sind lokale oder temporale Verhältnisse. Eine Reihe von Verben, Nomen und auch Adjektiven gehen aber, wie schon öfters erwähnt, mit Präpositionen feste Verbindungen ein, wobei die Präposition ihre Bedeutung verliert. Beispiele für Verben: *achten/warten auf, bitten* um, denken/glauben an; Beispiel für Nomen: *Achtung vor, Forderung nach, Hoffnung auf,* wobei es sich hier um Nomen aufgrund von Wortbildungsprozessen handelt und die Nomen die Präposition des Verbs beibehalten oder, wie bei *Forderung nach,* sich eine Präposition neu suchen; Beispiele für Adjektive: *arm an, fähig zu, froh über.*

Interessant ist auch, mit welchen Wortarten Präpositionen Gruppen bilden. Im Wesentlichen sind es Nomen, in seltenen Fällen kommen Adjektive vor (*von jung auf*) und ebenso Adverbien (*wegen/seit/ab gestern*).

Gewöhnlich sind Präpositionalgruppen Adverbiale, bilden sie feste Verbindungen mit einem Verb Präpositionalobjekte, die auf dem E-Niveau bereits in den Kl. 5/6 behandelt wurden, schließlich können Präpositionalgruppen auch Attribute sein: *der Baum hinter dem Haus, die Hoffnung auf bessere Zeiten* und sehr selten sogar Prädikativ (*Er war ohne Fehl und Tadel.*). Weitere Aspekte sind unten unter Satzglieder und Satz: Funktionsverbgefüge zu finden.

Bei den Junktionen wird ähnlich verfahren wie bei den Präpositionen: den Bestand ergänzen und auf dem M- und E-Niveau semantisch unterscheiden. — Junktion

Und zwar ist eine Konjunktion, die Einschübe oder Nachträge einleitet. Einschübe: i. *Mein Freund, und zwar Felix, hat ...* ii. *Mein Freund hat sich gestern, und zwar gegen Mittag, den Fuß verstaucht.* Einschübe passieren an der Stelle, an der sie nötig – gewöhnlich aus Präzisionsgründen – erscheinen. Beides wäre auch ohne Einschub formulierbar gewesen: i': *Mein Freund Felix ...* ii': *... hat sich gestern gegen Mittag ...* Der Einschub bewirkt eine Hervorhebung und damit Zentrierung der Aufmerksamkeit. Nachtrag: iii. *Felix und ich waren Fußball spielen, und zwar gegen die Mannschaft der Klasse 7d.* Auch hier kann der Nachtrag problemlos in den Satz integriert werden: iii': *Felix und ich waren gegen die Mannschaft der Klasse 7d Fußball spielen.* Wiederum bewirkt die Nachstellung (Stellung im Nachfeld) eine besondere Fokussierung. — Konjunktion

Begründungen werden gewöhnlich präpositional oder mit den Subjunktionen *weil, da* eingeleitet gegeben. Sie können aber auch durch die Konjunktion *denn* eingeleitet werden: *Er arbeitete hart, denn er wollte hoch hinaus.* Hier sollte zweierlei bemerkt werden. Zum einen: Die Begründung kann in diesem Satz nicht bzw. nur sehr schwer in eine Präpositionalgruppe gebracht werden. Es — Junktion für Begründungen würde dann in etwa heißen: *Wegen des Umstandes, hoch hinauszuwollen, ...* Selbst in einer solchen Konstruktion kommt man ohne Nebensatz (hier als Infinitivsatz) nicht aus und zudem ist es nicht besonders gutes Deutsch. Zum andern: Während subordinierende Kausalsätze den komplexen Satz auch eröffnen können (*Da/Weil er hoch hinauswollte, ...*), geht das bei einem mit *denn* eingeleiteten Satz nicht. Er muss nachgestellt sein. Semantisch leisten *da, weil* und *denn* dasselbe – aber sie leisten es syntaktisch unterschiedlich. Neben der Besonderheit der Stellungsbeschränkung hat *denn* keine weitere Auswirkung auf die Satzgliedreihenfolge: Es folgt nach *denn* ein Hauptsatz in Hauptsatzstellung. Dagegen sind *da* und *weil* mit Nebensatzstellung, also Letztstellung des finiten Verbs und damit Aufhebung der Verbklammer, verbunden. Daher ist *denn* eine Konjunktion, sofern der *denn*-Satz wie eben in einen Satz integriert ist, ein ↑Konnektor, wenn *denn* erst in einem Folgesatz erscheint. Dagegen sind *da/weil* immer Subjunktionen, die einen Nebensatz als Teil eines komplexen Satzes einleiten. Begründungen sind für das menschliche Zusammenleben von einiger Bedeutung. Es fällt auf, dass hier die Möglichkeiten, diese zu konstruieren, besonders reichhaltig sind (s. auch unter „Schreiben").

Inhalt des M- und E-Niveaus: Unterscheidung der Subjunktionen

Subjunktionen können – wie die Präpositionen – semantisch unterschieden werden. Auch hier gilt, dass gewöhnlich erst der Satzzusammenhang deutlich macht, welche Bedeutung vorliegt: *Er blieb, während* (temporal, gleichzeitig) *sie sprach, gebannt sitzen, während* (adversativ) *Lisa den Saal verließ.* Auch, ob temporale Subjunktionen Vorzeitigkeit (prototypisch: *nachdem*), Gleichzeitigkeit (prototypisch: *als, während*) oder Nachzeitigkeit (prototypisch: *bis*) ausdrücken, muss immer auf der Grundlage des konkreten Satzes entschieden werden.

Subjunktionen eröffnen Nebensätze, die wiederum daran erkennbar sind, dass es keine Verbklammer gibt, sondern das finite Verb (gegebenenfalls mit anderen Teilen eines Verbkomplexes) am Satzende steht. Aber es gibt auch Subjunktionen, die mit einem Infinitiv verbunden sind: *um* (*Sie beeilte sich, um nach Hause zu kommen.*), *ohne* (*Karla arbeitete, ohne auf die Uhr zu schauen.*), *(an)statt* (*Sie blieben sitzen, (an)statt nach Hause zu gehen.*), *als* (nach Komparativen: *Manche haben nichts Besseres zu tun, als herumzuschreien.*) Da hier grundsätzlich ein obligatorisches Komma (ggf. ein paariges Komma, wenn der Infinitivsatz eingeschoben ist) zu setzen ist (§ 77 (5) Amtliches Regelwerk), brauchen diese häufigen Konstruktionen eine besondere Aufmerksamkeit.

Die Adjunktionen sollten ausgebaut werden: *als, für, außer, pro/je*. Dabei erhalten alle ihren Status als Adjunktion erst im konkreten Satz. *Als* ist gewöhnlich eine temporale Subjunktion, aber in dem Satz *Sie wurde als Löwin geschminkt.* ist es Adjunktion, denn es bindet *Löwin* an *sie*. *Für* ist gewöhnlich Präposition, aber in *Sie bekam das Brot für einen Euro.* bindet es *einen Euro* an *Brot*. Dabei wird diese Verbindung immer kasusidentisch vollzogen. *Sie* und *Löwin* ist Nominativ; *Brot* und *einen Euro* ist Akkusativ.

Adjunktion

Bei Adjunktorgruppen als Inhalten des M- und E-Niveaus ist es wichtig, die Kasusidentität der adjungierten Glieder, also des Bezugsausdruckes wie der Adjunktorgruppe, in den Blick zu nehmen: *Sie sah aus wie eine Löwin* (2x Nominativ). *Ich sah niemanden außer ihn* (2x Akkusativ). *Das kostet einen hohen Preis pro/je verordneten Einsatz* (2x Akkusativ). Durch Variation kann man erkennen, dass es um Kasusidentität, aber keineswegs Numerusidentität geht: *Das kostet viele Euros je Einsatz.*

Inhalt des M- und E-Niveaus Adjunktorgruppe

Es ist oben schon erwähnt worden, dass bei den Unflektierbaren die Wortart meist erst syntaktisch bestimmt werden kann. Diese Betrachtung ist besonders wichtig, wenn ein Ausdruck zwei Wortklassen angehört. Besondere Vorsicht ist hier bei den Adjunktionen geboten: *Sie sah niemanden außer ihn* (Adjunktorgruppe; man beachte die Kasusidentität). *Es war niemand außer mir* (Präpositionalgruppe; man beachte den Dativ bei *außer*) anwesend. Bei den Satzfunktionen von Adjunktorgruppen ist zu bedenken, dass sie oft Konstituenten (Gliedteil) von Satzgliedern sind, wobei aber die herkömmliche Grammatik keinen Terminus zur Verfügung hat, da man mit guten Gründen den Terminus *Attribut* auf Nominalgruppen eingrenzen sollte. Das Problem ist genau genommen schon bei ergänzungsfordernden Adjektiven bzw. den entsprechenden Adjektivgruppen aufgetaucht. In *Sie war zufrieden mit ihren Leistungen.* ist *mit ihren Leistungen* eine Konstitutente (ein Gliedteil) des gesamten Prädikativs (*zufrieden mit ihren Leistungen*), ohne dass auch hier ein eigener Terminus zur Verfügung stünde. (Man könnte einen einführen. Da aber das Phänomen selten ist, ist dies jedenfalls didaktisch uninteressant.)

Vor allem in der Rede sind Partikel wie *ja, nein* (= Antwortpartikel) und Gesprächspartikel wie *hm, mhm, aha* etc. als Teil des Back-Channel-Behaviour bedeutsam. Als Antwort kann nicht nur

Partikel

ja, nein gegeben werden, sondern auch *vielleicht, bestimmt* etc. Während aber Letztere als elliptisch anzusehen sind, sind es Erstere nicht. Dies macht sich darin bemerkbar, dass auf die Frage *Kommst du?* die Antwort *vielleicht* in *Vielleicht komme ich.* ausformuliert werden kann, die Antwort *ja, nein* dagegen eine vollständige Antwort ist, die nicht elliptisch zu verstehen ist. Sie wird, wenn sie überexplizit gegeben wird, dem Satz vorangestellt und mit Komma abgetrennt: *Ja, ich komme.*

In den Klassen 7/8 sollten zwei weitere Partikelarten auf dem E-Niveau besprochen werden.

> Inhalt des E-Niveaus: Fokuspartikel und Abtönungspartikel → M-Niveau: Klassen 9/10

a) Fokuspartikel, die immer vor ein Wort oder eine Wortgruppe treten können und dann das nachfolgende Wort bzw. die Wortgruppe fokussieren: *Tim mag nur rote Äpfel*. Die Fokuspartikel wird mit dem Wort bzw. der Wortgruppe verschoben: *Nur rote Äpfel mag Tim*. *Nur* kann nur vorangestellt werden, dagegen können andere Fokuspartikel vor- und nachgestellt werden. *Sogar er hat getanzt./Er sogar hat getanzt. Wenigstens meine Freundin stand zu mir./Meine Freundin wenigstens ... Allein Sarah/Sarah allein vermochte ihn zu trösten.* Wozu dient diese Fokussierung? Mit den Fokuspartikeln spielt der Sprecher auf eine Vorannahme an, die aber nicht ausgesprochen wird: *Ich hätte erwartet, dass Tim auch andere Äpfel mag* bzw. *er nicht tanzt* bzw. *mehr Personen zu mir stehen* bzw. *auch andere als Sarah ihn zu trösten vermögen*.

b) Abtönungspartikel, die besonders in der mündlichen Sprache verbreitet sind. Diese verhalten sich syntaktisch eigenartig. Während die Fokuspartikel mit den jeweiligen Bezugsausdrücken zusammen ein Satzglied bilden, ist dies bei den Abtönungspartikeln (manchmal auch *Modalpartikeln* genannt) nicht der Fall. Sie bilden aber auch keine eigenen Satzglieder, wie dies etwa die Adverbien tun. Vielmehr stehen sie gewöhnlich im Mittelfeld und haben als weitere Besonderheit, dass sie nicht verschoben werden können. Abtönungspartikeln sind: *aber, auch, bloß, denn, doch, eben, eigentlich, etwa, ja, mal, vielleicht, wohl*. Man kann sehen, dass so gut wie alle auch noch einer anderen Wortart angehören. So sind *eigentlich, mal, wohl* oder *vielleicht* auch Adverbien, *denn* wurde oben als Konjunktion behandelt; *ja* ist Antwortpartikel. Was diese Wörter als Abtönungspartikeln leisten, wird daher besonders in Gegenüberstellungen sichtbar. Wenn jemand sagt: *Ich bin vielleicht krank.* und *vielleicht* den Satzakzent gibt, wird zum Ausdruck gebracht, dass der Sprecher des Satzes nicht ganz sicher ist, ob er krank ist (*vielleicht* ist Kommentaradverb; siehe Klassen 9/10, E-Niveau). Legt er dagegen den Satzakzent auf *ich* und gibt *vielleicht* keine Betonung, so bringt er zum Ausdruck, dass er glaubt, ziemlich krank zu sein. Sagt jemand: *Ja, das ist nicht zu glauben.* bestätigt er, wovon zuvor die Rede war. Steht *ja* im Mittelfeld ohne Akzent, so bringt der Sprecher seine Verwunderung darüber, dass etwas passiert ist, was kaum zu glauben ist, zum Ausdruck. Abtönungspartikeln müssen als Elemente des Sprechaktes analysiert werden. Jede Äußerung eines Sprechers ist auch Ausdruck dessen, welche Annahmen er eingeht. Wer ein Versprechen abgibt, etwa dass er am nächsten Tag komme, bekundet auch seinen Willen, dies zu tun. Wer feststellt, dass er glücklich sei, bekundet auch, dass er dies auch glaubt usw. Abtönungspartikeln nun verbalisieren solche Haltungen und geben damit Auskunft über die Einstellungen des Sprechers. Abtönungspartikeln sind daher maximal nicht in einen Satz integriert. *Das ist ja nicht zu glauben.* bedeutet dann: *Das ist nicht zu glauben. Ich bin sehr verwundert/überrascht.* Dabei belässt es der Sprecher im Dunkel, welches der Gefühle nun genau vorherrscht. Abtönungspartikeln färben das Gesagte sprecherpositional, ohne eindeutig zu sein. Bis weit in das 20. Jh. hinein hat man die Abtönungspartikeln „Würzwörter" genannt; mit dem Ausdruck „Füllwörter" wollte man sprachpflegerisch darauf hinweisen, dass sie im Schriftlichen keinen Platz haben und auf das Mündliche beschränkt sein sollten (vgl. Drosdowski 1984, S. 351, insb. Fußnote 2). Tatsächlich haben sie z. B. auf der wissenschaftlichen Stilebene, von der man Objektivität und nicht Subjektivität erwartet, keinen Platz, andererseits färben sie alle subjektiven Textsorten auf eine besonders interessante Art und Weise. Schließlich kommen in der Literatur in der wörtlichen Rede gehäuft Abtönungspartikeln vor. Ein besonders berühmter Autor ist Franz Kafka mit entsprechenden Übersetzungsproblemen in Sprachen, die derartige Partikel nicht kennen (Weydt 1969).

Satzglieder und Satz
Wenige Sätze im Deutschen können subjektlos auftreten: *Mir ist angst. Mich schaudert. Mich friert. Mich hungert.* In diesen Sätzen wird ein Gefühl einer Person zugeschrieben. Dabei wird die Person als Betroffene gefasst und nicht als Ausgangspunkt (Subjekt). Insofern ist die Konstruktion durchschaubar, da der Akkusativ einen Betroffenen angibt. Die Frage nach einem Subjekt

stellt sich also weniger inhaltlich, vielmehr grammatisch. Will man die Frage inhaltlich beantworten, so müssen die Personen im Dativ bzw. Akkusativ zum Subjekt gemacht werden: *Ich habe Angst.* (Man beachte die Orthographie!) *Ich schaudere/friere/hungere.* Dadurch geht aber der Aspekt, dass einen ein Gefühl trifft, verloren. Die grammatische Antwort auf die Frage nach dem Subjekt ist ein formales, inhaltsleeres Subjekt: *Es ist mir Angst. Es schaudert/friert/hungert mich.*

Adverbial

Im Gegensatz zur *Wer-/Was-Probe* zur Bestimmung des Subjekts (ebenso zu den anderen Proben, die auf einen Kasus zielen: *Wessen?, Wem?, Wen/Was?*) sind die Fragen *Wo? Wann?, Wozu?, Weswegen?, Warum?* etc. sehr brauchbar für die Bestimmung von Adverbialen, weil es hier einen direkten Zusammenhang gibt: *Wo?* fragt nach einem *Orts*adverbial, *wann?* nach einem Temporaladverbial usw. Auf eine Frage hin bekommt man (hoffentlich) eine inhaltliche Antwort, dagegen erfährt man wenig über die strukturellen Merkmale der Adverbiale. Dies ist erst dann der Fall, wenn man auf die Satzstruktur schaut. Adverbiale sind weitere Informationen, die der elementare Satzgedanke gemeinhin nicht erfordert, die aber kommunikativ ausgesprochen wichtig sein können. Weil sie bezogen auf den elementaren Satzgedanken (so gut wie immer) fakultativ sind, können sie „externalisiert" werden. *Er liest jeden Tag die Zeitung.* → *Er liest die Zeitung* (= elementarer Satzgedanke) *und das geschieht jeden Tag* (= externalisierte zusätzliche Information auf die Frage *wie oft?*). Dass sie nicht zum elementaren Satzgedanken gehören, bekommt seinen sinnfälligen Ausdruck dadurch, dass ihre Form im Gegensatz zu Objekten nicht vom Verb regiert wird. (Dieser Gedanke wird in der Klassen 9/10 bei der Unterscheidung zwischen Präpositionalobjekt und Adverbial auf dem E-Niveau abgeschlossen werden.)

Inhalt des M- und E-Niveaus: Prädikativ

Auf dem M- und E-Niveau sollten Prädikative noch weiter betrachtet werden. Prädikative stehen typischerweise nach der Kopula oder, wie unten dargestellt, im Rahmen von Funktionsverbgefügen. Das ist anders, wenn ein Prädikativ in einen Satz vollständig integriert ist: (i) *Die Turnerinnen gingen vergnügt zum Training.* (ii) *Meine Mutter trinkt den Kaffee schwarz.* (i) bedeutet: *Die Turnerinnen gingen zum Training. Die Turnerinnen waren vergnügt.* und (ii): *Meine Mutter trinkt (den) Kaffee. Der Kaffee ist schwarz.* Entsprechend nennt man in (i) *vergnügt* ein Subjektsprädikativ, da sich *vergnügt* auf das Subjekt (*die Turnerinnen*) bezieht und *schwarz* ein Objektsprädikativ, da sich *schwarz* auf das Objekt (*den Kaffee*) bezieht. Dass hier immer nur genaues Hinsehen und genaue Analyse hilft, zeigt *Er handelte den Kaffee schwarz.* Obwohl die beiden Fälle an der Oberfläche gleich aussehen, ist das eine Mal der Kaffee schwarz, also ohne Milch, während es sich das andere Mal um einen Schwarzhändler handelt (*schwarz* ist Adverbial).

Bekanntlich hat die traditionelle Schulgrammatik nicht sauber zwischen Form und Funktion unterschieden. Dem Subjekt als Satzfunktion entsprach keine Formeinheit wie Nominalgruppe, einzig bei Besonderheiten wie *es* als Subjekt, das als *unpersönlich* beschrieben wurde, oder bei dem weiter unten zu besprechenden *Subjektsatz* wurde auf die Form verwiesen. Umgekehrt spricht man von einem Funktionsverbgefüge, ohne dessen Funktion im Satz zu bestimmen. Dabei handelt es sich um feststehende Wendungen wie *zur Aufführung kommen, in Betracht ziehen* oder *eine Frage stellen, Hilfe leisten,* bei denen das Verb nur eine Funktion hat – welche wird nicht gesagt –, die eigentliche Bedeutung aber im Nomen (*Hilfe*) oder der Nominalgruppe (*eine Frage*), das bzw. die wiederum Teil einer Präpositionalgruppe (*zur Aufführung, in Betracht*) sein kann, steckt. Wenn man sie oberflächlich auch als feste Wendungen beschreiben kann, dürfen sie dennoch nicht mit Redewendungen verwechselt werden. Bei *am Ball bleiben* muss die Präpositionalgruppe metaphorisch verstanden werden. Das ist bei Funktionsverbgefügen nicht so. Wenn etwas zur Aufführung kommt, wird es aufgeführt, wer Hilfe leistet, hilft usw. Die Frage ist, wie die Satzfunktion beschrieben werden kann. Das Ganze als Prädikat im Satz zu interpretieren, scheitert an Wendungen wie *Zur Aufführung kam Hamlet und er zu spät.* Würde das Funktionsverbgefüge als Ganzes als Prädikat interpretiert, müsste es für den Teil nach *und* wieder aufgebrochen werden oder das elliptische *und er zu spät* hätte überhaupt kein Prädikat. Daraus kann man schließen, dass *kommen* im Satz allein das Prädikat bildet. (Anders hier IDS 2019, s. Glossar ↑Funktionsverbgefüge). Da das Prädikat aber wie bei Prädikativsätzen inhaltlich leer ist, wird das Nomen/die Nominalphrase bzw. die Präpositionalphrase als Prädikativ gedeutet, denn Prädikative heißen so, weil sie die Bedeutung stiften, die das grammatische Prädikat nicht stiften kann, weil es nur Kopula ist oder eben wie bei den Funktionsverbgefügen (weitgehend) inhaltsleer. (Diese Interpretation ist zuerst bei Heidolph u. a. 1981, S. 431 zu finden.)

Inhalt des M- und E-Niveaus Funktionsverbgefüge

Attribut — Prädikative sind gewöhnlich in Attribute umzuwandeln. Daher trinkt die Mutter schwarzen Kaffee, während niemand schwarzen Kaffee handelt. Welche Formen von Attributen gibt es?
- Adjektivattribut, das in eine Nominalgruppe integriert ist: *der alte/sehr alte Baum*. Ist das Adjektiv nachgestellt – dann immer zusammen mit anderen –, ist es unflektiert: *das Haus, alt und baufällig, ...* (Siehe auch Kl. 9/10 Einschub)
- Genitivattribut: *der Baum unseres Nachbarn*; eine Sonderform ist der sog. *sächsische Genitiv: unseres Nachbarn Baum* oder *Omas Plätzchen*. Da es sich hier um ein ganz normales Genitiv-s handelt, ist ein Apostroph – anders als im Englischen – Unsinn.
- Adverbattribut: *der Baum dort*; man beachte die Stellung des Attributs. Innerhalb der Nominalgruppe müsste dekliniert werden: *der dortige Baum*.
- Präpositionalattribut: *der Baum vor meinem Fenster*
- Attributhäufungen: *die großartige Rede* (Adjektivattribut) *unserer Schulleiterin* (Genitivattribut) *am vergangenen Dienstag* (Präpositionalattribut).
- Nebensätze als Attributsätze: a) Relativsatz: *Die Rettung der Menschen, die über das Mittelmeer geflohen waren, beruhigte mich.* b) Infinitivsatz als Attribut : *Der Versuch, den Berg zu besteigen, klappte diesmal.* Dabei ist zu beachten, dass hier ein obligatorische Kommata stehen.

Komplexer Satz — Mit Relativsätzen oder Infinitivsätzen liegen komplexe Sätze vor. Komplexer Satz bedeutet, dass ein Satz in einen Satz eingebettet ist. In gewisser Weise ist dies auch bei Attributen der Fall. Wenn es heißt: (i) *Das schöne Wetter hebt meine Stimmung.*, kann das Attribut aufgelöst werden in: (ii) *Das Wetter, das schön ist, hebt meine Stimmung.* und dies schließlich in: (iii) *Das Wetter hebt meine Stimmung. Das Wetter ist schön.* Aber nur im Fall von (ii) spricht man von einem komplexen Satz, weil in diesem Satz zwei Prädikate vorkommen. Der eingebettete Satz wird Nebensatz genannt. Insgesamt haben wir dabei die folgenden Fälle:
  a) finiter Nebensatz:
  - eingeleitet durch Relativpronomen: *Die Frau, die ich gestern traf, ...*
  - eingeleitet durch Subjunktion: *Ich hoffe, dass du kommen kannst.*
  b) infiniter Nebensatz:

- nicht eingeleiteter Infinitivsatz: *Beim Versuch, <u>den Berg zu besteigen</u>, stürzte er.*
- mit Subjunktion eingeleiteter Infinitivsatz: *Man betreibt Grammatik, <u>um Sprache zu beschreiben</u>.*
- nicht eingeleiteter Partizipsatz: *<u>Oben angekommen</u>, gönnte er sich eine längere Pause.*
- mit Subjunktion eingeleiteter Partizipsatz: *<u>Obwohl stark erkältet</u>, wollte er dennoch zur Schule.*

Es gibt also finite und nicht finite Nebensätze, die alle Inhalt der Klassen 7/8 sind. Den Relativsatz ausgenommen, werden Nebensätze gewöhnlich mit einer Subjunktion eingeleitet oder sie sind nicht eingeleitet (nicht eingeleitete Nebensätze sind Stoff der Kl. 9/10 auf dem E-Niveau). Der typische finite Nebensatz hat an seinem linken Rand ein Relativpronomen oder eine Subjunktion und an seinem rechten das finite Verb oder den Verbkomplex mit dem finiten Verb. In der Orthographie sind dies die Stellen, die mit einem Komma markiert werden. (Dass das linke Komma wegfällt, wenn der ganze Satz mit einem Nebensatz beginnt, und das rechte, wenn er mit einem Nebensatz endet, wurde schon angesprochen.) Für infinite Nebensätze ist eher typisch, dass sie uneingeleitet sind, das Verb hat den *zu*-Infinitiv (Infinitivsätze) oder eine Partizipform, meist die Partizip II-Form (Partizipsätze). Aber auch das Partizip I kann Nebensätze bilden: *Endlich wieder zuversichtlich in die Zukunft blickend, widmete er sich fortan nur noch den wichtigen Dingen des Lebens.* Bei Nebensätzen mit *zu*-Infinitiv können wenige Subjunktionen auftreten: *um, ohne, (an) statt, als/wie*; Partizipsätze können dagegen mit den üblichen Subjunktionen verbunden werden. In diesen Fällen handelt es sich um abgekürzte finite Nebensätze: *Wie es oben angegeben ist, war ich in der Schule.* → *Wie oben angegeben, ...* *Während wir fröhlich sangen, begannen wir unsere Wanderung.* → *Fröhlich singend, begannen wir unsere Wanderung.*

Ergänzt man diese Übersicht mit dem Blick auf die Satzfunktion, so können Nebensätze jede Funktion einnehmen – ausgenommen die des Prädikats und Prädikativs. Dies liegt an dem leicht einzusehenden Umstand, dass ein Satz überhaupt einen Sachverhalt ausdrückt, in Prädikativsätzen aber durch das Prädikativ Eigenschaften zugesprochen werden. Aber die Subjektstelle kann auch in Prädikativsätzen durch einen Nebensatz eingenommen werden. Dann wird einem Sachverhalt eine Eigenschaft zugesprochen: *Nach Hause zu kommen ist befreiend. Dass er nicht nach Hause kam, war ein großer Fehler.* Nach Verben wie *glauben, hoffen, meinen, sagen, behaupten*, überhaupt den performativen Verben haben Nebensätze (*dass*-Sätze) Objektfunktion: *Ich glaube/hoffe/behaupte/verspreche, dass wir das schaffen werden.* Diese Funktionen sind typisch für *dass*-Sätze, Nebensätze – egal ob finit oder infinit – mit den übrigen Subjunktionen haben adverbiale Funktion und können meist durch eine Präpositionalgruppe ersetzt werden: *Da es regnete, brauchte ich einen Schirm.* → *Wegen des Regens brauchte ich einen Schirm.*

<small>Inhalt des M- und E-Niveaus Funktion von Nebensätzen</small>

Die Unterscheidung von Hauptsatz und Subjunktionssatz ist Inhalt aller Niveaus. Infinitiv- und Partizipsätze, die satzfunktionale Betrachtung als Subjekt-, Objekt- und Adverbialsatz sind Inhalte des M- und E-Niveaus. Hinzu kommt die Untersuchung der Stellung von Nebensätzen im Rahmen des Feldermodells. Dabei fällt auf, dass Nebensätze günstigerweise im Vorfeld (*Während Luzia redete, wollte sie Ruhe haben.*) oder im Nachfeld (*Luzia wollte Ruhe haben, während sie redete.*) platziert werden. Im Mittelfeld (*Luzia wollte, während sie redete, Ruhe haben.*) wird die Verbklammer des Hauptsatzes durch das Prädikat des Nebensatzes weit gespreizt, sodass man schnell den Verständnisfaden verliert. Für Infinitivsätze gilt das Gleiche: *Um Erster zu werden, trainierte er täglich.* Bei Partizipsätzen ist Vorfeldstellung üblich: *Spät angekommen, ging ich sofort ins Bett.* Ungewöhnlich, wenn nicht gar fraglich, ist Nachfeldstellung: *?Ich ging sofort ins Bett, spät angekommen.* Hier wirkt der Partizipsatz wie ein vergessener Nachtrag, wobei dem Hörer aufgebürdet wird, den inhaltlichen Zusammenhang mit dem Gesagten herzustellen. Daher wird in diesen Fällen eindeutig *Ich ging sofort ins Bett, da ich spät angekommen war.* präferiert, wo die Subjunktion die inhaltliche Verbindung verbalisiert.

<small>Trägersatz und Satzgefüge</small>

Im Zusammenhang mit komplexen Sätzen muss auch der Begriff des Trägersatzes eingeführt werden, denn Nebensätze können selbst wieder Nebensätze unter sich haben: *Das Tal, das, nachdem es mehrere Tage geregnet hatte, unter Wasser stand, lag nun vor uns.* Hier ist in den Relativsatz als Attributsatz zu *das Tal* ein temporaler Nebensatz eingeschoben.

Das folgende Schema macht das Satzgefüge, wie solche Konstruktionen genannt werden, deutlich. Dem Satzgefüge liegen drei Sätze zugrunde:

Hauptsatz: *Das Tal lag nun vor uns.*
Nebensatz (Relativsatz): *Das (Tal) stand unter Wasser.*
Nebensatz (Temporalsatz): *Es hatte mehrere Tage geregnet.*

Das Tal,   (Hauptsatz = Trägersatz für den Relativsatz)

das,   (Nebensatz 1. Grades = Relativsatz
                      = Trägersatz für den Temporalsatz)

nachdem es mehrere Tage geregnet hatte,   (Nebensatz 2. Grades
                                       = Temporalsatz)

unter Wasser stand,   (Fortsetzung Nebensatz 1. Grades =
                              Relativsatz =
                           Trägersatz für den Temporalsatz)

lag nun vor uns.   (Hauptsatz)

Abb. 11: Satzgefüge

Diese Betrachtung macht das Reden über Satzgefüge durchschaubar: Jeder Hauptsatz ist Trägersatz für einen Nebensatz. Aber jeder Nebensatz kann wiederum Trägersatz für einen weiteren Nebensatz sein. Also kann auch der Temporalsatz wiederum zum Trägersatz werden: *Das Tal, das, nachdem es, wie man mir versicherte, mehrere Tage geregnet hatte, unter Wasser stand, lag nun vor uns.* Dieses Prinzip der unendlichen Einbettung, das zwar große Anforderungen an unsere Aufnahmefähigkeit stellt, gewährleistet als grundsätzliches Prinzip der Sprache, dass mit endlichen Mitteln unendlich viel ausgedrückt werden kann. Die Frage, was der längste Satz sei, kann also keine Antwort haben.

4.1.4 Verweise auf die Klassen 5/6 mit den entsprechenden Erläuterungen

Neu in Kl. 7/8	Bereits behandelt in Kl. 5/6
G-Niveau: Modalverb	←M-, E-Niveau, Kl. 5/6, S. 84 f.
G-Niveau: Wortbildung des Adverbs	←M-, E-Niveau, Kl. 5/6, S. 90
G-, M-Niveau: Plusquamperfekt	←E-Niveau, Kl. 5/6, S. 83, Abb. 10, S. 131
M-Niveau: Singulare-/Pluraletantum	←E-Niveau, Kl. 5/6, S. 86
M-Niveau: Präpositionalobjekt	←E-Niveau, Kl. 5/6, S. 94
M-Niveau: Satzgliedteil: Apposition	←E-Niveau, Kl. 5/6, S. 96
M-Niveau: Indirekter Fragesatz	←E-Niveau, Kl. 5/6, S. 98 f.

4.1.5 Verfahren und Strategien

Eigenschaften von grammatischen Einheiten und Proben Beispiel: Subjekt

Zur Anwendung grammatischer Proben auf der Ebene des Satzes gehört, dass sie immer durch andere ergänzt werden. Proben machen sich grundsätzlich bestimmte Eigenschaften zunutze und zwischen Probe und dieser Eigenschaft muss ein enger Zusammenhang bestehen. Andernfalls täuscht die Probe nur etwas vor. So fragt die sog. Frageprobe nach einem Kasus, etwa *Wer?/Was?* nach einem Nominativ. Subjekte stehen, sofern sie durch eine Nominalgruppe oder ein Pronomen gebildet sind, im Nominativ. Da aber auch Prädikative im Nominativ stehen können, gibt es keinen engen Zusammenhang zwischen der Frage *Wer?/Was?* und dem Subjekt und die Probe versagt bei Prädikativsätzen mit einem Gleichsetzungsnominativ, etwa in *Dieses Auto ist eine Krankheit*.

Anders verhält es sich bei den drei Proben, die in den Klassen 7/8 beim Subjekt angeführt sind.

– Kongruenzprobe: *Unsere Klasse fährt am 18. März nach Berlin* (Kongruenz in Num. und Ps. mit dem Prädikat).
– Infinitivprobe: *nach Berlin fahren: unsere Klasse* (das Subjekt ist nicht Teil der Verbgruppe)
– Negationsprobe: *Unsere Klasse fährt nicht nach Berlin*. Subjekt ist von der Satzverneinung nicht betroffen. Dagegen Satzgliedverneinung: *Nicht unsere Klasse, sondern die 8b fährt am 18. März nach Berlin*.

Das wirft aus sich heraus die Frage auf, warum diese Proben geeignet sind und welche Aspekte durch eine Probe thematisiert werden. Die Sammlung der Aspekte macht den besonderen Begriff, in diesem Fall des Subjekts, aus.

Die Kongruenzprobe macht sich die Besonderheit zunutze, dass Subjekt und Prädikat in Numerus und Person kongruieren. Genau genommen muss man sagen, dass nicht Subjekt und Prädikat, also die Funktionen, sondern die diese bildenden Wörter bzw. Wortgruppen kongruieren. *Unsere Klasse* (= 3. Ps. Sg.) erfordert eine 3. Ps. Sg. beim Verb bzw. Verbteil eines Verbkomplexes, der eine finite Endung annimmt. Daher muss es heißen: <u>Unsere Klasse ist</u> ... *gefahren*. Bei Prädikativsätzen ergibt sich dann: <u>Mein Bruder und meine Schwester</u> <u>sind</u> *Schachspieler.* sowie: <u>Mein Bruder</u> <u>ist</u> *Schach- und Fußballspieler.*

Die Infinitivprobe macht sich dieselbe Eigenschaft zunutze, nur ist das Verfahren ein anderes: Wenn ein Subjekt eine finite Form eines Prädikats erzwingt, dann muss das Subjekt wegfallen, wenn das Verb im Infinitiv steht. Man führt hier also eine Art Beweis. Daher erzwingt die Nennung der Verbalgruppe *nach Berlin fahren,* dass kein Subjekt genannt wird. Was nun fehlt, muss also das Subjekt sein.

Anders funktioniert die Negationsprobe. Sie fußt auf der Überlegung, dass Negation eines Satzes bedeutet, dass dem Subjekt das Prädikat nicht zu-, sondern abgesprochen wird. Das wiederum bedeutet, dass das Subjekt nicht negiert sein kann, denn dann würde dem Prädikat das Subjekt nicht zugesprochen werden. Dies ist natürlich möglich, aber dann muss ein anderes Subjekt eintreten. Wenn es also heißt: *Nicht unsere Klasse ist nach Berlin gefahren*, erwarten wir, dass in einer Erweiterung, die mit *sondern* beginnt, das neue Subjekt genannt wird: *sondern die 8b.* Dagegen wird bei einer Satznegation kein *sondern* erwartet. Alles, was gesagt werden soll, ist, dass es nicht der Fall ist, dass unsere Klasse nach Berlin gefahren ist. Aber auch das Prädikat als Satzglied kann verneint sein. Dann ist die Stellung von *nicht* dieselbe, aber gesprochen muss dann *gefahren* einen kontrastiven Akzent bekommen, wie dies auch der Fall ist, wenn das Subjekt oder ein anderes Satzglied verneint wird. Für die Satznegation gilt also, dass kein Satzglied kontrastiv betont wird. (Zur Satzbetonung und der damit verbundenen normalen Satzgliedstellung vgl. Höhle, 1982, unten unter ‚Lesen'.) GRAMMIS (o. J.) nennt die Satznegation „pauschale Negation: „Als pauschale Negation lässt sie völlig offen, ob stattdessen irgendetwas anderes gilt: ‚Groucho Marx ist nicht der Enkel von Karl Marx.'" Diese Negation lässt also offen, was stattdessen gilt und sagt nur, dass etwas nicht der Fall ist. Das wiederum heißt, dass etwas von etwas (= Subjekt) nicht ausgesagt werden kann.

Vom Subjekt hat man jetzt also drei Bestimmungen: Es verweist formal in Person und Numerus auf das finite Verb. In Verbgruppen oder anderen verbalen Wortketten kann es nicht vorkommen, weil das infinite Verb nur deshalb infinit sein kann, weil es kein Subjekt gibt, mit dem es kongruiert und es ist eine gesetzte Größe, dem etwas zu- oder abgesprochen wird. Die zweite Bestimmung verweist auf Infinitivsätze und die dritte auf das Phänomen der Präsupposition.

Subjektermittlung bei infiniten Sätzen

Wie können Infinitivsätze als Nebensätze in Satzgefügen überhaupt funktionieren, da bei ihnen definitionsgemäß kein Subjekt vorkommen kann? Wenn man die Sätze *Er hat inständig gehofft, bald nach Hause zu kommen. Er hat sich sehr beeilt, um bald nach Hause zu kommen.* umformt, kann man das Subjekt sichtbar machen: *Er hat inständig gehofft, dass er bald nach Hause kommen wird/würde.* bzw. *Er hat sich sehr beeilt, damit er bald nach Hause kommt.* Die Infinitivsätze im Rahmen von Satzgefügen sind also nichts anderes als ↑elliptische Formen, die jederzeit kontextuell finit – und dann mit Subjekt – rekonstruiert werden können.

Da Partizipsätze ebenfalls Sätze sind mit einer infiniten Verbform, die nicht Teil eines Verbkomplexes ist, gilt für sie dasselbe: *Gegen Mitternacht angekommen, legte er sich gleich ins Bett.* ist eine elliptische Form von: *Als/Nachdem er gegen Mitternacht angekommen war, legte er sich gleich ins Bett.* Das Subjekt des ↑Trägersatzes ist auch das Nebensatzsubjekt. Eine analoge Rekonstruktion ist auch möglich bei: *Wie oben angegeben, war ich in der Schule.* Dieser Satz kann transformiert werden in: *Wie ich oben angegeben habe, ...* Hier ist allerdings auch eine unpersönliche Umformung denkbar: *Wie es oben angegeben worden ist, ...* Beide Umformungen zeigen, dass es sich auch bei den Partizipsätzen um elliptische Sätze handelt, deren finite Vollform mit Subjekt kontextuell aber immer herstellbar ist.

Subjekt und Präsupposition

Eine klassische Definition einer Präsupposition lautet, dass genau diejenige Aussage präsupponiert ist, die sowohl der positive als auch verneinte Satz voraussetzen. Das Beispiel von Bertrand Russell, das in der Sprachphilosophie eine Rolle spielt, verdeutlicht dies: In den Sätzen *Der gegenwärtige König von Frankreich ist kahlköpfig.* bzw. seiner Negation *... ist nicht kahlköpfig.* wird implizit mitbehauptet, d. h. präsupponiert, dass es einen gegenwärtigen König von Frankreich gibt. Da dies falsch ist, ist der Satz, ob positiv oder verneint, sinnlos, da von etwas Nichtexistentem etwas ausgesagt werden soll. Dagegen ist der Satz *Der gegenwärtige französische Präsident ist kahlköpfig.* falsch und die Negation korrekt (zumindest solange *gegenwärtig* sich auf E. Macron bezieht). Dies wirft ein bezeichnendes Licht auf das Subjekt, als desjenigen Satzgliedes, dessen Existenz behauptet wird. Es ist die gesetzte Größe, deren Existenz nicht in Frage steht – solange der Sprecher nicht sinnloses Zeugs daherredet. Wenn man, wie Reis (1986) dies tut, die Brauchbarkeit des Subjektbegriffs unter einer valenzgrammatischen Sicht in Abrede stellt, so ist daran grammatisch nichts auszusetzen. Didaktisch betrachtet, gibt man damit aber auch Betrachtungen auf, wie sie eben angestellt wurden.

Die Bemerkungen sollten auch helfen zu verstehen, dass Testverfahren zwar Ergebnisse, aber nicht unbedingt Erkenntnis bringen. Als klassisches Testverfahren gilt der Lackmustest in der Chemie. Dort steckt man einen Teststreifen in eine Flüssigkeit. Wird er rot, handelt es sich um eine Säure, wird er blau, handelt es sich um eine Base. Aber man weiß nichts über Säuren und Basen, nur weil man den Test durchführen kann. Dass jemand etwas als Satzglied bestimmen kann, bedeutet nicht, dass er etwas von dem Satzglied und seiner Funktion im Satz verstanden hat. Hinzu kommt, dass in der Sprache die Testverfahren Ergebnisse vorgaukeln können, die man lieber nicht ziehen sollte.

Ergebnisse und Erkenntnisse von Testverfahren

Man betrachte dazu die folgenden Sätze (aus Ossner 2001):
i) *Anna kommt allein.*
ii) *Allein Anna kommt.*
iii) *Anna allein kommt.*
iv) *Die Katze auf der Ofenbank schläft.*
v) *Die Katze schläft auf der Ofenbank.*
vi) *Was für ein Mann war gestern da?*
vii) *Was war gestern für ein Mann da?*
viii) *Von Stuttgart hat er wenig gesehen.*
ix) *Wenig hat er von Stuttgart gesehen.*
x) *Mein schnelles wie teures Auto steht die meiste Zeit in der Werkstatt.*
xi) *Mein Auto, schnell wie teuer, steht die meiste Zeit in der Werkstatt.*
xii) *Meine Schwester, diese Verrückte, hatte ihrem Hund ihren ganzen Besitz vermacht.*

> xiii) *Meine Schwester hatte ihrem Hund ihren ganzen Besitz vermacht, diese Verrückte.*

Hier allein mit der Verschiebeprobe zu hantieren, würde zu völlig kontraintuitiven Ergebnissen führen.

Man braucht eine satztopologische Vorstellung, die nicht nur den Satz in Felder gliedert (Beispiele i – v), sondern auch die einzelnen Satzglieder (vgl. Beispiele vi – xi) und man braucht eine Vorstellung der funktionalen Satzperspektive (Beispiele vi – xiii). Schließlich reicht aber auch das nicht aus, man muss mit Blick auf die Thema-Rhema-Abfolge Sätze vertexten, um zu Lösungen zu kommen.

> xiv) *Weihnachten reisten wir per Schiff nach Island. Es war ein herrlicher Urlaub, und wir hatten außerordentliches Glück, dass wir zurück einen Flug gebucht hatten. Das Schiff ereilte auf der Heimfahrt ein Unglück.*
> *?Ein Unglück ereilte auf der Heimfahrt das Schiff.*

In früheren Auflagen der Duden-Grammatik fand sich daher zu Recht die folgende bemerkenswerte Stelle: „Die vorgeführten operationalen Verfahren sind Hilfsmittel, mit denen grammatische Einteilungen vorgenommen und nachvollzogen werden können. Dabei ist es wichtig zu wissen, dass sie nie automatisch auf ‚richtige Lösungen' führen. Sie setzen immer einen kompetenten Sprecher voraus, d. h. einen Sprecher, der die betreffende Sprache sicher beherrscht. Dieser Sprecher muss z. B. eine Umschreibungsmöglichkeit nachvollziehen und als angemessen oder nicht angemessen bestimmen können; dafür muss er das sprachliche Beispiel, um das es geht, verstanden haben. Nur so kann er entscheiden, ob z. B. eine bestimmte Umschreibungsmöglichkeit im konkreten Fall auch zutrifft. Vorausgesetzt ist also – pointiert formuliert – ein Sprecher, der schon können muss, was er wissen will." (Drosdowski 1995, S. 604)

Werkstattunterricht liefert Ergebnisse, nicht unbedingt Erkenntnisse

Der vielfach gepriesene Werkstattunterricht in der Grammatik (Eisenberg/Menzel 1994) liefert also durchaus Ergebnisse, nicht aber unbedingt Erkenntnisse und Verständnis.

Nun könnte man denken, dass man hier von einem unlösbaren Paradox stehe, da im Unterricht schon vorausgesetzt sei, was dieser erst leisten sollte. Aber bei genauerem Hinsehen ist das im Unterricht regelmäßig der Fall und verweist lediglich auf den Umstand, dass ein guter Unterricht Lehrkräfte braucht, die Schülerinnen und Schülern etwas zeigen können, damit diese es selbst zu ihrem Besitz machen. Indem Lehrkräfte an den richtigen Stellen zeigen, welche Probe anzuwenden ist und wie sie funktioniert, lernen die Schüler dies selbst und zunehmend ohne die Lehrkraft zu tun.

So könnte man nach weiteren Proben für das Subjekt suchen. Für transitive Verben wäre z. B. der Passivtest ein geeignetes Mittel. Das Subjekt des Aktivsatzes „verflüchtigt" sich im Passiv. Es taucht höchstens noch in einer *von*-Präpositionalgruppe auf. Das Akkusativobjekt des Aktivsatzes wird dagegen Subjekt des Passivsatzes.

Zu den grammatischen Proben, dem Vorgehen bei den einzelnen Proben, dem grammatischen Ertrag und was mit ihnen ermittelt werden kann, siehe ↑Grammatische Proben.

4.2 Das Curriculum der Klassen 7/8

4.2.1 Wort und Wortarten

Verb

Inhalte und Beispiele	Erarbeitung: Verfahren und Hinweise
G-Niveau	**G-Niveau**
Modalverb ① Beispiele: *dürfen, können, mögen, müssen, sollen, wollen* *Sie musste lange lachen. Er kann ruhig über das Wochenende wegbleiben.*	① Modalverben als Konstituenten von Verbkomplexen identifizieren und deren Bedeutung umschreiben. Den Verbkomplex aus finitem Modalverb und Vollverb bei einschlägigen Sätzen bestimmen. Im Satz die Verbklammer beachten: *Sie **musste** lange **lachen**. Er **kann** ruhig über das Wochenende **wegbleiben**.*
Weitere Aspekte des Verbs:	
G-, M-Niveau	**G-, M-Niveau**
Plusquamperfekt ② Beispiele: *Nachdem er angekommen war, ruhte er sich aus. Er aß das Ei, das er sich gekocht hatte.*	② Die Plusquamperfektform als eine komplexe Form beschreiben, die mit der Personalform der Hilfsverben *haben* oder *sein* + Partizip II des Vollverbs gebildet wird: *(er) **war** angekommen* bzw. *(er) **hatte** gekocht*. Plusquamperfekt als relative Zeitform erklären, bei der ein Zeitpunkt in der Vergangenheit erfasst wird, der im Verhältnis zu einem anderen Zeitpunkt in der Vergangenheit, zu dem das Hauptereignis stattfindet *(er ruhte sich aus)*, schon vergangen ist *(er **war** angekommen)*. (Daher auch „Vorvergangenheit".)
E-Niveau	
Futur II ③ Beispiele: *Heute Abend werde ich mein Fahrrad repariert haben. Übermorgen werde ich angekommen sein.*	
Indikativ ④ Beispiele: *ich lese, ich las, ich habe/hatte gelesen, ich werde lesen, ein Gedicht wird gelesen*	**E-Niveau** ③ Das Futur II als eine Zeitform beschreiben, die mit der Personalform des Hilfsverbs *werden*, dem Infinitiv des Hilfsverbs *haben* oder *sein* und dem Partizip II des

Inhalte und Beispiele	Erarbeitung: Verfahren und Hinweise
M-, E-Niveau Konjunktiv I ⑤ Beispiele: *lache/lachest/lache/ lachen/ lachet/lachen* *Sie lebe hoch! Seien Sie willkommen! Man nehme ... Er sagte, er sei müde.* Konjunktiv II ⑥ Beispiele: *Ach, wärst du doch bei uns! Wenn du hier gewesen wärst, hättest du dich bestimmt gefreut. Wenn das Wörtchen wenn nicht wär', wär' ich längst ein Millionär. Könnten Sie bitte ...? Hätten Sie bitte ...?* Verbformen der indirekten Rede ⑦ Beispiele: *Er erwiderte, dass er lese/... dass er gelesen habe/... dass er lesen werde.* Aktiv – *werden*-Passiv ⑧ Beispiele: *Die Katze fängt die Maus. Die Maus wird von der Katze gefangen.* **M-, E-Niveau** Passiv intransitiver Verben ⑨ Beispiel: *Es wurde viel gelacht.* **E-Niveau** *sein*-Passiv ⑩ Beispiele: *Der Text ist überarbeitet. Für gutes Essen ist gesorgt.* Unterscheidung Partizip I – Adjektiv ⑪ Beispiele: *ein sinkendes Schiff, ein spannendes Buch* Besondere Verbkomplexe ⑫ Beispiele: *Er verspricht ein guter Läufer zu werden. Das Gebäude droht einzustürzen. Du brauchst nicht zu kommen. Er scheint zu schlafen.* *Die Lehrerin lässt Anna zu sich kommen. Majda bleibt stehen. Ich gehe einkaufen. Ich lerne immer besser (zu) schwimmen. Ich lerne ihn kennen.* *Niemand hörte ihn kommen.* Weitere Aspekte der Wortbildung des Verbs ⑬ Beispiele: *missdeuten, missfallen, misslingen, missverstehen* *downloaden, chatten, chillen, simsen*	Vollverbs gebildet wird: *(ich)* **werde repariert haben**, *(ich)* **werde angekommen sein**. Futur II als eine relative Zeitform erklären, die ausdrückt, dass bis zu einem in der Zukunft liegenden Zeitpunkt (übermorgen) ein ebenfalls in der Zukunft liegender Sachverhalt vollendet sein wird (daher: **werde repariert haben/ werde angekommen sein**). ④ Durch Reihenbildung herausarbeiten, dass die Form des Indikativs ohne eigene Markierung gebildet wird und dass sie als Form des Tempus wie des Genus Verbi (Ind. Präs./Prät./Perf./Plusquamperf./ Fut.; Aktiv/Passiv) auftritt. Den Indikativ als Wirklichkeitsform beschreiben: Es ist so, wie im Satz dargestellt. **M-, E-Niveau** ⑤ Morphologische Formen des Konjunktiv I durch Formenvergleich als Formen des Präsensstammes identifizieren: **lache/lachest/lache/ lachen/lachet/ lachen**. Durch Gegenüberstellung herausarbeiten, dass die Form des Konjunktivs I in der 1. Ps. Sg. und Pl. und in der 3. Ps. Pl. mit der des Indikativs zusammenfällt. Die Funktion des Konjunktiv I im Gegensatz zum Indikativ als nicht verwirklicht, aber möglich herausarbeiten. Verwendungsmöglichkeiten des Konjunktiv I beschreiben: Ausrufe des Wunsches (Optativ): *Sie* **lebe** hoch!, höfliche bzw. unspezifische Aufforderungen (Adhortativ): **Seien** *Sie willkommen!* Man **nehme** ... Kennzeichnung der indirekten Rede nach Verben des Sagens: *Er sagte: „Ich bin müde." → Er sagte, er* **sei** *müde.* Falls vor allem in der indirekten Rede die Formen des erforderlichen Konjunktivs mit denen des Indikativs zusammenfallen, Ersatzformen wählen: Konjunktiv II für Konjunktiv I: *Ich versprach, ich* ~~komme~~/*käme beizeiten.* Sofern auch die Konjunktiv II-Formen von den indikativischen nicht zu unterscheiden oder ungewöhnlich sind, mit *würde* umschreiben: *Sie kündigten an, sie* ~~lernen/lernten~~/*würden ab sofort intensiver lernen.* ⑥ Morphologische Formen des Konjunktiv II durch Formenvergleich als umgelautete Formen des Präteritumstammes identifizieren: *k**a**m – k**ä**me.* Bei regelmäßigen Verben fallen die Formen des Konjunktiv II mit denen des Indikativs Präteritum zusammen: *du lerntest.* Einsatzweisen des Konjunktiv II als nicht real, sondern gewünscht, vorgestellt oder gedacht aufzeigen: *Ach,* **wärst** *du doch bei uns!* (Optativ), *Wenn du hier* **gewesen wärst**, **hättest** *du dich bestimmt* **gefreut** (Potentialis), *Wenn das Wörtchen wenn nicht* **wär'**, **wär'**

Inhalte und Beispiele	Erarbeitung: Verfahren und Hinweise
G-Niveau Weitere Wortfamilien ⑭ Beispiel: *wollen, willst, will, wollte, gewollt, bewilligen, Wille, Willkommen, willenlos* Weitere Wortfelder ⑮ Beispiel: *sehen, anblicken, beobachten, betrachten, beäugen, erblicken, gaffen, glotzen, linsen, lugen, mustern, sichten, starren, stieren, wahrnehmen*	*ich längst ein Millionär* (Irrealis). Häufig tritt der Konjunktiv in Höflichkeitskontexten (**könnten** *Sie bitte ...,* **hätten** *Sie bitte ...*) auf. Fallen die Formen des Konjunktiv II mit denen des Indikativs Präteritum zusammen (*sie liebten*) oder sind sie im heutigen Sprachgebrauch ungewöhnlich (*falls du läsest*), kann mit **würde** umschrieben werden: *Ach,* **läsest/würdest** *du doch mehr* **lesen**. ⑦ In der indirekten Rede Gleichzeitigkeit, Vorzeitigkeit und Nachzeitigkeit ausdrücken: *Er* **erwiderte**: „*Ich* **lese**." → *Er* **erwiderte**, *dass er* **lese**. (Gleichzeitigkeit) *Er* **erwiderte**: „*Ich* **las**." → *Er* **erwiderte**, *dass er* **gelesen habe**. (Vorzeitigkeit) *Er* **erwiderte**: „*Ich* **werde lesen**." → *Er* **erwiderte**, *dass er* **lesen werde**. (Nachzeitigkeit) ⑧ Aktivsätze mit Tätigkeitsverben in Passivsätze umformen: *Die Katze fängt die Maus. – Die Maus* **wird** *von der Katze* **gefangen**. Durch Vergleichen herausarbeiten, dass in einem Aktivsatz der Sachverhalt aus der Täterperspektive betrachtet wird. Das Agens (*die Katze*) ist Subjekt, während beim Passiv das Patiens (*die Maus*) Subjekt ist.
	M-, E-Niveau
	⑨ Intransitive Verben können ein unpersönliches Passiv bilden. Das Subjekt wird mit *es* gebildet: *Es* **wurde** *viel* **gelacht**. Durch Fragen an den Satz und nach dem (nicht ausgedrückten) Agens erkennen, dass das Augenmerk jetzt nur noch auf die ausgedrückte Handlung ohne jede Agensnennung gerichtet ist.
	E-Niveau
	⑩ Herausarbeiten, dass beim *sein*-Passiv das verbale Geschehen als Zustand erscheint – daher auch *Zustandspassiv*: *Der Text* **ist** *überarbeitet*. Das *sein*-Passiv kann auch ganz ohne Subjekt auftreten: *Für gutes Essen* **ist gesorgt**. Sätze mit *sein*-Passiv durch geeignete Erweiterung von Prädikativsätzen unterscheiden: *Der Text* **ist** (*von mir*) *überarbeitet* (**worden**) im Gegensatz zu: *Meine Freundin ist* **entzückt**. Nicht: **Meine Freundin ist von X entzückt worden*. ⑪ Durch Umformung das Partizip I unterscheiden von Adjektiven, die wie Partizipien gebildet sind: *ein* **sinkendes** *Schiff – ein Schiff, das (gerade)* **sinkt** – **ein Schiff, das sinkend ist*; *ein* **spannendes** *Buch – das Buch* **ist spannend** – nicht: **das Buch spannt*. Bei Partizipien Gleichzeitigkeit beachten: *Wir sahen ein* **sinkendes** *Schiff – wir* **sahen** *ein Schiff, das (gerade)* **sank**.

Inhalte und Beispiele	Erarbeitung: Verfahren und Hinweise
	⑫ Verben, die sich mit einem *zu*-Infinitiv bzw. einem reinen Infinitiv zu einem Verbkomplex verbinden, identifizieren. Durch Paraphrasieren herausarbeiten, dass es sich bei den ersten drei Beispielen um Verben handelt, die einen modalisierenden Charakter haben, im Gegensatz zu den entsprechenden Vollverben: *Er* **verspricht** *(= wird wahrscheinlich) ein guter Läufer zu werden.* im Gegensatz zu: *Ich* **verspreche** *(= sage fest zu), morgen zu kommen.* Bei den Verben mit reinem Infinitiv die *lassen*- und *bleiben*-Konstruktionen von Konstruktionen mit Bewegungsverben (*gehen, fahren* ...) unterscheiden. Den besonderen Fall *lernen* untersuchen: Mit oder ohne Infinitivkonstruktion: *Ich* **lerne** *immer besser* (**zu**) **schwimmen**. Aber nie: **ich lerne ihn immer besser zu kennen.* Bei *bleiben, lassen, lernen* auf die Getrennt- und Zusammenschreibung reflektieren. Akkusativ-mit-Infinitiv-Konstruktionen (AcI) durch geeignete Umformung analysieren: *Niemand* **hörte ihn kommen** *= Niemand* **hörte***, dass* **er kommt***.* ⑬ *miss*- als Verneinungspräfix identifizieren und die durch Wortbildung (Derivation) entstandenen Wörter umschreiben: bei **missverstehen**, **missdeuten** mit *falsch*, bei **missfallen**, **misslingen** mit *nicht*, wobei die Wörter mit *miss*- als Antonyme (Gegensätze) zu Wortbildungen mit *ge*- zu lesen sind: **missfallen** – **gefallen**, **misslingen** – **gelingen**. Die Bildung von Verben mit englischer Basis analysieren: **download**, **chat**, **chill** (= englische Basis) *-en* = deutsche Infinitivendung. **simsen** als Kunstwort aus *SMS* (= *short message service*), das zur besseren Aussprache mit einem Vokal versehen wurde, + deutsche Infinitivendung *-en*. Bei Bedarf Rückwärtsbildung (*Kopfstand → kopfstehen* als besondere Wortbildung behandeln.
	G-Niveau
	⑭ Von einem für die Orthographie bedeutsamen Verb ausgehend, Wortfamilien bilden. ⑮ Von einem für die Textarbeit bedeutsamen Verb ausgehend, verwandte Ausdrücke zu einem Wortfeld zusammenstellen. Dabei die Bedeutungsunterschiede herausarbeiten.

4 Klassen 7/8

Nomen

Inhalte und Beispiele	Erarbeitung: Verfahren und Hinweise
Genus und Sexus beim Nomen ① Beispiele: der Lehrer – die Lehrerin, der Hund – die Hündin; der Hengst, die Stute, das Kind, das Kalb, das Ferkel, das Küken; das Pferd, der Vogel, das Tier, der Spatz, die Meise; das Vogelmännchen, das Vogelweibchen, das Mädchen, das Meerschweinchen	① Die Zuschreibung des Genus zu einem Nomen untersuchen. Unmarkierte Nomen gegenüber markierten Nomen abgrenzen: unmarkiert: **Lehrer**, **Hund**; **Pferd**, **Vogel**, **Tier**, markiert (nur feminin): *die Lehrer**in***, *die Hünd**in***, Nachkommen sind häufig im Neutrum: *das Kind*, *das Kalb*, *das Ferkel*, *das Küken* (aber: *der Welpe*), Genuszuweisung aufgrund von Wortbildung erfassen und erkennen, dass aus dem grammatischen Geschlecht (Genus) nicht auf das natürliche Geschlecht (Sexus) geschlossen werden kann: *das Vogelmännchen*, *das Vogelweibchen*, *das Mädchen*, *das Meerschweinchen*.
M-Niveau Singularetantum und Pluraletantum ② Beispiele: Wasser, Mehl, Schnee, Lärm, Schutz, Obst, Durst, Hunger, Liebe, Hass, Ruhe, All, (das) Warten, (das) Lesen, Dunkelheit, Müdigkeit, Post, Gramm Eltern, Ferien, Kosten, Leute (Seeleute, Landsleute), Trümmer, Azoren, Tropen	**M-Niveau** ② Nomen, die nur im Singular vorkommen (Singulariatantum): – Stoffbezeichnungen: *Wasser*, *Mehl*, *Schnee* – Nomen für Unzählbares: *Lärm*, *Schutz*, *Obst*, *Durst*, *Hunger*, *Liebe*, *Hass*, *Ruhe*, *All* – nominalisierte Ausdrücke: *(das)* *Warten*, *(das)* *Lesen* – viele Nomen auf *-heit* und *-(ig)keit*: *Dunkelheit*, *Müdigkeit* – Organisationen: *Post*, *Bundestag* – Maß- und Mengenbezeichnungen: *Gramm*, aber: *von 20 Litern* – Nomen, die nur im Plural vorkommen (Pluraliatantum): *Eltern*, *Ferien*, *Kosten*, *Leute* (*Seeleute*, *Landsleute*), *Trümmer*, *Tropen*
Weitere Aspekte der Wortbildung des Nomens ③ Beispiele: Lebenspartnerschaft, Wanderweg, Frohsinn, Rundumleuchte, Hinterhaus, Frühwarnradaranlage, Radarfrühwarnanlage; Erzfeind, Superheld, Misswirtschaft, Unglaube, Unhold; Abi, Krimi, Bioprodukt, Abifeier, KFZ, BaFöG, GmbH	③ Wortbildung des Nomens nach Bildungsarten unterscheiden: Nomen + Nomen (**Leben** + s + **partnerschaft**), Verb + Nomen (**wander**(n) + **Weg**); Adjektiv + Nomen (**froh** + **Sinn**); Adverb + Nomen (**rundum** + **Leuchte**); Präposition + Nomen (**hinter** + **Haus**). Bedeutung einer nominalen Wortbildung durch Umschreibung erkunden: **Frühwarnradaranlage** = **Radaranlage** (= Anlage mit Radar ausgerüstet) zur **Frühwarnung** (= frühen Warnung); **Radarfrühwarnanlage** = **Frühwarnanlage** (= Anlage zur **Frühwarnung** = frühen Warnung) mit **Radar** ausgerüstet. Präfigierungen, die wie bei den Adjektiven zur Steigerung dienen (**erz-**, **super-**), und solche, die der Verneinung dienen (**miss-**, **un-**), umschreiben. Kurzwörter, die als Nomen fungieren (*der Krimi*), auflösen; ebenso nominale Wortbildungen mit einem Kurzwort (Konfix) als erstem Bestandteil (**Bio-**, **Abi-**); Abkürzungen, die mit Artikelgebrauch als Nomen fungieren: *ein KFZ*, *das BaFöG*, *die GmbH*.
G-Niveau Weitere Wortfamilien ④ Beispiel: Zahl – zahlen, zahlst, zahlt, zählen, aufzählen, erzählen, durchzählen, Einzahl, Mehrzahl, Zahltag, Zahlung, Zählmaschine	
Weitere Wortfelder ⑤ Beispiel: Freiheit, Ungebundenheit, Zwanglosigkeit, Freizügigkeit	

Das Curriculum klassenstufenweise B

Inhalte und Beispiele	Erarbeitung: Verfahren und Hinweise
	Gebildete Wörter durch Paraphrase erschließen: **Wanderweg** = *ein Weg zum Wandern*; **Frohsinn** = *froher Sinn*; **Misswirtschaft** = *schlechte Wirtschaft*; **Abifeier** = *Feier aus Anlass des Abiturs*.
	G-Niveau
	④ Von einem für die Orthographie bedeutsamen Nomen ausgehend, eine Wortfamilie mit Flexionsformen und Wortbildungen zusammenstellen.
	⑤ Von einem für die Textarbeit bedeutsamen Nomen ausgehend, verwandte Ausdrücke zu einem Wortfeld zusammenstellen, dabei die Bedeutungsunterschiede herausarbeiten und diskutieren.

Artikel und Pronomen

Inhalte und Beispiele	Erarbeitung: Verfahren und Hinweise
Weitere Artikelwörter ① Beispiele: *welcher, kein, was für ein, irgendein*	① Bestand der Artikelwörter erweitern und als linken Rand von Nominalgruppen bestimmen. ② Bestand der Pronomen erweitern und dabei durch einschlägige Bezüge ihren Stellvertretercharakter überprüfen. Herausarbeiten, dass Pronomen ihre semantische Füllung immer erst durch die außersprachliche Welt (***ich/wir, du/ihr, man***) oder durch den Satz- oder Textkontext erhalten: *Mein Freund wohnt auf dem Land.* ***Er*** *hat einen weiten Weg zur Schule.*
Weitere Pronomen ② Beispiele: *ich freue mich, sie freut sich, sie bedauern einander, wer/welcher freut sich? niemand/keiner lacht, nichts geht mehr, irgendeiner/welcher auch immer, alle/ sämtliche schlafen, jeder schläft, man glaubt*	
M-, E-Niveau	**M-, E-Niveau**
Bedeutung und Form von Pronomen ③ Beispiele: *ich, wir; du, ihr; er/sie/es, sie; mich, uns; dich, euch; sich; wer, was; welcher, was für ein; niemand, nichts, kein,;irgendeiner, wer auch immer; alle, sämtliche; jeder, jeglicher, man, etwas, nichts*	③ Pronomen nach ihrer Bedeutung unterscheiden. Dabei die möglichen Deklinationsformen beachten. – Personalpronomen: ***ich, wir; du, ihr; er/sie/es, sie*** (flektierte Formen wie *mich* können mit dem Reflexivpronomen zusammenfallen) – Demonstrativpronomen: ***der, die, das; dies-, jen-*** – Possessivpronomen: ***meiner -e, -es; deiner, -e, -es; seiner, -e, es; ihrer,-e, -es; unserer,-e, es; euerer, -e, es*** – Reflexivpronomen: ***mich, uns; dich, euch; sich*** – Interrogativpronomen: ***wer, was; welch-, was für ein-?*** – Relativpronomen: ***der, die, das; welch-*** – Negationspronomen: ***niemand, kein-*** – Indefinitpronomen: ***jemand, irgendein-, wer auch immer, man, etwas*** – Kollektivpronomen: ***alle, sämtlich-*** – Distributivpronomen: ***jed-, jeglich-*** – Unveränderlich in der Form: ***man, etwas***.
Pronomen *es* ④ Beispiele: *(das Fahrrad) Es ... Es regnet. Es wurde ein Name genannt. Es freut mich, dass du morgen kommen wirst.*	
Textpronomen und Bezüge ⑤ Beispiele: *Der Mann hatte eine Katze und einen Hund. Dieser bellte, sie dagegen miaute immer. Der Mann hatte einen Papagei und einen Hund. Diesen verschenkte er.*	④ Die Gebrauchsweisen von *es* unterscheiden: a) Personalpronomen *es* (*das Fahrrad – es*) ; b) unpersönli

4 Klassen 7/8

Inhalte und Beispiele	Erarbeitung: Verfahren und Hinweise
Textpronomen und Bezüge ⑤ Beispiele: *Der Mann hatte eine Katze und einen Hund. Dieser bellte, sie dagegen miaute immer.* *Der Mann hatte einen Papagei und einen Hund. Diesen verschenkte er.*	ches *es*, das durch nichts ersetzt werden kann (***Es** regnet.*). c) Platzhalter *es* (***Es** wurde ein Name genannt.*), wodurch das Subjekt in das Mittelfeld rücken kann. d) Korrelat *es* (***Es** freut mich, dass du morgen kommen wirst.*); hier kann *es* durch *das* ersetzt werden. ⑤ Bezüge der Pronomen feststellen. Dabei Numerus- und Genus-Kongruenz beachten: *Der Mann hatte **eine Katze** und **einen Hund**. __Dieser__ bellte, __sie__ dagegen miaute immer.* Bei mehreren Möglichkeiten den letztgenannten Bezug als einschlägigen Bezug wählen: *Der Mann hatte einen Hamster und **einen Hund**. __Diesen__ verschenkte er.* Besser: den Bezug durch andere Formulierung verdeutlichen: *Der Mann hatte einen Papagei und einen Hund. __Den Letzteren__ verschenkte er.*

Adjektiv

Inhalte und Beispiele	Erarbeitung: Verfahren und Hinweise
M-, E-Niveau	**M-, E-Niveau**
Komparation: relativer und absoluter Gebrauch ① Beispiele: *schneller als, am schnellsten, ein größerer Schaden* *Liebste Mutter!, Herzlichst!*	① Kontextuell erschließen, ob relativer oder absoluter Gebrauch vorliegt. Absoluter Gebrauch steht ohne *als*-Adjunkt bzw. die Partikel *am*. *Er ist **schneller** als sie* (relativer Gebrauch). *Das ist ein **größerer** Schaden* (absoluter Gebrauch). *Sie ist **am schnellsten*** (gewöhnlich relativer Gebrauch). ***Liebste** Mutter! **Herzlichst!*** (absoluter Gebrauch).
E-Niveau	
Weitere besondere Komparationsformen und Zweifelsfälle ② Beispiele: *wenig – weniger/minder/geringer – am wenigsten/am mindesten/am geringsten* *grün – ?grüner – ?am grünsten* *?in keinster Weise, ?maximalste Forderungen* *?bestmöglichst*	**E-Niveau** ② Komparation mit *minder* in besonderen Kontexten untersuchen: *von **minderer** Güte/Qualität.* Zweifelsfälle der Komparierbarkeit untersuchen und diskutieren: z. B. Komparation von Farbadjektiven auf ihre Wirkungsabsicht hin untersuchen und zusammen mit Formen wie **keinst, maximalst, bestmöglichst** als rhetorische Übersteigerung (Hyperbel), wenngleich logisch ausgeschlossene Formen, beschreiben.
Weitere Aspekte der Wortbildung des Adjektivs ③ Beispiele: *erzkonservativ, hyperaktiv, ultraleicht, superschlau, ungenau, missliebig*	③ Wortbildungsmittel zur Steigerung (**erz-, hyper-, ultra-, super-**) bzw. zur Negation (**un-, miss-**) einsetzen.
M-, E-Niveau	**M-, E-Niveau**
Besondere Fremdwortbildungen ④ Beispiele: *anorganisch, asozial, antiautoritär, dezentral, inaktiv, illegal, international, nonverbal, superreich, transatlantisch, ultraleicht, hypermodern, metaphysisch, parapsychologisch*	④ Präfixe nach Herkunftssprachen ordnen, z. B.: lateinisch (**a(n)-, anti-, de-, in- (ill-), inter-, non-, super-, trans-, ultra-**...), griechische Präfixe (**hyper-, meta-, para-**...).

Inhalte und Beispiele	Erarbeitung: Verfahren und Hinweise
G-Niveau	**G-Niveau**
Weitere Wortfamilien ⑤ Beispiel: *wenig – wenige, weniges, wenigen, weniger, wenigsten, nichtsdestoweniger*	⑤ Von einem für die Orthographie bedeutsamen Adjektiv ausgehend, eine Wortfamilie mit Flexionsformen und Wortbildungen bilden.
Weitere Wortfelder ⑥ Beispiel: *stur, eigenwillig, eigensinnig, halsstarrig, rechthaberisch, selbstsicher, störrisch, trotzig, unnachgiebig*	⑥ Von einem für die Textarbeit bedeutsamen Adjektiv ausgehend, verwandte Ausdrücke zu einem Wortfeld zusammenstellen, dabei die Bedeutungsunterschiede herausarbeiten und diskutieren.

Adverb

Inhalte und Beispiele	Erarbeitung: Verfahren und Hinweise
Modaladverb ① Beispiele: *gerne, wohl, rücklings, schrittweise, anders, genauso, kopflos, nebenbei*	① Modaladverbien als unflektierbare Ausdrücke einsetzen, um ein Prädikat zu modalisieren: *Lisa reitet* **gerne**. *Ich fühle mich* **wohl**.
M-, E-Niveau Text- und satzbildende Adverbien ② Beispiele: *dafür, dadurch, dabei, daran, darauf; deshalb, deswegen, daher, somit, folglich, schließlich, nämlich wofür, wodurch, wobei, woran, worauf; weshalb, weswegen*	**M-, E-Niveau** ② Bestimmte Adverbien als Verbindungsmittel (Konnektoren) identifizieren und mit ihnen Sätze in Texten oder Sätze zu gereihten oder komplexen Sätzen verknüpfen. a) Satzverknüpfung bzw. Satzreihe mit Pronominaladverbien: *Auf dem Tisch lag ein Buch.* **Daneben** (= *neben dem Buch*) *stand das Telefon.* (Pronominaladverb). *Auf dem Tisch lag ein Buch,* **daneben** (= *neben dem Buch*) *ein Apfel.*
E-Niveau Komparation von wenigen Adverbien ③ Beispiele: *gerne – lieber – am liebsten, wohl – wohler – am wohlsten, oft – öfter (häufiger) – am öftesten (am häufigsten)*	b) Satzverknüpfung bzw. Satzreihe mit Konjunktionaladverbien: *Er war Schreiner.* **Daneben/außerdem/darüber hinaus/zudem** *arbeitete er auch als Gärtner* (anreihendes Konjunktionaladverb). *Er las ein Buch.* **Deshalb** *hörte er das Telefon nicht.* (konsekutives Konjunktionaladverb) d) Komplexer Satz (Hauptsatz-Relativsatz): *Vor uns lag ein Buch,* **worauf** *das Telefon gelegt worden war. Er las ein Buch,* **weshalb** *er das Telefon nicht hörte.*
	E-Niveau ③ Gründe für die einzelnen Komparationsfälle diskutieren.

4 Klassen 7/8

Inhalte und Beispiele	Erarbeitung: Verfahren und Hinweise
G-Niveau	**G-Niveau**
Wortbildung des Adverbs ④ Beispiele: *vorwärts, rückwärts, morgens, (spät)abends, montags, stets, lange, dummerweise*	④ Durch Wortbildung entstandene Adverbien verwenden. Als Wortbildungselemente kommen die Morpheme *-e* und *-s* bzw. *-wärts, -weise* vor. Für die Orthographie darauf achten, ob es sich dabei um eine Flexionsendung (*lange Abende, eines Abends*) handelt oder um ein adverbiales Wortbildungselement: *lang**e*** (nicht zu verwechseln mit dem Adjektiv *lang*), *abend**s***.
M-, E-Niveau	**M-, E-Niveau**
Weitere Aspekte der Wortbildung des Adverbs ⑤ Beispiele: *bestens, erstens; bäuchlings, rücklings; rückwärts, vorwärts; teilweise, dummerweise, möglicherweise; folgendermaßen, zugegebenermaßen*	⑤ Mit Wortbildungsmorphemen wie *-ens, -lings, -wärts, -weise, -maßen* neue Wörter zur Wortschatzerweiterung bilden.
Wortbildung besonderer Adverbien ⑥ Beispiele: *meinetwegen, deinetwegen, seinetwegen, unseretwegen, ihretwegen, euretwegen*	⑥ Statt *wegen mir/dir/ihr* ... die Adverbien **meinetwegen, deinetwegen, ihretwegen, unseretwegen, euretwegen** einsetzen. Die Bildung von (Personal-) Pronomen und nachgestellter Präposition zusammen mit dem Fugenelement *-et-* (**mein*et*wegen**) analysieren. Den standardsprachlichen Gebrauch von **meinetwegen** gegenüber *wegen mir* (Dativ!) bewerten.

Präposition

Inhalte und Beispiele	Erarbeitung: Verfahren und Hinweise
Präposition ohne eigene Bedeutung ① Beispiele: *achten auf, bitten um, denken an, erschrecken vor, garantieren für, hoffen auf, lachen über, leiden unter, rechnen mit, sich ärgern über, sich fürchten vor, sich interessieren für, sich kümmern um, sich sehnen nach, sich verlieben in, trauern um, träumen von, übereinstimmen mit, Achtung vor, Forderung nach, Gier nach, Hoffnung auf, arm an, fähig zu, froh über, stolz auf, traurig über, verliebt in*	① Präpositionen als feste Bestandteile von Verben, Nomen und Adjektiven aufzeigen, die selbst bedeutungslos sind, aber eine Verbindung zu anderen Satzgliedern (Präpositionalobjekte bei Verben) oder Gliedteilen (Nomen und Adjektive) herstellen. Durch Umformungen zeigen, dass die Präposition als Teil eines Gefüges erhalten bleibt: *Wir hoffen **auf** bessere Zeiten – die Hoffnung **auf** bessere Zeiten, Anna verliebt sich **in** Boris – die **in** Boris verliebte Anna*.
M-, E-Niveau	**M-, E-Niveau**
Besondere Aspekte von Präpositionen mit Genitiv ② Beispiele: *abzüglich, angesichts, anhand, anlässlich, (an)statt, anstelle, aufgrund, außerhalb, bezüglich, dank, diesseits, einschließlich, entlang, infolge, innerhalb,*	② Durch Wortanalyse beobachten, dass es sich bei den meisten Präpositionen mit Genitiv um Ausdrücke handelt, die adverbialen (Bildung mit adverbialem *-s*) oder nominalen (**dank, kraft**) Charakter haben, aber inzwischen Präpositionen geworden sind (Konversion). ③ Präpositionen nach ihrer lokalen, temporalen, kausalen, modalen, instrumentalen, finalen, konditionalen, konzessiven Leistung je nach Satzzusammenhang unterscheiden: *Sie kam **aus** (kausal) Furcht **vor***

Inhalte und Beispiele	Erarbeitung: Verfahren und Hinweise
inmitten, jenseits, kraft, längs, laut, mangels, mittels, ob, oberhalb, seitens, trotz, unbeschadet, ungeachtet, unterhalb, unweit, während, wegen, zugunsten, zwecks Präpositionen zum Ausdruck unterschiedlicher Verhältnisse ③ Beispiele: *angesichts, anstelle, aufgrund, aufs, aus, außer, bei, bezüglich, dank, durch, einschließlich, für, gemäß, infolge, kraft, mit, mitsamt, mittels, ohne, seitens, trotz, um ... willen, unter, von, wegen, wider, zwecks* Vor- und nachgestellte Präpositionen ④ Beispiele: *zuliebe, zufolge, zuwider, um ... willen*	(kausal) *der Dunkelheit* **vor** (temporal) *Einbruch der Nacht* **aus** (lokal) *der Höhle*. Erkunden, dass die Präpositionen als unflektierbare (unveränderliche) Ausdrücke unterschiedliche Verhältnisse etablieren und dabei den Dativ (**aus**, **bei** ...), den Akkusativ (**ohne, durch** ...) oder den Genitiv (**angesichts, wegen**) regieren. ④ Einige Ausdrücke sind sog. *Postpositionen*, d. h., sie stehen nicht als linker Rand der Präpositionalgruppe, sondern als rechter Rand: **deiner Karriere zuliebe, den Nachrichten zufolge, seiner Einstellung zuwider**; wenige Präpositionen sind sog. *Circumpositionen*, d. h., sie bilden den linken und den rechten Rand von Präpositionalgruppen: **um seiner Verdienste willen**.

Junktion

Inhalte und Beispiele	Erarbeitung: Verfahren und Hinweise
Weitere Konjunktionen ① Beispiele: *und zwar, denn* Subjunktion mit finitem Nebensatz ② Beispiele: *als, als ob, als wenn, auf dass, bevor, bis, da, damit, ehe, falls, indem, je – desto, nachdem, ob, obgleich, obwohl, obzwar, seit, sodass (so dass), während, weil, wenn, wie*	① Mit *und zwar* Einschübe (im Vor- und Mittelfeld) oder Nachträge (im Nachfeld) einleiten: *Mein Freund,* **und zwar** *Felix, hat... Felix und ich waren Fußball spielen,* **und zwar** *gegen die Mannschaft der Klasse 7d.* Mit *denn* einen kausalen Anschluss herstellen: *Er arbeitete hart,* **denn** *er wollte hoch hinaus.* ② Subjunktionen verschiedener Art als unveränderliche (unflektierbare) Ausdrücke identifizieren, die Nebensätze einleiten. Kommasetzung beachten.
M-, E-Niveau	**M-, E-Niveau**
Unterscheidung der Subjunktionen ③ Beispiele: *während, wo(hin)gegen, anstatt, dass, wenn, als, nachdem, seit, bevor, bis ehe, falls, sofern, weil, da, damit, auf dass, sodass (so dass), obwohl, obgleich, obschon, obzwar, indem, wie, dadurch, dass, je – desto, als ob, als wenn* Subjunktion mit Infinitivstruktur ④ Beispiele: *um, ohne, (an)statt, als* Weitere Adjunktionen ⑤ Beispiele: *als, für, außer, pro/je*	③ Die Subjunktionen inhaltlich nach ihrer adversativen, temporalen, konditionalen, kausalen, finalen, konsekutiven, konzessiven, modalen und komparativen Leistung je nach Satzzusammenhang unterscheiden: *Er blieb,* **während** (temporal, gleichzeitig) *sie sprach, gebannt sitzen,* **während** (adversativ) *Lisa den Saal verließ.* ④ *um, ohne, (an)statt, als, wie* zusammen mit einem *zu*-Infinitiv als Subjunktionen identifizieren, mit denen Infinitivsätze gebildet werden: *Sie beeilte sich,* **um** *nach Hause* **zu** *kommen. Karla arbeitete,* **ohne** *auf die Uhr* **zu** *schauen. Sie blieben sitzen,* **(an)statt** *nach Hause* **zu** *gehen.* Nach Komparativen: *Manche haben nichts* **Besseres** *zu tun,* **als** *herumzuschreien.* ⑤ *als, für, je, außer* als Adjunktionen (außerhalb von Vergleichssätzen) identifizieren, indem die kasusidentische Zuordnung hergestellt wird: *Sie wurde* **als Löwin** *geschminkt. Sie bekam das Brot* **für einen Euro**. *Ich sah niemanden* **außer ihn**. *Das kostet* **einen Haufen Geld pro/je** *verordneten Einsatz.*

4 KLASSEN 7/8

Partikel

Inhalte und Beispiele	Erarbeitung: Verfahren und Hinweise
Antwortpartikel, Gesprächspartikel ① Beispiele: *ja, nein, also, mhm, aha* **E-Niveau** Fokuspartikel ② Beispiele: *allein, auch, besonders, bloß, nur, selbst, sogar, wenigstens* Abtönungspartikel ③ Beispiele: *aber, auch, bloß, denn, doch, eben, eigentlich, etwa, ja, mal, vielleicht, wohl*	① Mit den Antwortpartikeln *ja*, *nein* auf Entscheidungsfragen antworten. Antworten wie *vielleicht, bestimmt, niemals* als Teil eines ganzen Antwortsatzes herausarbeiten: *Kannst du kommen? – Vielleicht → Ich kann vielleicht* (= Kommentaradverb zum Ausdruck subjektiver Einschätzung einer Wahrscheinlichkeit) *kommen*. Gesprächspartikeln, z. B. durch Weglassen und Einfügen, als Startsignale (*also*) oder Gliederungssignale und Signale aktiven Zuhörens (*mhm, aha*) bei mündlicher Kommunikation erfassen. **E-Niveau** ② Fokuspartikeln als Ausdrücke identifizieren, die platzfest vor oder (in einigen Fällen) direkt nach einer Wortgruppe stehen und diese modifizieren: *Tim mag nur rote Äpfel. Sogar er hat getanzt. Wenigstens meine Freundin stand zu mir. Allein Sarah/Sarah allein vermochte ihn zu trösten.* Herausarbeiten, dass der Sprecher damit immer auf eine Vorannahme anspielt, die aber im Satz nicht ausgesprochen ist: *Ich hätte erwartet, dass jemand auch andere* Äpfel *mag* bzw. *er nicht tanzt* bzw. *mehr Personen zu mir stehen* bzw. *auch andere als Sarah ihn zu trösten vermögen*. Die Sätze mit und ohne Fokuspartikel vergleichen. ③ Abtönungspartikeln als im Mittelfeld platzierte, nicht verschiebbare, zumeist nicht betonbare Ausdrücke identifizieren. Durch Weglassen und Einfügen herausarbeiten, dass mit Abtönungspartikeln der Sprecher eine bestimmte Einstellung/Position ausdrückt und dem Gesagten eine bestimmte Färbung gibt: *Das ist **ja**/**wohl** vergebens*. Mit *ja* kann der Sprecher seine Aussage bekräftigen und/oder zum Ausdruck bringen, dass entgegen den allgemeinen Annahmen es so ist, wie er sagt – ebenso bei *wohl*. *Hast du **mal** Feuer?* Mit **mal** versucht der Sprecher seine Äußerung verbindlicher zu machen, indem er sie abmildert; **denn, auch** kommt in Fragesätzen vor. Häufig kennzeichnen sie einen rhetorischen Charakter: *Was soll **denn** das? Bist du **auch** da?* Sätze mit und ohne Abtönungspartikel(n) (manchmal auch *Modalpartikel(n)* genannt) gegenüberstellen und die besondere Nuancierung durch die Abtönungspartikel(n) beurteilen.

4.2.2 Wortgruppen

Verbgruppe

Inhalte und Beispiele	Erarbeitung: Verfahren und Hinweise
M-, E-Niveau	**M-, E-Niveau**
Verbgruppe mit fester Präposition und Objektsatz ① Beispiele: *an sein Glück/an seinen Freund glauben – an etwas/an jemanden glauben glauben, dass es richtig ist – glauben, dass ...; fragen, ob es zu Ende ist – fragen, ob ...*	① Verbgruppen als Gruppen aus Verben im Infinitiv (Präsens) zusammen mit Präpositionalobjekten bzw. Objektsätzen bilden: **an sein Glück <u>glauben</u>; <u>glauben</u>, dass es richtig ist; <u>fragen</u>, ob es zu Ende ist.** Dabei diese Verbgruppen in ihren Kern (Verb oder Verbkomplex) und die vom Verb geforderten Konstituenten zerlegen. Feststellen, dass bei Präpositionalobjekten der Kern rechts, bei Objektsätzen links steht. Die Verbgruppen verallgemeinern: **an etwas/jemanden <u>glauben</u>; <u>glauben</u>, dass ...; <u>fragen</u>, ob ...**
Weitere Aspekte von Verbgruppe und Satzfunktion ② Beispiele: *Wir warten auf den Zug. Wir wollten über ein spannendes Thema diskutieren.*	② Herausarbeiten, dass in Sätzen, in denen Verben mit festen Präpositionen (*warten auf, diskutieren über*) das Prädikat bilden, das Verb (*warten, diskutieren*) bzw. ein entsprechender Verbkomplex (*wollten diskutieren*) zusammen mit den vom Vollverb erforderten Präpositionalobjekten (*auf den Zug; über ein spannendes Thema*) den (engen) Prädikatsverband bilden, der wiederum zusammen mit dem Subjekt den jeweils kleinstmöglichen Satz bildet. In diesem hat das Verb bzw. der Verbkomplex die Funktion des Prädikats, die ganze Verbgruppe die des (engen) Prädikatsverbands, die vom Verb geforderten Konstituenten die Funktion des Präpositionalobjektes.

Nominalgruppe

Inhalte und Beispiele	Erarbeitung: Verfahren und Hinweise
Nominalgruppe in Überschriften, Wünschen und Anreden ① Beispiele: *Die Radwege unseres Landkreises. Schöne Ferien! Viel Freude! Erfolgreiches Verhandeln! Mein schönes Fräulein, darf ich wagen, ...* (Goethe, *Faust*)	① Nominalgruppen, z. B. bei Überschriften, Anreden oder Wünschen, bestimmen und bilden. Dabei auch nominalisierte Ausdrücke einbeziehen: **Die <u>Radwege</u> unseres <u>Landkreises</u>. Mein schönes <u>Fräulein</u>. Schöne <u>Ferien</u>! Viel <u>Freude</u>! Erfolgreiches <u>Verhandeln</u>!** Großschreibung des Kerns von Nominalgruppen beachten.
Monoflexion in der Nominalgruppe ② Beispiele: *der schöne Herbst – ein schöner Herbst, die angenehme Wärme – eine angenehme Wärme, das gute Wetter – ein gutes Wetter*	② Bestimmten durch unbestimmten Artikel ersetzen und die Veränderungen am Attribut beschreiben: *de<u>r</u> schöne Herbst – ein schöne<u>r</u> Herbst, die angenehme Wärme – eine angenehme Wärme, da<u>s</u> gute Wetter – ein gute<u>s</u> Wetter.* Entweder das Artikelwort oder das attributive Adjektiv weist ein erkennbares Flexionskennzeichen auf: **de<u>r</u> neue Tag/ein neue<u>r</u> Tag.**

4 Klassen 7/8

Inhalte und Beispiele	Erarbeitung: Verfahren und Hinweise
E-Niveau	**E-Niveau**
Pronominalgruppe ③ Beispiele: *Wir alle dürfen teilnehmen. Ich nehme das hier. Allein du kannst das schaffen. Du allein kannst das schaffen. Wir zwei/beide schaffen das schon.*	③ Pronominalgruppen aus einem Pronomen als Kern und einem weiteren Pronomen (*wir alle*), einem Pronomen und einem attributiven Adverb (*das hier*), einem Pronomen und einer Fokuspartikel (*allein du, du allein*) oder einem Pronomen und einem Adjektiv (Zählwort: *wir zwei/beide*) identifizieren. Beachten, dass die Pronominalgruppen dieselben Funktionen wie Nominalgruppen einnehmen können, dass es sich aber nicht um nominalisierte Nomen (*das Wir unserer Gemeinschaft*) handelt, daher Kleinschreibung der Pronomina (*wir alle*).

Adjektivgruppe

Inhalte und Beispiele	Erarbeitung: Verfahren und Hinweise
E-Niveau	**E-Niveau**
Adjektivgruppe bei Adjektivvalenz ① Beispiele: *des Wartens müde, zufrieden mit den Ergebnissen*	① Herausarbeiten, dass bei einigen Adjektiven Adjektivgruppen gebildet werden, weil das Adjektiv Valenz hat: **des Wartens** (Nominalgruppe im Genitiv) **müde**, **zufrieden** mit den Ergebnissen (Präpositionalgruppe).
Adjektivgruppe und weitere Satzfunktionen ② Beispiel: *Es donnerte heftig/sehr/außerordentlich heftig/heftiger als erwartet/am heftigsten.*	② Im Satz die Funktion einer Adjektivgruppe als Modaladverbial identifizieren und bilden: *Es donnerte* **sehr/außerordentlich heftig/ heftiger als erwartet/am heftigsten**. Herausarbeiten, dass kein Glied der Adjektivgruppe flektiert ist.
M-, E-Niveau	**M-, E-Niveau**
Form der Adverbgruppe ① Beispiele: *sehr oft, überaus gern, nur heute, kurz zuvor, knapp daneben, heute früh, dort oben, so oft*	① Adverbgruppen bestimmen und bilden. Zwischen verschiedenen Adverbgruppen unterscheiden: a) Adverbien, die als Kern der Gruppe eine Intensitätspartikel (**sehr oft**, überaus **gern**) oder eine Fokuspartikel (**nur heute**) bei sich haben können. Herausarbeiten, dass die Intensitätspartikeln *sehr* und *überaus* stehen können, wenn Adverbien Komparationsformen bilden. b) Adverbgruppen aus unflektiertem Adjektiv (*knapp, kurz*) und Adverb (*daneben, zuvor*): **knapp daneben**. c) Adverbgruppen aus Adverb und Adverb: **heute früh**. Während bei a) und b) das Adverb eindeutig als rechtsstehender Kern identifizierbar ist (*daneben und zwar knapp, zuvor und zwar kurz*), ist dies bei c) schwieriger, da man ebenso sagen kann: *früh und zwar heute* als auch *heute und zwar früh*. Eindeutigkeit wird erst durch die Betonungsverhältnisse erzeugt. Hierbei kann man sehen, dass immer das rechts stehende Adverb betont ist und daher als Kern der Adverbgruppe angenommen werden sollte.

Präpositionalgruppe

Inhalte und Beispiele	Erarbeitung: Verfahren und Hinweise
M-, E-Niveau	**M-, E-Niveau**
Weitere Aspekte der Form einer Präpositionalgruppe ① Beispiele: *trotz des schlechten Wetters, die Hütte im Wald, wegen gestern, wir hoffen auf bessere Zeiten, die Trauer um die verpassten Gelegenheiten* Präpositionalgruppe mit Postposition und Circumposition ② Beispiele: *seinen Ausführungen zufolge, um seiner sportlichen Leistungen willen* Präpositionalgruppe und weitere Satzfunktionen ③ Beispiele: *Während des Essens sprach er über seine letzte Reise. Er war ohne Fehl und Tadel. Die Hütte im Wald gehört jetzt uns.*	① Herausarbeiten, dass Präpositionalgruppen durch Präposition und regierte Nominalgruppe oder Präposition und Adverb gebildet sind: **trotz des schlechten Wetters** (Präposition mit Genitiv), **wegen gestern** (Präposition mit Genitiv, aber unflektierbarem Adverb). Dabei kann die Präposition durch ein Verb oder ein Nomen festgelegt sein: *wir hoffen **auf bessere Zeiten*** (hoffen auf), *die Trauer **um die verpassten Gelegenheiten*** (Trauer um etwas). ② Auch Präpositionalgruppen mit Postpositionen (***seinen Ausführungen zufolge***) und Circumpositionen (***um seiner sportlichen Leistungen willen***) berücksichtigen. ③ Durch geeignete Verfahren (siehe Satzglieder und Satz) die Funktion einer Präpositionalgruppe im Satz als Adverbial, Präpositionalobjekt, Prädikativ oder Attribut bestimmen: **Während des Essens** (Temporaladverbial) sprach er über **seine** letzte Reise (Präpositionalobjekt). Er war **ohne** Fehl und Tadel (Prädikativ). Ebenso Präpositionalgruppen als Attribute bestimmen: *Die Hütte **im** Wald gehört jetzt uns.*

Adjunktorgruppe

Inhalte und Beispiele	Erarbeitung: Verfahren und Hinweise
M-, E-Niveau	**M-, E-Niveau**
Weitere Aspekte der Form einer Adjunktorgruppe ① Beispiele: *Sie sah aus wie eine Löwin. Ich sah niemanden außer ihn. Das kostet einen hohen Preis pro/je verordneten Einsatz.* Adjunktorgruppe und Satzfunktion ② Beispiele: *Sie wurde als Löwin geschminkt. Ich sah niemanden außer ihn. Das Ulmer Münster ist höher als der Kölner Dom. Lisa sprang weiter als Carlos. Sie wurde als Löwin geschminkt. Er arbeitete Stück für Stück.*	① Adjunktorgruppen aus Adjunktion und Nominalgruppen bzw. Pronomen bilden und bestimmen. Herausarbeiten, dass die Wörter bzw. Wortgruppen, die durch eine Adjunktion miteinander verbunden werden, kasusidentisch (nicht numerusidentisch) sind: **Sie** (Nominativ) sah aus **wie eine Löwin** (Nominativ). Ich sah **niemanden** (Akkusativ) **außer ihn** (Akkusativ). Das kostet **einen hohen Preis** (Akkusativ) **pro/je verordneten Einsatz** (Akkusativ). ② Im Satz die Funktion einer Adjunktorgruppe erkunden: a) als Satzglied: *Sie wurde **als Löwin*** (Modaladverbial) geschminkt. b) als Konstituente eines Satzgliedes: *Ich sah niemanden **außer ihn*** (Konstituente des Objekts). *Das Ulmer Münster ist **höher als der Kölner Dom*** (Konstituente des Prädikativs). Adjunktorgruppen von Präpositionalgruppen unterscheiden: *Sie sah niemanden **außer ihn*** (Adjunktorgruppe). *Es war niemand außer mir* (Präpositionalgruppe) *anwesend. Er arbeitete Stück **für** Stück* (Adjunktorgruppe). *Er arbeitete für ein Stück Brot* (Präpositionalgruppe). Abgrenzung von Subjunktion: *ein Debakel, größer **als beim letzten Mal*** (Adjunktorgruppe). *Marie kam früher, als er erwartet hatte* (Subjunktionssatz).

4.2.3 Satzglieder und Satz

Inhalte und Beispiele	Erarbeitung: Verfahren und Hinweise
Weitere Aspekte des Subjekts ① Beispiel: *Unsere Klasse fährt am 18. März nach Berlin.* Subjektlose Sätze ② Beispiele: *Mir ist angst. Mich friert. Mich dürstet. Mir graut.* Weitere Aspekte des Prädikats ③ Beispiele: *Sie glaubt an ihren Erfolg. Er hat inständig gehofft, dass er bald nach Hause kommen und seine Kinder begrüßen kann.* **M-Niveau** Präpositionalobjekt ④ Beispiele: *Wir warten auf den Bus. Sie garantieren für Qualität.* Weitere Adverbiale ⑤ Beispiele: *Wegen einer Verstauchung fuhr er mit einem Taxi in die Stadt. Ich komme schrittweise voran. Mia singt schön.* **M-, E-Niveau** Funktionsverbgefüge als Prädikativ ⑥ Beispiele: *zur Aufführung kommen, in Betracht ziehen, in Brand setzen, zur Diskussion stellen, Einfluss nehmen auf, eine Entscheidung treffen, in Erfüllung gehen, eine Frage stellen, in Frage stellen, Hilfe leisten, in Kauf nehmen, in Kraft treten, Kritik üben, auf Kritik stoßen, ums Leben kommen, Platz nehmen, einen Rat geben, Rücksicht nehmen auf, ein Urteil fällen, zur Verfügung stellen, zur Wehr setzen, Wert legen auf, in Zweifel ziehen, Stellung nehmen, zur Verantwortung ziehen* **E-Niveau** Subjekts- und Objektsprädikativ ⑦ Beispiele: *Die Turnerinnen gingen vergnügt zum Training. Meine Mutter trinkt ihren Kaffee schwarz.*	① Die Eigenschaften von Subjekten mit verschiedenen Proben prüfen: a) Kongruenzprobe: ***Unsere Klasse** fährt am 18. März nach Berlin.* Subjekt und Prädikat kongruieren in Person und Numerus. b) Infinitivprobe: *nach Berlin fahren.* Subjekt **unsere Klasse** fällt weg. c) Negationsprobe: ***Unsere Klasse*** *fährt **nicht** nach Berlin.* Subjekt ist von der Satzverneinung nicht betroffen. Dagegen Satzgliedverneinung: ***Nicht unsere Klasse**, sondern die 9b fährt am 18. März nach Berlin.* (Satznegation: siehe Negationspartikel Klasse 5/6) ② Subjektlose Sätze untersuchen: *Mir ist angst.* Zum Verständnis ein formales Subjekt sichtbar machen, das auch die 3. Ps. Sg. des Verbs erklärt: *Es ist mir angst. Mich friert **es**. **Es** dürstet mich. **Es** graut mir.* ③ Verschiedene Prädikate analysieren. Dabei immer finite und ggf. infinite Teile hinsichtlich der Satzform bestimmen. *Sie **glaubt** an ihren Erfolg* (einfaches finites Verb im Verbzweitsatz). *Er **hat** inständig **gehofft**, dass er bald nach Hause **kommen** und seine Kinder **begrüßen kann**. **hat ... gehofft**:* Verbklammer aus finitem und infinitem Verb im Verbzweitsatz = Hauptsatz; ***kommen**:* infinites Verb im Verbletztsatz (= Nebensatz). Da das finite Verb aus stilistischen Gründen fehlt, muss dieses erst gesucht werden; ***begrüßen kann**:* Verbkomplex aus infinitem und finitem Verb im Verbletztsatz (Nebensatz). Das finite Verb *kann* gehört auch zu *kommen*. **M-Niveau** ④ Überprüfen, ob die inhaltsleere Präposition, die die Präpositionalgruppe einleitet, zum Vollverb gehört: *sich erinnern **an**, warten **auf**, garantieren **für**, danken **für**, antworten **auf**, erzählen **von*** usw. In diesen Fällen die Präpositionalgruppe als Präpositionalobjekt deuten. ⑤ Satz als Informationseinheit: Adverbiale mit typischen Frageadverbien bestimmen, z. B.: **warum?** (kausal) *– **wegen einer Verstauchung*** (Präpositionalgruppe), **womit?** (instrumental) *– **mit einem Taxi*** (Präpositionalgruppe), **wohin?** (Richtung) *– in die Stadt* (Präpositionalgruppe), **wie?** (modal) *– **schrittweise*** (Adverb), **schön** (Adjektiv). Satz als Struktureinheit: Adverbiale als fakultative Satzglieder auf der Grundlage der Verbvalenz mit Hilfe der Weglass- und Erweiterungsprobe bestimmen. Feststellen, dass ihre Form nicht vom Verb bestimmt wird.

Inhalte und Beispiele	Erarbeitung: Verfahren und Hinweise
Formen von Attributen ⑧ Beispiele: *der alte/sehr alte Baum; der Baum unseres Nachbarn; der Baum dort; der Baum vor meinem Fenster; die großartige Rede unserer Schulleiterin am vergangenen Dienstag* *Die Rettung der Menschen, die über das Mittelmeer geflohen waren, beruhigte mich.* *Der Versuch, den Berg zu besteigen, klappte diesmal.*	**M-, E-Niveau** ⑥ Funktionsverbgefüge als besondere Prädikativkonstruktionen erschließen, die aus einem inhaltsleeren Verb mit der Funktion, das Prädikat zu bilden, und einer Nominalgruppe oder einer Präpositionalgruppe als Prädikativ bestehen. Funktionsverbgefüge sollten nicht mit Redewendungen (*am Ball bleiben*) verwechselt werden. Funktionsverbgefüge können folgendermaßen identifiziert werden: a) Der nominale Teil eines Funktionsverbgefüges lässt sich nicht erfragen: *wen/was nehmen? -*Platz*; b) die Verben sind inhaltsleer, erst das ganze Funktionsverbgefüge lässt sich in der Regel durch ein ↑Vollverb ersetzen: *Zur Aufführung kommen → aufgeführt werden.* **E-Niveau** ⑦ Durch Umformung die Bezüge erklären: *Die Turnerinnen gingen zum Training. Sie (die Turnerinnen) waren vergnügt.* Nicht das Gehen ist *vergnügt*, sondern *die Turnerinnen* (das Subjekt des Satzes, daher ist *vergnügt* Subjektsprädikativ). *Meine Mutter trinkt ihren Kaffee. Der Kaffee* (= Objekt des Satzes) *ist schwarz* (daher ist *schwarz* Objektsprädikativ). ⑧ Attribute vom Nomen bzw. einer Nominalgruppe aus mit *Was für ein?* erfragen und sie als Erläuterungen von Nomen oder Nominalgruppen ihrer Form nach beschreiben: Adjektivattribut: *der **alte**/**sehr alte** Baum*; Genitivattribut: *der **Baum unseres Nachbarn***; Adverbattribut: *der **Baum dort*** (Stellung des Attributs beachten; innerhalb der Nominalgruppe müsste dekliniert werden: *der dortige Baum*); Präpositionalattribut: *der **Baum vor meinem Fenster***; Attributhäufungen: *die **großartige** Rede* (Adjektivattribut) ***unserer Schulleiterin*** (Genitivattribut) ***am vergangenen Dienstag*** (Präpositionalattribut). Nebensätze als Attributsätze durch die Herstellung eines Bezugs zu einem Nomen bzw. einer Nominalgruppe identifizieren: a) Relativsatz: *Die Rettung **der Menschen**, **die über das Mittelmeer geflohen waren**, beruhigte mich.* b) Infinitivsatz als Attribut: *Der **Versuch**, **den Berg zu besteigen**, klappte diesmal.* (Kommasetzung beachten).

4 Klassen 7/8

Inhalte und Beispiele	Erarbeitung: Verfahren und Hinweise
M-Niveau	**M-Niveau**
Satzgliedteil: Apposition ⑨ Beispiele: *Unsere Lehrerin, eine freundliche Person, geht mit in das Schullandheim. Rektorin Meister*	⑨ Appositionen als besondere Attribute erfassen. Dabei die Kasusidentität beachten: **Unsere Lehrerin**, **eine freundliche Person**, ... (jeweils Nominativ; Ausnahme: *Am* **Freitag**, **dem/den 17. Juni**, ...) Kommasetzung beachten. Sog. enge Appositionen ohne Komma: **Rektorin Meister**
Satzgefüge: Hauptsatz – Subjunktionssatz ⑩ Beispiele: *Er hat inständig gehofft, dass er bald nach Hause kommt/kommen kann. Ihre Freundin kam früher, als sie erwartet hatte. Er fragte, ob er kommen dürfe. Sie suchte ihren Regenschirm, weil es regnete.*	⑩ Komplexe Sätze aufgrund von Prädikatstrukturen analysieren: Hauptsatz: Finites Verb an der 2. Satzgliedstelle (ggf. Verbklammer) – finiter Nebensatz mit Subjunktion: finites Verb bzw. Verbkomplex an der letzten Satzgliedstelle: *Er* **hat** *inständig* **gehofft** (Hauptsatz), **dass** *er bald nach Hause* **kommt** */* **kommen kann** (Nebensatz). *Ihre Freundin* **kam** *früher* (Hauptsatz), **als** *sie* **erwartet hatte** (Nebensatz). In diesen beiden Fällen sind die Nebensätze obligatorisch mit einer festgelegten Subjunktion: *hoffen, dass ...; fragen, ob ..., früher, als* (*als* ist hier nicht Adjunktor, sondern Subjunktion des Nebensatzes, wodurch Kommasetzung obligatorisch wird!) *Sie* **suchte** *ihren Regenschirm*, **weil** *es* **regnete**. In diesem Fall ist der Nebensatz fakultativ.
M-, E-Niveau	**M-, E-Niveau**
Satzgefüge: Hauptsatz – Infinitiv- und Partizipsatz ⑪ Beispiele: *Er hat sich sehr beeilt, um bald nach Hause zu kommen/kommen zu können. Wie oben angegeben, war ich in der Schule. Er hat inständig gehofft, bald nach Hause zu kommen/kommen zu können. Gegen Mitternacht angekommen, legte er sich gleich ins Bett.*	⑪ Infinitiv- und Partizipsatz als subjektlose Nebensätze bestimmen. Fall 1: Mit einer Subjunktion eingeleitet und Struktur wie bei finitem Nebensatz: a) Infinitivsatz: *um, ohne, (an)statt, als/wie*: *Er hat sich sehr beeilt,* **um** *bald nach Hause* **zu kommen/kommen zu können**. (Stellung von *zu* beachten.) b) Partizipsatz: *wie, obwohl, weil, da ...*: **Wie** *oben* **angegeben**, *war ich in der Schule.* Fall 2: Ohne einleitende Subjunktion: a) Infinitivsatz: *Er hat inständig gehofft*, **bald nach Hause zu kommen/kommen zu können**. b) Partizipsatz: **Gegen Mitternacht angekommen**, *legte er sich gleich ins Bett.*
Obligatorischer Nebensatz: Subjekt- und Objektsatz ⑫ Beispiele: *Immer zu tanzen war ihre größte Freude. Ich wünsche mir, dass er hilft.*	⑫ Die Funktion obligatorischer Nebensätze untersuchen. <u>Satz</u> als <u>Informationseinheit</u>: *Was war ihre größte Freude? Was wünsche ich?* (Dass das 2. *Was?* nicht auf ein Subjekt zielen kann, wird dadurch ersichtlich, dass das Subjekt *ich* schon in der Frage steht.) <u>Satz</u> als <u>Struktureinheit</u>: Ersatzprobe: ***Zu tanzen/der Tanz*** *war ihre größte Freude.* (Subjektsatz, da der Nebensatz die Funktion eines Subjekts hat.) *Ich wünsche mir*, ***dass er hilft/seine Hilfe***. (Objektsatz, da der Nebensatz die Funktion eines Objekts hat.)

Das Curriculum klassenstufenweise B

Inhalte und Beispiele	Erarbeitung: Verfahren und Hinweise
M-Niveau **Indirekter Fragesatz** ⑬ Beispiele: *Ich frage mich/weiß nicht, ob ich meine Freundin antreffen werde/wer gestern angerufen hat.*	**M-Niveau** ⑬ Den indirekten Fragesatz als obligatorischen Nebensatz zu einem Verb des Fragens oder Nichtwissens identifizieren (*fragen, ob /wer/ was*): Von der Subjunktion *ob* bzw. dem Fragepronomen (hier: *wer*) ausgehend, das Vollverb bzw. den Verbkomplex des Nebensatzes mit dem finiten Verb suchen und alles als indirekten Fragesatz bestimmen. Zeichensetzung beachten.
M-, E-Niveau **Fakultativer Nebensatz: Adverbialsatz** ⑭ Beispiele: *Während /als es regnete, spannte er seinen Regenschirm auf. Er besorgte sich einen Regenschirm, weil es regnete. Er kaufte sich einen Regenschirm, damit er nicht nass wurde.* **Stellung der Satzglieder im komplexen Satz** ⑮ Beispiele: *Luzia wollte Ruhe haben, während sie redete. Während Luzia redete, wollte sie Ruhe haben. Luzia wollte, während sie redete, Ruhe haben.* *Dass du bald kommen wirst, freut mich. Es freut mich, dass du bald kommen wirst.*	**M-, E-Niveau** ⑭ Die Funktion von Adverbialsätzen untersuchen. Satz als Informationseinheit: **Wann** spannte er seinen Regenschirm auf? (Temporalsatz) **Warum** besorgte er sich einen Regenschirm? (Kausalsatz) **Wozu** kaufte er sich einen Regenschirm? (Finalsatz) Satz als Struktureinheit: Adverbialsätze durch eine Präpositionalgruppe oder eine Infinitivgruppe ersetzen: **Während des Regens/Bei Regen** spannte er seinen Regenschirm auf. **Wegen des Regens** besorgte er sich einen Regenschirm. Er kaufte sich einen Regenschirm, **um nicht nass zu werden**. Das Verfahren umkehren: Von einer Präpositionalgruppe oder einem Infinitivsatz zu Adverbialsätzen. Kommasetzung beachten. ⑮ Stellung der Satzglieder im komplexen Satz auf der Grundlage des Feldermodells erkunden.

Vorfeld	linke Vk	Mittelfeld	rechte Vk	Nachfeld
Luzia	*wollte*	Ruhe	haben	, während sie redete.
Während Luzia redete,	*wollte*	sie Ruhe	haben.	
Luzia	*wollte*	, während sie redete, Ruhe	haben.	
Dass du bald kommen wirst,	*freut*	mich.		
Mich Mich Es	*freut* *freut* *freut*	 es mich		, dass du bald kommen wirst.

Inhalte und Beispiele	Erarbeitung: Verfahren und Hinweise
Komplexes Satzgefüge ⑯ Beispiel: *Das Tal, das, nachdem es mehrere Tage geregnet hatte, unter Wasser stand, lag nun vor uns.* **Textkohäsion und Textkohärenz** ⑰ Beispiele: *Sabrina bleibt zu Hause. Sie ist nämlich krank.* *Sabrina bleibt zu Hause. Die Mutter ist krank.*	Satzvarianten auf Verstehbarkeit hin untersuchen und diskutieren. Sätze erweitern: *Um sich besser konzentrieren zu können, wollte Luzia Ruhe haben, während sie redete. Dass du bald kommen wirst, freut mich, auch wenn ich dich schon früher erwartet habe.* Herausarbeiten, dass *es* als Korrelat vor dem korrelierten Ausdruck stehen muss. **Dass du bald kommen wirst, freut es mich.* ⑯ In einem Satzgefüge mit mehreren Nebensätzen den jeweiligen Trägersatz bestimmen: **_Das Tal_**, **_das_**, *nachdem es mehrere Tage geregnet hatte* (Nebensatz/Temporalsatz), **_unter Wasser stand_** (Nebensatz/Relativsatz =Trägersatz für den Temporalsatz), **_lag nun vor uns_** (Hauptsatz = Trägersatz für den Relativsatz). ⑰ Textkohäsionsmittel identifizieren: *Sabrina bleibt zu Hause.* **Sie** *ist* **nämlich** *krank.* **Sie**: (zurückverweisende = anaphorische) Pronominalisierung mit Rückbindung auf den Satz davor; **nämlich**: Konnektor (Konjunktionaladverb), der auf den Grund der zuvor genannten Folge hinweist. Textkohärenz aufgrund von Weltwissen herstellen: *Sabrina bleibt zu Hause. Die Mutter ist krank.* Weltwissen: a) Ein kranker Mensch braucht Pflege. b) Es handelt sich um Sabrinas Mutter. Nicht verbalisierte Textzusammenhänge durch Kohäsionsmittel verbalisieren und reflektieren: *Sabrina bleibt zu Hause,* **denn ihre** *Mutter ist krank.*

4.3 Anwendungsaspekte in den Klassen 7/8

4.3.1 Schreiben

Bedingungsgefüge in Erörterungen

In den Klassen 7/8 ist die prägende Textsorte das Erörtern. Für diese Textsorte sind Bedingungsgefüge (*wenn ... dann*) und Begründungsgefüge (*weil, da*), Grund-Folge- bzw. Ursache-Wirkung-Gefüge (*folglich, daher, deshalb*), Zielbetrachtungen (*sodass*) u. a. m. bedeutsam. Daher ist es sinnvoll, dass in der Schule die Subjunktionen inhaltlich betrachtet und die Mittel der Textkohäsion und Textkohärenz in den Blick genommen werden. Das folgende, sehr einfache Beispiel am Beispiel von Begründungen macht deutlich, worum es geht:

i) *Wegen des Regens blieben wir zuhause.*
ii) *Weil es regnete, blieben wir zuhause.*
iii) *Aufgrund der Tatsache, dass es regnete, blieben wir zuhause.*
iv) *Es regnete, sodass wir zuhause blieben.*
v) *Wir blieben zuhause. Denn es regnete.*
vi) *Wir blieben zuhause. Es regnete nämlich/schließlich.*
vii) *Es regnete. Folglich/deshalb/daher/also blieben wir zuhause.*
viii) *Es regnete, weswegen/weshalb wir zuhause blieben.*
ix) *Es regnete. Wir blieben zuhause.*
x) *Wir blieben zuhause. Es regnete.*

Variable Ausdrucksmöglichkeiten

i. drückt den Sachverhalt in einem einzigen Hauptsatz aus. Der Grund wird durch eine Präpositionalgruppe mit der Funktion einer adverbialen Bestimmung (Adverbial) in den Satz integriert.

Das Adverbial wird in ii. als Nebensatz formuliert. Bei den gegebenen Beispielen ist dies aufwendiger, ohne dass es einen Mehrwert ergäbe. Dies wird anders, wenn das kausale Adverbial einen komplexeren Sachverhalt enthält: ii': *Weil ich auch bei Regen spazieren gehen wollte, kaufte ich mir einen Regenschirm.* Der Sachverhalt des Kausalsatzes lässt sich nicht einfach in eine Präpositionalgruppe pressen: ??*Wegen des auch bei Regen Spazierengehenwollens ...* ist zwar grammatisch richtig, aber ausgesprochen schlechtes Deutsch. Löst man den Nominalisierungskomplex auf, wird es noch komplexer: ii'': *Wegen meiner Absicht, auch bei Regen spazieren gehen zu wollen, kaufte ich mir einen Regenschirm.*

iii. wendet dieses letztgenannte Verfahren an. Aber der erhöhte Aufwand bietet nur geringen Gewinn. Es wird nun betont, dass es eine Tatsache gewesen war, dass es regnete. Eine solche Konstruktion fährt ihren Mehraufwand vielleicht dann ein, wenn jemand bestreitet, dass es geregnet hatte. Ansonsten impliziert der Sprechakt, dass der Sprecher feststellt, dass es geregnet hatte. Ohne einen solchen Anlass gibt die Formulierung zu erkennen, dass der Sprecher annimmt, dass der Hörer vielleicht bestreitet, dass es geregnet hatte. (Allerdings hat er dann mehr oder weniger sein Pulver verschossen, wenn es dennoch bestritten wird.)

Waren in i. – iii. der Grund syntaktisch der Folge untergeordnet, so ist in iv. die Folge dem Grund untergeordnet. Mit *sodass* wird die Folge des Sachverhaltes, dass es regnete, ausgedrückt, so wie zuvor der Grund, dass wir zuhause blieben, genannt wurde.

v. drückt die beiden Sachverhalte getrennt aus, allerdings wird nun zuerst die Folge genannt, dann der Grund nachgeschoben. Auch hier braucht es, um den textuellen Zusammenhang herzustellen, ein inhaltlich ausgewiesenes Verbindungsmittel. Es ist jetzt der kausale ↑Konnektor *denn*. (Von einer Konjunktion würde man sprechen, wenn es nur ein Satz wäre, was bedeutete, dass vor *denn* ein Komma stehen würde. Dies wäre zweifelsohne möglich.) Dies kann auch durch ein kausales Adverb (Konjunktionaladverb) wie *nämlich* geschehen.

Im Gegensatz zu *denn* kann aber *nämlich* in vi. nicht das Vorvorfeld (↑Feldermodell) einnehmen, sondern muss in das Mittelfeld wandern. Warum? Das hier vorgelegte Schulcurriculum kennt den Ausdruck des Vorvorfeldes nicht. Analysiert man aber den Satz *Denn es hat geregnet.* ist klar, dass *es* das Vorfeld bildet. (Der Wechsel zum Perfekt erklärt sich aus den Erfordernissen des Feldermodells.) Vor diesem Feld steht nun der Konnektor, der selbst nicht Teil des zu schildernden Sachverhalts ist, sondern die beiden Sachverhalte kausal verbindet. Das Konjunktionaladverb *nämlich* kann diese Stelle nicht einnehmen, es nimmt ausschließlich einen Platz im Mittelfeld ein. *Nämlich* kann durch *schließlich* ersetzt werden: *Es hat schließlich geregnet*. Dieses kann aber auch das Vorfeld besetzen: *Schließlich hat es geregnet*. Man kann sagen, dass *schließlich* mehr adverbialen Charakter hat als *nämlich*, das ausschließlich konnektiv verwendet wird. Gegenüber *denn*, das innerhalb eines Satzes als Konjunktion, außerhalb als Konnektor zu fassen ist, bietet es die Möglichkeit, mit der Verbalisierung der Konnexion der beiden Sachverhalte zu warten. Man kann also zwischen *denn*, das sofort auf die Kausalität verweist, weil es im Vorvorfeld stehen muss, und *nämlich*, das im

Stellung von Konnektoren

Mittelfeld stehen muss und daher die Begründung nicht sofort verbalisiert, aber, da es nahe an das Prädikat rückt, zum Rhema eines Satzes gezählt werden muss, wählen. Engel (1988, S. 90) hat noch darauf hingewiesen, dass bei Verwendung von *nämlich* – ebenso wie bei *denn* und *schließlich* – ein Argumentationsschritt ausgelassen werden kann: *Wir sind sehr enttäuscht. Oskar war nämlich unsere größte Hoffnung.* Hier ist, dass Oskar versagt hat, als Argumentationsschritt ausgelassen. (Allerdings sollte man Engel darin, *nämlich* zu den „sonstigen Partikeln" zu rechnen, nicht unbedingt folgen. Auch er selbst führt es in der entsprechenden Abteilung (S. 775 f.) nicht auf.)

vii. behält das Verfahren, jeden Sachverhalt für sich in einem Satz auszudrücken, bei. Nun wird aber die Folge in den Blick genommen. Daher steht zuerst der Grund, den der Hörer/Leser allerdings nicht explizit präsentiert bekommt. Erst das Nennen der Folge macht klar, dass der Regen der Grund ist. Der Zusammenhang wird inhaltlich durch Konjunktionaladverbien (*nämlich, schließlich, folglich, also, daher, deshalb*) hergestellt. Beide Mittel gehören zu den fundamentalen Textkohäsionsmitteln. Dabei geben *nämlich, schließlich* den Grund und *folglich, deshalb, daher* die Folge an.

Will man daraus einen Satz machen, so muss man zu einem relativen Anschluss wie in viii. greifen: *weswegen/weshalb.*

Kohärenz

ix. und x. bringen die beiden Sachverhalte in eigenen Sätzen ohne jedes Konnexionsmittel. Die Verbindung muss der Hörer/Leser selbst herstellen, um einen kohärenten Text zu bekommen. Statt der Integration des einen Sachverhalts in den anderen durch Hauptsatz-Nebensatz-Struktur (i.-iv. und viii.) bzw. durch Subjunktion (v.), Konjunktionaladverb bzw. Pronominaladverb (vi. und vii.) die Textkohäsion zu verbalisieren, muss jetzt die Kohärenz (↑Textkohärenz) der beiden Sätze durch das aktive Zutun des Hörers/Lesers geschehen. Dies kann er aufgrund seines Weltwissens und gewisser Annahmen über den Sprecher/Schreiber leisten. Regen ist (zumindest dem Sprecher/Schreiber bzw. den Personen, von denen die Rede ist) unangenehm, also blieb er bzw. blieben sie zuhause. Die Produktion dieser beiden Sätze ist nur dann sinnvoll, wenn der Sprecher/Schreiber annehmen kann, dass der Hörer/Leser genau zu dieser Schlussfolgerung fähig und willens ist – vorausgesetzt, er will verstanden werden. Dies ist auch bei x. so. Allerdings wird jetzt wieder zuerst die

Folge genannt und der Grund nachgeschoben. Zweifelsohne wird hier vom Hörer/Leser mehr verlangt als bei ix., weil der Hörer/Leser sich zurückerinnern muss. War es bei verbalisierter Konnexion eine Frage der Fokussierung, also ob mehr der Grund oder die Folge fokussiert werden sollte, ist es jetzt so, dass x. gegenüber ix. markiert ist. Dass der Hörer/Leser die beiden Sätze überhaupt in Zusammenhang bringt, kann mit dem Grice'schen Kooperationsprinzip begründen werden (Grice 1979).

4.3.2 Lesen

Was über das Schreiben ausgeführt wird, gilt umgekehrt ebenso für das Lesen. Wenn sich der Schreiber/Sprecher fragt, welcher Formulierungsmöglichkeit er den Vorzug geben sollte, so kann der Leser/Hörer sich fragen, warum ein Schreiber/Sprecher dieser und keiner der anderen Möglichkeiten den Vorzug gegeben hat.

Das ist nicht anders bei der Satzgliedstellung. Gewöhnlich nehmen wir an, dass im Deutschen – anders etwa als im Englischen mit einer Subjekt-Prädikat-Objekt-Ordnung – die Satzglieder relativ frei gestellt werden können. Davon profitiert vor allem die Umstellprobe zur Ermittlung von Satzgliedern. Das mag auch alles bei isolierten Sätzen seine Richtigkeit haben. Anders wird es bei Texten. Judith Macheiner beginnt ihr „Grammatisches Varieté" (1991, S. 12) mit einer Betrachtung des Anfangs der Bibel: *„Am Anfang schuf Gott den Himmel und die Erde."* (1. Mose 1,1), wie er seit der Luther-Übersetzung vertraut ist. Manche Übersetzungen ersetzen die Eingangspräposition *am* durch *im* (Zürcher Bibel 2007), aber an der Stellung der Satzglieder rütteln sie nicht. Möglich, so Macheiner, wäre aber auch gewesen: *„Gott schuf am Anfang den Himmel und die Erde.* oder gar *Gott schuf den Himmel und die Erde am Anfang,* ganz zu schweigen von *Den Himmel und die Erde schuf Gott am Anfang.* Die Veränderungen stellen den Satz jedes Mal in einen neuen Zusammenhang, und wenn wir eine Weile darüber nachdenken, fallen uns vielleicht auch die passenden Zusammenhänge zu den einzelnen Varianten ein. Natürlich hätte der Bericht über die Geschichte der Schöpfung mit jeder der vier Varianten beginnen können, aber in der Bibel steht fraglos die bestmögliche Variante." (ebd.) Für reflektiertes Lesen ist es immer interessant, sich zu überlegen, warum ein Autor genau die vorliegende Formulierung gewählt hat und keine andere. Die Unter-

Marginalie: Satzgliedstellung

schiede werden durch die Variation – oben, unter „Schreiben" war die Variation in der syntaktischen Konstruktion thematisiert, jetzt ist es die Variation in der Satzgliedreihenfolge – sichtbar. Dabei muss man zwischen markierten und unmarkierten Reihenfolgen unterscheiden. Den unmarkierten Fall beschreibt Höhle (1982, S. 141) so: „Ein Satz S_i hat stilistisch normale Betonung, genau dann, wenn er unter allen Sätzen, die sich von S_i nur hinsichtlich der Konstituentenbetonung unterscheiden, die meisten möglichen Foki hat." Das bedeutet, dass kein Satzglied und kein Gliedteil, also keine Wortgruppe besonders herausgehoben ist. Vielmehr folgt die Betonung den Regeln der Satzbetonung, wonach auf alle Fälle das letzte Satzglied einen Ton bekommt. Daher fällt die Voranstellung des Akkusativobjektes schon einmal weg, da hier dieses Satzglied den Ton auf sich zieht, sodass man fragen würde, was sonst noch geschaffen wurde. Denkbar wäre aber auch, dass der Satz durch das Subjekt *Gott* eröffnet wird. In gewisser Weise erwarten wir sogar, dass am Anfang das Subjekt als der Satzgegenstand, von dem nun etwas ausgesagt wird, steht. Aber der Satz ist der Eingangssatz, er steht also selbst am Anfang und daher ist er so eingängig, deshalb „sind wir uns ganz sicher" (Macheiner, ebd.), dass am Anfang auch *am Anfang* steht. Zur genaueren grammatischen Analyse fehlen allerdings noch entscheidende Mittel, die erst in den Klassen 9/10 (auf dem E-Niveau) thematisiert werden. Aber vor einer grammatischen Analyse ist die Schärfung der Sprachintuition, auch wenn sie noch nicht das terminologische Rüstzeug hat, sinnvoll.

Wortverständnis

Lesen scheitert öfter am Wortverständnis. Vielen Schülern wird ein Wort wie *bäuchlings* nicht vertraut sein. Wenn man aber gelernt hat, den Stamm zu erkennen, weiß man, dass der Ausdruck etwas mit *Bauch* zu tun haben muss. Nimmt man nun zu *bäuchlings rücklings und seitlings* hinzu, indem man das entsprechende Paradigma bildet, fällt als Erstes auf, dass sich *-lings* hier immer mit Körperteilen verbindet und die Bedeutung *mit dem Rücken* (zuerst) hat: *Die Feuerwehr befreite auf spektakuläre Art und Weise ein Pferd, das rücklings in einen Brunnen gefallen war.* (www.tz.de, 26.03.2018) Das ist aber bei *blindlings* und *jählings* anders. Als Erstes fällt auf, dass nun das Suffix nicht mit einem Nomen, sondern mit einem Adjektiv verbunden ist und an der Bedeutung kaum etwas ändert, wohl aber aus dem Adjektiv ein Adverb gemacht hat. Das ist bei einer Verbindung mit einem Verb *meuchlings* nicht anders.

Für schwächere Leser sind Ausdrücke wie *möglicherweise, zugegebenermaßen* schwer zu lesen, weil sie von der Wortlänge her schwer zu durchschauen sind – es sei denn, man erkennt durch entsprechende Übung, dass man Wörter hat, die mit *möglich* bzw. *zugeben* zu tun haben. In beiden Fällen wird wiederum aus einem Adjektiv bzw. Verb ein Adverb.

Zum Lesen gehört immer, dass man sich Wörter, die man nicht kennt, erschließt, ohne gleich ein Wörterbuch konsultieren zu müssen. Erschließen kann bedeuten, dass man sich den Kontext vergegenwärtigt und aus dessen Verständnis das unbekannte Wort zu dekodieren versucht, es kann aber auch bedeuten, dass man sich einen Ansatzpunkt beim Wort selbst sucht, gewöhnlich den Wortstamm. Für die Dekodierung hilft dann aber so gut wie immer ein Paradigma. In den letztgenannten beiden Fällen ist dann zu entdecken, dass es sich um ein sehr produktives Wortbildungsmuster handelt: *möglicherweise, glücklicherweise, sinnvollerweise, einsichtigerweise, zugegebenermaßen, eingestandenermaßen, folgendermaßen, erwiesenermaßen, gleichermaßen* ...

4.3.3 Sprachbewusstheit

Durch den Ausbau der grammatischen Möglichkeiten, Sachverhalte zu formulieren, durch das Räsonieren darüber, warum ein Schreiber/Sprecher so und nicht anders formuliert hat, wächst das Potential für das eigene Formulieren. Die wesentliche Fähigkeit ist dabei das Paraphrasieren. Wunderlich (1980, S. 81) unterscheidet

Paraphrasieren: Nachdenken über Formulierungsmöglichkeiten

- „lexikalische Paraphrasen", bei denen Wörter durch andere ersetzt werden. Dabei spielen auch Sprachregister und stilistische Überlegungen eine Rolle. Wunderlichs Beispiel ist „A schlägt B." Wird nun *schlägt* durch *verdrischt* ersetzt, wird der mehrdeutige Ausdruck *schlägt* eindeutig gemacht, zudem liegt aber auch eine stilistische und soziolektale Präzisierung vor. Dazu gehören auch die „idiomatischen Paraphrasen", bei denen ein Ausdruck durch eine Wendung oder umgekehrt ersetzt wird: „A kriegt B an den Wickel."
- „syntaktische Paraphrasen". Solche sind oben am Beispiel von Adverbialen breit vorgestellt worden. Auch das Passiv ist eine Paraphrase eines Aktivsatzes, wobei die Perspektive vom Agens auf das Patiens verschoben wird.

Es gibt keine wichtigere und zielführende Operation für Sprachbewusstheit als das Paraphrasieren. Zur Sprachbewusstheit allerdings führt diese Operation nur, wenn die Paraphrase gegenüber der Ausgangsformulierung begründet werden kann und die Abweichungen thematisiert werden können.

Überhaupt sollte zunehmend angebahnt werden, die Wirkweisen von Operationen zu verstehen (s. o.). Sprachbewusstheit sollte ein Ziel auf allen Niveaustufen sein. Dagegen ist es nicht erforderlich, dass das ganze terminologische Instrumentarium auf allen Niveaus beherrscht wird.

Ein Beispiel hierfür sind die Pronominal- und Konjunktionaladverbien. Diese beiden Adverbarten zu unterscheiden, macht von ihrer Bildung her einen Sinn. Es wurde oben schon darauf hingewiesen, dass ihre Unterscheidung auf der formalen Ebene in einigen Fällen schwierig ist, funktional erfüllen sie denselben Zweck, sie treten als ↑Konnektoren, d. h. als Kohäsionsmittel auf. Beide sind also satz- bzw. textbildende (konnektive) Adverbien. In ihrer relativen Ausprägung bilden sie komplexe Sätze. Im Hinblick auf Sprachbewusstheit ist die funktionale Betrachtung allemal wichtiger als die morphologische, auf die Bildung ausgerichtete. Dann aber können beide als satz- bzw. textbildende Adverbien betrachtet werden. Auf die unterschiedliche Bildung kann man eingehen, sofern sich das aus dem Unterrichtsgespräch heraus anbietet. Auf dem G-Niveau – allerdings erst in den Klassen 9/10 – wird man auf die Funktion der relativen Ausprägungen verzichten, da dies dem Sprachstand kaum angemessen sein dürfte und die Betrachtung von Relativität sich mit den Relativsätzen erschöpfen dürfte. Daher wird auf dem G-Niveau nur von *textbildenden Adverbien* gesprochen.

Sprachbewusstheit kommt dann zum Tragen, wenn die Liste dieser Adverbien herangezogen wird, um einen Text bzw. komplexe Sätze zu bilden. Hier kommen dann auch Stilfragen zum Tragen. Welcher der beiden Möglichkeiten ist der Vorzug zu geben? a) *Der Zug hatte Verspätung, weswegen ich erst in der Nacht in meinem Heimatdorf nach einer langen Wanderung vom Bahnhof zu meiner Unterkunft ankam.* b) *Der Zug hatte Verspätung. Deswegen kam ich erst in der Nacht nach einer langen Wanderung vom Bahnhof zu meiner Unterkunft an.* Durch entsprechende Variation kann man sehen, dass es günstig ist, einen eigenen Satz mit einem Konjunktionaladverb als Konnektor zu bilden, je länger dieser Satz ist. Das Problem hätte sich kaum gestellt, hätte es nur geheißen: *Der Zug hatte Verspätung, weswegen ich meinen Anschluss verpasste. / Deswegen verpasste ich meinen Anschluss.*

Pronominaladverbien zeigen neuerdings in der gesprochenen Sprache immer häufiger eine besondere Eigenschaft, das sog. *Preposition Stranding*. Statt *Davon halte ich nichts.* ist *Da halte ich nichts von.* zu hören. Die Präposition wird abgetrennt und landet isoliert am Satzende. Diese Konstruktion wird aus dem Englischen übernommen, wo sie bei Frage- und Relativsätzen zu hören ist (*What are you talking about?*), wo es aber ebenfalls sprachkritisch betrachtet wird. Die Konstruktion funktioniert aber im Deutschen nicht bei Fragen: **Wo hältst du nichts von?* Daher geht im Deutschen die Parallele von Frage- und Antwortsatz verloren, die bei der Verwendung von Konjunktionaladverbien deutlich wird: <u>Wovon</u> hältst du nichts? – <u>Davon</u> halte ich nichts. Es sind also nicht leicht, Vorteile für die neue Konstruktion zu finden, zumal man nun bei Präpositionen einen Sonderfall hat, dass sie nämlich ohne erkennbaren Bezug an der Oberfläche stehen können. Dass aber Morpheme sich von Wörtern lösen und an das Ende treten können, ist von den Partikelverben her bekannt. Es handelt sich also um keine völlig systemfremde Konstruktion. Grammatisch müsste man sich überlegen, ob *von* überhaupt noch als Präposition klassifiziert werden kann oder ob man nicht besser von Partikeln bzw. Partikeladverbien sprechen müsste.

Eine besondere Variante: Preposition Stranding

5 Klassen 9/10

5.1 Inhalte der Klassen 9/10 und ihre Diskussion

5.1.1 Übersicht über die Inhalte

Wort und Wortarten

	Verb	Nomen	Artikel und Pronomen	Adjektiv	Adverb	Präposition	Partikel
falle Niveaus	– Reflexive Verben – Weitere Wortfelder	– Weitere Wortfelder		– Weitere Wortfelder			
+ G-Niveau	– Weitere Aspekte des Verbs: – Konjunktiv I und II (←M-, E: 7/8)				– Textbildende Adverbien	– Präposition mit Genitiv (←M-, E: 7/8)	
+ M-Niveau	– Weitere Aspekte des Verbs: – Futur II (←E: 7/8) – *sein*-Passiv (←E: 7/8) – *bekommen*-Passiv	– Besondere Aspekte bei Genus und Sexus – Besondere Wortbildung des Nomens	– Reflexive und reziproke Pronomen	– Nur attributives bzw. nur prädikatives Adjektiv – Zweifelsfälle der Komparierbarkeit (←E: 7/8)	– Komparation von wenigen Adverbien (←E: 7/8)	– Zusammenhang von Präposition und Subjunktion – Besonderheiten und Zweifelsfälle der Kasusrektion	– Fokuspartikel (←E: 7/8 – Abtönungspartikel (←E: 7/8)
+ E-Niveau	– Weitere Aspekte des Verbs: – Weitere Tempusformen – *bekommen*-Passiv – Passivität ohne Passivform – Valenz: obligatorische und fakultative Objekte – Verschiedene Aufforderungen	– Besondere Aspekte bei Genus und Sexus – Freier Kasus – Besondere Wortbildung des Nomens	– Reflexive und reziproke Pronomen – Besondere Aspekte von Textpronomen und Bezügen	– Nur attributives bzw. nur prädikatives Adjektiv – Unflektiertes Adjektiv	– Kommentaradverb	– Zusammenhang von Präposition und Subjunktion – Besonderheiten und Zweifelsfälle der Kasusrektion	

Wortgruppen

	Verbgruppe	Nominalgruppe	Adjektivgruppe	Präpositionalgruppe
+ M- und E-Niveau	– Verbgruppe im Passiv	– Nominalgruppe und Satzfunktion im Überblick	– Adjektivgruppe und Satzfunktionen im Überblick	– Präpositionalgruppe und Satzfunktionen im Überblick

Satzglieder und Satz

alle Niveaus	– Einschub – Ellipse – Thema-Rhema
+ M-Niveau	– Korrelatstrukturen
+ E-Niveau	– Präpositionalobjekt – Adverbial – Prädikatsadverbial – Satzadverbial – Satzkonstituente, die kein Satzglied ist – Uneingeleiteter Nebensatz – Korrelatstrukturen

Exklusive Inhalte des E-Niveaus auf dieser Klassenstufe sind grau unterlegt.

5.1.2 Gefüge der Teile des Curriculums

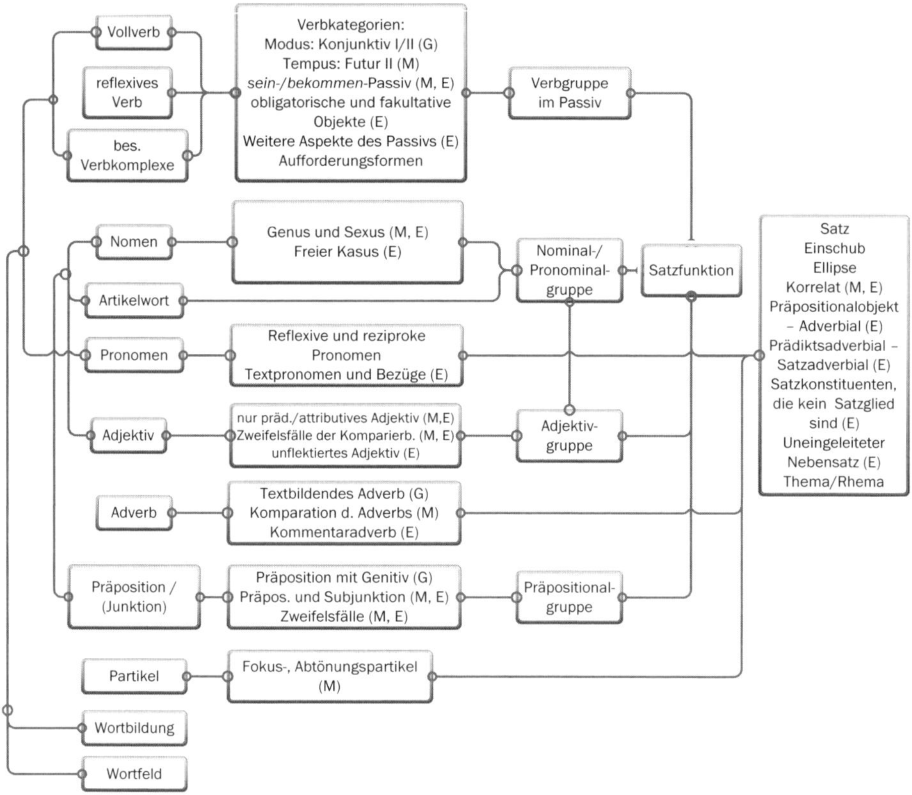

Abb. 12 | Verknüpfung der Inhalte der Klassen 9/10

Beispiele

Wortart	Wort/Verbkomplex	Wortgruppe	Funktion	Satz
Verb	sich bedanken überarbeitet *sein* (M-Niveau) geschenkt bekommen		Prädikat	Er *bedankt sich*. Der Text *ist überarbeitet*. Die Schwester *bekommt* ein Buch *geschenkt*.
Nomen (E-Niveau)	Abend Bruder	eines Abends meinem Bruder	Adverbial Sprecherkommentar	*Eines Abends* stand er vor *der Tür*. *Meinem Bruder* war *die Limo* zu süß.

Wortart	Wort/Verbkomplex	Wortgruppe	Funktion	Satz
Pronomen	sich		Objekt	Peter und Luise lieben sich.
Adjektiv	angeblich futsch		Attribut Prädikativ	Der angebliche Vorfall ... Das Geld ist futsch.
Adverb (E-Niveau)	bedauerlicherweise	-	Sprecherkommentar	Das ist bedauerlicherweise eine traurige Angelegenheit.
Präposition	binnen	binnen einiger/ einigen Tagen	Adverbial	Ich bitte um Erledigung binnen einiger/einigen Tage/en.
Fokus-/ Abtönungspartikel (M-Niveau)	siehe Kl. 7/8 (E-Niveau)			

5.1.3 Diskussion der Inhalte

Wort und Wortarten, Wortgruppen

Abgesehen von den Junktionen, die abgehandelt sind – wenngleich sie vor allem mit Blick auf die schriftliche Textproduktion der steten Wiederholung bedürfen –, werden alle übrigen Wortarten auf allen Niveaus in der einen oder anderen Weise thematisiert.

Einige Verben können nur reflexiv gebraucht werden, z. B. *sich bedanken*. Reflexive Verben erkennt man daran, dass sich das Reflexivpronomen, das formal im Akkusativ steht, zusammen mit dem Personalpronomen, das das Subjekt bildet, verändert: *ich bedanke mich, du bedankst dich*, aber nicht: **ich bedanke dich*. Ein wenig anders ist das bei *freuen*. Hier hat man zwei Bedeutungen: a) Freude empfinden, b) Freude bereiten. Nur in der Bedeutung a) ist *freuen* ein echtes reflexives Verb. Es ist dann mit einem Präpositionalobjekt verbunden: *sich freuen auf/über*. Das wiederum wirft ein Licht auf die Satzfunktion des Reflexivpronomens. Man kann es schlecht als Akkusativobjekt analysieren. Objekte sind unabhängig vom Subjekt, dies gilt aber nicht beim Reflexivpronomen. Dieses kongruiert in der Person und im Numerus mit dem Subjekt. Kongruenz ist ein Merkmal von Subjekt und Prädikat. Daher ist es angebracht, das Reflexivpronomen als Teil des Verbs anzusehen. Das wiederum bedeutet, dass *sich bedanken/ sich freuen* in der Bedeutung a) keine Verbgruppe ist. In der Be-

Verb

deutung b) hat man Konstruktionen wie *es freut mich/dich/ihn, dass ...*, die zeigen, dass das Personalpronomen nun nicht mehr reflexiv ist und daher ein Akkusativobjekt bildet. Von echten reflexiven Verben unterscheiden muss man auch Verben, die reflexiv gebraucht werden können: *sich waschen*: *sich/irgendwen/ihn waschen*. Schließlich hat man einen reflexiven, d. h. rückbezüglichen Bezug auch bei reziproker Verwendung: *sich lieben* meint, dass A B liebt und B A liebt. Auch hier bildet das Pronomen im Akkusativ ein echtes Akkusativobjekt. Bei reziproken Verben ist *sich* durch *einander* ersetzbar: *einander lieben*. Daher findet man im Lexikon als Eintrag *sich bedanken*, aber nur *lieben*; bei *freuen* werden schließlich beide Bedeutungen angegeben: a) *freuen*, b) *sich freuen*.

Inhalt des G-Niveaus: Konjunktiv I und 2 ←M, E-Niveau: Kl. 7/8

In weniger expliziter Form wird auf dem G-Niveau der Modus Konjunktiv nun in den Klassen 9/10 besprochen. Orientiert an der Häufigkeit des Gebrauchs werden dabei die folgenden Aspekte behandelt: indirekte Rede, wobei Konjunktiv I mit Indikativ verglichen wird, Wunsch (*Sie lebe hoch!*) und unspezifische Aufforderung (*Man nehme ...*); beim Konjunktiv II Irrealität (*Wenn du hier gewesen wärst, ... hätten wir ...*) und Höflichkeit (*Dürfte ich bitte ..., könnten Sie bitte ..., hätten Sie bitte, ...*). Da der Konjunktiv manchmal formal gar nicht oder – bei den starken Verben – teilweise morphologisch schwierig zu bilden ist, ist es wichtig, auf dem G-Niveau besonders auf die *würde*-Umschreibung hinzuweisen.

Inhalt des E-Niveaus: Weitere Tempusformen

Auf dem E-Niveau ist es möglich, bei den Tempora mehr in den Blick zu nehmen, etwa das Doppelperfekt (*Ich habe gesagt gehabt*) und Doppelplusquamperfekt (*Ich hatte gesagt gehabt*). Die Funktion dieser Temporalformen ist gut bei Goethe studierbar. In *Wilhelm Meisters Lehrjahre* heißt es: „*In dem Augenblick fühlte er sich am linken Arm ergriffen und zugleich einen sehr heftigen Schmerz. Mignon <u>hatte</u> sich <u>versteckt gehabt</u>, hatte ihn angefasst und ihn in den Arm gebissen.*" Der erste Satz ist im erzählerisch fiktionalen Präteritum. Der folgende Satz gibt die in der Vergangenheit liegende Erklärung für die Aussage, er habe einen heftigen Schmerz gefühlt. Mignon *hatte ihn angefasst* (Plusquamperfekt) und in den Arm gebissen – aber zuvor noch hatte sie sich versteckt. Das ergibt die folgende Reihenfolge: Mignon hatte sich versteckt (t_1) – Mignon hatte ihn angefasst und in den Arm gebissen (t_2) – er fühlte einen heftigen Schmerz (t_3). Hinzu kommt die Sprechzeit als t_0. Würden t_1 und t_2 beide im Plusquamperfekt stehen, müsste der Leser eigenständig ergänzen, dass t_1 vor t_2 liegen muss. Durch die Verwendung des Doppelplusquamperfekts nimmt der Autor dem Leser diese Gedankenarbeit ab. Würde man das Doppelplusquamperfekt in Abb. 10 einfügen, würde es also links der Betrachtzeit, die das Plusquamperfekt kennzeichnet, zu stehen kommen.

Das Doppelperfekt wird gerne zur Verstärkung eingesetzt: *Ich habe es dir doch aufgetragen!* Verstärkt: *Ich habe es dir doch aufgetragen gehabt.* Man kann sich hier gut eine Fortsetzung wie: *Das müssen wir doch jetzt nicht noch einmal besprechen.* vorstellen.

Während ältere Grammatiken nur das *werden*- und *sein*-Passiv behandeln, wird in neueren auch das *bekommen*-Passiv, das Dativobjekte – aber auch freie Dative – in das Passiv überführt, erörtert. Zweifelsohne wird dieses Passiv auch auf dem G-Niveau gebraucht, es muss aber hier nicht unbedingt terminologisch gefasst werden. Beim *bekommen*-Passiv wird die Perspektive auf den Empfänger von etwas gelenkt. Der Empfänger ist nun Subjekt: *Peter schenkt seiner Schwester ein Buch.* → *Die Schwester bekommt (von Peter) ein Buch geschenkt.* Wie beim *werden*-Passiv ist das aktivische Subjekt, das im Passiv als *von*-Präpositionalphrase ausgedrückt ist, fakultativ: *Die Schwester bekommt ein Buch geschenkt.* Das *bekommen*-Passiv kann nur bei Verben, die einen Rezipienten aufweisen, auftauchen. Es wird daher auch *Rezipientenpassiv* genannt (so, wie man beim *werden*-Passiv vom Vorgangspassiv und beim *sein*-Passiv vom Zustandspassiv spricht). Pragmatisch ist das Rezipientenpassiv interessant, weil der Rezipient als Ausgangspunkt für die Satzaussage genommen werden kann. Stilistisch ist es zumindest zweifelhaft, ganz besonders, wenn *bekommen* durch *kriegen* ersetzt wird. Man beachte, dass *Peter bekommt ein Buch.* kein Rezipientenpassiv ist, sondern ein gewöhnlicher Aktivsatz. Man kann diesen Satz passivisch deuten, da es jemanden gegeben haben muss, der das Buch herausgegeben hat. Aber das ist nicht grammatisch ausgedrückt.

Inhalt des M- und E-Niveaus: bekommen-Passiv

Passiv bedeutet, dass eine Sache in bestimmter Weise perspektiviert wird. Das Objekt einer Handlung oder der Rezipient werden im Passiv zum Ausgangspunkt (Subjekt), von dem etwas ausgesagt wird. Um dies zu erreichen, braucht es aber nicht immer morphologisch Passivformen, also Formen, die mit *werden* bzw. *bekommen* und einem Partizip II gebildet werden. Auf

Inhalt des E-Niveaus: Passiv ohne Passivform

dem E-Niveau sollten weitere Ausdrucksweisen beleuchtet werden, die zeigen, wie der Sprecher/Schreiber ein Geschehen, einen Vorgang ohne Agens perspektiviert. In *Das Buch liest sich gut.* ist das Augenmerk nicht auf den Lesenden gerichtet, sondern auf das Buch. Sprachgeschichtlich würde man hier von einem grammatischen *Medium* sprechen, das historisch als Vorläufer des Passivs angesehen wird und im Griechischen und in Resten im Lateinischen noch vorhanden ist. Das lat. *tempora mutantur* würde passivisch als *Die Zeiten werden geändert.* übersetzt. Das macht aber wenig Sinn, passend ist die Übersetzung: *Die Zeiten ändern sich.* – eine reflexive Konstruktion, wie sie auch in *Das Buch liest sich gut.* auftaucht. Allgemein kann man sagen, dass ein Medium ein Geschehen bezeichnet, das sich auf den Handelnden unmittelbar auswirkt, ohne dass aber dieser genannt werden müsste. Vielmehr bleibt er im Hintergrund mit der Sicht auf das Geschehen. Dass im Deutschen hier ein Reflexivum eintritt, zeigt diese Sichtweise an. Es wäre jedoch irreführend, hier ein zum Verb gehörendes Reflexivum wie bei *sich bedanken* anzunehmen.

Inhalt des E-Niveaus: Valenzfragen

Überhaupt sollten auf dem E-Niveau besondere Fälle besprochen werden. Dazu gehören auch Fragen der Valenz. Gemeinhin wird man Objekte als obligatorische Satzglieder ansetzen. Obligatorisch bedeutet, dass zum Szenario eines Verbs eine bestimmte Anzahl von Ergänzungen gehört. (Zum Begriff des Szenarios vgl. Vilmos Ágel 2019, S. 40.) Das Szenario wird in der Verbgruppe aufgespannt und ist an der ↑Valenz des Verbs erkenntlich: *etwas essen, etwas lesen, einem etwas vorlesen.* Wird dieses Szenario Teil einer Sachverhaltsdarstellung – grammatisch gesprochen: Teil eines Satzes – dann kommt zum Szenario immer noch ein Subjekt hinzu. Im Satz muss nicht immer das gesamte Szenario ausgedrückt sein. Man kann das Augenmerk auch nur auf den Vorgang als solchen lenken: *Was tust du gerade? – Ich esse/lese/lese gerade vor.* Der Fragende ist nicht an den Objekten des Essens, Lesens oder Vorlesens interessiert. Das ändert aber nichts daran, dass *essen/lesen/vorlesen* eine Akkusativergänzung brauchen, *vorlesen* zudem noch einen Rezipienten (Dativergänzung in der Verbgruppe: *einem etwas vorlesen*). An dieser Stelle zeigt sich besonders, dass es günstig ist, zwischen Ergänzungen als notwendigen Konstituenten der Verbgruppen und Objekten als Satzgliedern zu unterscheiden. Eine notwendige Ergänzung muss sich im Satz nicht notwendigerweise als

Objekt zeigen (Siehe auch die Bemerkungen in Kl. 5/6 ‚Verfahren und Strategien', wo dieses Thema schon andiskutiert wurde.)

Auf dem M- und E-Niveau ist das Thema Genus und Sexus beim Nomen ein sehr sinnvolles Diskussionsthema, weil hier Sprache und Gesellschaft eine besondere Verbindung eingehen. Aus linguistischer Sicht kann man durch Wortbildung markierte Bezeichnungen von unmarkierten Berufsbezeichnungen unterscheiden, die aber auch – insbesondere in Verbindung zur markierten Bezeichnung – als Gegenpart zur markierten Bezeichnung aufgefasst werden können. *Lehrer* (Suffixbildung aus *lehren*) ist zuerst eine Berufsbezeichnung und meint alle, die lehren. So heißen bis heute führende Fachzeitschriften mit Blick auf den Beruf: *der Chirurg, der Jurist*. Gegenüber der Personenbezeichnung *Lehrerin* meint *Lehrer* aber alle männlichen Lehrpersonen und schließt die weiblichen aus. Unter dieser Sichtweise ist es verständlich, dass weibliche Lehrkräfte darauf drängen, dass nicht nur von Lehrern, sondern auch von Lehrerinnen die Rede ist, da dem Ausdruck selbst nicht anzusehen ist, ob er generisch, also für alle Lehrenden, oder speziell, also nur für die männlichen Lehrer gebraucht wird. Was also linguistisch unproblematisch erscheint, ist gesellschaftlich problematisch. Der Vorschlag, neutrale Bezeichnungen zu finden, stößt im Deutschen an seine Grenzen. Im Singular verlangt das Deutsche einen Artikel, der Genus anzeigt: *die Lehrkraft, die Lehrperson* erhalten ihren Artikel über das jeweilige Grundwort: *die Kraft, die Person*. Dieser Artikel ist jedoch willkürlich, Ausweis nur von Genus, nicht von Sexus. Wird also in die Diskussion der Artikel miteinbezogen, wonach *Lehrer* nur männliche Personen meine, weil es *der* heiße, so zeigt die Einbeziehung von *die Lehrkraft/die Lehrperson*, dass man schwerlich so argumentieren kann. Daher wurde oben (Kl. 7/8) über die Wortbildungsmorpheme argumentiert. Überhaupt eröffnet eine Betrachtung der Wortbildungsmöglichkeiten weitere Aspekte: *Ärztestammtisch, Bauernverband, Lehrermangel, Schulleiterbeurteilung* sind auf der Grundlage des jeweiligen generischen Ausdrucks gebildet. Hier wirken auch Doppelnennungen sehr bemüht: ?*Arzt- und Ärztinnenstammtisch*, ?*Bauern- und Bäuerinnenverband*. (Vielleicht kann man an solchen Diskussionen lernen, dass es die eine Lösung des Problems nicht gibt, nicht zuletzt deswegen, weil Inkommensurables gegeneinander steht. Jemand mag *Lehrer- und Lehrerinnenstammtisch* als geschlechtergerechte Ausdrucksweise empfinden,

Inhalt des M- und E-Niveaus: Nomen: Genus und Sexus

aber den damit verbundenen sprachlichen Aufwand scheuen, zumal auch diese Ausdrucksweise *divers* überhaupt nicht erwähnt, sodass er letztendlich doch bei der Tradition bleibt. Eine solche Haltung sollte man anerkennen wie umgekehrt, dass jemand anderes Geschlechtergerechtigkeit höher bewertet als ökonomische Ausdrucksweise.)

In diesen Zusammenhang gehört auch die Pronominalisierung. *Mädchen* ist nur grammatisch aufgrund der Wortbildung neutral. Wenn pronominalisiert wird, richtet man sich dann nach dem Genus oder nach dem Sexus? Grammatisch immer korrekt ist Pronominalisierung nach dem Genus: *das Mädchen – es*. Interessant ist aber, dass bereits Goethe nach dem Sexus pronominalisierte: *Als mich das Mädchen erblickte, so trat sie den Pferden näher. (Hermann und Dorothea)*. Ein solcher Gebrauch ist markiert. Man muss sich aber klar sein, dass dies nicht möglich ist, wenn es hieße: *Der Lehrer betrat die Klasse. *Sie ...*, denn hier steht *Lehrerin* zur Verfügung.

<small>Inhalt des E-Niveaus: Nomen: freier Kasus</small>

Auf dem E-Niveau sollte auch der freie Kasus besprochen werden. Gemeint sind damit Genitive, Dative oder Akkusative, die nicht von einer sie regierenden Größe (gemeinhin einem Verb) abhängen.

– Genitiv: *eines Nachts*, funktional im Satz eine Adverbiale der Zeit. Ein Prädikativ liegt vor in *Er ist des Wahnsinns*. Dies ist eine besondere Form eines Genitivus qualitatis, der sonst als Attributsgenitiv vorkommt: *Das ist ein Ticket erster Klasse*.

– Dativ: Hier gibt es ein reichhaltiges Angebot: Dativus commodi: *Ich trage meiner Mutter die Koffer*. Da zum Szenario von *tragen* kein Dativ gehört, sondern nur ein Akkusativ (*etwas tragen*), ist der Dativ *meiner Mutter* als Dativus commodi analysierbar. In den meisten Fällen kann ein Dativus commodi durch eine Präpositionalgruppe ersetzt werden: *Ich trage <u>für meine Mutter</u> die Koffer*.
Dativus iudicantis: *Ihm war die Limonade zu süß*. Wieder hat der Dativ *ihm* keine regierende Größe. Seinen Namen hat dieser Dativ von seinem Einsatz her. Er tritt in Beurteilungssätzen auf. Auch dieser Dativ kann durch eine *für*-Präpositionalgruppe ersetzt werden. *Für ihn war die Limonade zu süß*.

Dativus ethicus: *Dass ihr mir ja ruhig seid.* Dieser Dativ wird a) durch eine pronominale Form realisiert (*mir*). Er bezeichnet die Person, die „emotional am Sachverhalt teilhat, aber nicht selbst Handlungsbeteiligte ist." (Grammis, o.J.: Wissenschaftliche Terminologie: Dativus ethicus) Dieser Dativ ist nicht durch eine *für*-Präpositionalphrase ersetzbar.
– Akkusativ: *Er wartete den ganzen Tag.* Auch der freie Akkusativ hat im Satz die Funktion eines Adverbials, hier eines Temporaladverbials, in *Er lief einen Kilometer.* die eines Lokaladverbials. Wie schon der freie Genitiv und alle freien Dative ist auch der freie Akkusativ im Satz immer fakultativ. Alle fungieren im Satz als Adverbial.

Die Unterscheidung zwischen obliquem Kasus und freiem Kasus ist sinnvoll, weil sie erst notwendige Ergänzungen – im Satz Objekte – von fakultativen Satzgliedern unterscheidbar macht. Ausrücke mit freiem Kasus sind nie Konstituenten der Verbgruppe. Zudem zeigen die Betrachtungen ein weiteres Mal, dass die Satzfragen hinsichtlich Informationsbeschaffung zielführend sind, hinsichtlich der Satzstruktur aber zu kurz greifen.

Probleme der Pronominalisierung wurden bereits oben angesprochen. Wichtig zu üben ist, dass Pronominalisierung eindeutig ist. Je komplexer Texte werden, desto größer sind hier die Problemlagen. Daher sollte auf dem E-Niveau entsprechende Zeit zur Betrachtung und Übung veranschlagt werden. Dazu gehört, dass die wiederholte Fortführung ihre Eindeutigkeit verliert: *Am Waldrand treffen sich eine junge und eine ältere* Frau. *Die eine trägt einen blauen, die andere einen roten Rock. Die *eine/ Erstere lacht freundlich.* Bei der 2. Fortführung weiß man nicht mehr genau, wer *die eine* und wer *die andere* ist.

Inhalt des E-Niveaus: Textpronomen und Bezüge

Ein anderes Beispiel, das Mayer (1999) vor dem Hintergrund einer Analyse von Schüleraufsätzen anführt, ist: *Friedrich Schillers ‚Wilhelm Tell' erzählt von dem Kampf der Schweizer gegen die Habsburger.* Es *erzählt auch von dem Jäger Wilhelm Tell.* Nur Weltwissen, dass nämlich *Wilhelm Tell* ein Drama ist, erklärt die Wahl des Pronomens. Hier wäre also ratsam, im ersten Satz Drama oder Schauspiel einzufügen: *Friedrich Schillers Drama/Schauspiel ‚Wilhelm Tell' erzählt von dem Kampf der Schweizer gegen die Habsburger.* Es *erzählt auch von dem Jäger Wilhelm Tell.*

Inhalt des M- und E-Niveaus Sonderfälle beim Adjektiv

Die Ränder einer jeden Klassifikation sind schwierig zu bestimmen. Solche Fälle zu betrachten, sollte Inhalt auf dem Mund E-Niveau der Klassen 9/10 sein. Dies zeigt sich bei den Wortarten, bei denen mehrere Kriterien für die Klassifikation angewendet werden, besonders deutlich. Ein Ausdruck wie *rosa* oder *lila* gehört semantisch betrachtet, wie andere Farbbezeichnungen auch, zu den Adjektiven. Morphologisch betrachtet tun sie dies aber nicht, da sie nicht deklinierbar sind. Einige Wörter, die man semantisch zu den Adjektiven rechnen würde, haben syntaktische Defizite. Ausdrücke wie *angeblich, ehemalig, hölzern, recht* können nur attributiv gebraucht werden, solche wie *pleite, angst, futsch* sowie *rosa, lila* nur prädikativ. Man kann von einem hölzernen Tisch sprechen, aber kaum, dass ein Tisch hölzern sei, vielmehr ist jetzt die korrekte Ausdrucksweise, dass er *aus Holz* ist. Man kann auf den rechten Stuhl zeigen. Zu *recht* gibt es aber keinen prädikativen Ausdruck. In *Der Stuhl ist ...* ist *ist* nicht Kopula, sondern hat die Bedeutung *befindet sich*. Für die erwartete Lokaladverbiale steht aber ein Adverb zur Verfügung: *rechts* – daher: *Der Stuhl ist/steht rechts*.

Man kann hier auch einen Blick auf Zugehörigkeitsadjektive wie *deutsch, italienisch* werfen. Obgleich man von (typisch) deutschen oder italienischen Verhaltensweisen sprechen kann, wird es doch ideologisch gefährlich, wenn man irgendeine Verhaltensweise (typisch) deutsch oder (typisch) italienisch nennt. Wer von einem deutschen Wein spricht, sagt nicht, dass der betreffende Wein deutsch wäre, sondern dass er aus Deutschland stammt. Mit Prädikativsätzen werden prototypisch Eigenschaften zugesprochen. Ideologisch gefährlich wird es, wenn man eine Staatszugehörigkeit als Eigenschaft von Menschen interpretiert. Daher heißt es korrekt: *Peter ist Deutscher* und nicht **Peter ist deutsch*.

Bei der Betrachtung dieser Fälle geht es auch um Klassifikationsfragen. So wie man in der Biologie erst vor dem Hintergrund der definierenden Merkmale versteht, warum der Wal nicht zu den Fischen und der Pinguin zu den Vögeln gehört, so sollte man auch bei der Wortartklassifikation verstehen, dass es ein generelles Klassifikationsproblem ist, mit Randerscheinungen umzugehen. Mit Blick auf eine Sortenreinheit einer Klasse könnte man beliebig viele Klassen aufmachen, was sich aber aus pragmatischen Überlegungen heraus verbietet. Daher wird man *rosa, lila, futsch, angeblich, italienisch* etc. zu den Adjektiven rechnen, auch wenn sie nicht alle typischen Merkmale von Adjektiven aufweisen.

Das Thema kann auf dem E-Niveau weiter betrachtet werden, indem überhaupt unflektierte Adjektive betrachtet werden. Zu diesen Ausdrücken gehören Farbbezeichnungen und Qualifizierungsausdrücke wie *klasse, spitze,* die immer häufiger in den Sprachgebrauch eindringen. Keiner dieser Ausdrücke ist im Grimm'schen Wörterbuch verzeichnet. Im Wahrig (Wahrig-Buhrfeind 2011) werden sie bzw. bestimmte Verwendungen von ihnen als umgangssprachlich gekennzeichnet. Zuerst werden solche Ausdrücke unflektiert prädikativ verwendet, dann auch attributiv und einige werden in dieser Funktion sogar flektiert: *ein rosanes Kleid* – eine Ausdrucksweise, die man zumindest auf dem E-Niveau kritisch begleiten sollte. Mit *ein rosafarbenes/lilafarbenes Kleid* liegen Ausdrücke vor, die auch ein bezeichnendes Licht auf die Ausdrücke *rosa – wie eine Rose* und *lila – wie Flieder* (aus frz. *lilas* = Flieder) werfen. Sprachwandel kann man bei Ausdrücken wie *klasse* und *spitze* erleben. Zuerst nur prädikativ gebraucht, kommen sie heute umgangssprachlich auch in attributiver Stellung vor: *ein klasse Freund, ein spitze Sportler.* Hier kann man dann unterscheiden zwischen einem *spitze Sportler* und einem *Spitzensportler,* der keineswegs immer *spitze* sein muss, sowie einem *Sportler, der spitze ist* und einem Sportler, *der Spitze ist*. Mit dem letzteren Ausdruck ist gemeint, dass jemand – gemessen an irgendeiner Rangliste – an der Spitze steht. Dagegen handelt es sich bei einem *spitze Sportler* um einen Sportler, dem (subjektiv) die Eigenschaft, *spitze = herausragend* zu sein, zugeschrieben wird.

Ganz anders liegen die Verhältnisse in poetischem, veraltetem Sprachgebrauch: *ein garstig Lied, ruhig Blut.* Beide Ausdrücke sollten als feststehende Wendungen, die heute keine grammatische Basis mehr haben, behandelt werden.

Noch einmal anders liegt der Fall bei appositiver Eigenschaftszuschreibung: *mein Opa, alt und gebrechlich,* ist als Einschub zu behandeln (s. u.). Da *alt und gebrechlich* dem Kongruenzverband der Nominalgruppe entzogen sind, können sie auch nicht dekliniert werden.

Bei den Adverbien verdienen auf dem E-Niveau diejenigen, die kommentieren, auch im Zusammenhang mit den Satzadverbialen eine besondere Aufmerksamkeit. Dabei sind Wortbildungen mit *-weise* neben Adverbien wie *vielleicht, wirklich, sicherlich* etc. einschlägig. In einem Satz wie *Das ist bedauerlicherweise eine trau-*

Inhalt des E-Niveaus: unflektierbares Adjektiv

Inhalt des E-Niveaus: Kommentaradverb

rige Angelegenheit. drückt der Sprecher nicht nur aus, dass er bedauert, dass ..., sondern darüber hinaus, dass es seiner Meinung nach allgemein bedauerlich ist, dass ... In einer vollständigen performativen Ausdrucksweise würde die Wendung heißen: *Ich behaupte, dass es bedauerlich ist, dass ...* Der Sprecher vollzieht also ein Werturteil oder allgemein: Er kommentiert den ausgedrückten Sachverhalt, dass eine Angelegenheit allgemein traurig ist. Neben solchen Werturteilen kommen auch Einschätzungen des Geltungsgrades vor: *Morgen regnet es vielleicht/bestimmt/sicherlich/wahrscheinlich.* In vollständiger performativer Ausdrucksweise: *Ich sage voraus, dass es vielleicht/bestimmt/sicherlich/wahrscheinlich der Fall ist, dass es morgen regnet.* Allgemein spricht man hier von Sprecherkommentaren. Dies ist nicht die einzige Möglichkeit, mit der der Sprecher kommentieren kann. Grammatisch geschieht dies durch den Modus. Der Konjunktiv I bringt so zum Ausdruck, dass der Sprecher etwas als möglich, der Konjunktiv II als gewünscht oder irreal hält. Lexikalisch stehen Ausdrücke zur Verfügung, die Werturteile ausdrücken: *gerne, schön, traurig ...* Wer behauptet, dass das Bild X schön sei, drückt seine Einschätzung aus, einen objektiven Maßstab für Schönheit gibt es nicht. Daher hat der Satz *Das ist bedauerlicherweise eine traurige Angelegenheit.* ein Werturteil und eine Kommentierung dieses Werturteils. Man kann also Modaladverbien bzw. Modaladverbiale, die z.B. im Rahmen einer Prädikativkonstruktion Werturteile ausdrücken, von Kommentaradverbien, die einen ausgedrückten Sachverhalt bzw. ein Werturteil kommentieren, unterscheiden. In *Maja liest gerne.* wird ein Werturteil gefällt. In *Glücklicherweise liest Maja wieder.* kommentiert der Sprecher, den Sachverhalt, dass Maja wieder liest. Unten, bei der Unterscheidung von Prädikats- und Satzadverbialen wird noch deutlich werden, warum es sich hier um eine sinnvolle Unterscheidung handelt.

Für die kommentierende Funktion von Wortbildungen mit *-weise* ist das die Wortbildung ermöglichende Lexem verantwortlich. In *bedauerlicherweise* steckt *bedauern;* daher ist ein Ausdruck wie *beziehungsweise* nicht zu den Kommentaradverbien zu rechnen, sondern ein Adverb, das aussagt, dass eine bestimmte Beziehung hergestellt werden sollte.

Kommentaradverbien haben eine andere kommentierende Funktion als Abtönungspartikel, die auf dem E-Niveau bereits in den Klassen 7/8 besprochen worden sind und auf dem M-Niveau auf dieser Klassenstufe thematisiert werden. Während Kommentaradverbien in eine explizit performative Formel gebracht werden können, ist dies bei Abtönungspartikeln nicht möglich. (Siehe hierzu die Ausführungen zu den Abtönungspartikeln in den Klassen 7/8, E-Niveau.)

Inhalt des M-Niveaus: Abtönungspartikel ←E-Niveau: Kl. 7/8

Oben wurde auf die Wortbildung mit *-technisch* hingewiesen, wodurch eine Ausdrucksweise mit einer Präpositionalgruppe eingespart wird: *Arbeitstechnisch ist das nicht optimal.* meint: *Hinsichtlich der Arbeit ist das nicht optimal.* Auch hier liegen keine Kommentaradverbien vor (wenngleich Satzadverbiale), denn es wird nicht kommentiert, sondern nur eine Angabe zu etwas hergestellt.

Bei den Präpositionen holt das G-Niveau hinsichtlich der wichtigsten Präpositionen mit Genitiv nach, was auf dem M- und E-Niveau bereits früher besprochen wurde. Umgangssprachlich werden *während, wegen, trotz, innerhalb* meist mit Dativ gebraucht, während der bildungssprachliche Gebrauch den Genitiv vorschreibt. Man könnte denken, dass es deshalb auch auf dem G-Niveau nicht besprochen werden müsste, zumal es keine Verständigungsprobleme gibt. Tatsächlich aber würde ein solcher Unterricht zur Festigung von Bildungsschichten beitragen und nicht versuchen, sie aufzuheben. Ziel der Schule auf allen Bildungsniveaus sollte es sein, dass jemand die Chance hat, den bildungssprachlichen Standard zu erwerben, der ihn vor sprachlichen Stigmatisierungen schützt.

Inhalt des G-Niveaus: Präposition mit Genitiv

Auf dem M- und E-Niveau stehen bei den Präpositionen zwei Themen an:

Inhalt des M- und E-Niveaus: Besondere Aspekte bei Präpositionen

a) Der Zusammenhang von Präpositionen und Junktionen. In gewisser Weise haben Präpositionen auch eine junktionale Funktion. Mit ihnen werden prototypisch weitere Informationen (die sog. Angaben bzw. Adverbiale) in einen Satz eingefügt, d. h., der elementare Satzgedanke wird mit weiteren Informationen verbunden. Es sollte also nicht verwundern, dass ein Ausdruck wie *während* Präposition (*während des Essens*) oder Subjunktion (*während er aß, ...*) sein kann. Insbesondere können mit einer Subjunktion eingeleitete Adverbialsätze mittels einer Präpositionalgruppe im Hauptsatz wiedergegeben werden: *Wenn es regnet, werde ich nicht kommen.* → *Bei Regen werde ich nicht kommen.* *Obwohl ich Schnupfen hatte, ...* → *Trotz meines Schnupfens ...*

b) Bei einigen Präpositionen gibt es einen schwankenden Kasusgebrauch. *Binnen* oder *längs* können mit dem Genitiv, aber auch mit dem Dativ gebraucht werden. *Trotz* und *dank* regieren manchmal den Genitiv (*dank seiner Verdienste, trotz der widrigen Verhältnisse*) – bei pluralischen Ausdrücken wird eher der Genitiv bevorzugt –, manchmal den Dativ (*dank meinem Fleiß, trotz heftigem Regen* – insbesondere, wenn ein Begleiter fehlt, erscheint der Dativ). Dabei setzt sich der Dativ über die Umgangssprache immer mehr durch. Dass es dabei aber nicht nur um Umgangssprache geht, sieht man an *trotzdem*. Auch *wegen* verlangt obligatorisch den Dativ, wenn es mit einem Pronomen konstruiert wird: *wegen dir*. Man kann einwenden, dass es hier hochsprachlich *deinetwegen* heißt. Wir erleben hier aber Sprachwandel. *Deinetwegen* wird zusehends anstelle von *für dich* und abnehmender für *wegen dir* (sic!) gebraucht – übrigens ein Satz, in dem *wegen dir* nicht durch *deinetwegen* ersetzt werden kann. Aus der Diskussion solcher Beispiele kann man Argumente gewinnen, warum *wegen* auch in anderen Kontexten zum Dativ strebt und der Genitiv als Präpositionalkasus ein Übergangsstadium zum Dativ darstellt bei all den Präpositionen, denen aufgrund ihrer Wortbildung der Präpositionalstatus nicht anzusehen ist. Je häufiger dann ein entsprechender Ausdruck als Präposition auftaucht, desto eher wird er mit dem Dativ verbunden. Man kann dann Reihen ansehen wie: *auf Grund des Umstandes* ... (Genitiv als von *Grund* abhängig motiviert) – *aufgrund des Umstandes* (Genitiv nun Präpositionalkasus) – *aufgrund dem Umstand* (heute noch ungewohnt, aber im Laufe des Sprachwandels erwartbar). Wie man an *trotzdem* sehen kann, wird vermutlich auch *infolgedessen* diese Entwicklung nicht aufhalten.

Inhalt des M- und E-Niveaus: Wortgruppen – besondere Aspekte

Wortgruppen werden in den Klassen 9 und 10 nur noch auf dem M- und E-Niveau betrachtet. Ziel ist, den Zusammenhang von Wortgruppe und Satzfunktion zusammenfassend zu verdeutlichen. Dabei ist bei den nachfolgenden Betrachtungen zu bedenken, dass eine Wortgruppe immer auch durch den Kern der Wortgruppe allein vertreten sein kann.

Verbgruppe

Von allen Wortgruppen ist die Verbgruppe hoch spezialisiert. Sie bildet im Satz den engen Prädikatsverband, wobei das Verb bzw.

der Verbkomplex als Kern der Wortgruppe das Prädikat bildet und die obligatorischen, in der Verbgruppe genannten Ergänzungen die Objekte. Bis zu den Klassen 9/10 werden Verbgruppen in den verschiedenen Ausprägungen betrachtet: Klassen 5/6: Verbgruppen mit Partikelverben und Modalverbkomplexen; Klassen 7/8: Verbgruppen mit feststehenden Präpositionalgruppen bzw. abhängigen Nebensätzen. In den Klassen 9/10 kommt nun die Betrachtung im Passiv dazu. Streng genommen liegt im Passiv immer nur ein Verbkomplex vor: *geliebt werden, benachrichtigt werden* ... Auch das wirft ein bezeichnendes Licht auf das Passiv, das die Betroffenheit von einer Aktion betont und das Weitere ausblendet.

Im Gegensatz zu den Verbgruppen sind die Nominalgruppen für jede Satzfunktion gut – ausgenommen die Prädikatsfunktion. Sie können sein:

Nominalgruppe – Satzfunktionen

Satzgliedfunktion:
- Subjekt: *Der Hund bellt.*
- Objekt: *Der Hund beißt den Postboten.*
- Prädikativ: *Der Hund ist ein Labrador.*
- Adverbial: *Der Hund wartete den ganzen Tag auf seinen Besitzer.*

Gliedteilfunktion:
- Attribut: *Der Hund meiner Schwester ist ein Labrador.*

Unter den Nominalgruppen sollten auf dem E-Niveau auch Pronominalgruppen betrachtet werden, die jede Funktion einnehmen können, die auch die Nominalgruppen innehaben können. Pronominalgruppen sind nicht besonders häufig, was rechtfertigt, dass die Behandlung nur auf dem E-Niveau stattfindet: *Wir alle dürfen teilnehmen. Das hier ist eine Rose. Allein du/du allein kannst das schaffen.* In den ersten beiden Fällen haben wir eine attributive Erweiterung, im letzten Fall eine Zuspitzung durch die Fokuspartikel *allein*, die anders als die beiden Attribute vor- und nachgestellt sein kann. Gehört zur Pronominalgruppe ein flektierbares Wort (*wir alle*), so wird es kongruierend dekliniert (*uns allen*).

Die weiteren Wortgruppen haben alle die Einschränkung, dass sie nicht die Subjektfunktion ausüben können. Von diesen sind die Präpositionalgruppen die vielfältigsten. (Im Folgenden steht die häufigste und typischste Funktion immer am Anfang.)

Präpositionalgruppe – Satzfunktionen

Funktionen der Präpositionalgruppe:
- Adverbial (Hauptfunktion): *Wir rennen in den Garten. Er wurde mangels eines Beweises freigesprochen.*
- Objekt (Präpositionalobjekt) mit einer vom Verb festgelegten Präposition: *Sie kümmert sich um kranke Tiere.*
- Prädikativ: *Sein Verhalten ist ohne Fehl und Tadel.*
- Gliedteilfunktion:
- Attribut: *Die Teilnehmer aus Italien waren besonders freundlich.*

Adjektivgruppe – Satzfunktionen

Adjektivgruppen und Adverbgruppen können im Satz nicht nur nicht Subjekt-, sondern auch nicht Objektfunktion einnehmen:
Funktionen der Adjektivgruppe:
Satzgliedfunktion:
- Prädikativ: *Das Bellen ist sehr laut.*
- Adverbial: *Der Hund bellt sehr laut.*

Gliedteilfunktion:
- Attribut: *Das sehr laute Bellen ist unerträglich.*

Man kann bei Adjektivgruppen keine typische Hauptfunktion ausmachen.

Adverbgruppe – Satzfunktionen

Die Funktionen der Adjektivgruppe liegen auch bei der Adverbgruppe vor:
- Adverbial (Hauptfunktion): *Der Hund liegt dort oben im Schatten.*
- Prädikativ: *Jetzt ist mir ziemlich wohl.*

Gliedteilfunktion:
- Attribut: *Deine Antwort kurz zuvor leuchtet mir ein.*
- Adverbial: *Sie wurde als Löwin geschminkt.*

Adjunktorgruppen – Satzfunktionen

Ansonsten handelt es sich um Konstituenten von Satzgliedern, für die sich kein eigener Terminus ausgebildet hat (so wie z. B. *Attribut* für die Gliedteilfunktion von Adjektiven oder Adjektivgruppen).
- *Ich sah niemanden außer ihn.* (Konstituente des Objekts)
- *Das Ulmer Münster ist höher als der Kölner Dom.* (Konstituente des Prädikativs)

Zusammenfassung des Zusammenhangs: Wortgruppe – Satzfunktion

Zusammengefasst (ohne den Sonderfall Adjunktorgruppe). Dabei sind auch die Fälle aufgeführt, bei denen die Wortgruppe nur mit dem Kern vertreten ist:

5 Klassen 9/10

Form: Wort/Wortgruppe	Funktion: Satzglieder/Gliedteil
Verb/Verbkomplex Verbgruppe	Prädikat Der Hund _bellt_/_hat gebellt._ enger Prädikatsverband: _Der Hund bellt den Mond an._
Nomen/ Nominalgruppe	Subjekt: _Vögel_ singen. _Der Hund_ bellt. Objekt: Der Hund beißt _den Postboten_. Adverbial: Der Hund wartete _den ganzen Tag_ auf seinen Herrn. Prädikativ Der Hund ist _ein Mops_. Attribut: Der Hund _meiner Schwester_ ist ein Mops.
Präpositionalgruppe	Objekt: Der Hund wartete den ganzen Tag _auf seinen Herrn_. Adverbial: Der Hund beißt den Postboten _in die Wade_. Prädikativ: Paragraph 223 kommt _zur Anwendung_. Attribut: Ein Hund _im Haus_ erspart eine Alarmanlage.
Adjektiv / Adjektivgruppe	Adverbial: Der Hund bellt _laut_/_sehr laut_. Prädikativ: Das Bellen ist _ziemlich unerträglich_. Attribut: Das _äußerst laute_ Bellen ist unerträglich.
Adverb / Adverbgruppe	Adverbial: Der Hund wird _heute_/_heute früh_ verkauft. Prädikativ: Jetzt ist mir _sehr wohl_. Attribut: Der Hund _dort drüben_ würde mir gefallen.

Satzglieder und Satz

Satzglieder und Satz werden in den Klassen 9/10 auf allen Niveaus thematisiert. Auf dem M- und E-Niveau kommen Korrelatstrukturen hinzu, auf dem E-Niveau sollte zudem der Unterschied zwischen Präpositionalobjekten und Adverbialen sowie der zwischen Prädikats- und Satzadverbialen eine Rolle spielen. Damit kommt auch in den Blick, wie in einem Satz kommentiert werden kann. Schließlich sollten auch uneingeleitete Nebensätze in ihren wichtigsten Ausprägungsarten in den Blick genommen werden. Für alle Niveaus sind Einschübe, Ellipsen und auf der Textebene die Thema-Rhema-Progression Inhalte.

Dabei werden bei den Einschüben auch Appositionen mitbehandelt. Das ermöglicht es, dass für das G-Niveau auf den Terminus _Apposition_ verzichtet werden kann, dabei aber der Sachverhalt dennoch behandelt wird. (Allerdings werden enge Appositionen nicht behandelt.) Einschübe sind Unterbrechungen des Satzes. Appositionen sind immer Satzkonstituenten und werden zu anderen Satzkonstituenten (selten zu Gliedteilen, normalerweise zu Satzgliedern) gesetzt, Parenthesen sind normalerweise ganze Sätze und werden an geeigneter Stelle in den Satz eingeschoben. Dabei kann jede Satzform gewählt werden. Fragezeichen und Ausrufezeichen müssen auch gesetzt werden.

Einschub

Man kann also einen Einschub aus dem Satz herausnehmen, ohne dass der Grundsachverhalt sich ändern würde. Gemeinhin bringen Einschübe neue Sachverhalte in den Satz, allerdings ohne jeden syntaktischen Konstruktionsaufwand. Am deutlichsten ist dies, wenn ganze vollständige Sätze eingeschoben werden: *Am Freitag – wir hatten gerade Pause – schrieb ich Dir einen Brief.* Es hätte auch ein Fragesatz eigeschoben werden können: *Am Freitag – war es nicht ein Jahr, nachdem wir uns kennengelernt hatten? – schrieb ich Dir einen Brief.* Hier sind Parenthesestriche (Gedankenstriche) als stärkstes Abgrenzungsmittel die Mittel der Wahl, um den Einschub zu kennzeichnen. (Eine Alternative wären Klammern, die v. a. dann gebraucht werden, wenn es um Nebenbemerkungen, um ein Beiseite-Sprechen geht.) Nun können einzelne Informationen weiter erläutert werden: *Am Freitag, dem 13. Oktober – wir hatten gerade Pause –, schrieb ich Dir, meinem besten Freund, einen Brief.* Hier ist eine Besonderheit zu beachten: *dem 13. Oktober* ist Apposition zu *Freitag*, das aufgrund der Präposition *an* im Dativ steht. Daher ist bei der Apposition ebenfalls der Dativ erwartbar. Im Sprachgebrauch findet sich aber auch der Akkusativ: *den 13. Oktober,* was man dann als freien Akkusativ werten muss, wie er bei Zeitangaben vorkommen kann (s. o. unter freier Kasus – E-Niveau). An der Bestimmung der Funktion als Apposition würde sich aber nichts ändern. Diesen Kasuswechsel gibt es nicht bei der 2. Apposition: *meinem besten Freund.* Wie man sehen kann, sind Appositionen Gliedteile als Einschübe und als solche – normalerweise – kasusidentisch mit dem Bezugsausdruck.

Abb. 13 macht deutlich, wie Einschübe funktionieren:

Am Freitag　　　　　　*schrieb ich Dir*　　　　*einen langen Brief.*
, dem/den 13. Oktober,
　　　　　　　　– wir hatten gerade Pause –
　　　　　　　　　　　　　　　　, meinem besten Freund,

　　　　Apposition　　　　Parenthese　　　　Apposition
　　　paariges Komma　Gedankenstriche　paariges Komma

Abb. 13 | Einschübe

Was unbedingt betrachtet werden sollte, sind Ellipsen. Sie sind im Sprachgebrauch sehr häufig, daher ist eine Reflexion darauf, was da geschieht, sinnvoll. Ellipsen sind Äußerungen, denen obligatorische Satzglieder fehlen, die aber situativ, kontextuell oder auf der Grundlage des allgemeinen Weltwissens ergänzt werden können. *[Gehe] Weg da! Alle [sollen] mal herhören! [Die] Straße [ist] gesperrt [worden]. Und was [ist/geschieht] dann?* Solche syntaktisch konstruierbaren Ellipsen liegen auch vor, wenn es heißt: *Hans und Lisa schreiben einen Bericht.* Explizit gemeint ist: *Hans [schreibt einen Bericht] und Lisa schreibt einen Bericht.* An dem Beispiel kann man auch sehen, dass die Ellipse die Unbestimmtheit des Satzes – schreiben beide einen Bericht oder jede Person einen? – beibehält.

Von pragmatischen Ellipsen kann man bei Ausrufen wie *Feuer!* sprechen. Aus dem Umstand, dass jemand Feuer sichtet und dies äußert, ist erwartbar, dass ein anderer dies als Gefahr im Verzug bewertet. In jedem Fall kann eine Rekonstruktion auf der Grundlage des Grice'schen Kooperationsprinzips erfolgen. Dieses Prinzip lautet: „Mache deinen Gesprächsbeitrag jeweils so, wie es von dem akzeptierten Zweck oder der akzeptierten Richtung des Gesprächs, an dem du teilnimmst, gerade verlangt wird." (Grice 1979, S. 248) Ellipsen verletzten hinsichtlich dieses Prinzips die Maxime der Quantität. Der Sprecher drückt weniger aus, als ein vollständiger Satz verlangen würde. Aber er kann und wird darauf vertrauen, dass es dem Hörer keine Schwierigkeit bereitet, die vollständige Information zu rekonstruieren. Ein solches Vorgehen ist typisch für Alltagskommunikation. Betrachtet man moderne Gedankenlyrik, so kann man sehen, dass sie in einem sehr hohen Maße elliptisch ist. Hier wird man sagen, dass der Autor darauf vertraut, dass der Leser jeweils eine vollständige Information erschließen kann. Wo auch dieses nicht mehr gewährleistet ist, wird man von einer erratischen Ausdrucksweise sprechen.

Auf dem M- und E-Niveau sollten Korrelatstrukturen angesehen und untersucht werden. Um Korrelatstrukturen zu verstehen, ist es sinnvoll, sie mit Nichtkorrelatstrukturen zu vergleichen:

Ellipse

Inhalt des E-Niveaus: Korrelat

Es kommt selten vor, dass du mich besuchst. *Sie wagte es, ihm entgegenzutreten.* *Sie rät ihm dazu, sich an seinen Freund zu wenden.*	*Du besuchst mich selten.* *Sie trat ihm wagemutig entgegen.* *Sie rät ihm, sich an einen Freund zu wenden.*

Mit Blick auf das Feldermodell kann man sehen, dass bei allen Sätzen mit Korrelatstrukturen, also Strukturen, die im Hauptsatz ein Korrelat zu einem folgenden Nebensatz aufweisen, der Nebensatz, also der Inhalt des Korrelats, in das Nachfeld rückt. Damit erhöht sich das informatorische Gewicht dieser Inhalte. Beim dritten Satz scheint dies nicht so zu sein. Mit dem Korrelat muss aber der Infinitivsatz in das Nachfeld, während er ohne Korrelat auch im Mittelfeld stehen kann: *Sie hat ihm, sich an einen Freund zu wenden, geraten.* In keinem der Sätze ist das Korrelat obligatorisch. Im ersten Satz scheint dies nur so zu sein, weil das Vorfeld besetzt sein muss. Wenn man aber ein wenig umstellt, kann das Korrelat wegfallen: *Dass du mich besuchst, kommt selten vor.* Das Korrelat dient also in jeden Fall dazu, dass eine Information ausgegliedert werden kann. Der letzte Satz zeigt ein Weiteres: Beim Erfragen von Informationen wird man vielleicht fragen: *Was rät sie ihm?* Identifiziert man nun solche Fragen als Fragen nach Satzgliedern, so wird man den Nebensatz als Akkusativ-Objektsatz klassifizieren. Das Korrelat zeigt aber, dass man damit falsch liegt. Tatsächlich liegt ein Präpositionalobjekt vor: *raten zu etwas.*

<small>Inhalt des E-Niveaus: Präpositionalobjekt – obligatorisches Adverbial</small>

Auf dem E-Niveau sollten noch vier weitere Themen behandelt werden:

Die Hauptfunktion von Präpositionalgruppen ist es, im Satz Adverbiale zu bilden. Sie bilden aber auch Präpositionalobjekte. Wie oben ausgeführt, nimmt man an, dass ein Präpositionalobjekt dann vorliegt, wenn die Präposition inhaltsleer und fest mit dem Verb verbunden ist: *warten auf, raten zu* ... Bei *sich freuen* fällt das Kriterium der festen Präposition weg: *sich freuen auf/über*. Aber die Präposition ist in jedem Fall inhaltsleer, daher hat man in *Er wartete auf dem Bahnsteig auf den Zug.* bei der ersten Präpositionalgruppe ein Adverbial, bei der zweiten ein Präpositionalobjekt und in *Er freute sich auf seinem Geburtstag auf seinen Freund und über die vielen Geschenke.* bei der ersten Präpositionalgruppe ein Adverbial (*auf* mit temporaler Bedeutung), während man bei den folgenden Präpositionalobjekte hat. In *Meine Großeltern wohnen in Friedrichshafen.* ist a) die Präposition nicht fest, denn sie könnten auch *auf einer kleinen Anhöhe* oder *neben dem Stadtpark* wohnen und in jedem der drei Fälle ist die Präposition nicht inhaltsleer, sondern gibt die jeweilige Lage an. Daher liegt es nahe, die jeweilige Präpositionalgruppe als Adverbial zu klassifizieren.

Wie bei anderen Lokaladverbialen auch kann man mit *Wo?* fragen, während man bei Präpositionalobjekten mit *auf wen?, worauf?, worin?, in was?* fragen muss. Bedauerlicherweise hat dies eine bittere Konsequenz. Unter dieser Betrachtung gibt es auch obligatorische Adverbiale. Es wäre schön gewesen, wenn man Objekte als obligatorisch und Adverbiale als fakultativ hätte auszeichnen können. Die Betrachtung zeigt aber, dass diese Unterscheidung zwar eine Orientierung geben mag, aber letztlich nicht haltbar ist. Situativ sind Objekte durchaus auch fakultativ (s. o.: *Ich lese* (*ein Buch*).) und in wenigen Fällen sind Adverbiale auch obligatorisch. Wie so häufig, müssen hier Entscheidungen getroffen werden. Man kann an solchen Stellen sehen, wo die Schulgrammatik an ihre Grenzen stößt.

Auch die Unterscheidung in Satzadverbial und Prädikatsadverbial ist nicht ganz einfach, dennoch sollte sie in den Blick genommen werden, weil es für das Verständnis eines Satzes von Bedeutung ist, ob nur der Prädikatsverband informationell weiter aufgefüllt wird oder ob sich die adverbiale Information auf den ganzen Satz bezieht. Insbesondere bei den Kommentaradverbien ist es wichtig zu sehen, dass hier der Sprecher den ganzen Sachverhalt, das Subjekt eingeschlossen, kommentiert und nicht nur die Satzaussage. Die Verfahren zur Unterscheidung sind die Satznegation und der *Es-ist-der-Fall, dass*-Test. Dabei fällt auf, dass Ortsadverbiale sich sprachlich anders verhalten als Temporaladverbiale. Gemeinhin sind Temporaladverbiale Satzadverbiale, Lokaladverbiale dagegen Prädikatsadverbiale:

> i) *Ich war gestern nicht zuhause.*
> ii) *Es war gestern der Fall, dass ich nicht zuhause war.*

Inhalt des E-Niveaus: Satzadverbial – Prädikatsadverbial

i) zeigt, dass das Temporaladverbial *gestern* vor der Satznegation steht und daher nicht Teil des (weiten) Prädikatsverbandes ist. Wäre dies der Fall, müsste es nach der Satznegation stehen, wie *zuhause*. Dieser Sachverhalt wird durch (ii) bestätigt. Der Hauptsatz enthält das Temporaladverbial, im Nebensatz steht der übrige Sachverhalt.

Man könnte vielleicht erwarten, dass Raum und Zeit als apriorische Anschauungsformen auch sprachlich gleich behandelt werden. Aber die Sprache bildet nicht diesen Gesichtspunkt ab, sondern reagiert auf die Vielfältigkeit der Ortsadverbialen gegenüber den Zeitadverbialen. Sieht man nämlich noch genauer hin, kann man erkennen, dass Lokaladverbiale unterschiedliches Verhalten zeigen, je nachdem, ob es sich um Orts- oder um Richtungsadverbiale handelt. In einem Satz wie *Ich ging in Friedrichshafen in einen Buchladen.* steht erkennbar die Richtungsangabe nach der Ortsangabe. Dies wäre auch so gewesen, wenn die Ortsangabe durch eine andere Prädikatsadverbiale ersetzt worden wäre: *Ich ging mit meinem Freund in einen Buchladen.* Richtungsadverbiale stehen bei mehreren Prädikatsadverbialen am Ende. Sie haben, wenn man die Nebensatzstruktur mit Verbendstellung zugrunde legt, eine besonders enge Beziehung zum Prädikat. Wendet man den *Es-ist-der-Fall, dass*-Test an, so zeigt sich, dass man Richtungsadverbiale nicht in diese Formel bringen kann. Bei Ortsadverbialen ist es nicht immer leicht zu bestimmen, ob es sich um ein Satz- oder Prädikatsadverbial handelt. Entschieden aber ist es, wenn der Satz Temporal- und Lokaladverbialen enthält. In diesem Fall steht die Satznegation nach der Temporal- und vor der Ortsadverbiale – vor der Richtungsadverbiale sowieso.

Bis jetzt wurde die Funktion beispielsweise von *bedauerlicherweise* satzadverbial gedeutet. Dies liegt aber an der Stellung im Satz, die durch entsprechende Paraphrasierungen wie *Ich bedauere, dass* ... diesen Charakter besonders deutlich werden lässt. Die Kommentaradverbien können aber ihren Skopus auch nur auf einzelne Satzglieder haben. Hätte es geheißen: *Das ist eine bedauerlicherweise traurige Angelegenheit.*, würde auffallen, dass nun das Kommentaradverb Konstituente einer Nominalphrase ist, erkenntlich an der Stellung nach dem Begleiter als linken Rand einer Nominalgruppe. Kommentiert wird demnach die Attribuierung *traurig*.

Konstituenten, die kein Satzglied sind

Kommentaradverbien bilden Satzadverbiale. Kommentierende Abtönungspartikel bilden dagegen überhaupt kein Satzglied. Das bedeutet, dass im Satz Konstituenten auftauchen, die keinen Satzgliedstatus haben. Sie sind nicht verschiebbar. Sie antworten auch auf keine Frage; alles, was sie tun, ist, den Satz nach Maßgabe des Sprechers positional zu färben. *Positional* bedeutet, dass der Sprecher zum ausgedrückten Sachverhalt eine bestimmte Haltung einnimmt. Er drückt sein Erstaunen, seine gegenteiligen Erwartungen aus, er erheischt Zustimmung u. Ä. Anders als bei den Kommentaradverbien wird jedoch kein illokutiver Akt vollzogen, was bedeuten würde, dass der Sprecher erwartet, dass der ausgedrückte Sachverhalt entsprechend der Illokution vom Hörer übernommen würde.

Schließlich sollten auf dem E-Niveau unbedingt uneingeleitete Nebensätze thematisiert werden. Diese Möglichkeit des Ausdrucks taucht bei *wenn*-Sätzen und Objektsätzen auf. Bei Ersatzsätzen von *wenn*-Sätzen handelt es um Verberstsätze. Besonders häufig treten sie auf, wenn es sich um einen Irrealis handelt: *Wärst du zu Hause gewesen, ...* Aber auch bei Bedingungssätzen sind sie anzutreffen: *Regnet es, nehme ich den Regenschirm.* Bei Objektsätzen dienen sie zur Vermeidung von *dass*-Sätzen: *Er sagte, er sei gut angekommen. Ich hoffe, ich bin bald zu Hause.* Damit eröffnet sich ein breites Formulierungsspektrum:

i) *Ich hoffe, dass ich euch bald wiedersehe.*
ii) *Ich hoffe, euch bald wiederzusehen.*
iii) *Ich hoffe, ich sehe euch bald wieder.*
iv) *Ich hoffe auf ein baldiges Wiedersehen (mit euch).*

Man beachte, dass das Akkusativobjekt des Inhaltssatzes nicht einfach Akkusativobjekt eines Hauptsatzes wird.

Auf der Textebene sollte die Thema-Rhema-Abfolge auf allen Niveaus einmal thematisiert werden. Textuelle Progression ergibt sich im Grundsatz aus der Abfolge von alter und neuer Information.

Prototypisch wird eine neue Information durch den unbestimmten Artikel eingeführt – unbestimmt, weil ja noch niemand diese Information kennt: *Eine alte Frau sitzt an einem Fenster.* Im ersten Satz sind die *alte Frau* und *das Fenster* nun eingeführt, also bekannt. Im Folgesatz muss es daher heißen: *die alte Frau* ... oder *sie* bzw. *das Fenster* oder *es*. Es könnte also so weitergehen: *Dieses Fenster hatte einen alten Rahmen, von dem die Farbe abblätterte.* Neu ist nun *der Rahmen*. Dagegen kann man als bekannt *die Farbe* voraussetzen. Dies ändert sich sofort, wenn die Farbe näher bestimmt wird: *... von dem eine grünliche Farbe abblätterte.* Diese nähere Bestimmung muss wiederum erst eingeführt werden. Davon wird abgewichen, wenn es sich um ein bekanntes Einzelding oder eine allgemein als bekannte Tatsache handelt: *Die Sonne brannte auf unserer Haut. Der Londoner Nebel war wieder einmal undurchdringlich.*

Für das Schreiben schwächerer Schüler ist typisch, dass sie voraussetzen, dass das, was sie wissen, eigentlich alle wissen müssten und daher auf die Abfolge von noch nicht bekannter – bekannter Information nicht achten. Bernstein (1973) hat daher

Inhalt des E-Niveaus: Uneingeleiteter Nebensatz

Thema-Rhema

in seiner sog. Defizit-Hypothese dieses als Merkmal des restringierten Codes benannt.

Interessant ist die Thema-Rhema-Abfolge auch bei literarischen Texten. Die Kurzgeschichte *Das Fenstertheater* von Ilse Aichinger beginnt verstörend:

„Die Frau lehnte am Fenster und sah hinüber. Der Wind trieb in leichten Stößen vom Fluß herauf und brachte nichts Neues. Die Frau hatte den starren Blick neugieriger Leute, die unersättlich sind. Es hatte ihr noch niemand den Gefallen getan, vor ihrem Haus niedergefahren zu werden. [...]" (Ilse Aichinger: Der Gefesselte. In: Dies.: Werke, Band 2: Erzählungen 1, 1948–1952.)

Die Irritation, die der Beginn auslöst, ist nicht nur inhaltlich bedingt, weil uns eine unsympathische Frau vorgestellt wird, sondern deswegen, weil die Autorin so tut, als müssten wir diese Frau kennen. Mit Hilfe von Überlegungen, wie sie in der Theorie der kommunikativen Gliederung von Sätzen (Thema-Rhema-Abfolge) angelegt sind, kommt man zu folgender Rekonstruktion:

Am Fenster eines Hauses nahe an einem Fluss lehnte *eine Frau*
 Situierung   neu eingeführt

und sah über *das Tal* auf *die andere Seite.*
              Vorerwähnung (Fluss)   Einzel"gegenstand"

Vom Fluss herauf trieb stoßweise *ein leichter Wind.*
Wiederaufnahme (best. Artikel)   neue Information (unbest. Art.)

Er brachte nichts Neues.
Wiederaufnahme

Die Frau ...
Wiederaufnahme (Pronominalisierung ausgeschlossen)

Indem der literarische Text so variiert wird, dass er den Regeln der üblichen kommunikativen Gliederung entspricht, wird die besondere Machart der Kurzgeschichte, die nötige Einsicht in das Verfahren, das Inge Aichinger verwandte, angebahnt. Es lässt die hundertfach in der Schule gelernte Behauptung, die deutsche Kurzgeschichte beginne unvermittelt, einsichtig werden. Wissen wird nicht dargelegt, sondern operational, nachvollziehbar und wiederholbar erzeugt.

5.1.4 Verweise auf die Klassen 7/8 mit den entsprechenden Erläuterungen

Neu in Kl. 9/10	Bereits behandelt in Kl. 7/8
G-Niveau: Konjunktiv I und II	←M-, E-Niveau, Kl.7/8, S. 133
G-Niveau: Präpositionen mit Genitiv	←M-, E-Niveau, Kl.7/8, S. 147
M-Niveau: Futur II	←E-Niveau, Kl. 7/8, S. 131
M-Niveau: *sein*-Passiv	←E-Niveau, Kl. 7/8, S. 134 f.
M-Niveau: Komparation von wenigen Adverbien	←E-Niveau, Kl. 7/8, S. 146
M-Niveau: Fokus- und Abtönungspartikel	←E-Niveau, Kl. 7/8, S. 152

5.1.5 Verfahren und Strategien

Eine didaktisch fundamentale Frage ist die, warum diese oder jene Unterscheidung in einem Schulcurriculum, das sich notwendigerweise selbst beschränken muss, sinnvoll sein soll. Diese Frage stellt sich besonders massiv, wenn, wie im Falle des Grammatikcurriculums, neue Termini wie Adjunktor, Kommentaradverb, Satzadverbiale u. a. eingeführt werden. Auf diese Frage gibt es zwei Antworten: Die eine Antwort verbleibt innergrammatisch, d. h., es werden Argumente auf der Grundlage des vorgestellten Systems vorgebracht; die andere Antwort zieht außergrammatische Gründe heran.

Inhalt eines Schulcurriculums

Führt man diese Wortart nicht ein, müssen Ausdrücke wie *als, wie, je/pro* ... als Partikel behandelt werden. Die ersten beiden wird man dann ↑Vergleichspartikel nennen. Dann aber gilt nicht mehr, dass Partikel kein eigenes Satzglied bilden können. Engel (1988, S. 695) reiht *je* unter die Präpositionen ein und gibt an, dass *je* den Akkusativ oder den Nominativ regieren könne. Präpositionen mit Nominativ sind heikel, da dann der Nominativ zu einem Kasus obliquus wird. Hinzu kommt aber, dass *je* auch den Dativ bei sich haben kann (*je angefangenem Liter*) – als Präposition also immer ungewöhnlicher wird. Das bedeutet, dass mit solchen Entscheidungen die Klasse der Partikel und der Präpositionen heterogener und diffuser wird. Man hat also nur einen scheinbaren Vorteil. Man würde diesen aber wahrscheinlich nutzen wollen, wenn es sich um ein seltenes Phänomen handelte. Tatsächlich aber gehören Vergleiche über Komparative und Superlative und Zuordnungen von Preisen zu Artikeln (*Das kostet 10 Euro je/pro Packung.*) zum Kernbestand unseres Redens.

Beispiel: Adjunktor

Diese Gründe sind stark genug, um auch in der Schule die Klasse der Adjunktoren einzuführen. Dies wird nun aber auch noch dann unterstützt, wenn schulgrammatisch bereits zwischen Konjunktionen als anreihenden und Subjunktionen als unterordnenden Verbindungsmitteln unterschieden wird. Dann reihen sich die Adjunktionen als beiordnende Verbindungsmittel nahtlos ein. Der Vorteil vergrößert sich, wenn man nicht nur Vergleichssätze betrachtet, sondern Sätze wie: *Unser Bruder spielte als Rechtsaußen*. In vielen Grammatiken wurde dieses *als* als Subjunktion (bzw. Konjunktion, wenn *Konjunktion* als Oberbegriff verwendet wurde) – auch Versuche, es als Präposition zu klassifizieren, gab es – betrachtet. Subjunktionen, die keine finite oder infinite Nebensatzstruktur nach sich haben, sind aber ansonsten nicht bekannt. Das bedeutet, dass ein solches Vorgehen den Begriff der Sub- bzw. Konjunktion ausweitet. Mit dem Begriff der Adjunktion kann man einen klar abgegrenzten Bereich bestimmen, der relativ häufig in der Sprache vorkommt. Didaktisch bedeutet die Einführung, dass immer auch die Frage gestellt wird: Was wird was zugeordnet? (Ebenso wie man fragen wird: Was wird mit was gereiht? und Was wird was untergeordnet?) Der Mehraufwand eines neuen Terminus lohnt sich, weil man mehr Systematik erhält und die Schüler und Schülerinnen eine klare Handhabe bekommen: reihend/nebenordnend – unterordnend – beiordnend. Alle drei weisen unterschiedliches syntaktisches Verhalten auf. Nebenordnung ist aufzählend: die zu reihenden Konstituenten stehen nebeneinander. Unterordnung liegt vor, wenn ein Sachverhalt einem anderen untergeordnet wird. Beiordnung liegt vor, wenn eine Konstituente einer anderen, vermittelt über das Prädikat bzw. Prädikativ, bei-/zugeordnet wird. So ergeben sich auch die Verfahren zur Identifizierung.

Beispiel: Satzadverbial

Selbst viele Grammatiken kennen diese Satzfunktion nicht und man fragt sich, warum diese Unterscheidung schulgrammatisch interessant sein soll. Die innergrammatische Antwort ist, dass Satzadverbiale ein besonderes Verhalten zeigen. Sie können in die Formel *Es ist der Fall, dass ...* gebracht werden und sie werden von der Satzverneinung nicht betroffen. Beides sind untrügliche Anzeichen dafür, dass sich das jeweilige Satzglied auf den ganzen Sachverhalt bezieht. Damit wird ein Unterschied zwischen Satz- und Prädikatsadverbiale begründet. Die Frage ist, ob die Schulgrammatik diesen Unterschied braucht? Diese Frage verschärft sich, wenn man auf die Grundzüge-Grammatik (Heidolph u. a. 1981) schaut, die nicht nur zwei, sondern drei Adverbialarten unterscheidet. Insbesondere Richtungsadverbien werden dort wegen ihres sehr beschränkten Stellungsverhaltens (s.o.) als eine eigene Adverbialklasse geführt. Warum also wird die Unterscheidung zwischen Satzadverbial (in den *Grundzügen* Adverbiale III) und Prädikatsadverbial vorgenommen, die Unterscheidung der Prädikatsadverbiale in Adverbiale I und Adverbiale II aber nicht? Die Gründe können nicht innergrammatisch sein – sonst müsste man der Grundzüge-Grammatik Fehler nachweisen –, sie müssen außergrammatisch sein. Satzadverbiale werden prominent über Kommentaradverbien gebildet. Mit Kommentaradverbien kommentiert der Sprecher den gesamten Sachverhalt oder schätzt ihn ein. Dies geschieht nicht explizit, indem er z. B. sagt: *Ich bedauere das. Ich halte das für unwahrscheinlich.* etc., sondern in gewisser Weise maskiert durch das Einfügen eines Wortes: *bedauerlicherweise, vielleicht* etc. Sachverhalt von Kommentar zu unterscheiden, ist eine wichtige Aufgabe der Schule. Dies auch in der sprachlichen Ausdrucksweise analysieren zu können, muss in einer demokratischen Gesellschaft Inhalt zumindest des E-Niveaus sein.

Verfahren und Strategien, Phänomene zu entdecken, führen also zu Erkenntnissen. Es handelt sich aber nur dann um wirkliche Erkenntnisse, wenn diese für jedermann aufgrund von Verfahren nachvollziehbar sind. Verfahren sind nicht dazu da, um einen Terminus stützen zu können, sondern um Erkenntnisse zu gewinnen, die terminologisch gefasst werden. Wer mit solchen Verfahren vertraut und geübt in ihnen ist, kann sie auch bei der Textproduktion einsetzen, indem er sich z. B. fragt: Wie formuliere ich einen Kommentar, den ich abgeben möchte? Nicht minder ist dies bei der Textrezeption der Fall, indem er sich fragt, warum ein Autor so und nicht anders formuliert hat. Dies ist der Weg, um Verantwortung für seine eigene Sprache übernehmen zu lernen.

Zu den grammatischen Proben, dem Vorgehen bei den einzelnen Proben, dem grammatischen Ertrag und was mit ihnen ermittelt werden kann, siehe ↑Grammatische Proben.

Proben und Erkenntnis

5.2 Das Curriculum der Klassen 9/10

5.2.1 Wort und Wortarten

Verb

Inhalte und Beispiele	Erarbeitung: Verfahren und Hinweise
Reflexive Verben ① Beispiele: *sich bedanken, sich wundern* über	① Reflexive Verben durch Satzbildung identifizieren: *ich **freue** mich, du **bedankst** dich*. Im Gegensatz zu: *Ich wasche mich/dich/ihn*, wo ein Reflexivpronomen durch andere Pronomen ersetzt werden kann. Auch bei Reziprozität Ersatzprobe (*einander*) anwenden: *sich lieben = ich liebe dich – du liebst mich → wir lieben uns (einander)*.
Weitere Aspekte des Verbs:	
G-Niveau	**G-Niveau**
Konjunktiv I ② Beispiele: *Sie lebe hoch! Man nehme ... Er sagte, er sei müde.*	② Den Konjunktiv I von *sein* und wichtigen Verben kennen. Die Funktion des Konjunktiv I als Wunsch (*Sie **lebe** hoch!*) und unspezifische Aufforderung (*Man **nehme** ...*) erfassen. Als Form der indirekten Rede herausarbeiten: *Er sagte, er ist müde.* Der Sprecher gibt zu erkennen, dass er den Inhalt glaubt. *Er sagte, er sei müde.* Der Sprecher bezieht keine Stellung, sondern gibt nur wieder.
Konjunktiv II ③₁ Beispiele: *Wenn du hier gewesen wärst, hättest du dich bestimmt gefreut. Wenn das Wörtchen wenn nicht wär', wär' ich längst ein Millionär. Könnten Sie bitte ...? Hätten Sie bitte ...? Wenn du kommen würdest, könnten wir ...*	③ Den Konjunktiv II von *sein*, den Modalverben und weiteren wichtigen Verben kennen. Einsatzweisen des Konjunktiv II als nicht real (*Wenn du hier **gewesen wärst, hättest** du dich bestimmt **gefreut**.*), vorgestellt (*Wenn das Wörtchen wenn nicht **wär'**, **wär'** ich längst ein Millionär.*) oder als Höflichkeitsform (***könnten** Sie bitte ..., **hätten** Sie bitte ...*) erfassen. Die *würde*-Umschreibung kennen und in allen Zweifelsfällen anwenden: *Wenn du **kommen würdest, könnten** wir ...*
M-Niveau	**M-Niveau**
Futur II ④ Beispiele: *Heute Abend werde ich mein Fahrrad repariert haben. Übermorgen werde ich angekommen sein.*	④ Das Futur II als eine Zeitform beschreiben, die mit der Personalform des Hilfsverbs *werden*, dem Infinitiv des Hilfsverbs *haben* oder *sein* und dem Partizip II des Vollverbs gebildet wird: *(ich)* **werde repariert haben**, *(ich)* **werde angekommen sein**. Futur II als eine relative Zeitform erklären, die ausdrückt, dass bis zu einem in der Zukunft liegenden Zeitpunkt (übermorgen) ein ebenfalls in der Zukunft liegender Sachverhalt vollendet sein wird (daher: **werde repariert haben**)/**werde angekommen sein**).
E-Niveau	**E-Niveau**
Weitere Tempusformen ⑤ Beispiele: *Ich habe/hatte gesagt gehabt.*	⑤ Bei Bedarf weitere Tempusformen erkunden. Doppelperfekt: *Ich **habe gesagt gehabt**.* Doppelplus

Inhalte und Beispiele	Erarbeitung: Verfahren und Hinweise
M-Niveau *sein*-Passiv ⑥ Beispiele: *Der Text ist überarbeitet. Für gutes Essen ist gesorgt.*	quamperfekt: *Ich hatte gesagt gehabt.* Beide Formen drücken Vorvergangenheit aus. Sie kommen insbesondere im Süden des deutschen Sprachraums mündlich vor. Aber das Doppelplusquamperfekt findet sich auch bei Goethe: „In dem Augenblick fühlte er sich am linken Arm ergriffen und zugleich einen sehr heftigen Schmerz. Mignon **hatte** sich **versteckt gehabt**, hatte ihn angefasst und ihn in den Arm gebissen." (*Wilhelm Meisters Lehrjahre*)
M-, E-Niveau *bekommen*-Passiv ⑦ Beispiel: *Peter schenkt seiner Schwester ein Buch. – Die Schwester bekommt ein Buch geschenkt.*	**M-Niveau** ⑥ Herausarbeiten, dass beim *sein*-Passiv das verbale Geschehen als Zustand erscheint – daher auch *Zustandspassiv*: *Der Text **ist** überarbeitet*. Das *sein*-Passiv kann auch ganz ohne Subjekt auftreten: *Für gutes Essen **ist gesorgt**.* Sätze mit *sein*-Passiv durch geeignete Erweiterung von Prädikativsätzen unterscheiden: *Der Text **ist** (von mir) überarbeitet (**worden**).* im Gegensatz zu: *Meine Freundin ist **entzückt**.* Nicht: **Meine Freundin ist von X entzückt worden.*
E-Niveau Passivität ohne Passivform ⑧ Beispiele: *Das Buch liest sich gut. Auf diesem Stuhl sitzt es sich bequem.* Valenz: obligatorische und fakultative Objekte ⑨ Beispiele: *Ich esse. – Ich esse einen Apfel. Ich lese. – Ich lese ein Buch. Ivo liest vor. – Ivo liest Katja vor. – Ivo liest Katja ein Gedicht vor.* Verschiedene Aufforderungen ⑩ Beispiele: *Steh auf! Stehen Sie auf! Sie haben sofort aufzustehen! Das ist sofort zu erledigen! Würdest du aufstehen! Aufstehen! Aufgestanden!*	**M-, E-Niveau** ⑦ Das *bekommen*-Passiv als Perspektivenwechsel verstehen, wobei das Dativobjekt zum grammatischen Subjekt wird. Als finites Verb wird eine Form von *bekommen* (oder *kriegen*) verwendet. **E-Niveau** ⑧ Passivität als eine Betrachtung, die nicht vom Agens, sondern vom Patiens ausgeht, in reflexiven Konstruktionen entdecken: *Jemand sitzt bequem auf einem Stuhl* (agentische Betrachtung). – *Auf dem Stuhl **sitzt es sich** bequem* (passivische Betrachtung mit Ersatzsubjekt *es*). ⑨ Aufgrund der Weglassprobe beobachten, dass in Sätzen valenznotwendige Objekte nicht immer realisiert sein müssen: *Ich **lese** (ein Buch)., Ich **esse** (einen Apfel)., Ivo **liest** (Katja) (ein Gedicht) **vor**. **Essen** begründet eine Relation zwischen einem Menschen und einem Nahrungsmittel; **vorlesen** begründet eine Relation zwischen einer Person, die vorliest, und einer Person, der vorgelesen wird, sowie einem Text. Situativ können aber alle Objekte weggelassen werden, sodass der Fokus nur noch auf die Tätigkeit gerichtet ist. ⑩ Unterschiedliche grammatische Formen als Aufforderungen beurteilen: Aufforderung, ausgedrückt durch die Imperativform: **Steh auf!**, durch den Konjunktiv I bei höflicher Anrede: **Stehen Sie auf!**,

Das Curriculum klassenstufenweise B

Inhalte und Beispiele	Erarbeitung: Verfahren und Hinweise
Weitere Wortfelder ⑪ Beispiel: *lügen, abstreiten, beschwindeln, betrügen, bluffen, erdichten, erfinden, faseln, irreführen, verkohlen, täuschen, vorspielen*	durch einen Verbkomplex, der mit *ist/hat* + *zu*-Infinitiv gebildet wird: *Sie* **haben** *sofort* **aufzustehen!**, durch einen Verbkomplex mit der *würde*-Form, durch die das Ergebnis in den Bereich des Vorgestellten gebracht wird: **Würdest** *du* **aufstehen!**, durch einen Infinitiv: **Aufstehen!**, durch das Partizip II, wodurch das Befohlene schon als vollzogen dargestellt wird: **Aufgestanden!** Die Beobachtungen mit pragmatischen Überlegungen kombinieren, dass insbesondere bei der höflichen Aufforderung und der *würde*-Form gewöhnlich *bitte* steht, was bei der Partizip II-Form ungewöhnlich wäre. ⑪ Von einem für die Textarbeit bedeutsamen Verb ausgehend, verwandte Ausdrücke zu einem Wortfeld zusammenstellen. Dabei die Bedeutungsunterschiede herausarbeiten.

Nomen

Inhalte und Beispiele	Erarbeitung: Verfahren und Hinweise
M-, E-Niveau	**M-, E-Niveau**
Besondere Aspekte bei Genus und Sexus ① Beispiele: *der Lehrer – Lehrerin – Lehrkraft/ Lehrperson, der Arzt – Ärztin/Ärzte und Ärztinnen, der Schüler – Schülerin/ Schüler/-innen*	① Generische, d. h. die beiden natürlichen Geschlechter umfassende Bezeichnung gegenüber markierter Bezeichnung diskutieren und bewerten: generisch und grammatisch maskulin: **Lehrer, Arzt**, markiert: **Lehrerin, Ärztin**, neutrale Bezeichnungen suchen: **Lehrer/Lehrerin: Lehrkraft, Lehrperson**, Doppelnennung: **Arzt und Ärztin, Schüler/-innen**, die Genuszuweisung über Wortbildung beachten.
E-Niveau Freier Kasus ② Beispiele: *Eines Abends regnete es. Er wartete den ganzen Tag. Sie trägt ihrer Mutter die Einkaufstasche. Ihm war die Limonade zu süß. Dass ihr mir ja ruhig seid.*	**E-Niveau** ② Durch Proben und Analyse beurteilen, ob ein Kasus erfordert ist (casus obliquus) oder frei vorkommt. Genitiv, Dativ und Akkusativ sind gewöhnlich regierte Kasus. Verben, manchmal auch Nomen und Adjektive, oder Präpositionen erfordern einen dieser Kasus. In einigen Fällen können diese Kasus aber auch frei vorkommen. Sie bilden dann Adverbiale (*eines Abends, den ganzen Tag*), benennen einen Nutznießer (*ihrer Mutter* =Dativus commodi) oder nennen jemanden, der ein Urteil abgibt (*ihm* = Dativus iudicantis). Obwohl der Dativ mit *Wem?* erfragt werden kann, liegt kein Dativobjekt vor. Schließlich kann sich ein Sprecher durch einen Dativ (*mir* = Dativus ethicus) ins Spiel bringen.
M-, E-Niveau Besondere Wortbildung des Nomens ③ Beispiele: *Inbetriebnahme, Instandsetzung, Milchgesicht, Maulheld, Unding, Unwort, Zurück-zur-Natur-Bewegung, km-Bereich, UNO-Sicherheitsrat, Fußball-WM, die 48er-Revolution, SMVler-Treffen, das In-den-Tag-Hineinleben, das Auf-die-lange-Bank-Schieben, der Trimm-dich-Pfad, der Erste-Hilfe-Kurs, Lehrermangel, Ärztestammtisch, Bauernverband*	

5 Klassen 9/10

Inhalte und Beispiele	Erarbeitung: Verfahren und Hinweise
Weitere Wortfelder ④ Beispiel: *Schönheit, Attraktivität, Anmut, Liebreiz, Lieblichkeit*	**M-, E-Niveau** ③ Bei komplexen Wortbildungen wie **Inbetriebnahme** die Grenzen des Nominalstils diskutieren. Sogenannte exozentrische Wortbildungen auflösen und erschließen: Ein **Milchgesicht** ist eine Person, die (metaphorisch) ein milchiges (= junges, unverbrauchtes) Gesicht hat; ein **Maulheld** einer, der nur mit dem Maul, also mit Worten, ein Held ist. Komplexe Wortbildungen mit Abkürzungen und solche, in denen ganze Satzglieder oder Sätze aufgehoben sind, durch Paraphrase analysieren: **UNO-Sicherheitsrat** = *Rat für Sicherheit der Vereinten Nationen*, **Zurück-zur-Natur-Bewegung** = *Bewegung, die zurück zur Natur will*. Wortbildungen mit Personenbezeichnungen (**Ärztestammtisch, Bauernverband, Lehrermangel, Schulleiterbeurteilung**) unter dem Aspekt gendergerechter Sprache diskutieren und bewerten. Einsatzmöglichkeiten und Grenzen des Nominalstils beurteilen. Bei Bedarf weitere Wortbildungstypen wie implizite Derivation (*schw*ören – *Schw*ur) oder Kontamination (Kunstwort *Schiege* als Kreuzung von *Schaf* und *Ziege*) als Neologismus hinzunehmen. ④ Von einem für die Textarbeit bedeutsamen Nomen ausgehend, verwandte Ausdrücke zu einem Wortfeld zusammenstellen, dabei die Bedeutungsunterschiede herausarbeiten und diskutieren.

Artikel und Pronomen

Inhalte und Beispiele	Erarbeitung: Verfahren und Hinweise
M-, E-Niveau Reflexive und reziproke Pronomen ① Beispiele: *Peter und Luise freuen sich. Peter und Luise lieben sich.* **E-Niveau** Besondere Aspekte von Textpronomen und Bezügen ② Beispiele: *Am Waldrand treffen sich eine junge und eine ältere Frau. Die eine trägt einen blauen, die andere einen roten Rock. Die ?eine/ Erstere lacht freundlich.* *Als mich das Mädchen erblickte, trat sie den Pferden näher.* (Goethe)	**M-, E-Niveau** ① Unterschiede durch geeignete Umformungen erklären: Im ersten Satz ist *sich* auf jede der beiden genannten Personen reflexiv zu beziehen: *Peter freut sich und Luise freut sich*. Dagegen meint der zweite Satz, dass der jeweils andere geliebt wird (reziprok): *Peter liebt Luise und Luise liebt Peter*. Ein reziprokes Pronomen liegt vor, wenn *sich* durch *einander* ersetzbar ist: *Peter und Luise lieben einander*. **E-Niveau** ② Verstehen, warum die Fortsetzung mit *die eine* im dritten Satz uneindeutig ist. Daher muss zu einer eindeutigen Form gegriffen werden. Ersatzprobe anwenden.

DAS CURRICULUM KLASSENSTUFENWEISE B

Inhalte und Beispiele	Erarbeitung: Verfahren und Hinweise
	Den Gebrauch des Pronomens bei Goethe deuten: Bei *Mädchen* gehen Genus und Sexus auseinander. In solchen Fällen kommt es vor, dass keine grammatische Kongruenz (*das Mädchen – es*) hergestellt wird (die immer korrekt ist), sondern eine natürliche (*das Mädchen – sie*).

Adjektiv

Inhalte und Beispiele	Erarbeitung: Verfahren und Hinweise
M-, E-Niveau	**M-, E-Niveau**
Nur attributives bzw. nur prädikatives Adjektiv ① Beispiele: *angeblich, ehemalig, hölzern, recht pleite, angst, futsch*	① Die syntaktische Gebrauchsweise von Adjektiven durch geeignete Umformungen untersuchen. a) Nur attributive Verwendung, ohne prädikative: *der **angebliche** Vorfall – *der Vorfall ist angeblich; der **ehemalige** Schulleiter – *der Schulleiter ist ehemalig.* b) Die prädikative Umformung ergibt eine andere Konstruktion: *der **hölzerne** Tisch – Der Tisch ist aus Holz; der **rechte** Stuhl – Der Stuhl ist (steht) rechts.* c) Nur prädikative, aber keine attributive Verwendung: *Die Firma ist **pleite**. Aber nicht: *die pleite Firma. Mir ist **angst**.* (Ebenso: *Mir ist angst und bange.*) Umgangssprachlich: *Das Geld ist **futsch**. Aber nicht (auch nicht umgangssprachlich): *das futsche Geld.*
M-Niveau	**M-Niveau**
Zweifelsfälle der Komparierbarkeit ② Beispiele: *grün – ?grüner – ?am grünsten ?in keinster Weise, ?maximalste Forderungen, ?bestmöglichst*	② Zweifelsfälle der Komparierbarkeit untersuchen und diskutieren: z. B. Komparation von Farbadjektiven auf ihre Wirkungsabsicht hin untersuchen und zusammen mit Formen wie **keinst, maximalst, bestmöglichst** als rhetorische Übersteigerung (Hyperbel), wenngleich logisch ausgeschlossene Formen, beschreiben.
E-Niveau	**E-Niveau**
Unflektiertes Adjektiv ③ Beispiele: *klasse, spitze, lila/orange/rosa/ metallic ruhig Blut, ein garstig Lied mein Opa, alt und gebrechlich, ...* Weitere Wortfelder ④ Beispiel: *außergewöhnlich, auffallend, aufsehenerregend, außerordentlich, bahnbrechend, erstklassig, erstrangig, fantastisch, genial*	③ Zweifelsfälle und Unmöglichkeit einer Attribuierbarkeit untersuchen und diskutieren: *Mein Freund ist klasse/spitze. – ?Mein klasse/spitze Freund. Die Oberfläche war lila/metallic – die **lilafarbene/metallicfarbene** Oberfläche – ?die lila Oberfläche, *die metallic Oberfläche – ??die lilane Oberfläche – *die metallicene Oberfläche.* Die Gründe, Ausdrücke wie *futsch, klasse, spitze, lila, metallic* als Adjektive zu klassifizieren, diskutieren. Davon abgrenzen: Undeklinierte attributive Adjektive in feststehenden Ausdrücken (**ruhig** *Blut*) und bei nachgestelltem Attribut (dann immer mit weiteren Attributen verbunden): *mein Opa, **alt und gebrechlich**, ...*

224

Inhalte und Beispiele	Erarbeitung: Verfahren und Hinweise
	durch Umformungen in flektierte Formen als besondere Formen erfassen. ④ Von einem für die Textarbeit bedeutsamen Adjektiv ausgehend, verwandte Ausdrücke zu einem Wortfeld zusammenstellen, dabei die Bedeutungsunterschiede herausarbeiten und diskutieren.

Adverb

Inhalte und Beispiele	Erarbeitung: Verfahren und Hinweise
E-Niveau Kommentaradverb ① Beispiele: *bedauerlicherweise, vielleicht, erfreulich(erweise), sicher(lich), bestimmt, wirklich, einsichtigerweise, dummerweise* **G-Niveau** Textbildende Adverbien ② Beispiele: *dafür, dadurch, dabei, daran, darauf; deshalb, deswegen, daher, somit, folglich* **M-Niveau** Komparation von wenigen Adverbien ③ Beispiele: *gerne – lieber – am liebsten, wohl – wohler – am wohlsten, oft – öfter (häufiger) – am öftesten (am häufigsten), öfters*	**E-Niveau** ① Mit Kommentaradverbien den durch den übrigen Satz ausgedrückten Sachverhalt oder einzelne darin enthaltene Aussagen kommentieren oder seine Gültigkeit einschätzen: *Das ist **bedauerlicherweise**/**bestimmt** eine traurige Angelegenheit.* Durch Umstellen (Umstellprobe) die Stellungsmöglichkeit der Adverbien im Vorfeld wie im Mittelfeld überprüfen: ***Bedauerlicherweise**/**bestimmt** ist dies eine traurige Angelegenheit.* Durch Umformung die Bedeutung und die Satzfunktion herausarbeiten: *Es ist zu bedauern/Es ist bestimmt der Fall, dass dies eine traurige Angelegenheit ist.* Die Umformung zeigt, dass es sich um ein Satzadverbial handelt. Aufzeigen, dass eine Stellung im Rahmen einer Wortgruppe die Umstellmöglichkeit blockiert, weil sich die Kommentierung bzw. Einschätzung der Gültigkeit nur auf das in dieser Wortgruppe Ausgesagte bezieht: *Das ist eine **bedauerlicherweise**/**bestimmt** traurige Angelegenheit*: *Das ist eine Angelegenheit, hinsichtlich der es bedauerlich ist/bestimmt der Fall ist, dass sie traurig ist.* Beobachten, dass die üblichen W-Fragen zur Ermittlung von Adverbien versagen und man am besten so fragt: *Wie schätzt der Sprecher das, worauf sich das Modaladverb bezieht, ein? – Er bedauert/ist sich nicht sicher, dass ...* **G-Niveau** ② Mit textbildenden Adverbien Sätze zu Texten verknüpfen: *Er las ein Buch. Dabei hörte er Musik./Deshalb hörte er das Telefon nicht.* **M-Niveau** ③ Gründe für die einzelnen Komparationsfälle diskutieren.

Präposition

Inhalte und Beispiele	Erarbeitung: Verfahren und Hinweise
G-Niveau	**G-Niveau**
Präposition mit Genitiv ① Beispiele: *während, wegen, trotz, innerhalb*	① Die häufigsten Präpositionen mit Genitiv zusammen mit dem standardsprachlichen Gebrauch erarbeiten.
M-, E-Niveau	**M-, E-Niveau**
Zusammenhang von Präposition und Subjunktion ② Beispiele: *Während des Essens – Während er/sie ... aß, Wenn es regnet, ... – bei Regen*	② Den Zusammenhang von Präposition und Subjunktion mittels Ersetzung einer Präpositionalgruppe durch einen Nebensatz verstehen: w̲ährend **des Essens** (*während* = Präposition) – w̲ährend **er/sie ... aß** (*während* = Subjunktion), **bei Regen** ... (*bei* = Präposition) – **wenn es regnet** (*wenn* = Subjunktion).
Besonderheiten und Zweifelsfälle der Kasusrektion ③ Beispiele: *binnen einiger Tage – binnen zwei Monaten; dank deines Einsatzes – dank deinem Einsatz; längs des Flusses – längs dem Fluss; trotz eines Beweises – trotz Beweisen,* aber nur: *trotz diesem; wegen des Regens –* ?*wegen dem Regen,* aber: *wegen dir*	③ Den unterschiedlichen Kasus-Gebrauch mancher Präpositionen feststellen und hinsichtlich des Sprachgebrauchs beurteilen: Bei **wegen** gilt der Genitiv nach wie vor als standardsprachlich. Umgangssprachlich setzt sich aber immer mehr der Dativ durch. Wird **wegen** mit Personalpronomen (**wegen dir**) gebraucht, muss der Dativ stehen; standardsprachlich ist aber **deinetwegen**, das aber immer mehr die Bedeutung *für dich* annimmt. Bei *trotz* tritt bei vollständigen Nominalgruppen eher der Genitiv, bei Fehlen des Begleiters und im Plural eher der Dativ auf.

Partikel

Inhalte und Beispiele	Erarbeitung: Verfahren und Hinweise
M-Niveau	**M-Niveau**
Fokuspartikel ① Beispiele: *allein, auch, besonders, bloß, nur, selbst, sogar, wenigstens* Abtönungspartikel ② Beispiele: *aber, auch, bloß, denn, doch, eben, eigentlich, etwa, ja, mal, vielleicht, wohl*	① Fokuspartikeln als Ausdrücke identifizieren, die platzfest vor oder (in einigen Fällen) direkt nach einer Wortgruppe stehen und diese modifizieren: *Tim mag n̲u̲r̲ rote Äpfel. **Sogar** er hat getanzt. W̲e̲n̲i̲g̲s̲t̲e̲n̲s̲ meine Freundin stand zu mir. **Allein** Sarah/Sarah **allein** vermochte ihn zu trösten.* Herausarbeiten, dass der Sprecher damit immer auf eine Vorannahme anspielt, die aber im Satz nicht ausgesprochen ist: *Ich hätte erwartet, dass jemand auch andere Äpfel mag* bzw. *er nicht tanzt* bzw. *mehr Personen zu mir stehen* bzw. *auch andere als Sarah ihn zu trösten vermögen.* Die Sätze mit und ohne Fokuspartikel vergleichen. ② Abtönungspartikeln als im Mittelfeld platzierte, nicht verschiebbare, zumeist nicht betonbare Ausdrücke identifizieren. Durch Weglassen und Einfügen herausarbeiten, dass mit Abtönungspartikeln der Sprecher eine bestimmte Einstellung/Position ausdrückt und dem Gesagten eine bestimmte Färbung gibt: *Das ist **ja**/**wohl** vergebens.* Mit *ja* kann der

Inhalte und Beispiele	Erarbeitung: Verfahren und Hinweise
	Sprecher seine Aussage bekräftigen und/oder zum Ausdruck bringen, dass entgegen den allgemeinen Annahmen es so ist, wie er sagt – ebenso bei *wohl*. *Hast du **mal** Feuer?* Mit **mal** versucht der Sprecher seine Äußerung verbindlicher zu machen, indem er sie abmildert; **denn, auch** kommt in Fragesätzen vor. Häufig kennzeichnen sie einen rhetorischen Charakter: *Was soll **denn** das? Bist du **auch** da?* Sätze mit und ohne Abtönungspartikel(n) (manchmal auch *Modalpartikel(n)* genannt) gegenüberstellen und die besondere Nuancierung durch die Abtönungspartikel(n) beurteilen.

5.2.2 Wortgruppen

Verbgruppe

Inhalte und Beispiele	Erarbeitung: Verfahren und Hinweise
M-, E-Niveau	**M-, E-Niveau**
Verbgruppe im Passiv ① Beispiel: *etwas verschmutzen – verschmutzt werden – verschmutzt sein*	① Verbgruppen in passivische Verbgruppen umformen. Aufzeigen, dass im Passiv lediglich der Verbkomplex übrig bleibt: ***etwas verschmutzen*** (Verbgruppe mit einem obligatorischen Akkusativobjekt) → ***verschmutzt werden** – **verschmutzt sein***. Das Akkusativobjekt des Aktivsatzes wird im Passiv zum Subjekt, während das Subjekt des Aktivsatzes in einer fakultativen *von*-Präpositionalgruppe erscheint. Dann bleibt nur der Verbkomplex übrig.

Nominalgruppe

Inhalte und Beispiele	Erarbeitung: Verfahren und Hinweise
M-, E-Niveau	**M-, E-Niveau**
Nominalgruppe und Satzfunktion im Überblick ① Beispiele: *Der Hund bellt. Der Hund beißt den Postboten. Der Hund ist ein Labrador. Der Hund wartete den ganzen Tag auf seinen Besitzer. Der Hund meiner Schwester ist ein Labrador.*	① Untersuchen, welche Satzfunktionen Nominalgruppen übernehmen können (Hauptfunktionen: Subjekt, Objekt, Prädikativ, Attribut; in einigen Fällen Adverbial) und welche nicht (Prädikatfunktion). – Subjekt: ***Der Hund** bellt.* – Objekt: *Der Hund beißt **den Postboten**.* – Prädikativ: *Der Hund ist **ein Labrador**.* – Adverbial: *Der Hund wartete **den ganzen Tag** auf seinen Besitzer.* – Attribut: *Der Hund **meiner Schwester** ist ein Labrador.*

Adjektivgruppe

Inhalte und Beispiele	Erarbeitung: Verfahren und Hinweise
M-, E-Niveau	**M-, E-Niveau**
Adjektivgruppe und Satzfunktionen im Überblick ① Beispiele: *Das sehr laute Bellen ist unerträglich. Das Bellen ist sehr laut. Der Hund bellt sehr laut.*	① Untersuchen, welche Satzfunktionen Adjektivgruppen übernehmen können: – Attribut: *Das **sehr laute** Bellen ist unerträglich.* – Prädikativ: *Das Bellen ist **sehr laut**.* – Adverbial: *Der Hund bellt **sehr laut**.*
M-, E-Niveau	**M-, E-Niveau**
Adverbgruppe und Satzfunktionen im Überblick ① Beispiele: *Der Hund liegt dort oben im Schatten. Deine Antwort kurz zuvor leuchtet mir ein. Jetzt ist mir ziemlich wohl.*	① Untersuchen, welche Satzfunktionen Adverbgruppen übernehmen können: – Adverbial: *Der Hund liegt **dort oben** im Schatten.* (Hauptfunktion) – Attribut: *Deine Antwort **kurz zuvor** leuchtet mir ein.* – Prädikativ: *Jetzt ist mir **ziemlich wohl**.*

Präpositionalgruppe

Inhalte und Beispiele	Erarbeitung: Verfahren und Hinweise
M-, E-Niveau	**M-, E-Niveau**
Präpositionalgruppe und Satzfunktionen im Überblick ① Beispiele: *Wir rennen in den Garten. Er wurde mangels eines Beweises freigesprochen. Sie kümmert sich um kranke Tiere. Sein Verhalten ist ohne Fehl und Tadel. Die Teilnehmer aus Italien waren besonders freundlich.*	① Untersuchen, welche Satzfunktionen Präpositionalgruppen übernehmen können: – Adverbial: *Wir rennen **in den Garten**. Er wurde **mangels eines Beweises** freigesprochen.* (Hauptfunktion) – Objekt (Präpositionalobjekt) mit einer vom Verb festgelegten Präposition: *Sie kümmert sich **um kranke Tiere**.* – Prädikativ: *Sein Verhalten ist **ohne Fehl und Tadel**.* – Attribut: *Die Teilnehmer **aus Italien** waren besonders freundlich.*

5.2.3 Satzglieder und Satz

Inhalte und Beispiele	Erarbeitung: Verfahren und Hinweise
E-Niveau	**E-Niveau**
Präpositionalobjekt – Adverbial ① Beispiele: *Ich freue mich auf/über den Besuch meiner Großeltern. Meine Großeltern wohnen in Friedrichshafen.*	① Präpositionalobjekte von Adverbialen unterscheiden. Erstere sind über eine inhaltsleere Präposition, die Konstituente des Vollverbs ist, fest mit dem Verb verbunden, daher obligatorisch: *sich freuen **auf/über den Besuch meiner Großeltern**.* Die Präpositionalgruppe wird als Objekt eingestuft. Dagegen ist ein Adverbial mit keiner festen Präposition mit dem Prädikat verbunden: *Meine Großeltern wohnen **in** Friedrichshafen/**hinter** dem Bahnhof/**neben** einem großen Kaufhaus.*

5 Klassen 9/10

Inhalte und Beispiele	Erarbeitung: Verfahren und Hinweise
Prädikatsadverbial – Satzadverbial ② Beispiele: *Sie arbeiteten gestern. Sie arbeiteten fleißig. Das war bedauerlicherweise nicht zu verhindern.* **Satzkonstituente, die kein Satzglied ist** ③ Beispiele: *Das ist ja unglaublich! Wir werden wohl rechtzeitig ankommen.* **Uneingeleiteter Nebensatz** ④ Beispiele: *Wärst du früher nach Hause gekommen, hättest du mich angetroffen. Er sagte, er sei gut angekommen.* **M-, E-Niveau** **Korrelatstrukturen** ⑤ Beispiele: *Es kommt selten vor, dass du mich besuchst. Sie wagte es, ihm entgegenzutreten. Sie rät ihm dazu, sich an seinen Freund zu wenden.*	Aber auch das Adverbial ist notwendig, da **Meine Großeltern wohnen.* kein vollständiger Satz ist. Da die Ortsangabe aber das Wohnen situiert, wird es als Adverbial eingestuft. ② Prädikatsadverbiale, die den weiten Prädikatsverband situieren oder modalisieren, von Satzadverbialen, die den ganzen Satz situieren oder kommentieren, unterscheiden. Dazu folgende Proben anwenden: Die Satzverneinung steht nach dem Satzadverbial, aber vor dem Prädikatsadverbial. *Sie arbeiteten* **gestern** *nicht.* → *gestern* = Satzadverbial. *Sie arbeiteten nicht* **fleißig**. → *fleißig* = Prädikatsadverbial. Zudem können Satzadverbiale in die Phrase *Es ist /war der Fall, dass ...* gebracht werden: *Es war* **gestern** *der Fall, dass sie arbeiteten. Es ist* **bedauerlicherweise** *der Fall, dass das nicht zu verhindern war.* Aber nicht: *Es war **fleißig** *der Fall, dass sie arbeiteten.* Kommentaradverbien wie *bedauerlicherweise, vielleicht* oder kommentierende Nominalgruppen (*meines Erachtens*) oder präpositionale Ausdrücke (*meiner Meinung nach*) sind grundsätzlich Satzadverbiale. ③ Sprecherkommentierungen durch Abtönungspartikeln erschließen: Hierzu die durch die Abtönungspartikeln ausgedrückte Sprecherposition unabhängig vom übrigen Satz umformen: *Das ist unglaublich – das hätte* **ich** *nicht erwartet. Wir werden rechtzeitig ankommen – das erwarte* **ich** *zumindest.* Abtönungspartikeln kommentieren schwächer als Kommentaradverbien. Abtönungspartikeln sind nicht als Satzglieder identifizierbar, da sie nicht verschoben werden können. ④ Uneingeleitete Nebensätze als Verberst- oder Verbzweitsätze formal beschreiben. Verberstsätze als fakultative Konditionalsätze in *wenn*-Sätze umformen: **Wärst du früher nach Hause gekommen**, *hättest du mich angetroffen.* – **Wenn du früher nach Hause gekommen wärst**, *hättest du mich angetroffen.* Verbzweitsätze als obligatorische Objektsätze in *dass*-Sätze umformen: *Er sagte,* **er sei gut angekommen.** – *Er sagte,* **dass er gut angekommen sei.** **M-, E-Niveau** ⑤ Subjekt- und Objektsätze können durch *es* als Korrelat vorweggenommen werden: **Es** *kommt selten vor, dass du mich besuchst.* = *Dass du mich besuchst, kommt selten vor. Sie wagte* **es**, *ihm entgegenzutreten.* = *Sie wagte, ihm entgegenzutreten.* Um zu erschließen, welche Funktion ein Infinitivsatz hat, helfen Korrelatstrukturen. Erst *dazu* in *Sie rät ihm* **dazu**, ... macht deutlich, dass es sich bei dem Infinitivsatz *sich an einen Freund zu wenden* um ein Präpositionalobjekt handelt: *jemandem zu etwas raten*.

Inhalte und Beispiele	Erarbeitung: Verfahren und Hinweise
Einschub ⑥ Beispiel: *Am Freitag, dem/den 13. Oktober – wir hatten gerade Pause –, schrieb ich Dir, meinem besten Freund, einen langen Brief.* **Ellipse** ⑦ Beispiele: *Weg da! Alle mal herhören! Straße gesperrt. Und was dann? Den Fahrschein bitte! Entschuldigung!* **Thema-Rhema** ⑧ Beispiel: *Oliver hat von seinem Bruder Benjamin ein Sachbuch geschenkt bekommen. Er hätte aber lieber einen Roman gelesen. / Einen Roman hätte er aber lieber gelesen.*	⑥ Einschübe zu Satzkonstituenten (*Freitag,* ***dem/den 13. Oktober,*** bzw. *dir,* ***meinem besten Freund,***), wofür auch der Ausdruck *Apposition* geläufig ist, ebenso wie Parenthesen (*–* ***wir hatten gerade Pause –***) als Satzunterbrechungen identifizieren. Unterbrechungen werden mit paarigen Kommas (bei Parenthesen auch Klammern oder Gedankenstriche) vom Satz, in den sie eingebettet sind, abgetrennt. ⑦ Einer Ellipse fehlen zu einem vollständigen Satz Satzglieder, die aber aus dem Weltwissen, dem Kontext oder der Situation ergänzt werden können. Durch Wegstreichungen den elliptischen Charakter erschließen: [*Gehe*] ***Weg da!*** **Alle** [*sollen*] **mal herhören!** [*Die*] **Straße** [*ist*] **gesperrt** [*worden*]. **Und was** [*ist/geschieht*] **dann**? [*Gebt mir*] **den Fahrschein bitte!** [*Ich bitte um*] **Entschuldigung!** Ellipsen können kommunikativ dasselbe wie ausgebaute Sätze leisten. ⑧ Auf der Grundlage von Artikelgebrauch und Satzstellung begründen, warum der typische Folgesatz *Er hätte aber lieber einen Roman gelesen.* ist. Dagegen hat *Einen Roman hätte er aber lieber gelesen.* eine markierte Satzstellung. Diese durch Untersuchung der Satzbetonung herausfinden.

5.3 Anwendungsaspekte in den Klassen 9/10

5.3.1 Schreiben und Lesen

In den Klassen 9/10 werden zunehmend höhere Anforderungen an das Verfassen von Texten gestellt. Im Folgenden sollen zwei Aspekte betrachtet werden. Zum einen sprachliche Kohäsionsmittel und zum andern das Erfordernis eines Sachstils bei Sachtexten.

Erst wenn Sätze mit Sätzen auf irgendeine Art und Weise verknüpft werden, kann man von einem Text sprechen. Kohäsionsmittel sind explizite Vertextungsmittel. Kohäsion kann vielfach hergestellt werden. Eine nicht grammatische, sondern lexikalische Form ist die sog. *Rekurrenz*. Damit ist gemeint, dass im Textfortgang Wörter und Wortgruppen des Vortextes aufgenommen und wiederholt werden: *Er sonnte sich in seinem Glück. Dieses Glück aber war trügerisch.* Dabei kann auch sprachlich variiert werden: *Er war sehr glücklich. Aber dieses Glück ...*

<small>Vertextungsmittel</small>

Grammatisch sind Proformen: *Pronomen* und *Pronominaladverbien*. Manchmal werden auch sogenannte *Proverben* dazugerechnet: *Er grub ein tiefes Loch. Was machte er da bloß? Machen* muss auf *graben* bezogen werden, um es semantisch zu füllen.

Pronomen sind ein weites Feld und die Bezugsfehler, die dabei gemacht werden, sind Legion. Vater (1994, S. 34) führt das folgende Beispiel an: *Paul hat mit Fritz gesprochen. Er kommt morgen.* Vaters Analyse, dass nicht klar sei, wer von den beiden Genannten komme, muss man erweitern. Das Problem tritt vor allem auf, weil der Folgesatz im Indikativ steht. Stünde er im Konjunktiv I, würde man das Ganze als indirekte Rede interpretieren. Dann ist das auslösende Verb *gesprochen* das Prädikat zu Paul und es läge ziemlich nahe, *er* auf *Paul* zu beziehen. Wenngleich man hier sehen kann, wie verschiedene Faktoren bei der Textproduktion und Textinterpretation zusammenspielen – die Interpretation, dass *er* koreferent mit *Paul* ist, ist nicht eindeutig. Das ist dann der Fall, wenn man den Folgesatz als elliptisch ansieht: *Paul hat mit Fritz gesprochen. Er sagte, er komme morgen.* Jetzt liegt es nahe, Fritz als Antecedenten zu interpretieren, aber noch immer ist die ganze Angelegenheit nicht eindeutig. Der nächste Schritt könnte sein, die Pronomen zu explizieren: *Dieser/ Letzterer sagte, ... Dieser/Letzterer* meint den näher Liegenden und konkurriert mit *jener/Ersterer* als dem ferner Liegenden. Im gegebenen Fall wäre also *dieser/Letzterer* Fritz und *jener/Ersterer* Paul.

Der Schreiber sieht öfters solche Interpretationsschwierigkeiten nicht, da für ihn das Gemeinte in seinem Kopf klar ist. Daher muss man den Blick für solche Probleme erst schärfen.

Vertextung geschieht schließlich durch Pronominal- und Konjunktionaladverbien. Beim Argumentieren wird man ohne zurückverweisend-erläuterndes *nämlich*; anreihendes *außerdem, zudem, daneben*; steigerndes *darüber hinaus*; adversatives *hingegen, dagegen, indessen*; schlussfolgerndes *folglich, schließlich, somit, deshalb, daher*; konzessives *trotzdem, gleichwohl, nichtsdestoweniger* (zusammen mit relativen Formen, wo es sie gibt) kaum auskommen. Die Schule ist gut beraten, wenn verschiedene Verknüpfungsmöglichkeiten explizit geübt werden.

Aufbau von Informationen für einen nichtanwesenden Leser

Thema-Rhema-Beziehungen wurden oben schon angesprochen. Das nachfolgende Beispiel zeigt, wie der Schreiber es versäumt, Information schrittweise aufzubauen: „Also der da geht da rein und die spielen da mit sonem Ball. Und dann kickt der da den Ball da rein. Und hier hauen sie ab, und der da kommt und der kommt jetzt hier wieder raus. Und da sieht der den und denkt, der war's' und klebt dem eine. Dabei war der's gar nicht, aber das weiß der ja nicht, aber der Ball muss ja noch da drin liegen, aber der hätt sich ja auch wehren können. Ganz schön gemein das alles." (Huber 1974) Der Leser kann kein Verständnis aufbauen, weil die Pronomen gänzlich keinen Koreferenten haben, von dem sie ihre Bedeutung beziehen könnten. (Daher handelt es sich hier um ein typisches Beispiel für extrem mündlichen, und selbst da restringierten Code.)

Kommentierung in Sachtexten

Das Gebot der Sachlichkeit in Sach- und argumentativen Texten hängt unmittelbar mit den Kommentaradverbien und den Abtönungspartikeln zusammen. Beide bringen Sprecher-Subjektivität zu einem dargestellten Sachverhalt dazu und haben in solchen Texten nichts zu suchen: *Smartphones machen nicht nur das Telefonieren bequem. Man kann mit Ihnen auch jederzeit in das Internet. Leider sind sie ziemlich teuer. Ich müsste da ja ziemlich viel sparen.* Es mag sein, dass der Schreiber bedauert, dass Smartphones teuer sind und dass er, entgegen seinen Vorstellungen, viel sparen müsste. Dies wäre auch in einem privaten Gespräch vielleicht interessant. In einem argumentativen Text haben solche

Stellungnahmen aber nichts zu suchen. Man möchte Argumente hören, nicht die subjektive Meinung des Schreibers. Dies zu lernen, ist mit Blick auf wissenschaftliches Schreiben wichtig.

5.3.2 Sprachbewusstheit

Souveränität in der Sprache zeigt sich immer dann, wenn in ihr Entscheidungen getroffen werden können: Diesen Ausdruck oder jenen? Diese Konstruktion oder jene? Diese Fragen stellen sich beim Formulieren stets. Didaktisch bedeutet dies, dass an treffenden Beispielen das Problem thematisiert werden sollte. Dies geschieht im Curriculum explizit an zwei Stellen: In den Klassen 7/8 wird der Reichtum von Attribuierungsmöglichkeiten thematisiert und in den Klassen 9/10 bei Aufforderungen. Dies geschieht auf dem E-Niveau, weil die zu diskutierenden Unterscheidungen als grammatische Untersuchungen angelegt und ohne pragmatische Überlegungen nicht durchführbar sind. Die Grammatik, die die Form von Ausdrücken betrachtet, trifft auf Pragmatik, die sich um die Wirkungen von Äußerungen kümmert. Grammatisch stehen zur Verfügung: die Imperativform: *Steh auf!*, der Konjunktiv I bei höflicher Anrede: *Stehen Sie auf!*, ein Verbkomplex, der mit ist/hat + zu-Infinitiv gebildet wird: *Sie haben sofort aufzustehen!*, ein Verbkomplex mit der *würde*-Form, durch die das Ergebnis in den Bereich des Vorgestellten gebracht wird: *Würdest du aufstehen!*, durch einen Infinitiv: *Aufstehen!*, durch das Partizip II, wodurch das Befohlene schon als vollzogen dargestellt wird: *Aufgestanden!*

Formulierungsalternativen: Auffordern

Die Grammatik stellt eine eigene Form, den Imperativ, für Aufforderungen zur Verfügung. An dieser Form ist interessant, dass ihre Bildung sich formal an der 2. Ps. ausrichtet, den Marker für die 2. Ps. (-st) aber im Sg. weglässt. Vor allem ist das Verb als Prädikat mit keinem Subjekt verbunden. Es geht nur noch um die Handlung, die auszuführen ist. Dagegen bleiben obligatorische Verbergänzungen erhalten: *Liebe deine Feinde! Schreibe den Brief!* Auch können Adverbiale als situative Angaben hinzutreten: *Liebe immer deine Feinde! Schreibe endlich den Brief!* Diese Formen sind harsch. Pragmatisch braucht man also Formen, die das Gebot der Höflichkeit beachten, ohne das Gebot der Dringlichkeit zu unterlaufen. Dafür kann der Konjunktiv I eingesetzt werden. Dieser drückt Möglichkeit aus. Das Befohlene wird pragmatisch betrachtet als möglich – aber eben noch nicht verwirklicht – unterstellt. Verbunden wird der Konjunktiv mit dem Höflichkeitspronomen *Sie*. Wie ist *Sie* grammatisch zu interpretieren? Ein erster Versuch wäre, *Sie* durch *du* zu ersetzen: *Steh du auf.* Anders als bei der Höflichkeitsform kongruiert das Pronomen nicht mit der Verbform. *Du* ist hier Anrede. Dies wiederum wird deutlich, wenn man umstellt: *Du, steh auf!* Aber genau das funktioniert bei *Sie* nicht so: *Sie, stehen Sie auf!* Das Höflichkeitspronomen verschwindet nicht. Der nächste Analyseschritt könnte sein, dass man in der Paraphrasierung das tatsächliche Subjekt des Geschehens ausdrückt: *Ich fordere dich/Sie auf, dass du aufstehst/Sie aufstehen!* In dieser explizit performativen Form zeigen sich *du* bzw. *Sie* nicht nur als Objekte im Hauptsatz, zudem nimmt das Prädikat wieder die Endung der 2. Ps. (*aufsteh<u>st</u>*) an. Das aber bedeutet, dass *Sie* nur als Subjekt des Nebensatzes interpretiert werden kann. Die Höflichkeit besteht also auch darin, dass die Entmündigung, die imperativische Aufforderungen ausdrücken, zurückgenommen wird. Gewöhnlich wird *Stehen Sie auf!* mit *bitte* aufgefüllt werden. Engel (1988, S. 773) interpretiert *bitte* als Satzäquivalent. Die explizit performative Formel lautet dann nicht *Ich fordere Sie auf, ...* sondern: *Ich bitte Sie, dass Sie ...*

Konjunktiv haben wir auch bei *Würdest du/würden Sie (bitte) aufstehen?* Hier sind die Formen beim Prädikat nun eindeutig Kongruenzformen, sodass sich die vorhergehende Analyse bestätigt. Allerdings liegt syntaktisch eine Frage vor. Bekanntlich werden Fragen in der Sprechakttheorie als besondere Aufforderungen behandelt, als Aufforderung, eine Antwort zu geben (vgl. Searle 1971, S. 110). Aber die Formulierung lässt dem Hörer die Möglichkeit, die Frage zu verneinen, also nur auf die Illokution und nicht die intendierte Perlokution zu reagieren. Daher ist die *würde*-Formulierung nicht nur Ersatzkonjunktiv, sondern die höflichste Form überhaupt – mit der Gefahr, dass die Aufforderung/Bitte scheitert. Das Gegenstück bilden die Formen *Aufstehen!, Aufgestanden!, Sie haben aufzustehen.* Der blanke Infinitiv hat jede personale Bindung verloren, das Partizip II stellt das Aufgeforderte als schon vollzogen dar, ebenso wie die *haben + zu*-Infinitiv-Form, die nicht minder das Auszuführende als vollendet darstellt.

Die Fragestellung bei den gegebenen Ausführungen ist nicht nur, welche Ausdrucksweisen für eine Intention zur Verfügung stehen, sondern auch, warum diese Ausdrucksweisen funktionieren und wie sie funktionieren. Man kann nun weiterfragen: Was wäre eine besonders höfliche Aufforderung/Bitte? Zweifellos eine, die das Auszuführende ganz in das Vermögen der angesprochenen Person stellen würde. Dafür kennen wir: *Können Sie bitte aufstehen?* oder *Könnten Sie bitte aufstehen?* Dabei ist der Konjunktiv II das maximale Mittel der Zurücknahme, wie wir es auch aus *Ich würde meinen ...* kennen. Der Konjunktiv bedeutet hier so viel wie *Wenn es genehm ist, meine ich ...* Was also auf der wörtlichen Herangehensweise kaum einen Sinn ergibt, erscheint z. B. unter Berücksichtigung der Gebote der Höflichkeit und des Respekts durchaus angemessen.

Nur wer aus verschiedenen Formulierungsalternativen die seiner Meinung nach geeignetste Formulierung auswählen kann, kann für sein Reden und Schreiben Verantwortung übernehmen. Dazu gehört auch, dass er seine Wahl begründen und rechtfertigen kann. So betrachtet wird mit einem reflektierten Sprachausbau, der mit Blick auf das Ziel Bildungssprache immer erforderlich ist, unter dem Erfordernis einer systematischen Betrachtung und der Suche nach Erklärungen Stück für Stück eine höhere Sprachbewusstheit aufgebaut.

Schon in den vorhergehenden Klassenstufen sind Phänomene der ↑Wortbildung immer wieder unter Sprachbewusstheit diskutiert worden. Daher soll auch die letzte Klassenstufe mit einer Besonderheit bei der Wortbildung abgeschlossen werden. Es geht um sog. *exozentrische Bildungen*, die nicht durch einfache Komponentenanalyse auflösbar sind: *Milchgesicht* meint nicht ein *Gesicht*, das in irgendeiner Weise mit *Milch* in Verbindung gebracht wird, sondern eine Person, die in der Wortbildung gar nicht auftaucht, die ein Gesicht wie Milch hat, was zudem metaphorisch verstanden werden muss: eine Person, die ein Gesicht noch ganz ohne Konturen hat, also eine Person ohne Lebenserfahrung. Andere exozentrische Komposita: *Rotkäppchen* – ein Mädchen mit einer roten Kappe, *Rotkehlchen*, ein Vogel mit einer rotgefärbten Brust (Kehle). Da diese Wortbildung ein possessives Verhältnis anzeigt, wird hier öfters auch von Possessivkomposition gesprochen. Das geht aber nicht bei den folgenden exozentrischen Kompositionen: *Maulheld* = eine Person, die nur im Reden (Maul) ein Held ist, *Nachtisch* = eine Speise, die nach dem Hauptgang gegessen wird, *Zwischeneiszeit* = ein Erdgeschichtsabschnitt zwischen zwei Eiszeiten.

Sprachbewusstheit und Wortbildung

Glossar: Termini – Begriffe – Definitionen C

GLOSSAR: TERMINI – BEGRIFFE – DEFINITIONEN C

Im Folgenden werden die wesentlichen grammatischen Fachausdrücke alphabetisch geordnet und erläutert. Sofern zu einem Fachausdruck auch eine Definition des „Verzeichnisses der grundlegenden grammatischen Ausdrücke" (IDS 2019), wie es 2019 von der KMK zustimmend zur Kenntnis genommen wurde, vorliegt, erscheint diese immer im Anschluss (grau hinterlegt). Dabei werden auch die mit → gekennzeichneten Querverweise dieses Verzeichnisses aufgeführt. (Ein dort unterstrichener Ausdruck bedeutet, dass der betreffende Ausdruck keine eigene Definition im „Verzeichnis" hat.) Dabei ist zu bedenken, dass das nachfolgende Glossar und das amtliche Verzeichnis nicht identisch sind. Dort, wo es gravierende Abweichungen gibt, ist dies mit einem Strich am Rand markiert.

Die Darstellung der *Andere[n] Ausdrücke* folgt Bohusch (1972). Sofern Bohusch einen Terminus aufführt, aber keinen Alternativausdruck, ist dies mit einem Leerstrich (-) gekennzeichnet. Wo *Andere Ausdrücke* fehlt, kennt Bohusch diesen Ausdruck nicht. Daran kann man auch ablesen, was sich die letzten 50 Jahre in der Linguistik und Sprachdidaktik getan hat.

Ablaut. Man unterscheidet regelmäßige, schwach konjugierte von unregelmäßigen, stark konjugierten Verben, die einer älteren Sprachschicht angehören. Letztere bilden ihre Formen (↑Präteritum und das ↑Partizip II, teilweise auch 2./3. Ps. Sg. Präs.) durch einen Wechsel des Stammvokals (*nehmen – nimmst/nimmt – nahm – genommen*). Dabei kann sich neben der Änderung des Stammvokals auch dessen Quantität (Länge/Kürze) verändern. Traditionell werden die Ablaute nach sieben sogenannten Ablautreihen sortiert:
1. *ei – i/ie – i/ie (schreiten – schritt – geschritten, schreiben – schrieb – geschrieben)*
2. *ie – o – o (schieben – schob – geschoben)*
3. *e/i – a – o/u (brechen – brach – gebrochen, singen – sang – gesungen)*
4. *e/o – a – o (nehmen – nahm – genommen, kommen – kam – gekommen)*
5. *e/i – a – e (lesen – las – gelesen, bitten – bat – gebeten)*
6. *a – u – a (graben – grub – gegraben)*
7. *ei/au/o/a/u – i/ie – ei/au/o/a/u (heißen – hieß – geheißen, laufen – lief – gelaufen, stoßen – stieß – gestoßen, fangen – fing – gefangen, halten – hielt – gehalten, rufen – rief – gerufen)*

Starke Verben können im Laufe der Sprachgeschichte in die schwache Konjugation übertreten. Man beobachtet gegenwärtig: *backen – buk → backte – gebacken, melken – molk → melkte – gemolken → gemelkt*.

Teilweise ist mit der schwachen bzw. starken Konjugation ein Bedeutungsunterschied verbunden: *bewegen* (= *Lage verändern* und *jmd. rühren, ergreifen*): *bewegen – bewegte – bewegt*; *bewegen* (= *jmd. zu etwas veranlassen*): *bewegen – bewog – bewogen*.

AcI-Konstruktion. Wörtlich: Akkusativ mit (cum) Infinitiv-Konstruktion. So werden syntaktische Konstruktionen genannt, bei denen ein Infinitiv mit einem Akkusativ (↑Kasus) verbunden ist, der wiederum durch einen *dass*-Nebensatz ersetzbar ist: *Niemand hört ihn kommen = Niemand hörte, dass er kommt*.

Adjektiv:
a) **Morphologisch** betrachtet, ist ein Adjektiv ein deklinierbares Wort. Dabei werden alle ↑Flexionsmerkmale durch das ↑Nomen bzw. den ↑nominalisierten Ausdruck, zu dem das Adjektiv ↑Attribut ist, festgelegt. Ob das Adjektiv allerdings stark oder schwach dekliniert wird, legt die Satzumgebung, bspw. das ↑Artikelwort fest. Hat das Artikelwort ein erkennbares ↑Genus, wird das Adjektiv schwach dekliniert, hat es keine solche Genusmarkierung, ist eine starke Deklination erforderlich (↑Monoflexion):

	Maskulin	Feminin	Neutrum Maskulinum	Nullartikel		
				Maskulinum	Femininum	Neutrum
Nom. Sg.	der gute Mensch / ein guter Mensch	die klare Luft / eine klare Luft	das frische Brot / ein frisches Brot	guter Mensch	klare Luft	frisches Brot
Gen. Sg.	des/eines guten Menschen..	der/einer klaren Luft	des/eines frischen Brotes	guten Menschen	klarer Luft	frischen Brotes
Dativ Sg.	dem/einem guten Menschen ...	der/einer klaren Luft	dem/einem frischen Brot	gutem Menschen	klarer Luft	frischem Brot
Akk. Sg.	den/einen guten Menschen ...	die klare Luft / eine klare Luft	das frische Brot / ein frisches Brot	guten Menschen	klare Luft	frisches Brot
Nom. Pl.	die	guten Menschen/klaren Lüfte/frischen Brote		gute Menschen	klare Lüfte	frische Brote
Gen. Pl.	der	guten Menschen/klaren Lüfte/frischen Brote		guter Menschen	klarer Lüfte	frischer Brote
Dativ Pl.	den	guten Menschen/klaren Lüften/frischen Broten		guten Menschen	klaren Lüften	frischen Broten
Akk. Pl.	die	guten Menschen/klaren Lüfte/frischen Brote		gute Menschen	klare Lüfte	frische Brote

Prototypische Adjektive drücken gewöhnlich eine Eigenschaft aus (daher der Ausdruck *Eigenschaftswort*); diese Adjektive können ↑kompariert werden.

b) **Syntaktisch** betrachtet, haben Adjektive drei Vorkommensweisen: 1) attributiv: Innerhalb der Nominalgruppe werden sie dann dekliniert: *das schöne Wetter*, außerhalb (nachgestellt) dagegen treten sie undekliniert auf (*das Wetter, schön und heiß, ...*). 2) prädikativ: Hier sind sie immer unflektiert. Man unterscheidet: Prädikativ zum Subjekt: *Das Wetter ist schön*. Prädikativ zum ↑Objekt: *Man trug den Sportler ohnmächtig vom Platz.* (→ *Der Sportler ist ohnmächtig.*) Bei attributivem Gebrauch bestimmt das Artikelwort, ob das Adjektiv stark (*ein schönes Wetter*) oder schwach (*das schöne Wetter*) dekliniert wird. Eine besondere syntaktische Verwendung findet im ↑Komparativ statt, wenn das Adjektiv eine ↑Adjunktorgruppe (*Das Ulmer Münster ist höher als der Kölner Dom.*) nach sich zieht. Manche Adjektive können nur attributiv gebraucht werden (*ärztlich*), einige nur prädikativ und sind zudem nicht deklinierbar (*angst, pleite, klasse ...*). 3) Das Adjektiv kann auch adverbial (gewöhnlich als Modaladverbial ↑Adverbial) gebraucht werden: *Der Vogel singt* _schön_. (Nicht der Vogel, sondern das Singen ist schön.) *Sie trugen ihn vorsichtig vom Platz.* (Das Tragen ist vorsichtig.)

c) **Semantisch** betrachtet, sind die prototypischen Adjektive, die auch komparierbar sind, Eigenschaftswörter. Allerdings gilt dies für weniger als 50 % der Adjektive; andere Adjektive geben Farbe (*grün*), Herkunft und Zugehörigkeit (*italienisch, medizinisch*), Beschaffenheit (*hölzern*) usw. an. Unglücklich ist die Ausdrucksweise *Wie-Wort*. Mit W-Fragen sollten Satzglieder oder Gliedteile erfragt werden, nicht Wortarten.

Nicht alle Adjektive erfüllen alle Merkmale. Gegenüber den prototypischen Adjektiven sind diejenigen defektiv, die a) nur attributiv verwendet werden, das sind v. a. Herkunfts- und Beschaffenheitsadjektive (*italienisch, hölzern*); b) zwar attributiv auftreten, aber nicht in deklinierter Form (*spitze, klasse*); c) nur prädikativ gebraucht werden (sehr wenige Adjektive wie *lila, rosa, futsch*), c) keine Vergleichsformen bilden (*angst, futsch, Farbadjektive*).

↑**Wortbildung** des Adjektivs: <u>Komposition</u>: Nomen + Adj.: *handwarm, kornblumenblau, stellungsfest;* Adj. + Adj.: *schwerkrank, altklug, süßsauer, wildfremd;* Verb + Adj.: *tragfähig, röstfrisch, sehenswert;* Adv. + Adj.: *links-/rechtsextrem, wohlfeil;* Präp + Adj.: *widernatürlich, zwischenstaatlich, voreilig;* <u>Suffigierung</u>: -bar: *dankbar;* -en: *golden, seiden;* -fach: *mannigfach;* -haft: *bildhaft, sündhaft,* -ig: *bergig, wolkig, mutig;* -isch: *spielerisch, schulisch;* -lich: *täglich, südlich;* -los: *grenzenlos, sorglos;* -mäßig: *aktenmäßig, planmäßig;* -sam: *biegsam, unaufhaltsam;* <u>Präfigierung</u>: erz-: *erzkonservativ;* miss-: *missverständlich, missliebig;* un-: *unfrei, unwillig;* ur-: *urkomisch;* <u>Fremdpräfixe</u>: *anorganisch, asozial; inaktiv, instabil;* non-: *nonverbal; diskontinuierlich*.

Andere Ausdrücke: Eigenschaftswort, Artwort, Beiwort, Wiewort, Eindruckswort.

Das Adjektiv ist eine deklinierbare →Wortart (→Deklination). Es drückt prototypisch Eigenschaften aus. Adjektive können den <u>Kern</u> einer →Adjektivgruppe bilden. Sie können im →Satz eine attributive, prädikative oder auch adverbiale Funktion einnehmen (→Attribut, →Prädikativ, →Adverbial). Außerdem können Adjektive nominalisiert werden (Nominalgruppe, →Nominalisierung). Bei entsprechender Semantik können Adjektive kompariert werden; die <u>Kategorien</u> der <u>Komparation</u> sind <u>Positiv, Komparativ</u> und <u>Superlativ</u>.

Adjektivgruppe: Adjektivgruppen können verschieden gebildet werden: a) ein Adjektiv hat eine Intensitätspartikel (*sehr schnell*) oder ein verstärkendes Adjektiv (*ziemlich lang, unglaublich hell, wahnsinnig schnell*) bei sich. b) Im Komparativ kann ein Adjektiv mit einer Adjunktorgruppe zu einer Adjektivgruppe verbunden werden: *Das Ulmer Münster ist <u>höher als der Kölner Dom</u>. Max läuft <u>schneller als Emil</u>.* c) Im Superlativ kann ein Adjektiv zusammen mit der Partikel *am* eine Adjektivgruppe bilden: *Max war <u>am schnellsten</u>/lief <u>am schnellsten</u>.* d) In wenigen Fällen ist ein Adjektiv Valenzträger (*des Wartens müde, zufrieden mit den Ergebnissen*) und bildet zusammen mit der erforderten ↑Ergänzung eine Adjektivgruppe. (Siehe auch ↑Wortgruppe und Satzfunktion.)

Die Adjektivgruppe ist eine →Wortgruppe mit einem →Adjektiv beziehungsweise →Verbaladjektiv als Kern. Adjektivgruppen können vor allem durch Intensitätspartikeln ausgebaut werden. Bei Verbaladjektiven bestimmt die →Valenz des zugrunde liegenden →Vollverbs den Ausbau.

Abtönungspartikel, ↑Partikel.

Adjunktion: Mit Adjunktionen (*als, wie, je, pro*) wird ein Wort oder eine Wortgruppe einem anderen Wort oder einer anderen Wortgruppe zugeordnet. Dabei sind die beiden Teile kasusidentisch: *Sie schminkten ihn als* (Adjunktion) *einen Clown* (zu *ihn* zugeordnete Wortgruppe; beide stehen im Akkusativ). *Er spielt wie ein junger Gott* (zu *er* zugeordnete Wortgruppe; beide stehen im Nominativ). (Siehe auch ↑Junktion.)
Der Adjunktor ist eine nicht flektierbare →Wortart, die eine vergleichende oder gleichsetzende Funktion hat. Adjunktoren verknüpfen eine →Konstituente, die einen Vergleich oder eine Identifizierung ausdrückt, mit einem Bezugselement. Adjunktor und verknüpfte Konstituente bilden eine →Adjunktorgruppe.

Adjunktorgruppe bezeichnet die Wortgruppe, die mit einer ↑Adjunktion als Kern der Wortgruppe eingeleitet wird: *Sie schminkten ihn als Clown. Sie läuft schneller als alle anderen. Er singt wie ein Vogel.* (Siehe auch ↑Wortgruppe und Satzfunktion.)
Die Adjunktorgruppe ist eine →Wortgruppe mit einem →Adjunktor als Kern. Der Adjunktor bewirkt, dass die dem Adjunktor folgende →Nominalgruppe von der Bezugsnominalgruppe bestimmte Merkmale (neben →Kasus auch →Numerus und →Genus) übernimmt (→Kongruenz).

Adverb:
a) **Morphologisch** betrachtet, ist ein Adverb ein unflektierbares (unveränderliches) Wort. Ganz wenige Adverbien bilden einen Komparativ (↑Komparation).
b) **Syntaktisch** betrachtet, können Adverbien immer ein ↑Satzglied bilden. In einigen Fällen können Adverbien auch attributiv (*die Tafel dort, der Tag heute*) oder prädikativ (*Jetzt ist mir wohl.*) gebraucht werden. Manchmal bilden Adverbien ↑Adverbgruppen: *dort unten/heute früh/sehr gern*. Gewöhnlich antworten Adverbien in ihrer Funktion als Adverbiale auf W-Fragen, lediglich die ↑Kommentaradverbien (*bedauerlicherweise, vielleicht*) antworten auf Ja-/Nein-Fragen.
c) **Semantisch** betrachtet, situieren, modalisieren oder kommentieren Adverbien einen ganzen Satz (↑Satzadverbial) oder nur den engen ↑Prädikatsverband (↑Prädikatsadverbial), wie es der deutsche Ausdruck *Umstandswort* zum Ausdruck bringt. Je nach ihrem Inhalt können die Adverbien semantisch weiter differenziert werden. Die wichtigsten sind: **Lokal- und Richtungsadverbien**: *hier, dort, oben, hierher, dorthin*; **Temporaladverbien**: *heute, morgen, gestern*; **Modaladverbien**: *gern, so*; **Kommentaradverbien**: *bedauerlicherweise, vielleicht*.
Adverbien können kohäsive (↑Kohäsion) Textfunktion haben: *Wir erreichten den Waldrand. Dort/hier/jetzt* (= am Waldrand) *rasteten wir*. (lokale bzw. temporale Satzverknüpfung). Immer kohäsiv sind die sog. **Pronominal-** bzw. **Konjunktional-**

adverbien. Pronominaladverbien sind zusammengesetzt aus einer Präposition sowie *da(r)* bzw. *hier*, mit denen auf Vorerwähntes Bezug genommen wird (*daneben, darauf, danach, hierin, hiermit*). Satzverknüpfung in Texten: *Auf dem Tisch lag ein Buch. Daneben (= neben dem Buch) stand das Telefon.* Satzreihend: *Auf dem Tisch lag ein Buch, daneben (= neben dem Buch) ein Apfel.* Pronominaladverbien werden zudem als ↑Korrelate verwendet. In dieser Funktion sind sie immer ↑kataphorisch: *Ich vertraue darauf, dass du mir glaubst.* Liegt kein pronominaler Bezug vor, spricht man von Konjunktionaladverbien: *Er war Schreiner. Daneben/außerdem/darüber hinaus/zudem arbeitete er auch als Gärtner.* Bei den Konjunktionaladverbien kann man wiederum nach ihrer Leistung unterscheiden: **anreihend/kopulativ**: *außerdem, zudem, dazu, daneben, darüber hinaus, desgleichen*; **adversativ**: *hingegen, dennoch, jedoch, doch, indes/indessen, allerdings, vielmehr, demgegenüber, stattdessen*; **temporal**: *anschließend, indessen, währenddessen*; **kausal**: *schließlich, nämlich*; **konditional**: *sonst, ansonsten, andernfalls, notfalls, gegebenenfalls*; **konsekutiv**: *also, demzufolge, folglich, infolgedessen, mithin, so, somit, deswegen, deshalb*; **konzessiv**: *trotzdem, gleichwohl, immerhin, allerdings, nichtsdestoweniger*.

Eine Reihe der Pronominal- und Konjunktionaladverbien kann auch mit relativem Anschluss innerhalb eines Satzes gebraucht werden. Sie erscheinen dann als W-Wort und leiten einen Nebensatz ein: *Simon gewann den Weitsprung. Dafür (hauptsatzeinleitend) bekam er einen Pokal,* aber: *wofür (nebensatzeinleitend) er einen Pokal bekam.* (↑Relativsatz; ↑Konnektor)

↑**Wortbildung** des Adverbs: Komposition: *-her, -hin: hierher, hierhin, ohnehin, schlechthin; her-, hin-: herauf, hinüber; da(r)-, hier-: daran, hierauf;* Präp. + Adv.: *voran, vorab, zuwider;* Suffigierung: *-s: namens, abends, stets, vergebens; -ens: bestens, längstens, erstens; -dings: neuerdings, schlechterdings; -lings: rücklings, bäuchlings; -mals: ehemals, einstmals; -wärts: rückwärts, himmelwärts; -halben/-halber: allenthalben, interessehalber; -maßen: bekanntermaßen, zugegebenermaßen; -weg: freiweg, rundweg; -weise: familienweise, bedauerlicherweise, dankenswerterweise.*

Andere Ausdrücke: Umstandswort.

Das Adverb ist eine nicht flektierbare →Wortart. Das Adverb ist satzgliedfähig und kann als →Satzglied alleine das →Vorfeld eines →Satzes besetzen. Adverbien können nach verschiedenen Gesichtspunkten klassifiziert werden. Aus semantischer Perspektive unterscheidet man lokale, temporale, modale und kausale Adverbien. Adverbien können in Ergänzungsfragen (interrogativ) und in Relativsätzen (relativ) gebraucht werden. Als →Korrelate, die auf →Nebensätze verweisen, oder anstelle einer →Präpositionalgruppe werden sogenannte Pronominaladverbien gebraucht.

Adverbgruppe bezeichnet die Wortgruppe, die mit einem ↑Adverb als Kern der Wortgruppe gebildet wird. Dabei sind die Möglichkeiten, eine Adverbgruppe zu bilden, sehr beschränkt. Typisch sind sie im temporalen (*heute früh*) oder lokalen Bereich (*dort oben; in den Bergen daheim*). (Siehe auch ↑Wortgruppe und Satzfunktion.)

Die Adverbgruppe ist eine →Wortgruppe mit einem →Adverb als Kern. Adverbgruppen können durch →Partikeln und weitere Adverbien ausgebaut werden.

Adverbial (adverbiale Bestimmung): Adverbiale sind situierende, modalisierende oder kommentierende Angaben, die gewöhnlich nicht notwendig für den elementaren Satzgedanken sind. Nur wenige Verben erfordern obligatorisch ein Adverbial: *Er wohnt in Velden*. Adverbiale geben Antworten auf W-Fragen wie *Wann?*, *Wo?*, *Wie?*, *Warum?* etc., lediglich das Kommentaradverbial antwortet auf Ja-/Nein-Fragen. Im Satz fungieren sie als ↑Prädikatsadverbial oder als ↑Satzadverbial. Realisiert werden Adverbiale durch eine ↑Präpositionalgruppe (*Er wartete in seinem Zimmer*), ↑Adverb/↑Adverbgruppe (*Er wartete hier/gern/dort oben*.), ↑Adjektiv/↑Adjektivgruppe (*Sie arbeiteten hart/sehr hart*.), ↑Nominalgruppe mit reinem ↑Kasus (*Er wartete einen Tag*.), infinite (*Er wartete, um nach Hause zu fahren*.) und finite ↑Nebensätze (*Er wartete, damit er ein Ticket kaufen konnte*.). Adverbiale können semantisch nach ihrer spezifischen Leistung unterschieden werden: Adverbial a) des **Ortes** (lokal): *Sie arbeitet hier*. b) der **Zeit** (temporal): *Sie arbeitet den ganzen Tag*. c) der **Richtung** (direktional): *Sie legt das Buch auf den Tisch*. d) der **Art und Weise** (modal): *Sie arbeitet sehr zuverlässig*. e) des **Grundes** (kausal): *Sie arbeitet nicht, weil sie krank ist*. f) der **Bedingung** (konditional): *Wenn sie krank ist, arbeitet sie nicht*. g) des **Gegengrundes** (konzessiv): *Sie arbeitet, obwohl sie krank ist*. h) des **Zieles** (final): *Sie besuchte uns, um uns wiederzusehen*. i) des **Gegensatzes** (adversativ): *Statt zu arbeiten, ruht sie sich aus*. j) des **Mittels** (instrumental): *Sie drehte die Schraube mit einem Schraubendreher heraus*. k) der **Folge** (konsekutiv): *Das Konzert fand zur allgemeinen Freude statt*. (Siehe auch ↑Satz. Zur Bildung des Adverbials siehe ↑Wortgruppe und Satzfunktion.)

Andere Ausdrücke: -

Das Adverbial ist ein meist nicht →valenzgebundenes →Satzglied mit der Funktion, den Satzinhalt zu situieren oder zu modifizieren. Adverbiale können als →Adverbgruppe, →Nominalgruppe, →Präpositionalgruppe, →Adjektivgruppe oder →Nebensatz realisiert werden.

Adverbialsatz: ↑Nebensatz mit adverbialer Funktion.

Affix, ↑Morphem.

Affixe sind unselbstständige →Wortbausteine. Sie dienen der Bildung komplexer Wortformen bei der →Flexion (Flexionsaffixe) oder der Bildung von komplexen (neuen) →Wörtern (Wortbildungsaffixe). Flexionsaffixe folgen meist dem →Wortstamm. Wortbildungsaffixe sind nicht in gleicher Weise festgelegt. Man unterscheidet v. a. Präfix und Suffix.

Akkusativ, ↑Kasus.

Andere Ausdrücke: 4. Fall, Wenfall, Zielgröße.

Aktiv: Liegt bei Handlungsverben die Perspektive auf dem Handelnden, so verwendet man das Aktiv: *Ich bearbeite mein Referat*. Verben, die Vorgänge (*ich schlafe*) und Zustände (*ich wohne*) bezeichnen, können nur im Aktiv stehen. (Siehe auch ↑Passiv.)

Andere Ausdrücke: Tatform, Tätigkeitsform.
Das Aktiv ist ein →Genus Verbi, bei dem die Perspektive auf dem →Subjekt als <u>Handlungsträger</u> liegt. Das Aktiv wird bei der →Konjugation nicht durch einen spezifischen →Wortbaustein gekennzeichnet.

Anapher meint in der Grammatik einen zurückverweisenden Ausdruck in einem Satz oder satzübergreifend in einem Text: *Ein Hund läuft über die Straße. Er (der Hund)* ... Typische anaphorische Ausdrücke sind ↑Pronomen. (In der Rhetorik meint *Anapher* häufig die Wiederholung mindestens eines Wortes.) (Siehe auch ↑Katapher.)
Andere Ausdrücke: -

Antwortpartikel, ↑Partikel.

Apposition ist ein (meist) nachgestelltes Attribut: *Gutenberg, der Erfinder des Buchdrucks, ...; Ludwigsburg, die Geburtsstadt Mörikes, ...* Man kann sie auch als ↑Parenthesen betrachten, die den Satzfluss unterbrechen. Eine Apposition wird mit einem paarigen Komma abgetrennt. Dies ist nicht der Fall bei sogenannten *engen Appositionen*, wie sie bei Titeln und Eigennamen auftreten: *Rektorin Steer, Karl der Große.* Was hier Bezugsausdruck und was Apposition ist, ist im Genitiv sichtbar: *Rektorin Steer<u>s</u>* Büro (hier also vorangestellte Apposition). Appositionen übernehmen gewöhnlich den Kasus des Bezugsnomens. In wenigen Fällen finden sich auch unabhängige Kasus: *am Freitag, dem 13. Mai;* aber auch: *am Freitag, den 13. Mai.*
Andere Ausdrücke: Einschub, Beifügung, Zusatz, Beisatz, Nachtragsgröße

Artikel:
  a) **Morphologisch** betrachtet, ist ein Artikel ein deklinierbares Wort. Dabei werden alle Flexionsmerkmale durch das ↑Nomen bzw. den ↑nominalisierten Ausdruck, zu dem der Artikel Begleiter ist, festgelegt.
  b) **Syntaktisch** betrachtet, ist er funktional Begleiter von Nomen oder nominalen Ausdrücken, er bildet typischerweise den linken Rand einer ↑Nominalgruppe. Davor können nur noch ↑Fokuspartikeln stehen (*nur der beste Freund*).
  c) **Semantisch** betrachtet, wird durch den bestimmten Artikel eine bekannte (bestimmte, thematische), durch den unbestimmten eine noch nicht bekannte (unbestimmte, rhematische) Größe ausgedrückt.
  Im engeren Sinn versteht man unter Artikel bestimmte (*der, die, das*) und unbestimmte (*ein, eine, ein*) Artikel.
  Zu den Artikeln ist auch der Nullartikel zu rechnen, der beispielsweise bei Stoffbezeichnungen im Satz steht (*Zum Backen braucht man Mehl.*). Die drei Artikelverwendungen sind bestimmt durch identifizierbar/nicht identifizierbar bzw. spezifisch/ nicht spezifisch:

	spezifisch	nicht spezifisch
identifizierbar	bestimmter Artikel: *der, die, das* <u>Der</u> Mond leuchtet in <u>der</u> Nacht.	Nullartikel: *Zum Backen braucht man Mehl.*

C Glossar: Termini – Begriffe – Definitionen

	spezifisch	nicht spezifisch
nicht identifizierbar	unbestimmter Artikel: *ein, eine, ein* *Es war einmal <u>ein</u> Prinz. Wir haben <u>eine</u> gute Schule.*	

In Hinblick auf die Unterscheidung von ↑Artikel und Pronomen ist es günstig, von ↑Artikelwörtern zu sprechen. Sofern es um die Funktion des Artikels, z. B. eine Nominalgruppe einzuleiten, geht, ist der Ausdruck *Begleiter* angebracht.

Andere Ausdrücke: Geschlechtswort, Begleiter.

Der Artikel ist eine deklinierbare →Wortart (→Deklination). Der Artikel tritt gemeinsam mit einem →Nomen in der →Nominalgruppe auf. Der Artikel zeigt meist die grammatischen Informationen →Kasus, →Genus und →Numerus einer Nominalgruppe an. Semantisch wird unterschieden zwischen →definitem Artikel, →indefinitem Artikel, Possessivartikel, Demonstrativartikel und Interrogativartikel.

Artikel und Pronomen bezeichnen Ausdrücke, bei denen erst der Satzkontext Aufschluss gibt, zu welcher Wortart sie gehören. Sie können Begleiter sein und dann den linken Rand einer ↑Nominalgruppe bilden (= Artikelwort) oder als Stellvertreter im Wesentlichen auf ein Nomen/eine Nominalgruppe verweisen (= Pronomen). Während es keine Wörter gibt, die nur Begleiterfunktion haben, also ↑Artikelwörter sind, gibt es welche, die ausschließlich Stellvertreterfunktion haben, also nur Pronomen sind:

Artikel und Pronomen (Begleiter und Stellvertreter)		nur Pronomen (= Stellvertreterfunktion)
Artikel (Begleiter) bzw. Pronomen (Stellvertreter)		
Artikelwort (= Begleiterfunktion)	Pronomen (= Stellvertreterfunktion)	
bestimmter Artikel: *der, die, das* unbestimmter Artikel: *ein, eine, ein* Demonstrativartikel: *dieser, -e, -es* Possessivartikel: *mein, -e* Interrogativ-/Frageartikel: *welcher, -e, -es* Negationsartikel: *kein, -e, nichts* Kollektivartikel: *all-, sämtlich-* Distributivartikel: *jeder, -e, -es, jeglicher, -e, -es* Indefinitartikel: *irgendein, -e, mancher, -e, -es, (ein/-e) solcher, -e, -es*	unbestimmtes Pronomen: *einer, -e, -es* Demonstrativpronomen: *dieser, -e, -es* Possessivpronomen: *meiner, -e, -es* Interrogativpronomen: *welcher, -e, -es* Negationspronomen: *keiner, -e, -es, nichts* Kollektivpronomen: *all-, sämtlich-* Distributivpronomen: *jeder, -e, -es, jeglicher, -e, -es,* Indefinitpronomen: *irgendeiner, -e, -es; mancher, -e, -es; ein solcher, eine solche, ein solches* Relativpronomen: *der, die, das; welcher, welche, welches*	Personalpronomen: *ich/wir, du/ihr* (als Stellvertreterwörter, die auf Sprecher bzw. Hörer verweisen), *er/sie/es, sie* als Textpronomen, die auf Nominalgruppen verweisen. Interrogativ-/Fragepronomen: *wer, was* Reflexivpronomen: *mich, dich, sich* Indefinitpronomen: *man, wer auch immer*

Artikelwort: Wortart mit der Funktion eines ↑Begleiters eines Nomens. Man kann bestimmte und unbestimmte Artikel sowie Demonstrativartikel (*dies-/jen-*), Possessivartikel (*mein-/dein-/sein-/unser-...*), Interrogativartikel (*welch-*), Negationsartikel (*kein-*), Kollektivartikel (*all-*), Distributivartikel (*jed-*), Indefinitartikel (*viel-, manch-*) unterscheiden. Da in diesen Fällen die Form von Artikel und Pronomen zusammenfällt, nimmt man am besten eine Wortart ↑Artikel und Pronomen an und differenziert auf der Grundlage syntaktischer Eigenschaften. (Siehe auch ↑Artikel und Pronomen.)

Aspekt: Man muss zwischen grammatischem und lexikalischem Aspekt unterscheiden. Lexikalischer Aspekt wird im Deutschen meist durch ↑Wortbildung ausgedrückt: *blühen* = durativ (andauernd) – *erblühen* = inchoativ (beginnend). Die wichtigste grammatische Aspektform des Deutschen ist das ↑Perfekt, das den Aspekt *abgeschlossen* ausdrückt (↑Plusquamperfekt: abgeschlossen in der Vergangenheit).

Andere Ausdrücke: Aktionsart.

Asyndetische Reihung, ↑Reihung.

Attribut ist ein Gliedteil einer ↑Nominalgruppe. Im Einzelnen: Adjektivattribut (*der schöne Sommer*), Genitivattribut (*die Wohnung meiner Eltern*), Adverbattribut: *das Haus dort, der Tag heute*; Präpositionalattribut: *die Mannschaft aus Tettnang*. Nebensatz als Attributsatz: a) Relativsatz: *Die Wohnung, die meinen Eltern gehört*. b) Infinitivsatz als Attribut: *Beim Versuch, sich zu beeilen, rutschte er aus*. (Siehe auch ↑Apposition, ↑Wortgruppe und Satzfunktion.)

Andere Ausdrücke: Beifügung, Bestimmungsglied.

Das Attribut ist kein eigenständiges →Satzglied, sondern Teil eines Satzglieds (ein Satzgliedteil). Es ist prototypisch auf den Kern einer →Wortgruppe (meist →Nominalgruppe) bezogen mit der Funktion, diesen näher zu beschreiben bzw. seinen Geltungsbereich einzugrenzen.

Aufforderungssatz, ↑Satzart, ↑Satzform.

Aussagesatz, ↑Satzart, ↑Satzform.

Begleiter gibt die Funktion eines Ausdrucks der Klasse der ↑Artikel und Pronomen an. (Siehe auch ↑Artikelwort.)

Circumfix, ↑Morphem.

Dativ, ↑Kasus.

Andere Ausdrücke: 3. Fall, Wemfall, Zuwendgröße, Bezugsgröße.

Deixis meint die Fähigkeit sprachlicher Ausdrücke, auf etwas hinzuweisen. Damit geht einher, dass entsprechende Ausdrücke (*Deiktika, deiktische Ausdrücke, indexikalische Ausdrücke*) ihre Bedeutung je nach Kontext ändern. Allgemein kann man zwischen Persondeixis (*ich, du, er ...*), Zeitdeixis (*heute, morgen, gestern*), Ortsdeixis (*hier, dort, oben*) unterscheiden. Der Ausdruck *ich* verweist immer auf einen Sprecher, aber je nachdem, wer spricht, ist dies ein anderer, *heute* meint immer den Tag, an dem dieser Ausdruck verwendet wird, *hier* den Ort, an dem gesprochen wird. Auch sprachliche Kategorien wie das Tempus als Form des Verbs haben deiktisches Potential.

C GLOSSAR: TERMINI – BEGRIFFE – DEFINITIONEN

Deklination bezeichnet die Flexion (Veränderlichkeit) von ↑Nomen, ↑Artikeln und Pronomen sowie ↑Adjektiven nach den Kategorien ↑Genus, ↑Kasus, ↑Numerus. Dabei sind Artikel und Pronomen sowie Adjektive nach allen Kategorien veränderlich, Nomen sind nicht im Genus veränderlich, sondern genusfest. Die Flexionsform wird beim Nomen durch Sprecherintention (im Wesentlichen Nominativ sowie in seltenen Fällen freier Kasus) oder abhängig von Valenzträgern (↑Valenz) festgelegt, bei Artikeln und Pronomen sowie Adjektiven durch das Bezugsnomen.

Man unterscheidet starke und schwache Deklination. Bei Nomen werden im Wesentlichen Maskulina stark (Genitiv bei Mask. und Neut. mit –(e)s, Plural mit -e) oder schwach (Genitiv mit -en, Plural mit -en) dekliniert, ob Adjektive stark oder schwach dekliniert werden, hängt von der Wahl des ↑Artikelwortes ab (↑Monoflexion). Zeigt das Artikelwort das Genus an, wird schwach dekliniert (*der schöne Herbst*), zeigt das Artikelwort das Genus nicht an, wird stark dekliniert (*ein schöner Herbst*).

– Starke Deklination der Nomen:

	Singular				Plural			
	Nominativ	Genitiv	Dativ	Akkusativ	Nominativ	Genitiv	Dativ	Akkusativ
Maskulina	*der Baum*	*des Baumes*	*dem Baum*	*den Baum*	*die Bäume*	*der Bäume*	*den Bäumen*	*die Bäume*
Feminina	*die Nacht*	*der Nacht*	*der Nacht*	*die Nacht*	*die Nächte*	*der Nächte*	*den Nächten*	*die Nächte*
Neutra	*das Haar*	*des Haares*	*dem Haar*	*das Haar*	*die Haare*	*der Haare*	*den Haaren*	*die Haare*

– Schwache Deklination der Nomen:

	Singular				Plural			
	Nominativ	Genitiv	Dativ	Akkusativ	Nominativ	Genitiv	Dativ	Akkusativ
Maskulina	*der Hase*	*des Hasen*	*dem Hasen*	*den Hasen*	*die Hasen*	*der Hasen*	*den Hasen*	*die Hasen*
Feminina	*die Nase*	*der Nase*	*der Nase*	*die Nase*	*die Nasen*	*der Nasen*	*den Nasen*	*die Nasen*

– Gemischte Deklination der Nomen:

	Singular stark				Plural schwach			
	Nominativ	Genitiv	Dativ	Akkusativ	Nominativ	Genitiv	Dativ	Akkusativ
Maskulina	*der Schmerz*	*des Schmerzes*	*dem Schmerz*	*den Schmerz*	*die Schmerzen*	*der Schmerzen*	*den Schmerzen*	*die Schmerzen*
Neutra	*das Auge* / *das Herz*	*des Auges* / *des Herzens*	*dem Auge* / *dem Herzen*	*das Auge* / *das Herz*	*die Augen* / *die Herzen*	*der Augen* / *der Herzen*	*den Augen* / *den Herzen*	*die Augen* / *die Herzen*

- Starke Deklination der Adjektive (nach Artikel ohne Genus- bzw. Kasuskennzeichen und bei Nullartikel)

	Singular stark				Plural schwach			
	Nominativ	Genitiv	Dativ	Akkusativ	Nominativ	Genitiv	Dativ	Akkusativ
Maskulina	stark*er*	starken	starkem	starken	stark*e*	starker	starken	starke
Feminina	stark*e*	starker	starker	starke	stark*e*	starker	starken	starke
Neutra	stark*es*	starken	starkem	starkes	stark*e*	starker	starken	starke

- Schwache Deklination der Adjektive (nach Artikel mit Genus- bzw. Kasuskennzeichen)

	Singular schwach				Plural schwach			
	Nom.	Genitiv	Dativ	Akk.	Nom.	Genitiv	Dativ	Akk.
Maskulina	stark*e*	starken	starken	starken	stark*en*	starken	starken	starken
Feminina	stark*e*	starken	starken	starke	stark*en*	starken	starken	starken
Neutra	stark*e*	starken	starken	starke	stark*en*	starken	starken	starken

Andere Ausdrücke: Beugung.
Deklination ist eine Art der ↑Flexion. Mit Deklination erfolgt die Anpassung der →Wortarten →Nomen, ↑Artikel, →Pronomen und ↑Adjektiv an ihre syntaktische Umgebung. Die Flexionskategorien der Deklination sind ↑Genus, →Numerus und ↑Kasus, außerdem →Person bei Personal- und Possessivpronomen (→Pronomen) sowie Komparation beim Adjektiv.

Derivation, ↑Wortbildung.
Derivation ist ein →Wortbildungsprozess, der mithilfe von bestimmten →Wortbausteinen (Wortbildungsaffixen) zu einer Veränderung des →Wortstammes führt, sodass ein neues →Wort entsteht.

Einfacher Satz, ↑Satz.
Ein einfacher Satz ist ein →Satz, dessen →Satzglieder und Satzgliedteile nicht in Form von →Nebensätzen realisiert sind.

Einschub, ↑Parenthese.

Ellipse bezeichnet das Auslassen von Satzkonstituenten oder auch den Satz, der ausgelassene Teile hat. Man kann syntaktische von pragmatischen Ellipsen unterscheiden. Typische syntaktische Ellipsen: *Lisa fährt nach Konstanz, Christoph [fährt] nach Karlsruhe. Fritz liest Bücher und [Fritz liest] Illustrierte.* Infinitivsätze in Satzgefügen sind typischerweise elliptisch, da ihnen das Subjekt, das aus dem Trägersatz heraus ergänzt werden muss, fehlt. Bei pragmatischen Ellipsen muss die Situation interpretiert werden: *[Es gibt] Feuer!* = *Es brennt!* Formeln des Zusammenlebens oder Redewendungen

sind elliptisch: [*Ich wünsche einen guten*] *Morgen.* [*Ich bitte um*] *Entschuldigung.* [*Wenn das*] *Ende gut* [*ist, dann ist*] *alles gut.*
Die Ellipse ist eine selbstständige Einheit, in der das →Prädikat, Teile des Prädikats oder einzelne vom →Vollverb geforderte →Satzglieder nicht vorhanden sind. Diese Elemente können aus dem (grammatischen) Kontext, der Situation oder dem Weltwissen ergänzt werden.

Ergänzung: obligatorische Konstituenten einer Wortgruppe (Siehe ↑Valenz.)

***es*-Pronomen**: Bei *es* sind die folgenden Fälle zu unterscheiden: a) **Personalpronomen**: (*das Kind*) ... *es*; b) **formales Subjekt**, v. a. bei Witterungsverben: *Es regnet, schneit, donnert*; und bei Passivsätzen intransitiver Verben: *Es wurde viel gelacht.* c) ↑**Korrelat**: *Ich bedaure es, dass du nicht kommen kannst.* Dieses *es* wird semantisch durch die korrelierte Konstituente (*dass du nicht kommen kannst*) gefüllt. d) **Platzhalter** für ein Subjekt, das dadurch in eine rhematische (↑Rhema) Position rücken kann: *Es wurde ein Name genannt. Es verliefen sich einmal zwei Königskinder.*

Feldermodell: Für das Deutsche können typische Felder eines Satzes bestimmt werden. Ausschlaggebend sind dabei zwei typische Merkmale des deutschen Satzes: a) Das ↑finite Verb steht im Aussagesatz an der 2. Satzgliedstelle, b) Verben können im Satz eine Klammerstruktur mit dem finiten Verb an der 2. Satzgliedstelle bilden. Dies ist immer dann der Fall, wenn ein ↑Verbkomplex oder ein ↑Partikelverb vorliegt. Vor diesem Hintergrund wird alles, was vor dem finiten Verb steht, das *Vorfeld* genannt, alles, was in der Verbklammer steht, das *Mittelfeld* und alles, was nach dem rechten Verbbestandteil steht, *Nachfeld*. Wenn weder ein Partikelverb noch ein Verbkomplex vorliegen, zeigt ein einfacher Satz auch keine Verbklammer. Die einfachste Möglichkeit, eine Verbklammer in einem Satz zu erzeugen, ist, das Verb in das Perfekt zu setzen.

Vorfeld	linke Verbklammer	Mittelfeld	rechte Verbklammer	Nachfeld
Letzten Sommer	*fuhr*	ich mit meiner Schwester im Juli	*weg.*	
Letzten Sommer	*bin*	ich mit meiner Schwester im Juli in ein Ferienlager	*gefahren.*	
Letzte Woche	*wollte*	ich eigentlich alle Arbeiten	*erledigt haben.*	
Kommenden Sommer	*will*	ich mit meiner Schwester in ein Ferienlager	*fahren*	, weil unsere Eltern keinen Urlaub bekommen.

(Siehe auch ↑Satz.)
Wendet man das Feldermodell auch auf Nebensätze an, so sind Subjunktionen als linke Satzklammer – von Verbklammer kann man jetzt nicht mehr sprechen! – zu werten. Bei einem Relativsatz muss aber der relative Ausdruck als Vorfeld gewertet

werden und die linke Satzklammer ist nicht besetzt. Noch komplexer wird es, wenn zum Beispiel eine kausale Reihung vorliegt: *Er blieb zuhause, denn er war krank.* Eindeutig ist im Begründungssatz *er* Vorfeld, was dazu führt, dass *denn* als Vorvorfeld anzusetzen ist. Korrespondierend dazu kann man auch ein Nachnachfeld ausmachen: *Er hat uns nichts gesagt davon, unser Rektor. Davon* ist Nachfeld, und nach diesem Nachfeld kommt ein weiteres Nachfeld, das das kataphorische *er* referentiell füllt.

Felderstruktur ist die Bezeichnung für die lineare Abfolge von →Konstituenten im →Satz. Die Felder (→Vorfeld, →Mittelfeld, →Nachfeld) werden ausgehend von der linken und der rechten →Satzklammer (→Prädikat) bestimmt. In →Nominalgruppen haben →Artikel und →Nomen auch eine klammerbildende Funktion.

Finites Verb heißt diejenige Verbform, die in einem ↑Haupt- oder finiten ↑Nebensatz vorkommt. *Finit* bedeutet, dass die Verbform in der ↑Person und im ↑Numerus ausgewiesen ist. Diese beiden Merkmale kongruieren (↑Kongruenz) mit dem Subjekt des Satzes. Grundsätzlich gehen damit auch immer ↑Tempus und ↑Modus sowie ↑Genus Verbi einher, die aber beispielsweise beim Präsens, beim Indikativ und beim Aktiv nicht angezeigt werden. Dagegen sind infinite Verbformen (↑Infinitiv, ↑Partizip) hinsichtlich Person, Numerus und Modus und teilweise des Tempus (Präteritum, Plusquamperfekt) nicht ausgezeichnet.

Flexion ist der Sammelbegriff für ↑Deklination, ↑Konjugation, ↑Komparation. Die Wortarten ↑Verben, ↑Nomen, ↑Artikel und Pronomen sowie ↑Adjektive bilden Flexionsformen.

Andere Ausdrücke: -

Flexion ist die Bildung von Wortformen, die sich an den sprachlichen und außersprachlichen Kontext anpassen. Die Kontextanpassung erfolgt bei flektierbaren →Wörtern nach verschiedenen Flexionskategorien.

Fokuspartikel, ↑Partikel.

Fragesatz, ↑Satzart, ↑Satzform.

Fugenelement (Fuge, Infix): Bei der Wortkomposition kann zwischen die beiden Kompositionsglieder ein Fugenelement eingefügt sein. Als Fugenelemente gelten: *-n-: Blumenvase, -e-: Pferdewagen, -er-: Kindergarten, -en-: Heldenmut, -ens-: Herzenswunsch, -es-: Waldesruh, -ns-: Glaubensfrage, -s-: Geburtstag.*

Funktionsverbgefüge sind feste Wendungen, die aus einem inhaltsleeren ↑Verb mit der Funktion, das ↑Prädikat zu bilden, und einer ↑Nominal- oder ↑Präpositionalgruppe, die die Semantik beisteuern und funktional ↑Prädikativ sind, bestehen: Funktionsverb und ↑Nomen bzw. Nominalgruppe im ↑Akkusativ (*einen Auftrag erteilen = beauftragen*), im ↑Dativ (*einer Prüfung unterziehen = prüfen*), Präpositionalgruppe (*zur Aufführung bringen = aufführen*). Die Gruppe der Verben, die in Funktionsverbgefügen verwendet werden, ist überschaubar. Es handelt sich vor allem um Zustands- und Bewegungsverben: *sein, bringen, setzen, erteilen, nehmen, geben, kommen, geraten, stellen, legen, liegen, stehen, finden, bekommen.*

Das Funktionsverbgefüge ist ein Gebilde aus einem →Verb und einer →Nominalgruppe oder einer →Präpositionalgruppe, das als Ganzes eine eigenständige Bedeutung hat und als →Prädikat im →Satz fungiert.

Futur I-(Form) (Zukunftsform) bezeichnet diejenige Form eines Verbs, die mit dem ↑Hilfsverb *werden* in der Präsensform zusammen mit dem ↑Infinitiv gebildet wird: *(Ich) werde kommen.* Als Ausdruck eines Tempus bedeutet das Futur I, dass ein Ereignis, das betrachtet wird, in Relation zum Sprechzeitpunkt in der Zukunft liegt. Da alles in der Zukunft ungewiss ist, kommt dem Futur immer auch eine modale Bedeutung (Vermutung) zu. Sofern Künftiges durch ein entsprechendes ↑Adverbial im Satz ausgedrückt ist, wird bei (subjektiver) Gewissheit des Eintretens gewöhnlich das Präsens gewählt: *Morgen/in zwei Tagen komme ich.* Dagegen: *Morgen wird das Wetter nicht anders sein als heute.*

Andere Ausdrücke: unvollendete Zukunft.

Futur II-(Form) bezeichnet diejenige Form eines Verbs, die mit dem ↑Hilfsverb *werden* in der Präsensform, dem ↑Partizip II des ↑Vollverbs und dem ↑Hilfsverb *haben* oder *sein* gebildet wird: *(Ich) werde gehandelt haben.* Als Ausdruck eines ↑Tempus bedeutet das Futur II, dass etwas in Relation zu einem in der Zukunft angenommenen Zeitpunkt in der Vergangenheit liegen bzw. bis zum Ereigniszeitpunkt abgeschlossen sein wird: *Morgen werde ich meine Hausaufgaben gemacht haben.* Das Futur II ist in seiner Bildung sehr aufwendig und wird daher häufig, insbesondere bei subjektiver Gewissheit, durch das Perfekt ersetzt: *Übermorgen habe ich mein Fahrrad repariert.* Bei unsicheren Sachverhalten steht aber verdeutlichend das Futur II, das wie das Futur I auch eine modale Bedeutung hat: *Bis heute Abend werde ich (vermutlich) verschwunden sein.* Die modale Bedeutung wird besonders deutlich, wenn das Futur II für Vermutungen für Vergangenes gebraucht wird: *Es wird (wohl/vermutlich) der Briefträger gewesen sein.*

Andere Ausdrücke: vollendete Zukunft.

Die Futurformen Futur I und Futur II sind →Tempora, die einen Sachverhalt als zukünftig kennzeichnen können. Das Futur I wird mit dem →Hilfsverb *werden* und einem reinen →Infinitiv (Infinitiv →Präsens) gebildet. Das Futur II wird mit dem Präsens des Hilfsverbs *werden* und →Partizip II + Infinitiv eines der Hilfsverben *haben* oder *sein* gebildet und verhält sich deshalb gleichzeitig wie eine →Perfektform. Futurformen erlauben auch modale Verwendungen zum Ausdruck einer Vermutung.

Genitiv, ↑Kasus.

Andere Ausdrücke: Wesfall, Wessenfall, 2. Fall, Anteilgröße.

Genus bezeichnet das grammatische Geschlecht im Sinne einer Zugehörigkeit zu einer Formklasse. Man unterscheidet *maskulin (Maskulinum), feminin (Femininum), neutral (Neutrum).* Nomen sind genusfest, ohne dass man den meisten Nomen das Genus ansehen könnte. Erst der bestimmte ↑Artikel zeigt das Genus. Nur einige gebildete Nomen haben ein erkennbares Genus: *-ung, -heit, -keit* bildet immer Feminina, *-chen,*

-lein immer Neutra – unabhängig vom natürlichen Geschlecht, daher: *das Mädchen*. ↑Konversionen und ↑nominalisierte Ausdrücke haben das Genus Neutrum: *das Essen, das Leben, das Wandern*. Genus (= grammatisches Geschlecht) darf daher nicht mit dem Sexus (= natürliches Geschlecht) verwechselt werden. Auch wenn man in den ersten beiden Klassen die Ausdrücke *männlich, weiblich, sächlich* verwendet – genauso gut könnte man von Nomen mit *der-Begleiter, die-Begleiter, das-Begleiter* sprechen –, so ist doch bald die Fachterminologie einzuführen, um der Verwechslung von Genus und Sexus vorzubeugen.
Andere Ausdrücke: grammatisches Geschlecht.
Genus (Plural: Genera) ist eine Deklinationskategorie in der →Nominalgruppe. →Nomen haben ein festes Genus. →Adjektive, →Artikel und die meisten →Pronomen können nach Genus flektiert werden. In der Nominalgruppe gibt der nominale Kern das Genus für die →Flexion von Artikel und Adjektiv vor. Das gilt auch für Pronomen und ihre Bezugselemente. Das Deutsche unterscheidet drei Genera: Femininum, Maskulinum, Neutrum.

Genus Verbi ist der Oberbegriff zu ↑Aktiv und ↑Passiv.
Andere Ausdrücke: Handlungsart.
Genus Verbi (Plural: Genera Verbi) ist eine Kategorie des →Verbs. Mit den Genera Verbi →Aktiv und →Passiv werden verschiedene Perspektiven auf einen Sachverhalt eingenommen.

Gesprächspartikel, ↑Partikel.

Gliedteil meint Teil einer Wortgruppe. Das wichtigste Gliedteil ist das ↑Attribut als ↑Konstituente einer ↑Nominalgruppe.
Andere Ausdrücke: angefügte Größe, begleitendes Adjektiv.

Grammatische Proben

Probe	Vorgehen	Grammatischer Ertrag	Ermittlung von
Ersatzprobe	Einheiten – im Satz Wörter, ↑Wortgruppen; ↑Gliedteile, ↑Satzglieder oder ganze ↑Sätze – werden ersetzt. *Er sagte/äußerte/bat ...*	Durch eine kontrollierte Anwendung im Rahmen des Satzes werden sog. *Paradigmen* (= Klassen) geschaffen. Damit kann Zugehörigkeit zu einer grammatischen Klasse (Kategorie) bestimmt werden.	Konstituenten: Gliedteile, Satzglieder
Erweiterungsprobe	↑Gliedteile, ↑Satzglieder oder ↑Sätze werden um eine ↑Konstituente erweitert: *Sie wohnte in Waiblingen.* → *Sie wohnte zeit ihres Lebens in Waiblingen.*	Im Rahmen von ↑Wortgruppen kann die Erweiterungsprobe alles, was nicht Kern der Wortgruppe ist, kenntlich machen; im Rahmen des Satzes kann sie fakultative ↑Satzglieder (↑Adverbiale) erkennbar machen.	fakultative Konstituenten: Gliedteile, Satzglieder

C Glossar: Termini – Begriffe – Definitionen

Probe	Vorgehen	Grammatischer Ertrag	Ermittlung von
Es-ist-der-Fall, dass-Probe	↑Konstituenten werden mit *Es ist ___ der Fall, dass ...* in einem eigenen Satz gebracht: *Wir müssen ihnen leider mitteilen, ...* → *Es ist leider der Fall, dass wir ihnen mitteilen müssen ...*	Da sich *Es ist ___ der Fall, dass ...* immer auf den ganzen ↑Satz bezieht, kann eine Konstituente, als ↑Satzadverbial bestimmt werden.	Satzadverbial
Frageprobe	Informationen in einem Satz werden erfragt. Die Antworten können mit ↑Satzgliedern oder ↑Gliedteilen zusammenfallen: *Max bekommt zu Weihnachten ein neues Fahrrad. Wer bekommt was wann?*	Da ein Satz immer Informationen enthält, können diese erfragt werden. Die Antworten sind nicht notwendig mit Satzgliedern identisch. Auf die Frage *wann?* kann auch nur *Weihnachten* die Antwort sein, obwohl das Satzglied *zu Weihnachten* ist. In den meisten Fällen weisen die Antworten aber auf Satzglieder (Fragebasis: Prädikat) oder Gliedteile (Fragebasis: Kern einer Nominalgruppe) hin.	Satz- und Satzgliedinformation
Infinitiv-Probe	Das finite ↑Verb wird in den Infinitiv gesetzt: *Sie wählt den Fortschritt.* → *den Fortschritt wählen*	Da die ↑Kongruenz von ↑Subjekt und ↑Prädikat durch die Infinitivsetzung aufgehoben ist, hat das Subjekt seinen Ankerplatz verloren. Die Probe kann also zur Auffindung eines Subjekts dienen.	Subjekt
Klangprobe	Die Intonationskurve eines sprachlichen Ausdrucks wird überprüft bzw. mit anderen kontrastiert: *Du warst in Tettnang* (falls die Intonation fällt, steht ein Punkt, falls sie am Schluss steigt, ein Fragezeichen.)	Manche pragmatischen Funktionen haben kontrastiv eine besondere Intonation, z. B. Frage oder Ausruf (Expression); ↑Abtönungspartikeln können im Satz keinen Akzent tragen (und nicht ins Vorfeld rücken). Bei der Zusammenschreibung eines Wortes hat man gewöhnlich nur einen Wortakzent, dagegen weisen zwei Akzente auf Getrenntschreibung hin.	Satz, Satzart
Kongruenzprobe	Ein ↑Satzglied wird mit *und* erweitert: *Er war im Urlaub.* → *Er und seine Frau waren im Urlaub.*	Wird die Probe auf das ↑Subjekt als ↑Satzglied angewandt, so muss sich auch das ↑finite Verb verändern. Die Probe kann zur Auffindung von Subjekten dienen.	Nominalgruppe, Subjekt-Prädikat
Negationsprobe	Ein ↑Satz wird verneint: *Er hat Angst.* → *Er hat keine Angst. Nicht er hat Angst.*	Mit der Negationsprobe können z. B. Nullartikel sichtbar gemacht werden. Eine besondere Anwendung findet die Probe, wenn zwischen ↑Satznegation und Satzgliednegation unterschieden werden soll.	Subjekt

Glossar: Termini – Begriffe – Definitionen C

Probe	Vorgehen	Grammatischer Ertrag	Ermittlung von
Paraphrasierungsprobe	Eine definierte Einheit wird durch eine andere bei grundsätzlich gleicher Information ersetzt: *Dieses Mittel kommt zur Anwendung.* → *Dieses Mittel wird angewandt.*	Weil sich die grundsätzliche Information nicht ändern soll, handelt es sich um eine besondere Form der Ersatzprobe. Die Probe dient aber nicht dazu, Paradigmen zu bilden, sondern durch Vergleich der Paraphrasen Einblicke zu gewinnen.	Konstituenten, Satzsinn
Passiv-Probe	Ein ↑Satz wird in das ↑Passiv gesetzt: *Wasserkraft bewegt die Turbinen.* → *Die Turbinen werden durch Wasserkraft bewegt.*	Die Probe dient z. B. dazu, das ↑Subjekt sowie ↑Objekte im Aktivsatz zu ermitteln.	Subjekt, Objekt, transitive Verben
Pronominalisierungsprobe	Eine Satzkonstituente wird durch ein ↑Pronomen ersetzt: *Das Mädchen kaufte Brot.* → *Es kaufte Brot.*	Besondere Form der Ersatzprobe. Die Probe kann zur Ermittlung von ↑Satzgliedern verwandt werden.	Satzglieder
Spitzenstellungsprobe	Eine Satzkonstituente wird im Aussagesatz in das ↑Vorfeld gebracht: *Das Mädchen kaufte Brot.* → *Brot kaufte das Mädchen.*	Besondere Form der Umstellprobe. Alles, was im Aussagesatz im Vorfeld, also vor dem ↑finiten Verb steht, ist genau ein ↑Satzglied.	Satzglieder
Umstellprobe	↑Satzglieder oder ↑Sätze werden umgestellt: *Die Maus entwischte der Katze.* → *Der Katze entwischte die Maus.*	Da man im Großen und Ganzen nur ↑Satzglieder umstellen kann, zeigt die Probe Satzglieder an, insbesondere wenn sie als Spitzenstellungsprobe auftritt.	Satzglieder
Umformungsprobe	Eine grammatische Konstruktion wird in eine andere grammatische Konstruktion umgeformt/transformiert, ohne dass sich die Bedeutung ändert.	Die Probe zeigt den Zusammenhang unterschiedlicher grammatischer Konstruktionen an, z. B. zwischen Adjektivattributen und Adjektivprädikativen.	Perspektive, alternative Formulierungsmöglichkeiten
Und-das-geschieht-Probe	Ein ↑Gliedteil oder ↑Satzglied wird mit *und das geschieht ...* in das ↑Nachfeld gebracht: *Wir tagen heute.* → *Wir tagen, und das geschieht heute.*	Die Probe kann auf fakultative Satzglieder, insbesondere Adverbiale angewandt werden.	Adverbiale, Prädikatsadverbiale
Weglassprobe	Eine ↑Konstituente wird weggelassen: *Wir schliefen in unseren Zelten.* → *Wir schliefen.*	Weglassen kann man fakultative Konstituenten. Die Probe kann also dazu dienen, Gliedteile oder fakultative Satzglieder zu ermitteln.	fakultative Satzglieder, Gliedteile

Hauptsatz: Von einem Hauptsatz spricht man, wenn ein ↑Satzgefüge vorliegt. Dabei ist der Hauptsatz derjenige Teil, dem kein anderer Satz übergeordnet ist. Jeder Hauptsatz ist also immer auch ↑Trägersatz. Bei Aussagesätzen (↑Satzform) haben Hauptsätze Verbzweitstellung.
Andere Ausdrücke: übergeordneter Satz, regierender Satz, führender Teilsatz.
Der Hauptsatz ist entweder ein →einfacher Satz mit Verbzweit- oder Verberststellung oder derjenige Teil eines →Satzgefüges, dem kein anderer Teilsatz übergeordnet ist.

Hilfsverb: Ein Hilfsverb bildet zusammen mit einem ↑Vollverb einen ↑Verbkomplex. Dabei wird das Hilfsverb im ↑Satz konjugiert, das Vollverb hat dagegen eine infinite Form (↑Infinitiv oder ↑Partizip II). Hilfsverben sind a) *haben* und *sein* zusammen mit dem Partizip II zur Bildung von ↑Perfekt (*Ich habe gearbeitet./ Er ist gekommen.*) und ↑Plusquamperfekt (*Ich hatte gearbeitet. Er war gekommen.*); b) *sein* zusammen mit einem *zu*-Infinitiv zur Bildung von Aufforderungen (*Das ist sofort zu erledigen!*); c) *werden* zusammen mit dem Infinitiv zur Bildung von ↑Futur I (*Ich werde sie loben.*), zusammen mit dem Partizip II für das Passiv (*Ich werde gelobt*) und zusammen mit *haben/sein* sowie dem Partizip II zur Bildung des ↑Futur II (*Ich werde morgen die Aufgaben erledigt haben.*).
Andere Ausdrücke: -
Das Hilfsverb ist ein →Verb, das mit einem →infiniten →Vollverb das →Prädikat bildet. Mit den Verbindungen aus Hilfsverben und einer oder mehreren infiniten Verben werden →Tempora und →Genus Verbi ausgedrückt.

Hypotaxe, ↑Nebensatz.
Andere Ausdrücke: Unterordnung.

Imperativ(-form): Modale Verbform. Man unterscheidet ↑Singular und ↑Plural sowie den Imperativ der Höflichkeitsform. Letzterer ist mit dem Anredepronomen der Höflichkeit *Sie* als Subjekt gebildet sowie der 3. Ps. Pl. des ↑Konjunktiv I: *Nehmen Sie Platz! Seien Sie herzlich willkommen!* In besonderen Wendungen auch *sei* + Partizip II: *Sei gegrüßt.* Der Imp. Sg. und Imp. Pl. sind subjektlos. Der Imp. Pl. ist grundsätzlich identisch mit der 2. Ps. Pl. Ind. Dem Imp. Sg. liegt mit Ausnahme der Verben auf *-eln* und den Verben, die die 2. Ps. mit Umlaut bilden, die 2. Ps. Sg. Ind. zugrunde. Dabei sind die folgenden Fälle zu unterscheiden:

schwache und starke Verben ohne Besonderheit der 2. Ps. Sg.	starke Verben mit *e/i*-Wechsel	Verben auf *-eln*	starke Verben mit *a/ä*-Wechsel
schau(st) → *schau(e)!* *sieh*(st) → *sieh(e)!* *lach*(st) → *lach(e)!* *komm*(st) → *komm(e)!* *atme*(st) → *atme!* *rechne*(st) → *rechne!*	*gib*(st) → *gib!* *lies*(t) → *lies!* *nimm*(st) → *nimm!*	(*ich*) *radle* (*du*) *rade̱lst* → *radle!*	(*ich*) *lade* (*du*) *lädst* → *la̱de!* (*ich*) *brate* (*du*) *brätst* → *brate!* (*ich*) *grabe* (*du*) *gräbst* → *gra̱b(e)!*

Besonderheiten und Imperativmorphem -e	Endet der Stamm phonologisch konsonantisch, hat die Form nie ein -e.	Das in der 2. Ps. eingeschobene -e- fällt wieder aus. Dafür wird -e obligatorisch angehängt.	Kein Umlaut im Imperativ. Enden Verben auf -d oder -t, steht gewöhnlich ein -e.

Bei Verben auf -ern kann im Imperativ das Stamm -e ausfallen: *fei(e)re!* (Siehe auch ↑Satzart und ↑Satzzeichen.)
Andere Ausdrücke: Befehlsform.
Der Imperativ ist ein →Modus, mit dem eine Aufforderung an einen Adressaten (2. →Person Singular) bzw. mehrere Adressaten (2. Person Plural) gerichtet wird, um außersprachliche Gegebenheiten zu gestalten. Imperativformen werden vom Präsensstamm des →Verbs gebildet und – wenn man von Sonderfällen wie der Höflichkeitsform (formal: 3. Person Plural) absieht – nur in Bezug auf Numerus flektiert.

Indikativ, auch *Wirklichkeitsform* genannt. Der Indikativ ist gegenüber dem ↑Konjunktiv und ↑Imperativ eine unmarkierte Modalform (↑Markiertheit, ↑Modus).
Andere Ausdrücke: Wirklichkeitsform, Normalform, Gewissheitsmodus.
Der Indikativ ist ein →Modus, mit dem prototypisch gekennzeichnet wird, dass eine Aussage unmittelbar mit außersprachlichen Gegebenheiten abgeglichen werden kann. Der Indikativ wird bei der →Konjugation nicht durch einen spezifischen →Wortbaustein gekennzeichnet.

Indirekte Rede, ↑Konjunktiv.

Infinitiv: Der Infinitiv ist die Grundform des ↑Verbs, die außerhalb eines Satzes immer auftaucht. Der Inf. Präs. Akt. ist als Grundform des Verbs im Wörterbuch zu finden. Im Satz kann ein Infinitiv nur vorkommen, wenn eine andere Verbform ↑finit ist oder wenn er Teil eines Infinitivsatzes/einer Infinitivgruppe ist (↑Nebensatz). Dabei kann der Infinitiv rein (z. B. bei ↑Verbkomplexen: *ich kann schön singen*) oder mit *zu* auftreten (*zu*-Infinitiv: *Um schön zu singen, ...*). Infinitivformen sind: Inf. Präs. Akt.: *singen (wollen);* Inf. Perf. Akt: *gesungen haben (dürfen);* Inf. Präs. Pass.: *entdeckt werden (können);* Inf. Perf. Pass.: *entdeckt worden sein (sollen).*
Andere Ausdrücke: Nennform, Grundform.
Infinitive sind die →infiniten Verbformen reiner Infinitiv und zu-Infinitiv. Der reine Infinitiv ist die Nennform des Verbs. Der *zu*-Infinitiv ist die Nennform plus Wortbaustein *zu.*

Infinitivsatz: Infinitivgruppe (↑Infinitiv) in der Funktion eines ↑Nebensatzes.

Intensitätspartikel (Gradpartikel), ↑Partikel.

Interjektion: Interjektionen drücken Empfindungen des Sprechers unmittelbar aus, die kein Bestandteil eines Satzes sind: *Hurra! Super! Pfui! Ach! Oh! Mein Gott!*
Andere Ausdrücke: Ausdruckswort, Empfindungswort, Ausrufewort, Empfindungslaut.

Intransitives Verb, ↑Verb.
Andere Ausdrücke: nicht zielendes Verb.

Junktion ist ein Sammelbegriff für *Verbindungswörter*, also ↑Konjunktionen (nebenordnend/reihend), ↑Subjunktionen (unterordnend) und ↑Adjunktionen (beiordnend) im Rahmen eines Satzes.
  a) **Morphologisch** betrachtet, ist eine Junktion ein unveränderliches Wort.
  b) **Syntaktisch** betrachtet, bilden Junktionen gereihte ↑Gliedteile, ↑Satzglieder oder ↑Sätze, indem sie Gliedteile, Satzglieder oder Sätze koordinieren (↑Konjunktion, ↑Reihung) oder Sätze als Nebensätze subordinieren (↑Subjunktion) und so ↑Satzgefüge schaffen, oder einer Satzkonstituente über eine ↑Adjunktion eine Satzkonstituente ↑prädikativ oder ↑adverbial zuordnen.
  c) **Semantisch** betrachtet, begründen Junktionen bestimmte Verhältnisse (↑Konjunktion, ↑Subjunktion, ↑Adjunktion, ↑Konnektor).
  Es liegt nahe, in der Grundschule von Verbindungswort zu sprechen, da dadurch die Funktion klar ausgedrückt ist und in der Grundschule nur Konjunktionen Unterrichtsgegenstand sind, in der Sekundarstufe ist aber die Unterscheidung in *Konjunktion*, *Subjunktion* und *Adjunktion* wichtig.

Kasus bezeichnet eine Form einer nominalen Einheit: ↑Nomen, ↑Artikel und ↑Pronomen sowie ↑Adjektiv. Man unterscheidet vier Kasus: den Nominativ, diejenige Form, die im Satz gemeinhin von keiner anderen Größe abhängt (*casus rectus*), sowie den Genitiv, Dativ und Akkusativ, die gemeinhin von Wörtern mit ↑Valenz- und/oder Rektionseigenschaften abhängen (*casus obliqui*). Diese drei Kasus können aber in wenigen Fällen auch frei vorkommen: <u>*eines Abends*</u>, *Ich wartete <u>den ganzen Tag</u>. Sie trug <u>ihrer Mutter</u> die Einkaufstasche. <u>Ihm</u> war die Limonade zu süß. Dass ihr <u>mir</u> ja ruhig seid.*

Der **Nominativ** ist die lexikalische Grundform. Nominale und pronominale Subjekte stehen im Nominativ.

Der **Genitiv** tritt in der Regel als Kasus des Genitivattributs (*das Haus <u>meines Vaters</u>*) auf. Nur wenige, meist sehr seltene Verben (z. B. *harren*) regieren ein Genitivobjekt (*Ich harre <u>der Dinge, die da kommen werden</u>.*). Als freier Kasus kommt der Genitiv adverbial vor: <u>*eines Abends*</u>. Nur besondere Präpositionen regieren den Genitiv (*diesseits*, *links*).

Der **Dativ** steht prototypisch, wenn jemand etwas empfängt. *Ich schenke <u>dir</u> ein Buch.* Als freier Kasus tritt er in verschiedenen Variationen vor: Dativus commodi: *Ich trage <u>dir</u> (für dich) den Rucksack.* Dativus iudicantis: *<u>Ihm</u> war die Limonade zu süß.* Dativus ethicus: *Dass ihr <u>mir</u> ja ruhig seid.*

Der **Akkusativ** tritt prototypisch bei transitiven Verben auf: *Wir bereisen <u>die Welt</u>*; als freier Kasus in Adverbialen: *Er wartete <u>den ganzen Tag</u>.*

Kasus können nicht immer erfragt werden. Beispielsweise eignen sich Präpositionen nicht immer, um von ihnen aus einen Kasus zu erfragen. Ein freier Genitiv wie *eines Abends* muss wegen seiner adverbialen Funktion mit *wann?* erfragt werden. Daher kann eine Ausdrucksweise wie *Wer-Fall*, *Wessen-Fall* etc. nur vorübergehend hilfreich sein.

Andere Ausdrücke: grammatischer Fall.

Kasus (Plural: Kasus) ist eine <u>Deklinationskategorie</u> in der →Nominalgruppe. Mit Kasus können Beziehungen im →Satz oder in der →Wortgruppe gekennzeichnet werden (→Rektion, →Kongruenz, →Valenz). Das Deutsche unterscheidet vier Kasus: <u>Nominativ, Akkusativ, Dativ, Genitiv.</u>

Kataphern meint in der Grammatik einen vorausweisenden, also im Satz oder Text erst später erscheinenden Ausdruck. Typische Kataphern sind ↑Pronomen: *Ich habe ihn gesehen, den besten Spieler aller Zeiten.* Kataphorischer Gebrauch ist gegenüber anaphorischem (↑Anapher) Gebrauch relativ selten.

Kern (einer ↑Wortgruppe): Der Kern bestimmt, was zu einer Wortgruppe gehört, welche formalen Eigenschaften die zur Wortgruppe gehörenden Elemente aufweisen und wo diese Elemente stehen können. Bei flektierbaren Wörtern legt der Kern die formalen Eigenschaften der gesamten Wortgruppe fest (z. B. bei ↑Nominalgruppen: ↑Kasus, ↑Genus, ↑Numerus; bei Verben den Kasus der nominalen Glieder).

Kommentaradverb: Mit Adverbien wie *sicherlich, leider* oder Bildungen mit *-weise* oder *-halber* (*bedauerlicherweise, umständehalber*) kommentiert der Sprecher den gesamten ausgedrückten Sachverhalt oder schätzt seine Gültigkeit ein (*vielleicht, wahrscheinlich*). Manchmal spricht man auch von *Modalwörtern* (↑Modus). Anders als andere Adverbien antworten Kommentaradverbien in ihrer Funktion als Adverbiale nicht auf W-, sondern auf Ja-/Nein-Fragen, was dazu führt, sie als eine eigene Gruppe der Modaladverbien anzusetzen. Satzfunktional bilden Kommentaradverbien gewöhnlich ↑Satzadverbiale.

Das Kommentaradverb ist wie ein →Adverb vorfeldfähig (→ Vorfeld), übernimmt jedoch als →Kommentarglied keine →Satzgliedfunktion im engeren Sinn, sondern drückt eine Einstellung des Sprechers zum Satzinhalt oder eine Einschätzung zur Gültigkeit des Satzinhalts aus.

Komparation: ↑Adjektive als prototypische Ausdrücke für Eigenschaften bilden Komparationsformen: Positiv, als Grundstufe unmarkiert (↑Markiertheit): *schön.* ↑Der Komparativ wird attributiv mit *-er* gebildet (*schöner*), manchmal auch mit Umlaut (*größer*), er zieht ↑prädikativ zudem eine ↑Adjunktorgruppe mit der ↑Adjunktion *als* nach sich: *schöner, größer als ...* Der Komparativ drückt entweder absolut (*ein mittleres Niveau*) oder im Vergleich (*Das Ulmer Münster ist höher als der Kölner Dom.*) ein Mehr oder Weniger aus. Der Superlativ, attributiv mit *-sten*, prädikativ mit der Superlativpartikel *am* im Rahmen der Wortgruppe *am ...-sten* (*am schönsten, am größten*) gebildet, ist absolut (*liebste Eltern*) oder in einem gegebenen Vergleichsrahmen (*Diese Schnecke war am schnellsten.*) die Höchststufe. Komparationsformen kommen auch bei ganz wenigen ↑Adverbien vor: *gern(e) – lieber – am liebsten, oft – öfter – am öftesten.*

Andere Ausdrücke: Steigerung.

Komparativ, ↑Komparation.

Andere Ausdrücke: Vergleichsstufe, Mehrstufe, 1. Steigerungsstufe.

Komplexer Satz, ↑Satzgefüge.
Komposition, ↑Wortbildung.
　Andere Ausdrücke: Zusammensetzung.
　Komposition ist ein →Wortbildungsverfahren, bei dem →Wortstämme zusammengesetzt werden, sodass ein neues →Wort entsteht, ein Kompositum. Prototypische Komposita sind sogenannte Determinativkomposita, bei denen das Erstglied das Zweitglied semantisch näher bestimmt. Das Zweitglied (bzw. der am weitesten rechts stehende →Wortbaustein) bestimmt die grammatischen Eigenschaften des Kompositums.
Kongruenz meint die Übereinstimmung in Formkategorien. Wichtige Kongruenzen sind die KNG-Kongruenz bei der ↑Nominalgruppe, also die formale Angleichung in ↑Kasus, ↑Numerus und ↑Genus. Eine andere wichtige Kongruenz ist die zwischen Subjekt und ↑finitem Verb in Numerus und Person.
　Andere Ausdrücke: Übereinstimmung.
　Kongruenz ist die Übereinstimmung von Formmerkmalen (→Person, →Numerus, →Kasus, →Genus) bei →Konstituenten von →Sätzen und →Nominalgruppen sowie bei →Pronomen (hier auch über den Satz hinaus).
Konjugation: Die ↑Flexion des ↑Verbs heißt *Konjugation*, was eigentlich *Verbindung*, *Heirat* bedeutet. Damit wird ausgedrückt, dass die Veränderung des Verbs (auch) aufgrund der ↑Kongruenz mit dem Subjekt im Satz zustande kommt. Konjugation geschieht nach Maßgabe von ↑Numerus, ↑Person, ↑Tempus, ↑Modus, ↑Genus Verbi (sofern es sich um passivfähige Verben handelt). Zu unterscheiden sind schwache Verben, die das Tempus und die ↑Konjunktiv II-Formen regelmäßig mit -t- (*loben-lobte-gelobt*), und starke Verben, die diese Formen mit einem ↑Ablaut bilden (*brechen-brach-gebrochen*). Eine Reihe von Verben folgen einer gemischten Konjugation, indem sie das Präteritum und Perfekt mit Ablaut und -t- als Zeichen einer schwachen Konjugation ausdrücken (*denke-dachte-gedacht*). Dabei kann es vorkommen, dass a) einige dieser Verben das Präteritum und das Perfekt sowohl gemischt als auch nur schwach bilden (*wenden-wandte-wendete-gewandt-gewendet*) und b) der Konjunktiv II, der bei starken Verben regelmäßig mit Umlaut gebildet wird, hier nur in der schwachen Version vorkommt (*Wenn er doch endlich den Brief sendete* ...).
Im Einzelnen:
– Schwache Konjugation: Im Präteritum und Perfekt tritt -t- bzw. ge--t als Kennzeichen dieser Tempora auf.

	Präsens	Prät. Ind.	Konj.II	Perf.
ich	*lobe*	*lobte*	*lobte*	*habe gelobt*
du	*lobst*	*lobtest*	*lobtest*	*hast gelobt*
er	*lobt*	*lobte*	*lobte*	*hat gelobt*
wir	*loben*	*lobten*	*lobten*	*haben gelobt*
ihr	*lobt*	*lobt*	*lobt*	*habt gelobt*
sie	*loben*	*lobten*	*lobten*	*haben gelobt*

- Starke Konjugation: die Verben werden mit Ablaut, d. h. Wechsel des Tonvokals gebildet (hier beispielhaft dargestellt die Ablautreihen 7: *laufen* und 3: *brechen*).

	Präsens		Prät. Ind.		Konj.II	Perf
	mit Uml	mit Ablaut	ohne			
ich	*laufe*	*breche*	*schiebe*	*lief/brach/ schob*	*liefe/bräche/ schöbe*	*bin gelaufen/habe gebrochen/ habe geschoben*
du	*läufst*	*brichst*	*schiebst*	*liefst/ brachst/ schobst*	*liefest/brächest/ schöbest*	*bist gelaufen/hast gebrochen/ hast geschoben*
er	*läuft*	*bricht*	*schiebt*	*lief/brach/ schob*	*liefe/bräche/ schöbe*	*ist gelaufen/hat gebrochen/ hat geschoben*
wir	*laufen*	*brechen*	*schieben*	*liefen/ brachen/ schoben*	*liefen/brächen/ schöben*	*sind gelaufen/haben gebrochen/habe geschoben*
ihr	*lauft*	*brecht*	*schiebt*	*lieft/bracht/ schobt*	*liefet/brächet/ schöbet*	*seid gelaufen/habt gebrochen/ habt geschoben*
sie	*laufen*	*brechen*	*schieben*	*liefen/ brachen/ schoben*	*liefen/brächen/ schöben*	*sind gelaufen/ haben gebrochen/haben geschoben*

- Gemischte Konjugation: Im Präteritum und Perfekt treten Formen auf mit Ablaut und zugleich -t- als Kennzeichen einer schwachen Konjugation.

	Präsens		Prät. Ind.		Konj.II		Perf.	
	ohne Doppelform	mit Doppelform: gemischt/schwach	nur gemischt	nur schwach	ohne Doppelform	mit Doppelform		
ich	*denke*	*sende*	*dachte*	*sandte/ sendete*	*dächte*	*sendete*	*habe gedacht*	*habe gesandt/ gesendet*
du	*denkst*	*sendest*	*dachtest*	*sandtest/ sendetest*	*dächtest*	*sendetest*	*hast gedacht*	*hast gesandt/ gesendet*
er	*denkt*	*sendet*	*dachte*	*sandte/ sendete*	*dächte*	*sendete*	*hat gedacht*	*hat gesandt/ gesendet*
wir	*denken*	*senden*	*dachten*	*sandten/ sendeten*	*dächten*	*sendeten*	*haben gedacht*	*haben gesandt/ gesendet*
ihr	*denkt*	*sendet*	*dacht*	*sandtet/ sendetet*	*dächtet*	*sendetet*	*habt gedacht*	*habt gesandt/ gesendet*
sie	*denken/senden*		*dachten*	*sandten/ sendeten*	*dächten*	*sendeten*	*haben gedacht*	*haben gesandt/ gesendet*

Besondere Konjugationsformen weisen *sein* und auch *gehen* auf, wo sich der ganze Stamm ändert: *bin – war – gewesen; gehe – ging – gegangen*.

Andere Ausdrücke: Abwandlung, Beugung des Verbs.

Konjugation ist eine Art der →Flexion. Mit Konjugation erfolgt die Anpassung des →Verbs an den Satz- und Äußerungskontext. Die Flexionskategorien der Konjugation sind →Person und →Numerus sowie teilweise →Tempus und →Modus. Man unterscheidet starke und schwache Konjugation: Bei starker Konjugation variieren die Stammformen, bei schwacher Konjugation bleiben sie konstant.

Konjunktion: Mit einer Konjunktion werden Wörter (*ein heißer und trockener Sommer, ein heißer, aber feuchter Sommer*), ↑Wortgruppen (*Peter besitzt ein Auto und ein Fahrrad. Peter besitzt ein Auto, aber kein Fahrrad.*) oder ganze ↑Sätze (*Melek geht einkaufen und danach besucht sie ihre Schwester. Melek sieht entweder fern oder sie spielt am Computer.*) miteinander verbunden (↑Reihung). Typische Konjunktionen sind a) **additiv**: *und, sowie, wie* (*Freunde wie Feinde*), *sowohl ... als auch, weder ... noch*; b) **alternativ**: *oder, entweder ... oder, beziehungsweise* (*bzw.*); c) **adversativ**: *aber, wenn auch, sondern, nicht nur ... sondern auch* (Siehe auch ↑Junktion, ↑Konnektor).

Andere Ausdrücke: Bindewort, Koppelwort, Fügteil (da bei Bohusch, 1972, der Terminus *Konjunktion* auch Subjunktionen umfasst).

Die Konjunktion ist eine nicht flektierbare →Wortart, mit der gleichrangige →Wortbausteine, →Wörter, →Wortgruppen oder →Sätze verknüpft werden (→Koordination). Konjunktionen werden danach unterschieden, welche semantischen Relationen zwischen den verknüpften Einheiten sie ausdrücken.

Konjunktionaladverb, ↑Adverb.

Das Konjunktionaladverb ist eine nicht flektierbare →Wortart, die wie ein →Adverb →vorfeld- und →satzgliedfähig ist. Konjunktionaladverbien verknüpfen (ähnlich wie →Konjunktionen) →Sätze und treten innerhalb der verknüpften Einheiten auf. Konjunktionaladverbien fungieren als →Adverbiale und drücken ebenso vielfältige semantische Relationen aus.

Konjunktiv: Man unterscheidet den Konjunktiv I und den Konjunktiv II.

Der **Konjunktiv I** ist eine Modalform des ↑Verbs und zeigt an, dass der Inhalt einer Äußerung möglich ist (daher auch *Möglichkeitsform*). Er ist die Verbform der indirekten Rede, die der Sprecher des Satzes wiedergibt, ohne sich dafür zu verbürgen, dass das Wiedergegebene wirklich so gesagt wurde. Daher steht der Konjunktiv I nach den Verben des Sagens: *Peter sagte, er fühle sich heute nicht gut. Maria entschuldigte sich, sie könne heute nicht kommen. In der Bibel heißt es, dass der Geist willig, aber das Fleisch schwach sei.* Damit ist der Konjunktiv I ein Mittel der Distanz. Formal ist der Konjunktiv bei den meisten Verben nur in der 2. und 3. Ps. Sg. sowie der 2. Ps. Pl. durch ein -e- am Infinitivstamm erkennbar: *du lachest, er/sie/es lache, ihr lachet; du treffest.* Enden Verben im Stamm auf *d* oder *t* sind Indikativ- und Konjunktivformen nicht zu unterscheiden: *ich reite, du reitest, er/sie/es reitet, wir/sie reiten, ihr reitet.* Bei einigen starken Verben ist darauf zu achten, dass der Konjunktiv den Infinitivstamm nimmt: *du treffest, er/sie/es treffe, ihr treffet; du ladest, er/sie/es lade, ihr ladet.* D. h., dass Ver-

änderungen in der 2. und 3. Ps. Ind. im Konjunktiv nicht übernommen werden. Dort, wo die Form mit dem Indikativ zusammenfällt, tritt als Ersatz der Konjunktiv II oder der *würde*-Konjunktiv ein: *Ich behauptete, ich ~~laufe~~/liefe schnell. Ich behauptete, ich ~~backe/backte~~/würde ein Brot backen.*
Da der Konjunktiv I Distanz ausdrückt, tritt er auch in Kontexten der Höflichkeit auf, als Ausdruck eines Wunsches: *Seien Sie gegrüßt. Sie leb<u>e</u> hoch*! sowie in höflichen bzw. unspezifischen Aufforderungen (Adhortativ): <u>*Seien*</u> *Sie willkommen! Man nehm<u>e</u> ...*
Der **Konjunktiv II** ist eine Modalform des Verbs und zeigt an, dass der Inhalt einer Äußerung nicht wirklich, sondern nur vorgestellt, gedacht ist. Er wird gebildet über den Präteritalstamm (daher manchmal auch *Konjunktiv der Vergangenheit* genannt): *käme* (*kam*), *rittest* (*ritt*). Sofern die Form, z. B. bei den schwachen Verben, mit dem ↑Indikativ zusammenfällt (*ich liebte*), kann zur Verdeutlichung mit *würde* (*ich würde lieben*) umschrieben werden.
Andere Ausdrücke: Möglichkeitsform, Ungewissheitsform.
Der Konjunktiv ist ein →Modus, mit dem gekennzeichnet wird, dass eine <u>Aussage</u> nicht direkt, sondern nur mittelbar mit außersprachlichen Gegebenheiten abgeglichen werden kann. Dabei kennzeichnen der Konjunktiv I und der Konjunktiv II eine Aussage als <u>potenziell</u> bzw. als <u>irreal</u> (modal). Die Konjunktivformen (insbesondere Konjunktiv I) werden auch für die Kennzeichnung <u>indirekter Rede</u> genutzt. Der Konjunktiv I wird aus dem Stamm des →Indikativ Präsens gebildet, der Konjunktiv II aus dem Stamm des Indikativ Präteritum. Der mit →Hilfsverb gebildete <u>würde-Konjunktiv</u> wird häufig analog zum Konjunktiv II verwendet.

Konnektor: Als Konnektoren werden alle Verbindungsmittel auf Satz- und Textebene bezeichnet. Die wesentlichsten Konnektoren sind die ↑Pronomen, ↑Junktionen zusammen mit den Pronominal- und Konjunktionaladverbien (↑Adverb). Auf Satzebene leisten Pronomen, Konjunktionen und Subjunktionen die Verbindung. Pronominal- und Konjunktionaladverbien werden innerhalb des Satzes relativ gebraucht: *Barbara ist krank, <u>weshalb</u> <u>sie</u> nicht in die Schule gehen kann.* Auf Textebene werden dieselben Mittel eingesetzt. Nur werden jetzt die Konjunktionen, Pronominal- und Konjunktionaladverbien nicht relativ gebraucht: *Barbara kann nicht in die Schule gehen. <u>Denn</u> sie liegt im Bett. <u>Dabei</u> liest sie. Barbara liegt im Bett. <u>Deshalb</u> kann sie nicht in die Schule gehen. <u>Sie</u> liest <u>aber</u>.*

Konstituente wird der Bestandteil einer größeren Bezugseinheit genannt. Man kann Konstituenten von Sätzen (Satzglieder), von Satzgliedern (Gliedteile), von Wortgruppen (z. B. Kern und andere Teile), von Wörtern (verschiedene Morpheme) betrachten.
Andere Ausdrücke: -
Eine Konstituente ist ein Bestandteil einer größeren Bezugseinheit. Wörter, →Wortgruppen und →Sätze kommen als Konstituenten von Wortgruppen und Sätzen in Frage. →Wortbausteine sind Konstituenten der Bezugseinheit.

Konversion, ↑Wortbildung.
Konversion ist ein →Wortbildungsprozess, bei dem ohne Wortbildungsmittel ein →Wort in eine andere →Wortart überführt wird. Die Zugehörigkeit zu einer Wortart kann durch Flexionsaffixe sichtbar werden, die damit die neuen Eigenschaften des →Wortstammes kennzeichnen.

Koordination, ↑Reihung.
Andere Ausdrücke: Beiordnung, Nebenordnung, Parataxe.
Koordination ist die gleichrangige Verknüpfung von funktional und meist auch formal identischen →Sätzen, →Nebensätzen, →Wortgruppen, →Wörtern und →Wortbausteinen. Koordination wird prototypisch mit einer →Konjunktion oder einem Komma angezeigt.

Kopula(verb), wörtlich *Verbindung(sverb)*, da die einschlägigen Verben das Subjekt mit dem dazugehörigen ↑Prädikativ verbinden, ohne dabei eine eigene Bedeutung hinzuzugeben. Das ist bei den Verben *sein, werden, bleiben* zusammen mit einem Prädikativ der Fall: *Das Wetter ist schön. Der Sommer wird heiß. Das Wetter bleibt unbeständig.* In der Verwendung *Meine Freundin heißt Lisa.* ist auch *heißen* eine Kopula/ein Kopulaverb.
Andere Ausdrücke: Gleichsetzungsverb.
Das Kopulaverb ist ein →Verb, das prototypisch eine Gleichsetzung von einer →Nominalgruppe oder →Adjektivgruppe (→Prädikativ) mit dem →Subjekt vornimmt.

Korrelat meint einen Ausdruck, der eine Verbindung zu einem anderen Ausdruck herstellt. Korrelate treten auf in Vergleichssätzen (*Dieser Turm ist so hoch wie jener.*) (↑Vergleichspartikel) oder in komplexen Sätzen (↑Nebensatz). Korrelat sind z. B. *es* oder Pronominaladverbien (z. B. *darauf*, s. ↑Adverb), die ein ↑Satzglied vorwegnehmen: *Ich bedaure es, dass du abwesend bist. Ich warte darauf, dass du kommst.* Korrelate haben ↑kataphorischen Bezug.
Andere Ausdrücke: -
Das Korrelat ist ein Element, das auf ein im →Satz vorhandenes →nebensatzförmiges →Satzglied verweist, aber kein eigenständiges Satzglied ist. Häufig wird das →Pronomen *es* oder ein Pronominaladverb in dieser Funktion verwendet.

Kurzwortbildung, ↑Wortbildung.

Lexem: Ein Lexem ist eine Einheit des Lexikons. Gemeinhin bestehen Lexeme aus einem Wort. Angegeben wird die sog. Grundform. Alle Formen des Wortes sind immer mitgemeint. In einigen Fällen besteht ein Lexem aus mehreren Wörtern, z. B. *was für ein*, was als Ganzes als Artikelwort fungiert, oder *ab und zu* als Adverb, gleichbedeutend mit *manchmal*.

Markiertheit/Unmarkiertheit. Bei Markiertheit sollten zwei Gesichtspunkte, die häufig zusammen auftreten, unterschieden werden: a) Formale Markiertkeit/Unmarkiertheit durch grammatische Merkmale: So ist das ↑Präteritum durch -(e)t- bzw. einen

↑Ablaut gegenüber dem ↑Präsens, das keine besondere Markierung aufweist (unmarkierte Form), markiert. Die ↑Aktivform ist unmarkiert, die ↑Passivform weist aber mit dem ↑Hilfsverb *werden* zusammen mit dem Partizip II eine besondere Auszeichnung (Markierung) auf. Der Positiv ist bei Adjektiven unmarkiert, während der Komparativ mit *-er* und der Superlativ mit *-sten* markiert sind. Aussagesätze sind unmarkiert, Fragesätze durch ein W-Fragewort oder die Wortstellung markiert (siehe ↑Satzart). Die ↑Infinitivform ist morphologisch formal durch *-(e)n* markiert. Im Satz aber ist ein Infinitiv eine unmarkierte Form. b) Inhaltliche Markiertheit/Unmarkiertheit: Die Präsensform ist nicht nur formal, sondern auch hinsichtlich ihrer Leistung nicht markiert. Während das Präteritum immer Vergangenes ausdrückt, kann das Präsens Gegenwärtiges, Vergangenes und auch Zukünftiges ausdrücken. Dasselbe gilt beispielsweise auch für das Aktiv. Auch eine Aktivform kann Passivisches ausdrücken: *Das Buch liest sich gut.* oder: *Das scheint schwer ausführbar.*

Mittelfeld, ↑Feldermodell.
Andere Ausdrücke: Mitte, Kernstück des Satzes.
Das Mittelfeld ist das Feld zwischen der linken und der rechten →Satzklammer in der →Felderstruktur. Im Mittelfeld können mehrere →Konstituenten auftreten.

Modalverb: Ein Modalverb ist ein ↑Verb, das mit einem ↑Vollverb als ↑Infinitiv einen ↑Verbkomplex bildet. Modalverben drücken Möglichkeit, Fähigkeit (*können*), Gebot, Notwendigkeit (*müssen*), Verpflichtung (*sollen*), Erlaubnis (*dürfen*), Absicht, Bereitschaft (*wollen*) oder Wunsch (*mögen*) aus. Hinzu kommt *brauchen* zusammen mit einer Verneinung in der Bedeutung *nicht müssen*.
Andere Ausdrücke: Modalzeitwort, Hilfszeitwort der Aussage.
Das Modalverb ist ein →Verb, das mit einem →Vollverb als →Infinitiv das →Prädikat bildet. Semantisch werden zwei Arten des Gebrauchs von Modalverben unterschieden: Mit subjektbezogenen Modalverben drückt man einen Wunsch, eine Möglichkeit oder eine Notwendigkeit aus. Beim sprecherbezogenen Gebrauch bringt der Sprecher mit dem Modalverb seine Perspektive auf ein Geschehen ein.

Modus: Allgemein wird durch Modalformen des ↑Verbs oder Modallexeme die Stellung des Sprechers zum Gesagten ausgedrückt. Dabei werden die ↑Indikativform sowie die Formen des ↑Konjunktivs I, des ↑Konjunktivs II und des ↑Imperativs unterschieden. Lexikalisch wird Modalität durch adverbial gebrauchte ↑Adjektive wie *schön* oder Modaladverbien wie *gerne* ausgedrückt. Eine besondere Form der Modalität bilden die ↑Kommentaradverbien wie *bedauerlicherweise, sicherlich* (manchmal auch spezifizierend *Modalwort* genannt), die die Funktion von ↑Satzadverbialen haben und, anders als die anderen Modaladverbien, nicht auf W-Fragen, sondern auf Ja-/Nein-Fragen antworten.
Andere Ausdrücke: Art und Weise.
Modus (Plural: Modi) ist eine Kategorie der →Flexion des →Verbs, mit der Sachverhalte als tatsächlich (→Indikativ), potenziell bzw. irreal (→Konjunktiv) oder erwünscht

(→Imperativ) gekennzeichnet werden. Die Modi werden in der Regel durch →Konjugation gebildet; der Konjunktiv hat mit der würde-Form auch eine Variante mit →Hilfsverb.

Monoflexion bezeichnet das Phänomen, dass in ↑Nominalgruppen die ↑Flexion eines ↑Adjektivs von der Wahl des ↑Artikelwortes abhängt. Das Adjektiv wird schwach flektiert, wenn das Artikelwort das ↑Genus anzeigt: *de**r** heiße Sommer, jede**r** heiße Sommer*. Dagegen wird das Adjektiv stark flektiert, wenn das Artikelwort keine explizite Genusmarkierung aufweist: *ein heiße**r** Sommer, mein neue**s** Fahrrad*.

Morphem bezeichnet die kleinste bedeutungstragende Einheit. Man unterscheidet selbständige Morpheme (= Lexeme) von unselbständigen (= Affixe: Präfixe, Suffixe, Circumfixe) und hier wieder zwischen grammatischen Morphemen und ↑Wortbildungsmorphemen. *Er bearbeitet ein Feld.* besteht demnach aus vier selbständigen Morphemen; *er, arbeit-, ein, Feld* und zwei unselbständigen Morphemen: dem grammatischen Morphem *-et* (= 3. Ps. Sg. Ind. Präs. Aktiv) und dem Wortbildungsmorphem *be-*, mit dem transitive Verben (↑Verb) gebildet werden.

Andere Ausdrücke: -

Ein Wortbaustein ist die kleinste bedeutungstragende Einheit, die selbstständig oder unselbstständig vorkommt. Unselbstständige Wortbausteine (→Affix) dienen der →Wortbildung oder der Wortformenbildung (→Flexion).

Nachfeld, ↑Feldermodell.

Andere Ausdrücke: Endstelle, Eindrucksstelle, Zielpol.

Das Nachfeld ist das Feld nach der rechten →Satzklammer in der →Felderstruktur, in dem bevorzugt Sätze (→Satz, →Nebensatz) und Herausstellungen auftreten.

Nebensatz: Nebensätze sind unselbständige Sätze zu einem ↑Trägersatz, dem sie untergeordnet sind. Nebensätze können finit oder infinit sein. Finite Nebensätze werden prototypisch eingeleitet mit einer a) ↑Subjunktion: *Er hat inständig gehofft, dass er bald nach Hause kommt.* oder b) einem Relativpronomen: *Der Regenschirm, den sie suchte, war rot.* oder c) einem relativ gebrauchten Konjunktional- oder Pronominaladverb (↑Adverb): *Er fühlte sich krank, weswegen er zuhause blieb.* Finite Nebensätze ohne Subjunktion (oder relativen Anschluss) heißen *uneingeleitete Nebensätze* (*Er sagte, er sei gut angekommen. Wärst du früher gekommen, hätten wir uns getroffen.*). Infinite Nebensätze sind Infinitivsätze mit *zu* oder Partizipsätze. (Da Infinitiv- und Partizipsätzen ein Subjekt fehlt, spricht man manchmal auch nur von Infinitivgruppen bzw. Partizipgruppen.) Jeder von beiden kann mit einer Subjunktion (*Er ist sehr schnell gefahren, um bald nach Hause zu kommen. Obwohl stark erkältet, ging er in die Schule.*) oder ohne Subjunktion (*Er hat inständig gehofft, bald nach Hause zu kommen. Nach Mitternacht angekommen, legte er sich gleich ins Bett.*) eingeleitet werden (siehe Abb. 14). Nebensätze können auch danach beurteilt werden, ob sie obligatorisch oder fakultativ sind. Obligatorisch sind Subjekt- und Objektsätze, fakultativ sind Adverbial- und Relativsätze. (Siehe auch ↑Hauptsatz, ↑Satzgefüge, ↑Trägersatz, ↑Satz.)

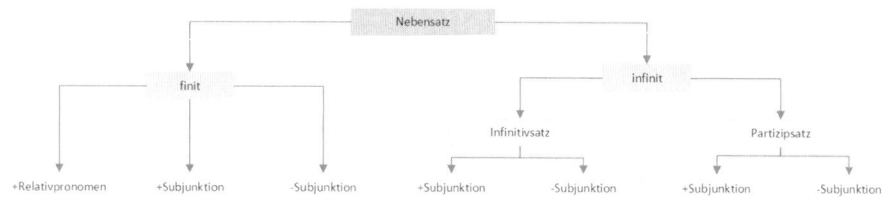

Abb. 14 | Nebensatz

Mit einem Relativpronomen, einem relativ gebrauchten Konjunktional- oder Pronominaladverb oder einer Subjunktion eingeleitete Nebensätze sind Verbletztsätze. Uneingeleitete Nebensätze sind Verbzweitsätze oder Verberstsätze, Infinitiv- oder Partizipsätze sind Verbletztsätze oder in einigen Fällen auch Verberstsätze: <u>Zu tanzen durch die ganze Nacht</u>, war ihre größte Freude. <u>Geliebt von den Eltern</u>, hatte sie eine glückliche Kindheit. (Siehe auch ↑Junktion, ↑Satzform.)

Die Unterordnung eines Nebensatzes unter einen Trägersatz wird auch *Hypotaxe* genannt. Unter Stilgesichtspunkten kann man einen hypotaktischen von einem parataktischen (↑Reihung) Stil unterscheiden.

Der Nebensatz ist ein untergeordneter, satzförmiger Teil eines →Satzgefüges, er hat die Funktion eines →Satzglieds, eines →Kommentarglieds oder eines →Attributs (Subordination). Der Nebensatz ist prototypisch ein Verbletztsatz.

Negation, ↑Satznegation.
 Andere Ausdrücke: -
Negationspartikel, ↑Partikel.
Nomen (Substantiv):
   a) **Morphologisch** betrachtet, ist ein Nomen ein deklinierbares Wort (↑Deklination). Nomen stehen mit einem festen ↑Artikel im Wörterbuch, sie sind genusfest, d. h., sie wechseln im Gegensatz zu Artikel und ↑Adjektiv ihr ↑Genus nicht. Der ↑Kasus wird durch den Satzkontext bestimmt, der ↑Numerus (Singular/Plural) durch die Sprecherintention.
   b) **Syntaktisch** betrachtet, ist ein Nomen Kern einer ↑Nominalgruppe. Als solche bilden Nomen typischerweise den rechten Rand einer Nominalgruppe.
   c) **Semantisch** betrachtet, bezeichnen Nomen konkrete (Konkreta) oder geistige (Abstrakta) Größen. Da für Grundschulkinder Abstrakta keine Dinge sind, ist die Bezeichnung *Dingwort* nur sehr bedingt erhellend. Auch *Namenwort* sollte mit Vorsicht verwandt werden, denn auch *gehen* ist beispielsweise der Name für eine Tätigkeit.
↑**Wortbildung** des Nomens: Komposition: determinativ: *Sommerzeit, Hochbahn, Esszimmer, Ichform, Dasein, Abgrund*; possessiv: *Löwenzahn, Tausendfüßler*; kopulativ: *Spielertrainer, Strumpfhose*; Suffigierung: *-e: Fähre, Bläue, Mongole; -ei: Bäckerei, Heuchelei*;

-el: Deckel, Ärmel; -er: Lehrer, Musiker, Vierer; -ler: Sportler, Abweichler; -ner: Pförtner; -heit/-keit/-igkeit: Müdigkeit, Kindheit, Sauberkeit; -icht: Kehricht, Dickicht; -ling: Flüchtling, Däumling, Feigling; -nis: Zeugnis, Bündnis, Finsternis; -s: Klecks, -sal: Schicksal, Trübsal; -schaft: Ärzteschaft, Leidenschaft, Schwangerschaft; -sel: Überbleibsel, Mitbringsel; -tel: Viertel, -tum: Königtum, Siechtum, Wachstum; -ung: Bildung, Satzung, Niederung; -werk: Astwerk; Bauwerk; -wesen: Erziehungswesen, Meldewesen; -chen/-lein: Märchen, Tischlein; Fremdsuffixe: Passage, Formalien, Konstituente, Tendenz, Maschinerie, Delikatesse, Bürokratie, Physik, Funktion, Stabilität, Diagnose, Literatur, Kumpan, Konfirmand, Asylant, Kontingent, Revolutionär, Gymnasiast, Friseur, Despotismus, Terrorist, Illustrator, Material, Formular, Rektorat, Kosmopolit, Resümee, Fundament, Training; Präfigierung: Erz-: Erzherzog; Ge-/Ge...-e: Gebirge, Gebüsch; Haupt-: Hauptproblem, Miss-: Missbrauch, Un-: Untiefe; Ur-: Urmensch; Fremdpräfixe: Non-: Nonkonformismus; Super-: Superpreis; Hyper: Hyperventilation; Anti-: Antiapartheit, Ex-: Exweltmeister; Inter: Interregnum; Ko-: Koautor; Pro-: Prorektor; Trans: Transformation. Implizite Derivation: Wurf; Konversionen: (das) Essen, Leben, Grün, Vaterunser, Vergissmeinnicht.

Andere Ausdrücke: Gegenstandwort, Nennwort, Dingwort, Größenname, Namenwort, Größe (bei Bohusch, 1972, unter *Substantiv*).

Das Nomen (auch Substantiv) ist eine deklinierbare →Wortart (→Deklination; →Kasus, →Numerus). Es verweist prototypisch auf konkrete oder abstrakte Gegenstände. Nomen sind in Bezug auf ihr →Genus festgelegt. Nomen können den Kern einer →Nominalgruppe bilden.

Nominalgruppe: Folge von Wörtern, bei denen prototypisch das linke Wort ein ↑Artikelwort und das rechte Wort ein ↑Nomen ist. Das Nomen bestimmt die Form des Artikelwortes (↑Genus, ↑Kasus, ↑Numerus). Das rechte Wort (der rechte Rand) einer Nominalgruppe ist ein Nomen oder ein ↑nominalisierter Ausdruck (und wird orthographisch großgeschrieben: *das neue Fahrrad*). Nominalgruppen bilden einen Kongruenzverband (↑Kongruenz). Dabei ist das Nomen als Kern der Gruppe der Auslöser der Merkmale Numerus, Kasus und Genus. Das Artikelwort aber bestimmt, ob ein attributives ↑Adjektiv stark oder schwach dekliniert wird (*ein starker Wille – der starke Wille:* ↑Monoflexion). (Siehe auch ↑Wortgruppe und Satzfunktion.)

Die Nominalgruppe ist eine →Wortgruppe mit einem →Nomen (oder auch →Pronomen) als Kern. Es können auch Vertreter anderer →Wortarten als Kern einer Nominalgruppe gebraucht werden (→Nominalisierung). Der Kern bestimmt das →Genus; in Bezug auf die Deklinationskategorien →Kasus und →Numerus sind die →Konstituenten der Nominalgruppe aufeinander abgestimmt (→Kongruenz). Die Deklinationskategorien werden meist am →Artikel gekennzeichnet. Nominalgruppen können durch →Attribute ausgebaut werden.

Nominalisierter Ausdruck (Nominalisierung). Im Deutschen kann so gut wie jedes Wort nominalisiert werden. Es bekommt dann den Artikel *das* und übernimmt in einem Satz die Aufgaben eines Nomens: *das Wandern, das Grün, das Ich, das Heute, dein*

Weil, dieses Und, unser Ja. Typisch für Nominalisierungen ist, dass sie keinen Plural ausbilden. Als Plural von *das Wandern* muss beispielsweise *die Wanderungen* genommen werden. Hieran kann man erkennen, dass z. B. *Leben* inzwischen als Nomen und nicht mehr als nominalisierter Ausdruck behandelt werden sollte.

Nominalisierung bezeichnet den →wortbildungsmorphologischen oder syntaktischen Prozess, der es Vertretern anderer →Wortarten als dem Nomen ermöglicht, den Kern einer →Nominalgruppe zu bilden. Bei deverbalen Nominalisierungen können sich Gegenstandsbezug und Sachverhaltsdarstellung überlagern.

Nominativ, ↑Kasus.
Andere Ausdrücke: 1. Fall, Nennfall, casus rectus.

Numerale: Numerale sind Zahlwörter: a) **Kardinalzahlen** (*eins, zwei, drei* ...), b) **Ordinalzahlen** (*der Erste, der Zweite, der Dritte*) und c) **unbestimmte Zahlwörter** (*viele, wenige, die meisten*). Zahlwörter sind ↑Adjektive (*der dritte Mann*), ↑Artikelwörter (*ein Liter Milch*), ↑nominalisierte Ausdrücke (*der Dritte*), ↑Adverbien (*erstens, zweitens* ...).
Andere Ausdrücke: Zahlwort.

Numerus bezeichnet eine Kategorie flektierbarer Wortarten. Dabei wird zwischen ↑Singular (Einzahl) und ↑Plural (Mehrzahl) unterschieden.
Andere Ausdrücke: grammatische Zahl.

Numerus (Plural: Numeri) ist als grammatische Zählform eine →Deklinations- und →Konjugationskategorie. →Subjekt und →finites Verb sind bezüglich des Numerus aufeinander abgestimmt (→Kongruenz). Das Deutsche unterscheidet zwei Numeri: Singular, Plural.

Objekt ist eine aufgrund der ↑Valenz eines Verbs geforderte ↑Ergänzung im Satz. Dabei legt das Verb die Form des Objektes fest: Genitivobjekt (*Ich harre deiner Ankunft.*), Dativobjekt (*Ich schenke meiner Mutter Blumen.*), Akkusativobjekt (*Ich schenke meiner Mutter Blumen.*), Präpositionalobjekt (*Wir warten auf die Ferien.*) Bei einem Objektsatz bildet ein Nebensatz das Objekt (*Ich hoffe, dass alles in Ordnung ist.*) Andere Bildungen sind Pronomen (*Wir besuchen ihn.*), Nomen/Nominalgruppen (*Wir brauchen Mehl/frisches Wasser.*), Präpositionalgruppen (*Wir warten auf den Zug.*). Man kann darüber hinaus unterscheiden, ob Verben kein Objekt (*schlafen*), ein (*jemanden lieben*) oder mehrere Objekte (*einem etwas geben*) erfordern. Unter dem Gesichtspunkt des Satzes als Informationseinheit können Objekte mit *Wessen?, Wem?, Wen/Was?* vom Prädikat aus erfragt werden. Aber keineswegs sind alle Satzkonstituenten, die auf diese Fragen antworten, Objekte. (Siehe auch ↑Satz. Zur Bildung des Objekts siehe ↑Wortgruppe und Satzfunktion.)
Andere Ausdrücke: Satzergänzung, Ergänzung.

Das Objekt ist ein →valenzgebundenes →Satzglied, dessen Form (das heißt der →Kasus oder die jeweilige →Präposition) vom →Vollverb vorgegeben wird (→Rektion). Objekte werden prototypisch als →Nominalgruppe (Akkusativobjekt, Dativobjekt

sowie vereinzelt Genitivobjekt) oder →Präpositionalgruppe (Präpositionalobjekt) realisiert. Auch ein →Nebensatz kann eine Objektfunktion übernehmen.
Objektsatz: ↑Nebensatz in der Funktion eines Objektes.
Parataxe, ↑Reihung.
Andere Ausdrücke: -
Parenthese: Die Parenthese wird als unabhängige Struktur in einen Satz eingeschoben und unterbricht als Wort, Wortgruppe oder ganzer Satz einen Satz und wird graphisch durch Gedankenstriche, Klammern oder Kommas vom übrigen Satz abgetrennt: *Eines Tages – es war mitten im Sommer – kam ein fürchterliches Gewitter auf. Sie hatte, meine Damen und Herren, alles, was sie brauchte. Ich sei, gewähret mir die Bitte, in eurem Bund der Dritte.* (Schiller: Die Bürgschaft).
Andere Ausdrücke: -
Die Parenthese ist eine sprachliche Einheit (ein →Wort, eine →Wortgruppe oder ein →Satz), die unabhängig vom umgebenden Satz (Trägersatz) ist und die lineare Satzstruktur unterbricht.
Partikel:
  a) **Morphologisch** betrachtet, ist eine Partikel ein unflektierbares (unveränderliches) Wort. In einigen Grammatiken werden sogar alle unflektierbaren Wörter Partikeln genannt. Im Curriculum ist der Gebrauch eingeschränkter, da ↑Adverbien, ↑Präpositionen und ↑Junktionen, die ganz unterschiedliche Aufgaben im Satz haben, mit eigenen Namen bezeichnet werden.
  b) **Syntaktisch** betrachtet, bilden Partikeln niemals ↑Wortgruppen und nie ein ↑Satzglied, aber sie beziehen sich entweder auf den ganzen Satz (z. B. Abtönungspartikel oder Negationspartikel als ↑Satznegation) oder auf ein Satzglied bzw. Gliedteil (z. B. Fokuspartikel, Intensitätspartikel, Negationspartikel als Satzgliednegation).
  c) **Semantisch** betrachtet, kann man hinsichtlich ihrer Wirkung einzelne Partikeln unterscheiden: **Abtönungspartikeln** färben einen Satz modal: *Das ist ja unglaublich.* Mit *ja* drückt der Sprecher seine Gegenerwartung aus. Die **Satznegationspartikel** *nicht* verneint den ganzen Satz, indem sie dem Subjekt das ↑Prädikat absprechen: *Sabine ging nicht nach Hause.* Bei der Satzgliednegation wird nur ein Satzglied verneint: *Nicht Sabine ging nach Hause.* **Intensitätspartikeln** graduieren vor allem Adjektivattribute: *ein sehr großer Garten.* Mit **Fokuspartikeln** fokussiert der Sprecher/Schreiber ein Gliedteil (*das nur schöne Wetter*), ein Satzglied (*Ich lese nur spannende Abenteuerbücher*), einen ganzen Satz (*Er kam zu spät, nur weil er nicht rechtzeitig aus dem Bett kam*). Intensitäts- und Fokuspartikeln sind immer Teil der jeweiligen Wortgruppe und werden zusammen mit ihr verschoben. **Antwortpartikeln** sind *ja* und *nein* und mit **Gesprächspartikeln** (*hm, aha*) gibt in der mündlichen Sprache ein Hörer dem Sprecher ein Signal seiner aktiven Zuhörerschaft. Es bleiben die Infinitivpartikel *zu* und die Superlativpartikel *am* als Rest-

klasse übrig. In manchen Grammatiken ist auch von **Vergleichspartikeln** die Rede. Mit der Aufnahme von ↑Adjunktionen gehört *als* in Komparativsätzen zu den Adjunktionen; *am* ist dann Superlativpartikel. (Siehe auch ↑Partikelverb, wo der Ausdruck *Partikel* anders gebraucht wird.)
Andere Ausdrücke: -
Die Partikel ist eine <u>nicht flektierbare</u> →Wortart, die im →Satz vorkommt oder als selbstständige satzwertige Einheit außerhalb des Satzes steht. Partikeln übernehmen keine →Satzgliedfunktion, erfüllen aber verschiedene Aufgaben (zur Verortung einer Aussage) im Kommunikationszusammenhang. Unterschieden werden: <u>Abtönungspartikel</u>, <u>Fokuspartikel</u>, <u>Intensitätspartikel</u>, <u>Negationspartikel</u>, <u>Antwortpartikel</u> und <u>Gesprächspartikel</u>.
Partikelverb meint Verben, die die Besonderheit haben, dass die Verbpartikel (im folgenden Fall *ab*) in einem einfachen Satz zusammen mit dem Verb (in diesem Falle *fahren*) eine ↑Verbklammer (*Der Zug <u>fährt</u> um 13.00 Uhr <u>ab</u>.*) bildet. Im ↑Nebensatz stehen dagegen Partikelverben in Kontaktstellung (*weil der Zug um 13.00 Uhr <u>abfährt</u>*). Im Unterschied zu Partikelverben kann bei präfigierten Verben das ↑Präfix nicht vom ↑Stamm gelöst werden. Der Unterschied macht sich auch in der Wortbetonung bemerkbar. Partikelverben haben den Akzent auf der Partikel (*úmfahren*), während präfigierte Verben den Akzent auf dem Stamm haben (*umfáhren*).
Partizip bezeichnet eine infinite Form des ↑Verbs (Partizipform). Das **Partizip I** bildet seine Form aus dem ↑Stamm zusammen mit dem Suffix *-(e)nd*: *summend, feiernd*. Das Partizip I, manchmal auch nach seiner Bildung *Partizip Präsens* bzw. nach dem ↑Aspekt *Verlaufsform* genannt, wird insbesondere wie ein ↑Adjektiv attributiv gebraucht: *das <u>fliehende</u> Pferd*, ebenso taucht es als infinite Form in Partizipsätzen auf: *dem Redner <u>lauschend</u>, ...* Es steht nicht in *ist*-Prädikativsätzen, wohl aber als Subjektsprädikativ: *Die Katze lief <u>miauend</u> davon*. Partizipien, die in *ist*-Prädikativsätzen gebraucht werden können, sollten zu den Adjektiven gezählt werden: *Das spannende Buch – Das Buch ist spannend*. Das Partizip I drückt Gleichzeitigkeit (↑Zeitstufe) mit dem übergeordneten Geschehen aus.
Das **Partizip II** bildet die Form des ↑Vollverbs beim ↑Perfekt, ↑Plusquamperfekt und ↑Futur II und drückt Abgeschlossenheit, Vollendung und damit gewöhnlich Vorzeitigkeit (↑Zeitstufe) aus: *Ich habe alles <u>erledigt</u>*. Es wird auch wie ein ↑Adjektiv attributiv und prädikativ gebraucht: *die <u>abgeschlossene</u> Arbeit – die Arbeit ist <u>abgeschlossen</u>* (*worden*) und als infinite Form in Partizipsätzen: *zu Hause <u>angekommen</u>*. Bei den Formen ist zu unterscheiden, ob das Verb a) einfach oder gebildet, b) schwach oder stark ist.

	schwach (Präteritum mit -t-)	stark (Präteritum mit ↑Ablaut)
einfach	ge-...-t: *geliebt*	ge-...-en: *gegessen*
gebildet (ohne trennbare Verbpartikel)	...-t: *verliebt*	...-en: *verraten*

Bei Verben mit trennbaren Verbpartikeln wird das Partizip II nach Maßgabe des Verbstammes gebildet: *ausgelacht, aufgegessen*.
Andere Ausdrücke: Partizip I: Partizip Präsens, Mittelwort der Gegenwart; Partizip II: Perfektpartizip, Mittelwort der Vergangenheit.
Partizipien sind das <u>Partizip I</u> und das <u>Partizip II.</u> Das Partizip I wird vor allem als →Verbaladjektiv verwendet. Das Partizip II wird als →infinite Verbform und als Verbaladjektiv verwendet. Das Partizip II drückt prototypisch <u>Abgeschlossenheit</u> aus.
Partizipsatz: Partizipgruppe (↑Partizip) in der Funktion eines ↑Nebensatzes.
Passiv: Es werden drei Passivarten unterschieden: das *werden*-Passiv, das *sein*-Passiv und das *bekommen*-Passiv. Beim **werden-Passiv** kann man ein persönliches von einem unpersönlichen Passiv unterscheiden. Ein persönliches Passiv ist nur bei transitiven ↑Verben möglich. Das Akkusativobjekt des Aktivsatzes wird zum Subjekt des Passivsatzes. Die Betrachtung des Geschehens erfolgt daher im Passiv von dem Ausdruck aus, der im Aktivsatz das Ziel einer Handlung (*Patiens*) war: *Die Katze fängt die Maus.* Die Katze ist Agens, die Maus Patiens. Im Passivsatz erfolgt nun die Betrachtung von der Maus aus: *Die Maus wird (von der Katze) gefangen.* Im unpersönlichen Passiv ist die Perspektive nur noch auf das Geschehen selbst gerichtet. In diesen Fällen muss als Subjekt *es* eintreten: *Es wurde viel gearbeitet.* Auf diese Art können auch intransitive ↑Verben wie *arbeiten* ein Passiv bilden, vorausgesetzt, das Verb drückt irgendeine Art von Handlung aus.
Beim **sein-Passiv** wird das im Verb ausgedrückte Geschehen als ein Zustand gesehen, manchmal sogar als Eigenschaft des Subjekts: *Ich bin geimpft.* Dagegen drückt *Ich bin geimpft worden.* noch einen Vorgang aus, bei dem der Täter nicht genannt ist. Das unpersönliche *werden*-Passiv wie das *sein*-Passiv eignen sich daher in besonderer Weise, Täter von Handlungen unausgedrückt zu lassen, vielleicht sogar zu verschweigen, weil die Perspektive auf den Vorgang selbst oder den durch die Handlung eingetretenen Zustand gelenkt wird.
Beim **bekommen-Passiv** wird das ↑Dativobjekt zum Subjekt des Passivsatzes: Aktiv: *Ich schenke meiner Mutter Blumen.* – Passivsatz: *Meine Mutter bekommt (von mir) Blumen geschenkt.*
Das Passiv bildet alle Tempora aus: *das Eisen <u>wird bearbeitet</u> – das Eisen <u>wurde bearbeitet</u> – das Eisen <u>ist bearbeitet worden</u> – das Eisen <u>war bearbeitet worden</u> – das Eisen <u>wird bearbeitet werden</u> – das Eisen <u>wird bearbeitet worden sein</u>.* Das sein-Passiv (Zustandspassiv) hat eigene Formen: *ich <u>bin geimpft</u> – ich <u>war geimpft</u> – ich <u>bin geimpft gewesen</u> – ich <u>war geimpft gewesen</u> – ich <u>werde geimpft sein</u> – ich <u>werde geimpft gewesen sein</u>.* Man kann sehen, dass Sätze mit Zustandspassiv nur schwer von Prädikativsätzen (↑Prädikativ), die eine Eigenschaft des Subjekts ausdrücken, zu unterscheiden sind.
Andere Ausdrücke: Leideform.

Das Passiv ist ein →Genus Verbi, bei dem die Perspektive nicht auf dem <u>Handlungsträger</u> liegt. Das <u>Vorgangspassiv</u> wird mit dem →Hilfsverb *werden* und dem

→Partizip II gebildet, das <u>Zustandspassiv</u> mit dem Hilfsverb *sein* und dem Partizip II. Beim sogenannten <u>Rezipienten-</u> oder <u>Dativpassiv</u> ist das <u>Dativobjekt</u> des Aktivsatzes →Subjekt. Es wird meist mit dem Hilfsverb *bekommen* und Partizip II gebildet.

Perfekt(form) – auch nur *Perfekt* genannt – bezeichnet diejenige Form eines ↑Verbs, die mit den ↑Hilfsverben *haben* und *sein* im Präsens (daher auch der Ausdruck *Präsensperfekt*) zusammen mit dem ↑Partizip II gebildet wird (*ich habe geschlafen, ich bin gelaufen*). Bei der Bildung der Form sind folgende Fälle zu unterscheiden: Die meisten Verben bilden das Perfekt mit *haben*, lediglich einige intransitive Verben nehmen das Hilfsverb *sein*. Viele Verben der Bewegung können mit *haben* und mit *sein* gebildet werden (*ich habe geschwommen/bin geschwommen*), wobei bei einer Verbindung mit Orts- oder Richtungsangabe immer *sein* obligatorisch ist (*Ich <u>bin</u> im Schwimmbad <u>geschwommen</u>*). Bei *gehen* ist nur *sein* möglich. Beim Perfekt liegt die Ereigniszeit vor der Sprechzeit, die Betrachtzeit kann mit der Sprechzeit, zu der ein Ereignis vollendet ist, aber noch wirkt, zusammenfallen, wie dies im mündlichen Sprachgebrauch häufig geschieht. Fällt sie mit der Ereigniszeit zusammen, dann ist Perfekt eine mit dem Präteritum austauschbare Zeit. (Siehe auch ↑Präteritum(form).)

Andere Ausdrücke: 2. Vergangenheit, Vollendung der Gegenwart, Vorgegenwart, lange Vergangenheit.

Das Perfekt ist ein →Tempus, das den im →Satz ausgedrückten Sachverhalt in der <u>Vergangenheit</u> einordnet oder einen Sachverhalt als abgeschlossen mit Bezug auf die <u>Gegenwart</u> kennzeichnet. Das Perfekt wird mit dem →Präsens eines der →Hilfsverben *haben* oder *sein* und mit dem →Partizip II gebildet.

Person: Man unterscheidet die 1., 2. und 3. Person, mit der alles, was nicht Sprecher oder Hörer ist, gemeint ist. Lexikalisch tritt Person bei Personalpronomen (*ich/wir, du/ihr, er/sie/es, sie*), bei Reflexivpronomen (*mich, dich, sich*) und Possessivartikeln und -pronomen (*mein/meiner, dein/deiner, sein/seiner*) auf (↑Pronomen; ↑Artikel und Pronomen). In der höflichen Anrede wird der Hörer mit der 3. Ps. Pl. angesprochen (*Sie*). Grammatisch tritt Person bei ↑Verben als Kongruenzmerkmal mit dem Subjekt auf. Dabei bildet das Verb entsprechende Flexionsendungen (Personalformen) aus: <u>ich</u> lese, <u>du</u> lies<u>t</u>, <u>sie</u> lies<u>t</u>.

Andere Ausdrücke: -

Person ist eine <u>Flexionskategorie</u> des →Verbs. Man unterscheidet die 1., 2 und 3. <u>Person</u>. →Nomen weisen immer das Merkmal 3. Person auf. Außerdem werden <u>Personalpronomen</u> sowie <u>Possessivartikel</u> und <u>Possessivpronomen</u> in Bezug auf Person unterschieden.

Personalpronomen:
   a) **Morphologisch** betrachtet, handelt es sich um deklinierbare Wörter. Dabei ändert sich der Wortstamm signifikant.

	Numerus	Singular					Plural		
	Person	1.	2.	3.			1.	2.	3.
Kasus	Nominativ	*ich*	*du*	*er*	*sie*	*es*	*wir*	*ihr*	*sie*
	Genitiv	*meiner*	*deiner*	*seiner*	*ihrer*	*seiner*	*unser*	*euer*	*ihrer*
	Dativ	*mir*	*dir*	*ihm*	*ihr*	*ihm*	*uns*	*euch*	*ihnen*
	Akkusativ	*mich*	*dich*	*ihn*	*sie*	*es*	*uns*	*euch*	*sie*

b) **Syntaktisch** betrachtet, sind Personalpronomen im Nominativ Subjekt eines Satzes, in den übrigen (obliquen) Fällen typischerweise ↑Objekt oder ↑Konstituente einer ↑Präpositionalgruppe.

c) **Semantisch** betrachtet, verweisen Personalpronomen teils auf den Sprecher *(ich, wir)*, teils auf Angesprochene *(du, ihr, Sie)* und teils auf besprochene Personen, Dinge, Sachverhalte *(er, sie, es, sie)*. (Siehe auch ↑Artikel und Pronomen.)

Andere Ausdrücke: persönliches Fürwort, personanzeigendes Fürwort, persönliches Pronomen, persönliche Stellvertreter.

Plural (Mehrzahl): Deklinierbare Wörter haben gewöhnlich eine Singularform (Einzahl) und eine Pluralform (Mehrzahl). Es gibt ↑Nomen, die nur im ↑Singular (sog. *Singulariatantum*, etwa Stoffbezeichnungen wie *Mehl, Wasser*) und solche, die nur im ↑Plural (sog. *Pluraliatantum* wie *Eltern, Ferien*) stehen können. Wenige Nomen bilden mehrere Pluralformen, etwa *Atlasse – Atlanten, Kommas – Kommata*. Insgesamt weist der Plural beim Nomen verschiedene Formen auf: mit *e*/kein Umlaut: *Tische*, mit *e(n)*/ kein Umlaut: *Herzen, Taschen*, mit *-er*/kein Umlaut: *Kinder*, mit *s*/kein Umlaut: *Autos*, ohne Pluralendung/kein Umlaut: *Balken*, ohne Pluralendung/mit Umlaut: *Häfen*, mit *e*/mit Umlaut: *Höfe*, mit *-er*/mit Umlaut: *Gräser*. (Siehe auch ↑Deklination.) Verben als konjugierbare Wörter bilden den Plural gemäß den Personalformen (↑Person). Als Fachterminus sollte ab Ende der Grundschule und dann in der Sekundarstufe *Plural* zur Verfügung stehen. Aber *Mehrzahl* ist in allen Fällen auch passend.

Andere Ausdrücke: Mehrzahl.

Plusquamperfekt(form) – auch nur *Plusquamperfekt* genannt – bezeichnet diejenige Form eines ↑Verbs, die mit den ↑Hilfsverben *haben* und *sein* im ↑Präteritum (daher auch der Ausdruck *Präteritumperfekt*) zusammen mit dem ↑Partizip II gebildet wird *(ich hatte geschlafen, wir waren angekommen)*. Die Plusquamperfektform wird gebraucht, um Vorvergangenheit auszudrücken: *Nachdem ich nach Heidelberg gefahren war, traf ich meinen alten Freund Jochen*. Beim Plusquamperfekt liegt die Betrachtzeit vor der Ereigniszeit, die vor der Sprechzeit liegt. Daher spricht man auch von der *Vorvergangenheit*. Am häufigsten taucht das Plusquamperfekt in *nachdem*-Nebensätzen auf.

Andere Ausdrücke: vollendete Vergangenheit, Vollendung der Vergangenheit, Vorvergangenheit, 3. Vergangenheit, vorvollendete Zeit.

Das Plusquamperfekt ist ein →Tempus, das einen Sachverhalt als vor einem weiteren Zeitpunkt in der Vergangenheit liegend einordnet (Vorvergangenheit). Das Plusquamperfekt wird mit dem →Präteritum eines der →Hilfsverben *haben* oder *sein* und mit dem →Partizip II gebildet.

Positiv, ↑Komparation.
Andere Ausdrücke: Grundstufe, 1. Komparationsstufe, 1. Stufe, Gleichstufe.

Prädikat, auch *Satzaussage* genannt. In Grammatiken wird darunter Unterschiedliches verstanden. Im Curriculum wird damit die Funktion des ↑Verbs bzw. des ↑Verbkomplexes im Satz bezeichnet. Zusammen mit den Objekten, die vom Vollverb regiert werden, wird der enge ↑Prädikatsverband gebildet und zusammen mit den ↑Prädikatsadverbialen der weite Prädikatsverband. (Siehe auch ↑Satz.)
Andere Ausdrücke: Satzaussage, Satzkern, verbales Glied.
Das Prädikat ist die Satzfunktion des →Verbs bzw. des →Verbalkomplexes. Das Prädikat gibt prototypisch über die →Valenz des →Vollverbs die Satzstruktur vor. In der Linearstruktur (→Felderstruktur) bildet das Prädikat die →Satzklammer.

Prädikativ ist eine Konstituente des engen ↑Prädikatsverbandes, sofern das ↑Prädikat durch ein ↑Kopulaverb oder, wie bei einem ↑Funktionsverbgefüge, durch ein inhaltsleeres Verb gebildet wird. In allen Fällen wird die Semantik des engen Prädikatsverbandes erst durch das Prädikativ gegeben. Realisiert werden Prädikative durch ↑Adjektive/↑Adjektivgruppen (*Der Sommer war heiß/sehr heiß.*), ↑Nomen/↑Nominalgruppen (*Ihre Freundin ist Managerin/eine gute Reiterin.*), ↑Adverb/↑Adverbgruppen (*Mir ist wohl/ziemlich unwohl.*) und ↑Präpositionalgruppen (*Ich bin in Bewegung.*). Nominal- und Präpositionalgruppen treten vor allem bei ↑Funktionsverbgefügen auf (*Sie stellte eine Frage. Das Stück kommt zur Aufführung.*). (Siehe auch ↑Satz. Zur Bildung des Prädikativs siehe ↑Wortgruppe und Satzfunktion.)
Andere Ausdrücke: Gleichsetzungsgröße, Prädiktasnominativ, Prädikatsadjektiv.
Das Prädikativ ist ein →Satzglied mit der Funktion, dem →Subjekt oder (seltener) dem →Objekt eine Eigenschaft zuzuweisen. In Kopulasätzen unterstützt das Prädikativ das semantisch leere →Kopulaverb.

Prädikatsadverbial ist ein ↑Satzglied, das zum weiten ↑Prädikatsverband gehört. Man erkennt Prädikatsadverbiale daran, dass die ↑Satznegation vor ihnen steht: *Meine Schwester singt nicht gern im Chor.* oder dass sie mit *und-das-geschieht* angeschlossen werden können: *Meine Schwester singt im Chor, und das geschieht nicht gern.* (Siehe auch ↑Satzadverbial und ↑Satz.) Prädikatsadverbiale sind gewöhnlich fakultativ. Wenige Verben haben ein obligatorisches ↑Adverbial bei sich: *Er wohnt in Bechlingen.*

Prädikatsverband: Beim Prädikatsverband sollte man zwischen dem engen und dem weiten Prädikatsverband unterscheiden. Der enge Prädikatsverband bezeichnet die Funktion der ↑Verbgruppe im ↑Satz (Modell 2.1.1). Beim weiten Prädikatsverband kommen die ↑Prädikatsadverbiale dazu. (Siehe auch ↑Satz, ↑Wortgruppe und Satzfunktion.)

Präfix (Vorbaustein, vorangestellter Wortbaustein). Unselbständiges Morphem, das vor einem Stamm steht und von diesem, im Gegensatz zu Verbpartikeln, nicht getrennt werden kann: *Ungnade*, *bearbeiten*. (Siehe auch ↑Partikelverb.)

In der Grundschule wird man von Vorbaustein sprechen, ab der Sekundarstufe sollte aber *Präfix* als Fachterminus verwendet werden.
Andere Ausdrücke: Vorsilbe.

Präposition:
   a) **Morphologisch** betrachtet, ist eine Präposition ein unveränderliches Wort.
   b) **Syntaktisch** betrachtet, bilden Präpositionen ↑Präpositionalgruppen, indem sie als ↑Kern der Gruppe bestimmen, in welchem Kasus (Genitiv, Dativ, Akkusativ) eine Nominalgruppe steht.
   c) **Semantisch** betrachtet, begründen Präpositionen bestimmte Verhältnisse (daher der deutsche Ausdruck *Verhältniswort*): **lokal**: *unter-/oberhalb, neben, an, auf, aus, bei* (auch konditional und modal), *bis, gegen, in* (diese auch modal); *in, innerhalb, nach, über, von* (auch modal), *vor, um, unter* (auch modal), *zu* (auch final), *zwischen* (alle auch temporal); **temporal**: *binnen, seit, während, zeit*; **modal instrumental**: *anstelle, für, mit, nebst, ohne, samt, zuzüglich*; **kausal**: *angesichts, anlässlich, dank, halber, infolge* (auch konsekutiv), *kraft, laut, seitens, wegen*; **final**: *zwecks, um ... willen*; **konditional**: *bei*; **konzessiv**: *trotz*; **konsekutiv**: *infolge, infolge von*. Manche Verben binden bestimmte Präpositionen fest an sich, wodurch die Präposition ihre Bedeutung verliert: *warten auf, sich erinnern an, sprechen über* (↑Objekt).

Zu den Präpositionen im weiteren Sinn werden auch die Postpositionen (*entlang, gemäß, halber, nach, wegen, zufolge*) und Circumpositionen (*um ... willen, von ... an, von ... wegen, an ... statt*) gezählt. Einige wie *wegen* können als Prä- und als Postposition gebraucht werden. Zusammenfassend spricht man auch von *Adpositionen*.
Präpositionen können auf Satzgliedebene leisten, was ↑Subjunktionen auf Teilsatzebene leisten. Dies wird besonders deutlich, wenn ein Ausdruck sowohl Präposition als auch Subjunktion sein kann: *Während des Essens ... – Während er aß, ...*
Andere Ausdrücke: Verhältniswort, Vorwort, Fügewort.

Die Präposition ist eine nicht flektierbare →Wortart, die prototypisch mit einer →Nominalgruppe eine →Präpositionalgruppe bildet. Die Präposition regiert den →Kasus der Nominalgruppe (→Rektion) und zeigt ein bestimmtes (räumliches, zeitliches o. ä.) Verhältnis an.

Präpositionalgruppe: ↑Präpositionen können im Satz nicht allein stehen, sondern brauchen Bezugsausdrücke. Der häufigste Fall ist, dass Präpositionen ein ↑Nomen, einen ↑nominalisierten Ausdruck, ein Pronomen oder eine ↑Nominalgruppe regieren und dementsprechend mit dieser Gruppe eine Präpositionalgruppe bilden: *vor Sonnenaufgang, bei Grün, mit mir, nach dem Essen.* Bezugsausdrücke können auch ↑Adverbien sein, die zusammen mit der Präposition eine Wortgruppe bilden: *von oben, bis jetzt.* (Siehe auch ↑Wortgruppe und Satzfunktion.)

Die Präpositionalgruppe ist eine →Wortgruppe mit einer →Präposition als Kern und einer von ihr abhängigen Wortgruppe (meist →Nominalgruppe). Die Präposition bestimmt den →Kasus der von ihr abhängigen Nominalgruppe (→Rektion).

Präsens(form): Die Präsensform – auch nur *Präsens* genannt – wird gebraucht, um Gegenwärtiges auszudrücken. *Ich sitze (gerade) am Schreibtisch.* In dieser Verwendung fallen Sprechzeit, Ereigniszeit und Betrachtzeit zusammen. Es kann aber auch als sogenanntes *historisches Präsens* (auch *narratives Präsens* genannt) verwendet werden: *Man schreibt das Jahr 1492. Kolumbus entdeckt Amerika.* oder in Erzählungen als Höhepunktmarkierung: *Die Turmuhr schlug Mitternacht. Da tritt plötzlich ein Geist aus der Wand.* Die Ereigniszeit ist hier eindeutig vergangen, aber der Sprecher versucht dem Hörer die Vergangenheit als unmittelbare Gegenwart darzustellen. Ebenso kann das Präsens Zukünftiges ausdrücken: *Morgen komme ich.* (↑Futur) Eine häufige Verwendung schließlich ist überzeitlich: *Friedrichshafen liegt am Bodensee.* Diese Aussage gilt immer, insbesondere auch für die Gegenwart. Zusammenfassend kann man sagen, dass der Sprecher mit der nicht markierten (↑Markiertheit) Präsensform das im Verb ausgedrückte Geschehen auf die Gegenwart bezieht. Entweder findet das Ereignis tatsächlich gegenwärtig statt oder der Sprecher tut so, als wäre es in der Gegenwart oder er betrachtet es ganz aus der Gegenwart, auch wenn es künftig erst stattfindet, oder er vergegenwärtigt es in einem überzeitlichen Sinn (z. B. bei Inhaltsangaben zu Texten).

Andere Ausdrücke: unvollendete Gegenwart, allgemeine Zeit, Gegenwart.

Das Präsens ist ein →Tempus, das den im →Satz ausgedrückten Sachverhalt in Abhängigkeit vom Satz- und Äußerungskontext prototypisch in der Gegenwart einordnet. Es kann auch für Aussagen über die Zukunft oder die Vergangenheit genutzt werden. Mit dem Präsens können außerdem allgemeingültige Aussagen getroffen werden. Das Präsens wird bei der →Konjugation nicht durch einen spezifischen →Wortbaustein gekennzeichnet.

Präteritum(form): Die Präteritumform – oft auch nur *Präteritum* genannt – ist eine ↑markierte Form, vor allem, um im Schriftlichen fiktional Vergangenes auszudrücken: *Es war einmal.* Beim Präteritum fallen Ereigniszeit und Betrachtzeit zusammen und liegen bezogen auf die Sprechzeit in der Vergangenheit. Die Präteritumform wird bei den schwachen, regelmäßigen Verben durch *-(e)t-* gebildet, das an den Wortstamm vor der Personalendung eingefügt wird (*lieb-t-e, arbeit-et-e*) oder bei den starken, unregelmäßigen Verben durch den ↑Ablaut, d. h. durch eine Veränderung des Stammvokals (*lief*). (Siehe auch ↑Perfekt(form).) Eine Reihe der starken Verben unterliegen dem Sprachwandel und wechseln in die schwache Konjugation: *backte, verwendete* wird neben *buk* und *verwandte* verwendet/verwandt. Bei einigen Verben ist die starke Präteritalform vollständig durch die schwache ersetzt, im Partizip II ist aber auch noch die starke Form möglich: *winken – winkte – gewinkt/gewunken.*

Eine Besonderheit sind die sog. *Präteritopräsentia*, im Deutschen sind dies die Modalverben und *wissen*, die die Präsensformen nach dem Modell der Präteritalformen

der starken Verben bilden. *Ich/er/sie/es will/soll/darf/kann/weiß* ohne Personalmarkierung wie *ich/er/sie/es sah*.
Andere Ausdrücke: Vergangenheit, vergangene Zeit, Imperfekt.
Das Präteritum ist ein →Tempus, das den im →Satz ausgedrückten Sachverhalt prototypisch in der Vergangenheit einordnet. Das Präteritum wird durch →Konjugation gebildet, bei <u>schwachen Verben</u> mit dem →Wortbaustein *-te* und bei <u>starken Verben</u> mit verändertem Stammvokal. Es wird auch als Fiktionalitätssignal genutzt.
Pronomen sind morphologisch betrachtet deklinierbare Wörter.
Zu unterscheiden sind a) **Personalpronomen** mit einer deiktischen (↑Deixis) Funktion (1. und 2. Person Singular und Plural): *ich/wir, du/ihr* und solche mit einer textuellen Stellvertreterfunktion (3. Person Singular und Plural): *er/sie/es, sie;* b) **unbestimmtes Pronomen:** *einer, eine, eines;* c) **Demonstrativpronomen:** *dieser, -e, -es;* d) **Possessivpronomen:** *meiner, -e, -es;* e) **Interrogativpronomen:** *wer, was, was für einer/-e/-es, welcher, -e, -es;* f) **Negationspronomen:** *keiner, -e, -es, nichts;* g) **Kollektivpronomen:** *alle, sämtliche;* h) **Distributivpronomen:** *jeder, -e, -es, jeglicher, -e, -es;* i) **Indefinitpronomen:** *irgendeiner, -e, -es, mancher, -e, -s, ein solcher, eine solche, ein solches, man;* j) **Relativpronomen:** *der, die, das, welcher, -e, -es;* k) **Reflexivpronomen:** *mich, dich, sich, uns, euch.* Pronomen haben immer eine Stellvertreterfunktion, sie stehen für etwas, das erst die Semantik hergibt: *ich* steht für den Sprecher, *er* für einen im Vor- oder Folgesatz stehenden Inhalt (Textpronomen), der durch ein maskulines ↑Nomen oder eine maskuline ↑Nominalgruppe ausgedrückt ist, *meines* für etwas im Vor- oder Folgesatz durch ein neutrales Nomen oder eine neutrale Nominalgruppe Ausgedrücktes, das zum Sprecher gehört. Pronominaler Stellvertretergebrauch ist von Begleitergebrauch (↑Artikel und Pronomen) zu unterscheiden. (Siehe auch ↑Pronominalisierung.)
Fürwort ist die wörtliche Übersetzung von *Pronomen*, einem Ausdruck, der spätestens ab der Sekundarstufe als Fachterminus gebraucht werden sollte.
Andere Ausdrücke: Fürwort, Begleiter, Stellvertreter.
Das Pronomen ist eine deklinierbare →Wortart (→Deklination). Im Unterschied zu den →Artikeln bildet das Pronomen selbstständig eine →Konstituente im →Satz. Im Deutschen werden semantisch folgende Arten von Pronomen unterschieden: Personalpronomen, Reflexivpronomen, Possessivpronomen, Demonstrativpronomen, Relativpronomen, Interrogativpronomen, Indefinitpronomen.
Pronominaladverb, ↑Adverb.
Andere Ausdrücke: -
Pronominalisierung: Sätze werden mit Sätzen zu einem Text verknüpft. Ein verbal explizites Mittel hierzu ist die Pronominalisierung durch die Personalpronomen der 3. Person. Wegen dieser Eigenschaft werden sie auch *Textpronomen* oder *Stellvertreterpronomen* genannt. Bei Hauptsatz – Nebensatz ist Pronominalisierung meist obligatorisch: *Peter weiß, dass er sich beeilen sollte.* und nicht: **Peter weiß, dass Peter sich beeilen*

sollte. Satzübergreifend ist Pronominalisierung zumindest aus stilistischen Gründen wünschenswert: *Peter beeilt sich. Peter/Er will zum Bahnhof.*

Reihung: Gereiht werden können gleichrangige ↑Gliedteile (*Es war ein feuchter und kalter Sommer.*), ↑Satzglieder (*Meine Schwester besitzt einen Roller und ein Fahrrad.*) und Sätze (*Marie bereitet ein Referat vor, Arian liest in einer Zeitschrift.*). Dies geschieht entweder asyndetisch, d. h. ohne ↑Konjunktion, oder syndetisch, d. h. mit einer Konjunktion. Bei der Reihung von Sätzen spricht man auch von *Parataxe*. Unter Stilgesichtspunkten kann man einen parataktischen Stil von einem hypotaktischen (↑Nebensatz) unterscheiden.

Rektion bezeichnet die Fähigkeit von ↑Verben (*jemanden lieben*), ↑Präpositionen (*auf dem Dach*), ↑Nomen (*die Erwartung der baldigen Ankunft*) und ↑Adjektiven (*aller Anstrengungen müde*), die Form von Wörtern bzw. ↑Wortgruppen zu bestimmen.

Andere Ausdrücke: Fügung der Verben.

Rektion ist die Fähigkeit von →Wörtern, insbesondere →Verben und →Präpositionen, aber auch →Nomen und →Adjektiven, die Form (beispielsweise in Bezug auf den →Kasus) von Wörtern bzw. →Wortgruppen zu bestimmen.

Relativsatz: Relativsätze sind grundsätzlich ↑Nebensätze. Der prominenteste Relativsatz ist der Attributsatz: *die Wohnung, die meinen Eltern gehört*. Relativsätze kommen aber auch als Adverbialsätze und Subjekt- und Objektsätze vor (Adverbialsatz: *Die Sonne scheint, worüber ich mich freue. Es regnet, weswegen ich mir einen Regenschirm kaufe*. Subjektsatz: *Was ich tue, ist in Ordnung*. Objektsatz: *Was ich geschrieben habe, habe ich geschrieben*.). Relativsätze können oder werden mit einem W-Wort, womit im Deutschen ein Bezug (oder eine Frage) hergestellt wird, eingeleitet.

Andere Ausdrücke: Bezugssatz, relativer Gliedsatz.

Rhema: In einem Text folgen immer neue Informationen auf alte, bekannte Informationen. Sprachlich geschieht dies vor allem durch a) Satzstellung: Eine bekannte Information (Thema) steht eher am Satzanfang, eine neue Information steht eher am Satzende. b) Artikelgebrauch: Eine bekannte Information hat einen bestimmten Artikel oder ein bestimmtes Artikelwort (Possessivartikel, Demonstrativartikel ...), eine neue Information einen unbestimmten Artikel. c) ↑Pronominalisierung: Eine neue Information kann im folgenden Satz (in einem der folgenden Sätze) als bekannt vorausgesetzt werden und kann dann durch ein Pronomen ersetzt werden. In *Oliver hat von seinem Bruder Benjamin ein Sachbuch geschenkt bekommen. Er hätte aber lieber einen Roman gelesen.* wird vorausgesetzt, dass der Rezipient *Oliver* kennt, ansonsten müsste *Oliver* als neu eingeführt werden (*da war ein Junge mit Namen Oliver*). Als bekannt wird auch unterstellt, dass *Oliver* einen Bruder hat (Possessivartikel *seinem*). Neu ist dagegen die Information, dass Benjamin *ein Sachbuch* (unbestimmter Artikel) *geschenkt bekommen hat*. Im Folgesatz ist neu, dass Benjamin *lieber einen Roman* (unbestimmter Artikel) *gelesen hätte*. Der weitere Folgesatz könnte also heißen: *Daher schlug er ihm vor, es umzutauschen*. Die drei eingeführten Größen (Oliver, Benja-

min, Sachbuch) werden pronominalisiert, neu ist die Information *umtauschen*. Wird von der typischen Thema-Rhema-Abfolge abgewichen, ändert sich gemeinhin auch die Satzbetonung, wie *Einen Roman hätte er aber lieber gelesen.* zeigt. Da das Rhema als neue Information den Satzton bekommt, nimmt es diesen mit, wenn es an die Satzspitze gestellt wird.
Andere Ausdrücke: -
Satz: Auf einen Satz kann aus verschiedenen Perspektiven gesehen werden.
  1) Satz als Informationseinheit. Unter dieser Sicht kodiert der Satz Informationen. Diese Informationen können erfragt werden. Von einem Satz spricht man, wenn der Satz informativ gesättigt ist, also mindestens ein vollständiger Gedanke ausgedrückt ist: Wer schenkt wem was?
  2) Satz als Struktureinheit. Unter dieser Sicht kommt der Satz als strukturelles Ganzes in den Blick. Dabei können zwei Blickweisen unterschieden werden: (2.1) Der Satz als hierarchische Struktur, was wiederum zu zwei Modellen führt: (2.1.1) Ein Satz wird zergliedert in Subjekt und ↑Prädikat sowie gegebenenfalls die Adverbiale oder (2.1.2) die ↑Satzglieder werden als Argumente des Prädikats, das immer durch das ↑Verb oder den ↑Verbkomplex ausgedrückt ist, gefasst, zu denen Angaben hinzutreten können. (2.2) Die zweite grundsätzliche Möglichkeit einer strukturellen Sicht betrachtet den Satz als ein lineares Gebilde, das in Felder (↑Feldermodell) eingeteilt ist.

Die einzelnen Modelle:
Modell 2.1.1 (siehe Abb. 15) betrachtet den Satz als eine Struktureinheit, die mindestens aus Subjekt und ↑Prädikat, die beide in ↑Numerus und ↑Person kongruieren, besteht. Da das ↑Vollverb des Prädikats aufgrund seiner ↑Valenz ↑Ergänzungen fordern kann (↑Verbgruppe), gehören je nach der Valenz des Vollverbs auch Objekte zu einem vollständigen Satz. ↑Adverbiale modifizieren, situieren oder kommentieren entweder den ganzen übrigen Satz (↑Satzadverbial) oder nur den weiten Prädikatsverband (↑Prädikatsadverbial). Zudem können durch ↑Abtönungspartikeln, die kein eigenes Satzglied bilden, ausgedrückte Sprecherpositionen in einen Satz einfließen. Wie ein Satz mit seinen Gliedern in ihrer geschilderten Funktionalität dargestellt werden kann, zeigt das Satzmodell 2.1.1. Die Satzglieder können also aufgrund ihrer Stellung in der Hierarchie bestimmt werden.

Modell 2.1.2 (siehe Abb. 16) stellt das Verb bzw. den Verbkomplex, der das Prädikat eines Satzes bildet, in den Mittelpunkt. Von ihm ausgehend, werden alle Satzglieder als Argumente zum Prädikat betrachtet. Ausschlaggebend ist dann die ↑Valenz des jeweiligen Vollverbs, das das Prädikat bildet (Valenzmodell). Dieses Modell betrachtet die ↑Kongruenz zwischen Subjekt und Prädikat nicht als etwas Besonderes, sondern behandelt das Subjekt gleichberechtigt mit den Objekten. Auch Adverbiale werden nicht in Satz- und Prädikatsadverbiale unterschieden, Sprecherkommentare sind Elemente, die, außerhalb der Verbvalenz stehend, auf den ganzen Satz wirken. Das Valenzmodell

GLOSSAR: TERMINI – BEGRIFFE – DEFINITIONEN C

unterscheidet wesentlich zwischen ↑Ergänzungen zum Verb als obligatorischen Satzgliedern (im Satz Objekt) und Angaben als fakultativen Satzgliedern (Adverbial).

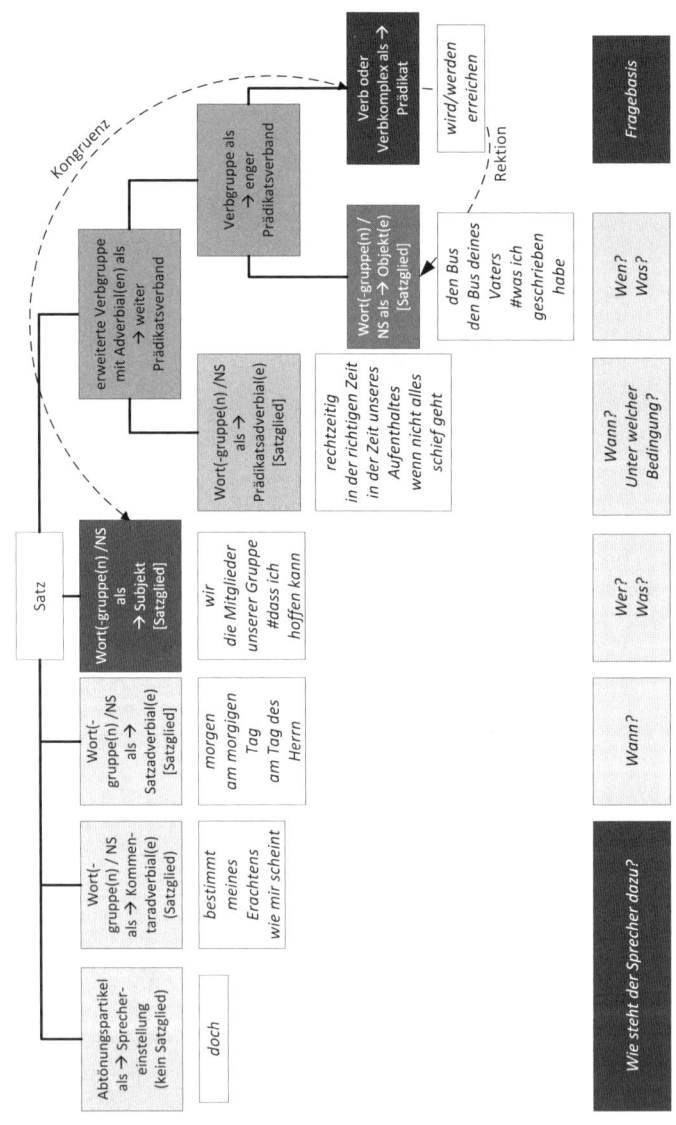

Abb. 15 | Satz-Modell (hierarchisch)
(# = kann im vorliegenden Fall nicht mit den anderen Gliedern kombiniert werden)

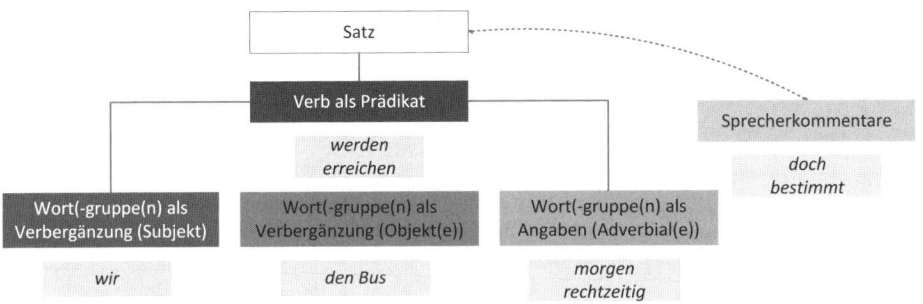

Abb. 16 | Satz-Modell (valenzgrammatisch)

Modell 2.2 beschreibt einen Satz hinsichtlich seiner linearen Struktur. Dieses Modell teilt auf der Grundlage der ↑Verbklammer einen Satz in Felder (↑Feldermodell) ein. Alles, was vor dem ↑finiten Verb als linkem Klammerteil steht, ist das Vorfeld, alles, was innerhalb der Verbklammer steht, ist das Mittelfeld und alles, was nach der rechten Verbklammer als rechtem Klammerteil steht, ist das Nachfeld:

Vorfeld	linke Verbklammer	Mittelfeld	rechte Verbklammer	Nachfeld
Wir	werden	morgen doch bestimmt den Bus rechtzeitig	erreichen	, ohne uns hetzen zu müssen.

Das Feldermodell kann zwischen den Satzgliedern nicht unterscheiden, da beispielsweise das Subjekt sowohl im Vorfeld als auch im Mittelfeld stehen kann. Das Feldermodell sagt vielmehr, ausgehend von der deutschen Klammerstruktur, etwas über die lineare Verteilung der Satzglieder aus, auch darüber, dass in den Fällen, in denen alle Information in das Mittelfeld geschoben wird, das Vorfeld durch den inhaltsleeren Ausdruck *es* besetzt wird: *Jemand schrie laut – Es schrie jemand laut*. Schließlich kann das Feldermodell mit den ↑Satzformen verbunden werden, denn es fällt auf, dass der Entscheidungsfragesatz (*Kommt er heute?*) und Imperativsatz (*Schreibt bitte den Text ab.*) das Vorfeld unbesetzt lassen.
Einfache Sätze sind solche, die nur aus einem Hauptsatz bestehen. Komplexe Sätze bestehen aus mehreren Teilsätzen, wobei immer ein Teilsatz einem anderen untergeordnet ist. Ein typischer komplexer Satz ist ein Satz aus ↑Hauptsatz und ↑Nebensatz.
Der Satz bildet u. a. eine intonatorische, semantische und grammatische Einheit.
Der Satz ist ausgehend vom →Prädikat sowohl hierarchisch als auch bezüglich der Abfolge seiner →Konstituenten linear strukturiert. Hierarchisch heißt, dass die Konstituenten Funktionen in Bezug auf das Prädikat übernehmen (vor allem: →Satzglieder). Sie sind durch verschiedene Relationen verbunden (→Valenz, →Rektion, →Kongruenz, →Koordination). Linear heißt, dass die Anordnung der Konstituenten bestimmten Regularitäten folgt (→Felderstruktur).

Satzadverbial: Ein ↑Satzglied, das sich auf den gesamten ausgedrückten Satz bezieht. Man erkennt Satzadverbiale daran, dass die Satzverneinung hinter ihnen steht: *Meine Schwester will leider nicht mitkommen.* Außerdem können Satzadverbiale in die Formel *Es ist ... der Fall, dass ...* gebracht werden: *Es ist leider der Fall, dass meine Schwester nicht mitkommen will.* (Siehe auch ↑Prädikatsadverbial und ↑Satz.) Satzadverbiale sind grundsätzlich fakultativ.

Satzart: Traditionell werden drei Satzarten unterschieden: Aussagesatz als Verbzweitsatz, mit dem Aussagen vollzogen werden; Fragesatz als W-Fragesatz (= Verbzweitsatz) oder Entscheidungsfragesatz (= Verberstsatz) und Aufforderungssatz als subjektloser Verberstsatz mit Imperativform des Verbs. Unter diesem Blickwinkel sind der Aussagesatz und der Fragesatz mit dem Punkt bzw. dem Fragezeichen als Satzzeichen verbunden. Dagegen ist der Aufforderungssatz nur dann mit einem Ausrufezeichen verbunden, wenn er mit Nachdruck gesprochen ist. Damit kommt man zu folgenden Verhältnissen, die auch die Verteilung der Satzzeichen zeigen:

	Aussage	Frage	Aufforderung
Aussagesatz als Verbzweitsatz	*Stuttgart liegt am Neckar.*	*Du warst in Stuttgart?*	*Du gehst jetzt zu Bett. Du gehst jetzt zu Bett!*
Fragesatz als Verbzweitsatz bzw. Verberstsatz	*Haben wir denn nichts anderes zu tun?* (rhetorische Frage)	*Liegt Stuttgart am Neckar? Wo liegt Stuttgart?*	*Hörst du jetzt auf!*
Aufforderungssatz als Verberstsatz	-	-	*Geh jetzt zu Bett!*

(Siehe auch ↑Satzform.)
Satzart ist die Bezeichnung für die Klassifikation von →Sätzen aus zwei Perspektiven: zum einen aus der Perspektive der Form (Verberststellung, Verbzweitstellung oder Verbletztstellung), zum andern aus der Perspektive der Aussageabsicht (Aussage, Frage, Aufforderung etc.).

Satzform (auch Satztyp) meint die syntaktische Form eines Satzes. Dabei kann man Verberstsatz von Verbzweitsatz und Verbletztsatz unterscheiden. **Verberstsatz** liegt vor bei Entscheidungsfragesätzen (*Kommst du morgen?*) und Aufforderungssätzen (*Trau dich!*). **Verbzweitsatz** ist das Kennzeichen von Aussagesätzen (*Die Menschen lieben ihre Haustiere.*) und von W-Fragesätzen (*Wo hast du dein Fahrrad?*); **Verbletztsätze** sind Nebensätze (*Seit es regnet, ist es kalt.*). Bei Aussagesätzen und W-Fragesätzen ist das Vorfeld besetzt, bei Imperativsätzen und Entscheidungsfragesätzen ist das Vorfeld leer. (Siehe auch ↑Satzart, ↑Feldermodell.)

Satzfunktion, ↑Wortgruppe und Satzfunktion.

Satzgefüge. Ein Satzgefüge ist ein komplexer Satz und besteht aus einem ↑Hauptsatz und mindestens einem ↑Nebensatz. Ein Nebensatz kann wiederum gegenüber einem weiteren Nebensatz zum ↑Trägersatz werden, der wiederum Trägersatz eines weiteren Nebensatzes werden kann usw.: *Das Tal, das, nachdem es mehrere Tage ge-*

regnet hatte (Nebensatz/Subjunktionssatz = Nebensatz 2. Ordnung), *unter Wasser stand* (Nebensatz/Relativsatz = Nebensatz 1. Ordnung), *lag nun vor uns* (= Hauptsatz).
Andere Ausdrücke: -
Ein Satzgefüge ist ein →Satz, der aus mehreren Teilsätzen besteht. Einer davon ist der →Hauptsatz, der oder die anderen sind →Nebensätze. Der Hauptsatz ist den Nebensätzen übergeordnet.

Satzglied meint ein Wort oder eine Wortgruppe, die eine Funktion im Satz hat (Subjekt, ↑Prädikat, ↑Objekt, ↑Adverbial, ↑Prädikativ) und verschoben werden kann (Umstellprobe), insbesondere kann – das Prädikat ausgenommen – ein Satzglied das Vorfeld (↑Feldermodell) eines Satzes besetzen (strukturelle Sicht). Betrachtet man den Satz als Informationseinheit, kann ein Satzglied erfragt werden.
Andere Ausdrücke: Redeteil.
Satzglied ist die Satzfunktion, die eine →Konstituente im →Satz mit Bezug auf das →Prädikat übernimmt. Ein Satzglied kann als →Wort, →Wortgruppe oder →Nebensatz realisiert werden. Es kann ins →Vorfeld verschoben werden. Die Satzglieder im Deutschen sind: →Subjekt, →Objekt, →Adverbial, →Prädikativ.

Satzgliednegation, ↑Satznegation.

Satznegation meint den Fall, dass dem Subjekt das Prädikat abgesprochen wird: *Maximilian freut sich nicht* über *das Spielzeug*. Die Satznegation steht immer im Mittelfeld (↑Feldermodell). Da dem Subjekt das Prädikat abgesprochen wird, kann die Verneinung eines Subjekts keine Satznegation sein, sondern nur eine Satzgliedverneinung. Diese Art der Verneinung ↑markiert immer einen Kontrast, sodass eine Fortführung mit *sondern* erwartbar ist: *Nicht Maximilian freut sich* über *das Spielzeug, sondern Amelie*. Die Satznegation ändert nichts an der Satzbetonung, dagegen wird bei der Satzgliedverneinung das verneinte Satzglied besonders hervorgehoben.

Satzzeichen: Man muss Satzschlusszeichen und satzinterne Zeichen unterscheiden. Für die Satzschlusszeichen gilt: Jeder Satz wird mit einem Punkt abgeschlossen. Über den Punkt kommt eine Schlangenlinie, wenn der Satz als Frage intendiert ist. Über den Punkt kommt ein Strich, wenn etwas mit Nachdruck (expressiv) gesprochen werden soll. Das wichtigste satzinterne Zeichen ist das Komma, das zur asyndetischen Reihung verwendet wird und zur Abgrenzung von finiten und infiniten Nebensätzen. Gedankenstriche (Parenthesestriche) kennzeichnen wie Klammern Einschübe und Zusätze.
Ein Satzschlusszeichen kennzeichnet einen →Satz oder eine andere selbstständige Einheit als abgeschlossen. Das prototypische Satzschlusszeichen ist der Punkt. Ausrufezeichen werden zur Kennzeichnung von besonderem Nachdruck, Fragezeichen zur Kennzeichnung der Frageintention einer Äußerung verwendet.

Singular (Einzahl): Deklinierbare Wörter haben gewöhnlich eine Singularform (Einzahl) und eine Pluralform (Mehrzahl). Es gibt auch Wörter, die nur im Singular stehen

können, sog. Singulariatantum. Zu ihnen gehören z. B. die Stoffbezeichnungen wie *Mehl, Wasser* ... Bei deklinierbaren Wörtern bildet die Singularform (zusammen mit dem Nominativ) stets auch die lexikalische Grundform. (Siehe auch ↑Deklination, ↑Plural.)
Andere Ausdrücke: Einzahl.

Stamm: Allgemein versteht man darunter das die lexikalische Bedeutung tragende ↑Morphem eines Wortes. Als Stamm nimmt man am besten die Grundform und lässt alle Affixe (↑Morphem) weg: *lieb-, Haus, schön*.
Andere Ausdrücke: Wortstamm, Wurzel.
Der Wortstamm ist der →Wortbaustein eines →Wortes, der die lexikalische Bedeutung trägt. Wortstämme können in ihrer Form veränderlich sein (beispielsweise bei starken →Verben). Der lexikalischen Bedeutung eines Wortes können gegebenenfalls mehrere Stämme entsprechen (beispielsweise bei der Komparation einiger →Adjektive).

Stammform: Gemeint sind die Formen des ↑Verbs, die die Grundlage für die Flexionsendungen bilden. (Siehe auch ↑Ablaut.)

Subjekt, auch *Satzgegenstand* genannt, meint ein ↑Satzglied mit der Funktion, zusammen mit dem ↑Prädikat und gegebenenfalls den vom Prädikat regierten ↑Objekten einen minimalen Satz zu bilden. (Hinzukommen können als nicht obligatorische ↑Satzglieder ↑Adverbiale.) Während die Objekte in ihrer Form vom jeweiligen ↑Vollverb, das das Prädikat bildet, bestimmt werden, ist die Form des Subjekts nicht vom ↑Verb regiert, vielmehr kongruieren Subjekt und ↑finites Verb in ↑Numerus und ↑Person. Als Subjekt fungieren können Pronomen (*ich, du*), Nomen (*Wasser ist kostbar.*), Nominalgruppen (*Frisches Wasser ist kostbar.*) und Sätze (Subjektsatz: *Nach Hause fahren zu können, war seine größte Hoffnung.*). Betrachtet man einen Satz als Informationseinheit, antworten Subjekte auf *Wer/Was?*, aber nicht alle Satzglieder, die auf diese Frage antworten, sind Subjekte. (Siehe auch ↑Satz. Zur Bildung des Subjekts siehe ↑Wortgruppe und Satzfunktion.)
Andere Ausdrücke: Satzgegenstand, Grundgröße.
→Satzglied, das mit dem →finiten →Verb in →Person und →Numerus kongruiert (→Kongruenz). Das Subjekt wird prototypisch als →Nominalgruppe im Nominativ realisiert. Auch ein →Nebensatz kann die Subjektfunktion übernehmen. Fast alle deutschen →Sätze enthalten ein Subjekt.

Subjektsatz: ↑Nebensatz in der Funktion eines Subjektes.

Subjunktion: Mit einer Subjunktion werden ↑Nebensätze einem ↑Trägersatz untergeordnet. Man unterscheidet, ob die Subjunktion einen ↑Nebensatz mit einem ↑finiten Verb (*Ich glaube, dass du die Wahrheit sagst.*) oder Infinitivsätze (*Sie kam, um uns wiederzusehen.*) oder Partizipsätze (*Obwohl erkrankt, ging er in die Schule.*) mit dem ↑Trägersatz verbindet. Im Einzelnen kann man Subjunktionen nach ihrer semantischen Leistung unterscheiden: **neutral:** *dass, ob*; **temporal**, je nach Satzkontext gleichzeitig, vorzeitig, nachzeitig: *während* (auch adversativ), *als, wie, wenn* (auch konditional), *seit, solange, sowie*; nur gleichzeitig: *indem* (auch modal-instrumental), *indessen, sooft*; nur vorzeitig: *nachdem*; nur nachzeitig: *bis, bevor, ehe*; **konditional**: *falls, sofern*; **adversativ**: *wohingegen, (an)statt dass, (an)statt zu*; **restriktiv/adversativ**: *(in)soweit, (in)sofern, soviel/soweit, außer (dass), außer um ... zu, außer wenn, nur dass*; **modal-instrumental**: *ohne dass, ohne zu*; **vergleichend**: *als dass /wenn/zu, (so) ... wie, wie wenn, je ... (desto/umso), je nachdem, ob/wie*; **kausal**: *weil, da, zumal*; **konsekutiv**: *sodass (so dass), als dass*; **konzessiv**: *obwohl, obgleich, ob, obschon, obzwar, wenngleich, wenn auch, wennschon, wiewohl, gleichwohl*; **final**: *damit, dass, um zu, auf dass*. (Siehe auch ↑Junktion, ↑Konnektor, ↑Nebensatz.)

Die Subjunktion ist eine <u>nicht flektierbare</u> →Wortart, die nicht gleichrangige →Sätze miteinander verknüpft. Prototypisch ordnet sie einem →Hauptsatz einen →Nebensatz unter und steht an der Spitze des Nebensatzes. Subjunktionen können einen <u>Adverbialsatz,</u> einen <u>Subjektsatz,</u> einen <u>Objektsatz</u> oder einen <u>Attributsatz</u> einleiten und werden nach den semantischen Relationen, die sie ausdrücken, unterschieden.

Suffix (Nachbaustein, nachgestellter Wortbaustein). Unselbständiges ↑Morphem, das als ↑Wortbildungsmorphem (Zeit<u>ung</u>, Frei<u>heit</u>, sicht<u>bar</u>, sommer<u>lich</u>) oder grammatisches (Flexions-)Morphem (lach<u>e</u>, lach<u>st</u>, lach<u>te</u>) auftritt. In der Grundschule wird man von *Nachbaustein* sprechen, ab der Sekundarstufe sollte aber *Suffix* als Fachterminus verwendet werden.

Andere Ausdrücke: Nachsilbe, Nachbaustein.

Superlativ, ↑Komparation.

Andere Ausdrücke: Höchststufe, Meiststufe, 2. Steigerungsstufe.

Syndetische Reihung, ↑Reihung.

Tempus meint zweierlei: Zum einen die ↑Zeitstufe, womit Vergangenheit, Gegenwart und Zukunft gemeint ist. Zum andern ist aber auch die Tempusform des Verbs gemeint: ↑Präsens(-form), ↑Präteritum(-form), ↑Perfekt(-form), ↑Plusquamperfekt(-form), ↑Futur I(-Form), ↑Futur II(-Form). Den drei Zeitstufen (Vergangenheit, Gegenwart und Zukunft) stehen also sechs Zeitformen im Deutschen gegenüber – und wenn man das Doppelperfekt (*er hat gesagt gehabt*) und das Doppelplusquamperfekt (*er hatte gesagt gehabt*) dazurechnet, sind es sogar acht Zeitformen. Um die Zusammenhänge zu erfassen, ist es günstig, zwischen Sprechzeit, Betrachtzeit und Ereigniszeit zu unterscheiden. Die Sprechzeit ist mit der Gegenwart gleichbedeutend. Die Ereigniszeit nimmt Bezug auf Handlungen/Ereignisse/Vorgänge in der Gegenwart, Vergangenheit oder Zukunft. Von der Ereigniszeit ausgehend können weitere Zeitpunkte, zu denen sich etwas in einer weiteren Vergangenheit oder weiteren Zukunft ereignet (Betrachtzeit), erfasst werden. (Siehe Abb. 10.)

Andere Ausdrücke: Zeitform, Zeitstufe.

Tempus (Plural: Tempora) ist eine <u>Kategorie</u> des →Verbs, mit der das Verb den im →Satz ausgedrückten Sachverhalt aus der Perspektive der <u>Sprechzeit</u> und gegebenenfalls mit Bezug auf einen weiteren <u>Referenzzeitpunkt</u> in der Zeit einordnet. Die

Tempusformen werden durch →Konjugation (das heißt synthetisch, so →Präsens und →Präteritum) oder mit →Hilfsverben (das heißt analytisch, so →Perfektformen und →Futur) gebildet.

Textkohärenz: Texte ergeben ein zusammenhängendes Ganzes. Wenn dieses nicht durch Kohäsionsmittel (↑Textkohäsion) verbalisiert ist, muss es aufgrund von Weltwissen hergestellt werden: *Aslan ist krank. Er bleibt heute zuhause.* Erst das allgemeine Weltwissen, dass, wer krank ist, nicht zur Schule geht (gehen kann), stiftet den inhaltlichen Zusammenhang mit dem Folgesatz.

Textkohäsion: Sätze werden in einem Text mit anderen Sätzen verbunden. Wenn dieses durch explizite sprachliche Mittel (↑Konnektoren) geschieht, liegt Textkohäsion vor. Solche Mittel sind: ↑Pronomen (*er, sie, es*), pronominale Ausdrücke (*diese alle, aus diesem Grund*), ↑Pronominaladverbien (*daran, woran*), ↑Konjunktionaladverbien (*deshalb, infolgedessen*), ↑Adverbien (*dort, hier*): *Aslan ist krank. Deshalb/Daher/Infolgedessen/Aus diesem Grund bleibt er heute zuhause. Magdalena erreichte die Schule. Dort traf sie ihren Freund.* (Siehe auch ↑Textkohärenz.)

Textpronomen, ↑Pronomen.

Thema, ↑Rhema.

Trägersatz ist ein Teilsatz, dem ein ↑Nebensatz zugeordnet ist. Jeder ↑Hauptsatz eines ↑Satzgefüges ist Trägersatz, aber auch Nebensätze können Trägersatz sein, wenn ihnen ein Nebensatz untergeordnet ist. (Siehe auch ↑Satz.)

Transitives Verb, ↑Verb.

Andere Ausdrücke: zielendes Verb.

Valenz: Dieser aus der Chemie entlehnte Begriff bezeichnet, wie viele und welche Ergänzungen ein sprachlicher Ausdruck, insbesondere ein ↑Verb, erfordert. Im Satz erscheinen die obligatorischen Ergänzungen des Verbs als Objekte. Im Satz kommt zu den Objekten als obligatorischen Ergänzungen des Verbs immer das Subjekt als weiteres Satzglied hinzu: *etwas mögen* ↑ *Ich mag Biologie*. Wenige genuine ↑Adjektive haben, meist in einer heute veraltet wirkenden Redeweise, Valenz: *Die Lehrerin war des Redens müde/mächtig*. Auch ↑Nomen/nominalisierte Ausdrücke haben Valenz, wenn sie als von Verben abgeleitete Wörter Verbeigenschaften beibehalten: *der Versuch eines Handstandes* (*etwas versuchen*); *das Warten auf Godot* (*auf jemanden/etwas warten*).

Andere Ausdrücke: Wertigkeit, syntaktische Wertigkeit.

Valenz ist die Bezeichnung für die Fähigkeit von →Wörtern (hauptsächlich von →Vollverben als Valenzträger), eine bestimmte Anzahl an →Konstituenten als Ergänzungen mit einer bestimmten Form an sich zu binden. Ergänzungen stehen in einer syntaktischen Beziehung (→Rektion) und einer semantischen Beziehung (Übernahme einer semantischen Rolle) zum Valenzträger.

Verb:

a) **Morphologisch** betrachtet, ist ein Verb ein konjugierbares (↑Konjugation) Wort. Verben bilden mit einem Subjekt Personalformen (↑Person) im Singular und

Plural (↑Numerus) (*ich schlafe, wir schlafen, Peter lacht, Peter und Lisa lachen*); sie bilden ↑Tempusformen (*Peter lacht/lach-t-e/hat ge-lach-t/wird lach-en, ich schlafe/schlief/habe ge-schlaf-en*) und ↑Modalformen (*Man nimmt/nehm-e/nähme/würde nehmen; nimm*). Handlungsverben schließlich, insbesondere transitive Verben, verändern sich hinsichtlich des ↑Genus Verbi und bilden zu den ↑Aktiv- auch ↑Passivformen: werden-Passiv: *Sie reitet ein edles Pferd. – Ein edles Pferd wird (von ihr) geritten.*, sein-Passiv: *Jemand verletzt meinen Arm. – Mein Arm ist verletzt.*; bekommen-Passiv: *Ich schenke meiner Schwester ein Buch – Meine Schwester bekommt ein Buch (von mir) geschenkt.*

b) **Syntaktisch** betrachtet, bilden Verben immer das ↑Prädikat im ↑Satz. Dabei können sie ↑Verbkomplexe ausbilden (*muss arbeiten, ist zu überlegen*), die finite Form ist in Person und Numerus kongruent mit dem Subjekt, das ↑Vollverb kann aufgrund seiner ↑Valenz ↑Ergänzungen fordern, die im ↑Kasus durch das Verb festgelegt sind (↑Verbgruppe). Von Belang ist auch, ob Verben ein Akkusativobjekt regieren oder nicht. Diejenigen, die ein Akkusativobjekt regieren, haben ein ↑Passiv, weswegen sie *transitive Verben* heißen, im Gegensatz zu *intransitiven Verben*, die dies nur eingeschränkt können.

c) **Semantisch** betrachtet, bezeichnen Verben typischerweise Handlungen/Tätigkeiten (*lachen, laufen, tun*), Vorgänge (*schlafen*), Zustände (*wohnen*). Daher sind Hilfsausdrücke wie *Tätigkeitswort, Tu(n)wort* nur bedingt tauglich. Das gilt auch für *Zeitwort*. Zwar bilden alle Verben Zeitformen aus, aber nur das Präteritum ist temporal eindeutig ↑markiert und verweist auf Vergangenes. Die Erkundung von Verben durch die *tun*-Probe (*Was tut Peter? – Peter tut schlafen.*) ist nicht nur stilistisch, sondern auch semantisch bei allen Verben, die keine Tätigkeitsverben sind, zweifelhaft. (Siehe auch: ↑Ablaut, ↑Modus, ↑Numerus, ↑Passiv, ↑Person, ↑Tempus.)

↑**Wortbildung** des Verbs: Komposition: *kennenlernen, sitzenbleiben, danksagen, kahlfressen*; Suffigierung: -eln: *radeln, einfädeln*; -igen: *peinigen, huldigen*; -ieren: *kritisieren, filtrieren*; Präfigierung: be-: *bearbeiten*; ent-: *entleihen*; er-: *erblicken*; miss-: *missachten*; ver-: *verfolgen*; zer-: *zerdrücken*; Fremdpräfixe: de-: *destabilisieren*; dis-: *disqualifizieren*; kon-: *konzentrieren*; re-: *rezitieren*. Trennbare Verbpartikel: ab-: *abschneiden*; an-: *anflehen*; auf-: *aufrütteln*; aus-: *ausbessern*; bei-: *beigeben*; ein-: *einlaufen*; los-: *losrennen*; nach-: *nachsprechen*; vor-: *vortanzen*; zu-: *zulächeln*. Präfigierung bzw. Partikelverb: durch-: *durchdringen*; über: *übersetzen*; um-: *umfahren*; unter-: *untertauchen, unterschreiben*; wider: *widersprechen, widerhallen*. Implizite Derivation: *trinken – tränken, fallen – fällen, fahren – führen*; Rückbildung: *zwangsräumen, kopfrechnen, schutzimpfen, notlanden*.

Andere Ausdrücke: Vorgangswort, Richtwort, Leitwort, Zeitwort, Aussagewort, Tätigkeitswort

Das Verb ist eine <u>flektierbare</u> →Wortart, die entweder →finit (→Konjugation) oder →infinit auftritt. Funktional bildet ein einzelnes Verb oder der →Verbalkomplex das

→Prädikat. Nach ihren syntaktischen, semantischen und morphologischen Eigenschaften können folgende Verbarten unterschieden werden: selbstständige Verben (→Vollverben), unselbstständige Verben (→Modalverben, →Kopulaverben, →Hilfsverben sowie →Spezialverben).

Verberstsatz, ↑Satzform.

Verbgruppe: Die Verbgruppe ergibt sich aus einem Verb im Infinitiv zusammen mit den vom Verb aufgrund seiner ↑Valenz erforderten (obliquen) ↑Ergänzungen: *einen Text bearbeiten, jemandem antworten, jemandem etwas schenken, glauben, dass ..., fragen, ob ...* Die Verbgruppe hat im Satz die Funktion des engen ↑Prädikatsverbandes. (Siehe auch ↑Satz, ↑Wortgruppe und Satzfunktion.)

Verbklammer: Typisch für das Deutsche ist die verbale Klammer (Vk) im Hauptsatz, die auftritt, wenn ein ↑Verbkomplex oder ein ↑Partikelverb im ↑Satz verwendet wird. Linke Verbklammer: ↑finites Verb, rechte Verbklammer: infinite Teile eines Verbkomplexes oder Verbpartikel. Manchmal wird auch von einer *Satzklammer* gesprochen. Dies ist dann notwendig, wenn auch Nebensätze dem ↑Feldermodell unterworfen werden und dann Subjunktionen als linke Satzklammer ausgezeichnet werden. (Siehe auch ↑Feldermodell, ↑Satz.)

Andere Ausdrücke: verbaler Rahmen, Aussagerahmen (bei Bohusch, 1972, unter *Satzklammer*).

Die Satzklammer ist eine Klammerstruktur, die durch das →Prädikat bzw. Teile des →Verbalkomplexes gebildet wird. Man bezeichnet die Teile der Satzklammer als linke und rechte Satzklammer. In Verberst- und Verbzweitsätzen bildet ein →finites →Verb die linke Satzklammer. Die rechte Satzklammer kann weitere →infinite Verben des Verbalkomplexes sowie eine Verbpartikel enthalten.

Verbkomplex: Im ↑Satz können je nach Sprecherintention mehrere Verbformen erforderlich sein, die dann formal aufeinander abgestimmt sind. Im Einzelnen kommen vor: ↑Perfekt und ↑Plusquamperfekt mit ↑Hilfsverb *haben/hatten* (*habe/hatte gerufen*) oder *sein/war* (*bin/war gelaufen*) und ↑Partizip II des ↑Vollverbs; ↑Futur I aus Hilfsverb *werden* und ↑Infinitiv (*wird kommen*); besonders komplex ↑Futur II aus Hilfsverb *werden*, Partizip II und Infinitiv *haben/sein* (*werde ausgeführt haben*); ↑Konjunktiv mit *würde* und Infinitiv des Vollverbs (*würde meinen*); ↑Modalverb und Infinitiv (*soll/muss/darf... reiten*); Aufforderungsformen aus Hilfsverb und *zu*-Infinitiv (*Das ist sofort zu erledigen!*); *werden*-Passiv (↑Passiv) aus *werden* und Partizip II (*Das Fahrrad wurde in der Garage abgestellt.*); *sein*-Passiv: (*Sie ist seit Tagen verletzt.*); *bekommen*-Passiv (*Christoph bekommt einen Schlafsack geschenkt.*). Schließlich verbinden sich einige Verben wie *lassen, hören, lernen, gehen* mit Infinitiven: *jemanden kommen lassen/hören, schwimmen lernen, einkaufen gehen*. Einen Verbkomplex bilden auch ↑Partikelverben, wenn sie eine ↑Verbklammer bilden: *Der Zug fuhr gegen 8 Uhr ab*. Verbkomplexe bilden im Verbzweitsatz (↑Satzform) eine ↑Verbklammer. Dabei besteht die linke Verbklammer aus der finiten Form des Verbs, während alle weiteren

Teile des Verbkomplexes die rechte Verbklammer bilden (*Ich werde gegen 8 Uhr angekommen sein müssen. Der Aufsatz hätte längst abgegeben worden sein sollen.*)
Der Verbalkomplex ist eine Verbindung mehrerer formal und funktional aufeinander abgestimmter →Verbformen zu einem Komplex. Jeder Verbalkomplex enthält ein →Vollverb. Nur eine der Verbformen kann →finit sein. Der Verbalkomplex fungiert im →Satz als →Prädikat und bildet die →Satzklammer.

Verbletztsatz, ↑Satzform.
Verbpartikel, ↑Partikelverb.
Verbzweitsatz, ↑Satzform.
Vergleichspartikel: Im Positiv (↑Komparation) lautet die Vergleichspartikel in Verbindung zu *so* als korrelierendem (↑Korrelat) Ausdruck *wie* (*Dieser Turm ist so hoch wie jener dort.*), im ↑Komparativ wird mit der ↑Adjunktion *als* eine ↑Adjunktorgruppe eröffnet (*Das Ulmer Münster ist höher als der Kölner Dom.*). Der Superlativ wird mit *am* als Superlativpartikel gebildet. Im engeren Sinne kommt also eine Vergleichspartikel nur im Positiv vor.
Vollverb: Vollverben tragen in ↑Verbkomplexen die Bedeutung, während die ↑Hilfsverben ↑Person, ↑Numerus, ↑Tempus (↑Perfekt, ↑Plusquamperfekt, ↑Futur I und II), ↑Modus (*würde*-Konjunktiv) und Genus Verbi (↑Passiv) anzeigen.
Das Vollverb ist ein →Verb, das allein das →Prädikat bilden kann. Vollverben weisen →Rektion und →Valenz auf. Über die Valenz eröffnen sie den Rahmen für die Darstellung eines Sachverhalts.
Vorfeld, ↑Feldermodell.
Andere Ausdrücke: -
Das Vorfeld ist das Feld vor der linken →Satzklammer in der →Felderstruktur. Es kann durch eine →Konstituente des →Satzes besetzt werden.
Wortart: Wie alles auf der Welt können auch Wörter geordnet und klassifiziert werden. Das Ergebnis sind die verschiedenen Wortarten. Wie bei jeder Klassifikation ergibt sich die Anzahl der Wortarten aus der Zahl und Gewichtung der Merkmale für die Klassifikation. Die erste grobe Einteilung ergibt sich aus der Anwendung eines morphologischen Merkmals und ergibt die Unterscheidung in flektierbare (↑Flexion) und unflektierbare Wörter. Bei den flektierbaren Wörtern können deklinierbare ↑Nomen, ↑Artikel und Pronomen sowie ↑Adjektive, die zudem komparierbar sind, von konjugierbaren Verben unterschieden werden. Schon bei den Flektierbaren sollten Artikelwörter von Pronomen syntaktisch unterschieden werden. Artikelwörter bilden den linken Rand einer Nominalgruppe und kongruieren in Kasus, Numerus und Genus mit dem Kern, während Pronomen für sich stehen und eine Numerus- und Genuskongruenz zu einem Bezugsausdruck aufweisen. Syntaktisch müssen vor allem die Nichtflektierbaren unterschieden werden: ↑Adverbien, ↑Präpositionen und ↑Junktionen. Adverbien haben im Vergleich zu den anderen unflektierbaren Wörtern Satzgliedcharakter, Präpositionen regieren einen ↑Kasus und bilden grundsätzlich eine

GLOSSAR: TERMINI – BEGRIFFE – DEFINITIONEN C

Präpositionalgruppe, Junktionen verbinden ↑Konstituenten. Bei der Restklasse der
↑Partikeln müssen neben syntaktischen Merkmalen auch semantische Merkmale
angewandt werden. Intensitätspartikeln z. B. heißen so, weil sie verstärken.

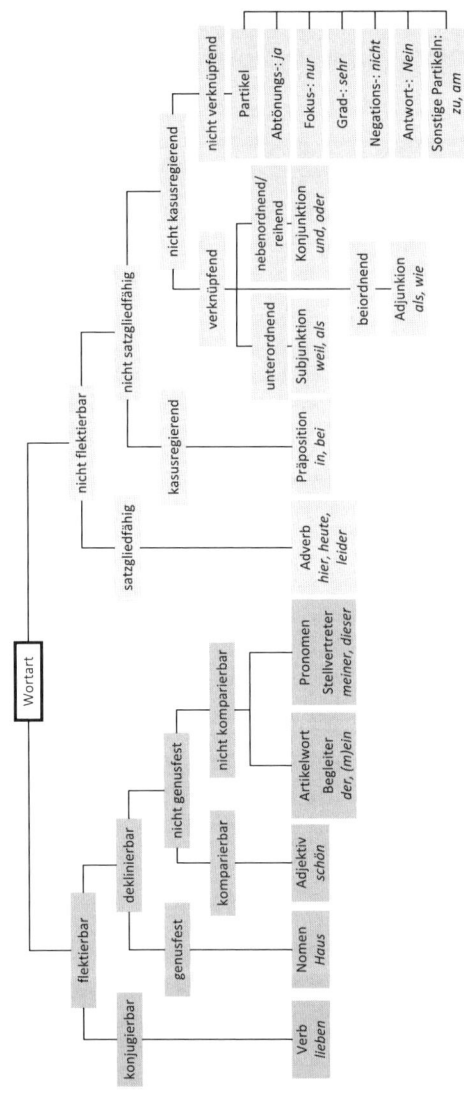

Abb. 17 | Wortarten

Andere Ausdrücke: Wortklasse.
Eine Wortart ist eine Klasse von →Wörtern. Die einzelnen Klassen werden auf der Grundlage von morphologischen (Flektierbarkeit, →Flexion), syntaktischen und semantischen Kriterien bestimmt.

Wortbildung: Der Wortschatz erweitert sich sehr selten dadurch, dass neue Wörter erfunden werden, sondern dadurch, dass über Wortbildung aus alten Wörtern und Wortbildungselementen (Affixen, ↑Morphem) neue Wörter gebildet werden. Man kann fünf Arten von Wortbildung unterscheiden: 1) **Komposition**: Zwei Wörter bilden ein neues: *Haus + tür, dunkel + rot*. Dabei kann auf ein komponiertes Wort wiederum die Komposition angewendet werden: [*Haus + tür*] + *schlüssel*, [[*Haus + tür*] + *schlüssel*] + *anhänger* usw. 2) **Derivation**: Ein Wort geht mit einem Wortbildungsmorphem eine Verbindung ein: a) **Präfigierung**, d. h., das Wortbildungsmorphem steht vor dem ↑Stamm des Wortes : *bearbeiten, Unheil*, b) **Suffigierung**, d. h., ein Wortbildungsmorphem steht nach dem Wortstamm: *bergig, Zeitung*. Das Verfahren kann auch hier wiederholt angewandt werden: [*bedeut*]*sam*, [*Einig*]*keit*. In einigen Fällen kommt **Circumfixbildung** vor, also Präfigierung und Suffigierung auf einmal: *Gebirge* (wobei *berg* zudem umgelautet wird). 3) Nicht als Präfigierung ist die **Partikelverbbildung** zu werten. Anders als die unbetonten ↑Präfixe tragen die einschlägigen Partikeln den Wortakzent (´*übersetzen* vs. *übersétzen*) und bilden im Aussagesatz eine ↑Verbklammer (*Er setzte mit der Fähre über.*) 4) **Konversion**: Ein Wort wechselt seine ↑Wortart, ohne dass am Wort eine Veränderung wahrzunehmen ist: *essen* – (*das*) *Essen*. Dass es sich hier nicht nur um eine ↑Nominalisierung handelt, erkennt man daran, dass Nominalisierungen wie (*das*) *Wandern* keinen Plural bilden können, während Konversionen dies können. 5) **Kurzwortbildung**, bei der über Verkürzung ein neuer Ausdruck entsteht: *Auto* für *Automobil*, *Abi* für *Abitur*, *bio* für *biologisch*. Häufig sind Akronyme: *KFZ* für *Kraftfahrzeug*, *DIN* für *deutsche Industrienorm*. Von Kurzwortbildung sollte man Abkürzungen in der geschriebenen Sprache unterscheiden. Diese erkennt man daran, dass sie im Mündlichen als Langform gesprochen werden: z. B. (*zum Beispiel*), *usw*. (*und so weiter*), *Hr*. (*Herr*), *Fr*. (*Frau*). Ein sprachhistorisch interessanter Fall ist die **implizite Derivation**. Die Wortbildung erfolgt ohne Wortbildungselemente, ausschließlich aufgrund eines Wechsels des Stammvokals: *werfen* ↑ *Wurf, fallen* ↑ *fällen*. Im Gegenwartsdeutsch kommt es gehäuft zu **Rückwärtsbildungen** (*Kopfstand – kopfstehen*), was Auswirkungen auf die Zusammenschreibung hat. Schließlich sind Neologismen (*simsen*) und hier wiederum Kontaminationen (*verschlimmbessern* aus *verschlimmern* und *verbessern*) einer eigenen Betrachtung wert. Hier muss jeweils entschieden werden, ob es sich nur um okkasionelle Bildung handelt oder ob sie dauerhaft in den Sprachschatz einwandert.

Andere Ausdrücke: -

Wortbildung ist ein Verfahren, mit dem neue →Wörter gebildet werden. Die Wortbildungsprodukte können Bestandteil des Lexikons werden.

Wortfamilie: In einer Wortfamilie werden Wortformen (↑Flexionsformen) und gebildete Wörter (↑Wortbildung) zu einem Ausgangswort gesucht. Dabei kann jede Wortform Ausgangsform sein. Eine geordnete Wortfamilie erhält man, wenn man vom Verbstamm oder den Grundformen anderer Wortarten ausgeht: *fahr-: fahren, fahre, fährst, fuhr, gefahren, Fahrzeug, Fahrbereitschaft, Gefahr, gefährlich, Gefährte, Fuhre, Fähre; wiss-: wissen, weiß, wusste, gewusst, Wissenshunger, Wissenschaft, wissbegierig, Witz, gewitzt*. Wortfamilien sind für die Orthographie (Konstantschreibung) von großer Bedeutung.
Andere Ausdrücke: Wortsippe.
Wortfeld: Sammlung von Wörtern mit gleicher oder ähnlicher Bedeutung (*sagen, sprechen, flüstern, schreien, antworten, reden* ...). Wortfelder sind hilfreich, um einen treffenden, präzisen Ausdruck zu finden.
Andere Ausdrücke: Begriffsfeld, Sinnbezirk, Zeichengefüge.
Wortform: ↑Verben, ↑Nomen, ↑Artikel und Pronomen sowie ↑Adjektive bilden Formen aus: Verben sind nach ↑Person, ↑Numerus, ↑Tempus, ↑Modus und ↑Genus Verbi veränderlich; Nomen, Artikel und Pronomen nach ↑Kasus, Numerus und ↑Genus; dies gilt auch für prototypische Adjektive, bei denen sich die echten Eigenschaftswörter zusätzlich nach der Kategorie ↑Komparation verändern.
Andere Ausdrücke: Wortlaut, Wortgestalt.
Wortgruppe: Folge von Wörtern mit einem Kern, der bestimmt, was zur Wortgruppe gehört und wie die Wortgruppe formal aussieht. So ist in einer ↑Nominalgruppe das ↑Nomen bzw. ein ↑nominalisierter Ausdruck ↑Kern der entsprechenden Wortgruppe, weil das Nomen das ↑Genus, den ↑Kasus und den ↑Numerus der ganzen Wortgruppe bestimmt. Entsprechend spricht man dann von einer Nominalgruppe: *eines frühen Morgens*. Dagegen bestimmt in einer ↑Präpositionalgruppe die Präposition die Form der übrigen Glieder, da die ↑Präposition den Kasus bestimmt: *an einem frühen Morgen*. Das Beispiel zeigt auch, dass eine Wortgruppe selbst wieder Wortgruppen enthalten kann. Die Präpositionalgruppe *an einem frühen Morgen* beinhaltet mit *einem frühen Morgen* auch eine Nominalgruppe. (Siehe auch ↑Wortgruppe und Satzfunktion.)
Eine Wortgruppe besteht aus mehreren →Wörtern, von denen eines den <u>Kern</u> bildet, oder aus einem ausbaufähigen Kern. Der Ausbau einer Wortgruppe ist oft mit →Rektion und →Kongruenz verbunden. Wortgruppen im Deutschen sind die →Nominalgruppe, die →Präpositionalgruppe, die →Adjektivgruppe, die →Adverbgruppe und die →Adjunktorgruppe.
Wortgruppe und Satzfunktion: Im Satz übernehmen Wortgruppen als ↑Satzglieder oder ↑Gliedteile Funktionen:
Die jeweilige Hauptfunktion ist unterstrichen.

Verbgruppe	Enger ↑Prädikatsverband (*Ich werde den Bus erreichen.*)
Nominal-gruppe	Subjekt (*Mein neues Rad ist rot.*), ↑Objekt (*Ich bekomme ein neues Rad.*), ↑Prädikativ (*Meine Schwester ist eine gute Turnerin.*), ↑Adverbial (*Wir warteten einen ganzen Tag.*); ↑Attribut (*das Rad meiner Schwester*)
Präpositio-nalgruppe	Objekt (*Wir warten auf unsere Freunde.*), Adverbial (*Wir warten auf dem Bahnhof auf unsere Freunde.*), Prädikativ (*Wir sind in Bewegung.*); Attribut (*das Haus am Waldrand*)
Adjektiv-gruppe	Adverbial (*Meine Eltern müssen sehr hart arbeiten.*), Prädikativ (*Der Frühling war sehr schön. Diese Ferien waren am schönsten.*); Attribut (*der sehr schöne Frühling*)
Adverb-gruppe	Adverbial (*Mein Bruder spielt sehr gerne Fußball.*), Prädikativ (*Mir ist sehr wohl.*); Attribut (*das Haus dort oben*)
Adjunktor-gruppe	Adverbial (*Sie wurde als Löwin geschminkt.*), Satzgliedkonstituente (*Ich sah niemanden außer ihn. Das Ulmer Münster ist höher als der Kölner Dom*)

Zeitstufe: Das Kontinuum der Zeit kann von dem gegenwärtigen Zeitpunkt aus in Gegenwart (was jetzt ist), Vergangenheit (was vergangen ist) und Zukunft (was sein wird) eingeteilt werden. Ereignet sich etwas in der Vergangenheit, kann ein Zeitpunkt betrachtet werden, der noch weiter vergangen ist. Man kann auch einen Punkt in der Zukunft betrachten, nach dem etwas der Fall sein wird. Die verschiedenen Sprachen der Welt haben, bezogen auf diese grundsätzlichen Möglichkeiten, die man weiter differenzieren könnte, temporale Formen beim Verb ausgebildet. Im Deutschen haben wir: ↑Präsens, ↑Präteritum, ↑Perfekt, ↑Plusquamperfekt, ↑Futur I und ↑Futur II, zudem wird manchmal ein Doppelperfekt und Doppelplusquamperfekt (siehe ↑Tempus) verwendet. Dabei sind außer Präsens und Präteritum die übrigen Formen mit ↑Aspekt (Perfekt, Plusquamperfekt) oder ↑Modus verknüpft. (Siehe auch ↑Tempus.)

Zeit ist ihrem Wesen nach relativ. Bezogen auf die einzelnen Zeitpunkte kann man Vorzeitigkeit, Gleichzeitigkeit und Nachzeitigkeit bestimmen: *Während es regnete, verdüsterte sich der Himmel.* (Gleichzeitigkeit bezogen auf die Ereignis- bzw. Betrachtzeit.) *Nachdem es geregnet hatte* (= vorzeitig bezüglich der Ereigniszeit), *schien wieder die Sonne. Ich werde bald kommen.* (nachzeitig bezogen auf die Sprechzeit).

Literaturverzeichnis

Abraham, Werner (1974): *Terminologie zur neueren Linguistik.* Tübingen: Niemeyer.

Àgel, Vilmos (2017): *Grammatische Textanalyse. Textglieder, Satzglieder, Wortgruppenglieder.* Berlin: de Gruyter.

Augst, Gerhard (1977): *Empirische Untersuchungen zum Wortschatz eines Schulanfängers.* In: Augst, G./Bauer, Andrea/Stein, Anette (Hrsg.): *Grundwortschatz und Idiolekt. Empirische Untersuchungen zur semantischen und lexikalischen Struktur des kindlichen Wortschatzes.* Tübingen: Niemeyer.

Bausch, Karl-Heinz/Grosse, Siegfried (Hrsg.) (1987): *Grammatische Terminologie in Sprachbuch und Unterricht.* Düsseldorf: Schwann.

Bernstein, Basil (1973): *Ein sozio-linguistischer Ansatz zur Sozialisation: Mit einigen Beiträgen zur Erziehbarkeit.* In: *Pädagogische Psychologie. Band 1: Entwicklung und Sozialisation.* Frankfurt 1973.

Boettcher, Wolfgang, Horst Sitta (1979): *Grammatik in Situationen.* In: Praxis Deutsch 34, S. 12–24.

Bohusch, Otmar (1972): *Lexikon der grammatischen Terminologie.* Donauwörth: Auer.

Bremerich-Vos, Albert (1999): *Zum Grammatikunterricht in der Grundschule: wie gehabt, gar nicht, anders?* In: Ders. (Hrsg.): *Zur Praxis des Grammatikunterrichts. Mit Materialien für Lehrer und Schüler.* Freiburg: Fillibach.

Bruner, Jerome (1970): *Der Prozess der Erziehung.* Düsseldorf: Schwann.

Drosdowski, Günther (Hrsg.) (1984). *Grammatik der deutschen Gegenwartssprache.* 4. Aufl. Mannheim: Dudenverlag.

Dudenredaktion (Hrsg.) (2005): *Duden: Die Grammatik.* 7. Aufl. Mannheim: Dudenverlag.

Engel, Ulrich (1988): *Deutsche Grammatik.* Heidelberg: Groos.

Gaiser, Konrad (1950): *Wieviel Grammatik braucht der Mensch?* In: Pädagogische Provinz. Monatsschrift für Erziehung und Unterricht 13 (1959) 4, S. 590–599 (auch abgedruckt in: Rötzer 1973, 1–15).

Geffert, Heinrich (Hrsg.) (1956): *Der Unterricht in der Muttersprache.* Weinheim: Beltz.

Gehrig, Anna (2014): *Wortarten. Ein Vergleich von Schulbuch und Grammatik.* Baltmannsweiler: Schneider.

Grammatikrahmen für die Klassen 1-10 (2021). (Online unter: https://km-bw.de/,Lde/startseite/schule/Grammatikrahmen; 25.07.2021)

Grammis (o. J.): *Grammatisches Informationssystem des Instituts für Deutsche Sprache* (https://grammis.ids-mannheim.de)

Granzow-Emden, Matthias (2013): *Deutsche Grammatik verstehen und unterrichten.* Tübingen: Narr.

Grice, Paul H. (1979): *Logik und Konversation.* In: Meggle, Georg (Hrsg.): *Handlung, Kommunikation, Bedeutung.* Frankfurt: Suhrkamp, S. 243–265.

Heidolph, Karl Erich/ Flämig, Walter/Motsch Wolfgang (1981): *Grundzüge einer deutschen Grammatik.* Berlin: Akademie.

Hoffmann, Joachim (1986): *Die Welt der Begriffe.* Weinheim: pvu/Beltz.

Höhle, Tilman N. (1982): *Explikation für ‚normale Betonung' und ‚normale Wortstellung'.* In: Abraham, Werner (Hrsg.): *Satzglieder im Deutschen.* Tübingen: Narr, S. 139–154.

Huber, Josef (1974): *Die traditionelle Sprachnorm und die Norm der kommunikativen Adäquanz.* In: Diskussion Deutsch, Heft 16, 1974, S. 144–145.

IDS (2019): *Verzeichnis grundlegender grammatische Fachausdrücke.* Online unter: https://grammis.ids-mannheim.de/vggf, 3.3.2020).

Ingendahl, Werner (1999): *Sprachreflexion statt Grammatik. Ein didaktisches Konzept für alle Schulstufen.* Tübingen: Niemeyer.

Ivo, Hubert (1994): *Muttersprache, Identität, Nation.* Opladen: Westdeutscher Verlag.

Ivo, Hubert (2011): *Wissenschaftliche Schulgrammatik des Deutschen?* In: Noack, Christina/Ossner, Jakob (Hrsg.) Grammatikunterricht und Grammatikterminologie. Duisburg (= OBST 79).

Klieme, Eckhardt u. a. (Hrsg.): *Zur Entwicklung nationaler Bildungsstandards.* Bonn 2007 (Online unter: https://www.researchgate.net/publication/281345382_Zur_Entwicklung_nationaler_Bildungsstandards_Eine_Expertise_Stand_Juni_2003/link/571e8ddf08aed056fa2270b9/download; 4.12.2020)

Koch, Peter/Oesterreicher, Wulf (1985): *Sprache der Nähe – Sprache der Distanz. Mündlichkeit und Schriftlichkeit im Spannungsfeld von Sprachtheorie und Sprachgeschichte.* In: Romanistisches Jahrbuch, 36. Berlin/New York: de Gruyter, S. 15–43.

Macheiner, Judith (1991): *Grammatisches Varieté oder Die Kunst und das Vergnügen, deutsche Sätze zu bilden.* Frankfurt: Eichborn.

Mayer, R. (1999). *Textoptimierung aus mikroökonomischer Sicht.* In: Linguistische Berichte 177, S. 3–51.

Nationale Bildungsstandards (2004): *Bildungsstandards im Fach Deutsch für den Hauptschulabschluss nach Jahrgangsstufe 9* (Online unter: https://www.kmk.org/fileadmin/Dateien/veroeffentlichungen_beschluesse; 20.12.20020)

Ossner, Jakob (1996): *Der Schatz der Wörter.* In: Grundschule 1, 1996, S. 23–27.

Ossner, Jakob (2001): *Die nächsten Aufgaben lösen, ohne „kleine Brötchen zu backen". Anmerkungen zu Bernd Switalla: Grammatik-Notizen.* In: Balhorn, Heiko/Giese Heinz/Osburg, Claudia (Hrsg.): Betrachtungen über Sprachbetrachtungen. Seelze-Velber: Kallmeyer 2001, S. 241–251.

Ossner, Jakob (2010): *Orthographie. System und Didaktik.* Paderborn: Schöningh utb.

Ossner, Jakob (2011): *Rechtschreibreform und Rechtschreibpräferenzen am Ende der Pflichtschulzeit.* In: Mitteilungen des deutschen Germanistenverbandes, Heft. 1, S. 84–97.

Ossner, Jakob (2012): *Geschichte des Grammatikunterrichts.* In: Gornik, Hildegard (Hrsg.): Sprachreflexion und Grammatikunterricht. Schneider Hohengehren: Baltmannsweiler 2014, S. 3–40.

Searle, John R. (1971): *Sprechakte. Ein sprachphilosophischer Essay.* Frankurt.

Rechtschreibrahmen für die Klassen 1-10 (2018). Esslingen: Bechtle (Online unter: https://km-bw.de/,Lde/5225064; 3.3.2020).

Reis, Marga (1986): *Subjekt-Fragen in der Schulgrammatik?* In: Deutschunterricht 38, S. 64–84.

Rötzer, Hans Gerd (Hrsg.): *Zur Didaktik der deutschen Grammatik.* Darmstadt: WBG 1973.

Tandem (2004): *Tandem – deutsch. Ein Deutschbuch für das 5. Schuljahr.* Hg. v. Jakob Ossner. Paderborn: Schöningh.

Uhl, Benjamin (2015): *Tempus – Narration – Medialität: Eine Studie über die Entwicklung schriftlicher Erzählfähigkeit an der Schnittstelle zwischen Grammatik und Schreiben.* Baltmannsweiler: Schneider.
Vater, Heinz (1994): *Einführung in die Textlinguistik.* München: Fink.
Wackernagel, P. (1863): *Der Unterricht in der Muttersprache.* 3. Aufl. Stuttgart: Liesching.
Wahrig-Burfeind, Renate (2011): *Deutsches Wörterbuch.* Gütersloh: wissenmedia.
Weydt, Harald (1969): *Abtönungspartikel. Die deutschen Modalpartikeln und ihre französischen Entsprechungen.* Bad Hamburg.
Wortschatz Leipzig (o. J.): Online unter: https://corpora.uni-leipzig.de/de?corpusId=deu_newscrawl-public_2018, 22.12.2020.
Wunderlich, Dieter (1980): *Arbeitsbuch Semantik.* Königstein: Athenäum.
Zifonun, G. /Hoffmann, L. /Strecker, B. (1997): *Grammatik der deutschen Sprache,* 3 Bde. Berlin: de Gruyter.

Abbildungsverzeichnis

Abb. 1:	Verknüpfung der Inhalte der Klassen 1/2	40
Abb. 2:	Verknüpfung der Inhalte der Klassen 3/4	54
Abb. 3:	Wortschatzkiste: Die Wortarten der Grundschule	61
Abb. 4:	Plakat/Lernhilfe zur Großschreibung von Nomen	75
Abb. 5:	Verknüpfung der Inhalte der Klassen 5/6	80
Abb. 6:	Kongruenz bei Artikelwort und Pronomen	88
Abb. 7:	Puzzleteile für Satzglieder	101
Abb. 8:	Der Satz als Puzzle	101
Abb. 9:	Verknüpfung der Inhalte der Klassen 7/8	128
Abb. 10:	Die Tempora und ihre Relativität auf dem Zeitstrahl	131
Abb. 11:	Satzgefüge	159
Abb. 12:	Verknüpfung der Inhalte der Klassen 9/10	194
Abb. 13:	Einschübe	210
Abb. 14:	Nebensatz	266
Abb. 15:	Satz-Modell (hierarchisch)	280
Abb. 16:	Satz-Modell (valenzgrammatisch)	281
Abb. 17:	Wortarten	290

Register

Im Folgenden sind Verweise auf eine Curriculumstelle *kursiv*, auf einen Glossareintrag **fett**. Grundorientierung für die Zuordnung zu Klassenstufen: Kl. 1/2: S. 39-52; Kl. 3/4: S. 53-76, Kl. 5/6: S. 77-124, Kl. 7/8: S. 125-191, Kl. 9/10: S. 192-235; ab S. 238 beginnt das Glossar.

A

Ablaut   56, 83 f., *106*, **238**, 259 f., 264, 270, 276

Abtönungspartikel   126, 152 f., *175*, 192, 195, 204 f., 214, 217, 226 f., 229, 232, 253, **269**, 279 f.

AcI-Konstruktion   18, *168*, **238**

Adjektiv   16, 19, 34, 40 ff., 44 ff., 50, 53 ff. 58 ff., 61, 65, 68 f., *71* f., 73 f., 76, 77 f., 80 f., 84, 88 ff., 92, 95, 97, *110* ff., 117, *123*, 125, 127 ff., 135, 138, 140 ff., 146, 148 f., 151, 156, *166* f., *169*, *171* f., *173*, *176* f., *179*, 188 f., 192, 194 f., 201 ff., 208 f., *222*, *224* f., **239** f., 243, 247 f., 250, 252, 257 f., 264 ff., 270, 274, 278, 284, 286 ff., 292

Adjektivattribut   47, *71*, 101, *118*, 122, 156, *180*, 246, 254, 269

Adjektivgruppe   19, 35, 41, *71*, 78, 80 f., 89, 92, 101, *112*, *114* f., *117*, 122, 127 f., 142, 151, *177*, 193 f., 208 f., *228*, **240**, 243, 263, 274, 292 f.

Adjunktion   19, 34, 53, 80 f., 91 f., *112*, *115*, 126, 129, 151, *174*, *178*, 208, **241**, 257 f., 270, 288 f.

Adjunktorgruppe   19, 35, 78, 80, 92, *114* f., 127 f., 141, 151, *178*, 208, 239 f., **241**, 258, 289, 292 f.

Adverb   25 f., 34, 69, 77 f., 80 ff., 89 f., *111*, *115*, 123, 126, 128 f., 143 ff., 152 f., 156, 160, *169*, *172* f., *175*, *177* ff., 185 f., 188 ff., 192, 194 f., 202 ff., 209, 217, 219, *225*, **241** f., 246, 258, 262 ff., 268 f., 274 f., 286, 288 f.

Adverbgruppe   35, 85, 127 f., 138, 146, *177*, 208 f., *228*, **241**, **242** f., 274, 293

Adverbial   35, 60, 75, 78 f., 81, 89 f., 92 ff., 100 ff., *112*, *115* ff., *124*, 127 ff., 134, 138, 140 ff., 149, 154 f., 158, *177* ff., *182*, *184* f., *189*, *193* f., 200 ff., 207 ff., 212 ff., 217 ff., *222*, *225*, 227 ff., 233, 239, 241, **243**, 251 ff., 257 f., 264 f., 274 f., 278 ff., 284, 293,

Affix   **243**, 265, 284, 291

Akkusativ   34, 42, 45 f., 61 ff., 68, 70, 73, 88, 90 f., 94, *111*, *113*, *115* ff., 134, 137, 151, 153 f., *165*, *168*, *174*, *178*, 188, 195 f., 198, 200 f., 210, 212, 215, 217, *222*, *227*, 238, 241, 247 f., 250, **257**, 268, 271, 273, 275, 287

Aktiv   21, 125, 134 f., *165*, *166* f., 189, 197, *227*, **243** f., 250, 254, 264, 271, 287

Anapher   87, 122, *183*, **244**, 258

Antwortpartikel   126, 151 f., *175*, **269** f., 288

Apposition   30, 79 f., 96 f., *118*, 127 f., 160, *181*, 209 f., *230*, **244**, 246

Arbeitsterminologie   17, 45 f.

Artikel   15, 26, 34, 40 f., 46 f., 49, 52 ff., 58, 60 f., 68 ff., 77 f., 80, 86 ff., *107* ff., *110* f., 123, 125, 128, 138, 147, *170*, *176*, 192, 194, 199, 215 f., *223*, **244** ff., 250 f., 257, 266 f., 272 f., 277 f., 288 f., 292,

Artikelwort   54 f., 58 ff., 65, 68, *71* f., 74, 77 f., 80 f., 86 ff., *109* f., *112* f., 128, 138, *176*, 239, 245, **246**, 247, 263, 265, 267, 278

Aspekt   82, *105*, **246**, 270, 293

Attribut   41, 46, 55, 79, 80 f., 96 ff., *114*, *118*, 129, 151, 156, *176*, *178*, *180*, 195, 207 ff., *224*, *227* f., 239, 244, **246**, 252, 293

Aufforderungssatz   132, 221, **282**

Aussagesatz   50, 56, 62, 73, 93, 132, **282**, 291,

B

Begleiter   43, 46, 48, 51, 55, 58 f., 65, 68, *71*, 74, 86, 88 f., *91*, *109*, *113*, 138, 206, 214, 244 f., **245**, 252

C

Circumfix   **265**, 291

D

Dativ   20, 42, 45 f., 63, 68, 70, 73, 90 f., *111*, *113*, *115*, *118*, 151, 154, *173* f. 200 f., 205 f., 210, 217, *222*, *226*, 237, 247 f., 250, **257**

Deixis   46, 87, 144, 146, **246**, 277

Deklination   15, 48, 53, 64, 69, 84, 96, 138, *170*, 239, **247** f., 250, 266, 273, 284

Derivation   67 f., *108*, *168*, *223*, 267, 287, **291**

E

Einfacher Satz   249, **279**

Ellipse   *193*, 211, *230*, **248** f.

Ergänzung   62 f., 65, 94, 198, 240, **249**, 268

es-Pronomen   125, 129, 139, *170*, **249**

297

F

Feldermodell 80, 85, 93, 99 f., 102, 106, 119, 185, 212, **249,** 264 f., 279, 281 ff., 288 f.
finites Verb 71, 98, 179, 181, 221, **250,** 284, 288
Flexion 141, 247, **250,** 259, 265, 289
Fokuspartikel 126, 140, 146, 152, 175, 177, 192, 207, 226, **269,** 288
Fragesatz 50, 73, 79, 92, 98, 120, 127 f., 132, 145 f., 160, 182, 210, **282**
Fugenelement 68 f., 173, **250**
Funktionsverbgefüge 19, 127 f., 149, 154 f., 179 f., **250,** 274
Futur I 53 f., 66, 73, 77 f., 85, 93, 105 f., 125, 130 f., 135, **251,** 255, 285, 288 f., 293
Futur II 83, 125, 130 f., 135, 165 f., 192, 217, 220, 231, **251,** 255, 270, 285, 288

G

Genitiv 17, 45, 69, 79, 90f., 94, 97, 111, 117, 123, 126, 142, 147 f., 156, 173 f., 177 f., 180, 192, 200 f., 205 f., 217, 222, 226, 244, 247 f., **257,** 273, 275
Genitivattribut 101, 114, 118, 147, 156, 180, **246,** 257
Genus 26, 53 f., 57, 59 f., 64, 68, 74, 77, 80, 86, 88, 97, 107 ff., 113, 125, 128, 137 ff., 169, 171, 192, 199 f., 222, 224, 239, 247 f., **251** f., 258 f., 265 ff., 289, 292
Genus Verbi 135, 166, 243 f., **250, 252,** 259, 271, 287, 289, 292
Gesprächspartikel 126, 151, 175, **269 f.,** 288
Gliedteil 15, 35, 45, 55, 60, 62, 81, 95, 97 f., 101, 118, 122, 151, 173, 188, 207 ff., 240, 246, **252** ff., 257, 262, 269, 278, 292
Grammatische Probe 95, 103, **252**

H

Hauptsatz 18, 79, 91, 98, 106, 116, 119, 121, 127 f., 132, 145, 150, 158 f., 172, 179, 181, 183, 184, 186, 205, 212 f., 215, 234, **255,** 265, 277, 281 ff., 286, 288
Hilfsverb 53 f., 55, 62, 66, 82 ff., 93, 105 f., 135 f., 165, 220, 251, **255,** 264, 272 ff., 288 f.

I

Imperativ 53 f., 64, 66 f., 73, 77, 105f., 116, 131, 132, 221, 233, **255,** 264, 281 f.
Indikativ 125, 131 ff., 165 ff., 196, 231,250, **256,** 261 f., 264,
Infinitiv 19, 26, 53 f., 56, 66, 70 f., 83 ff., 94, 102, 106, 111, 113, 116, 126 f., 129, 135 f., 150, 157, 160 f., 165, 168, 174, 176, 179, 220, 222, 233 f., 238, 250 f., 253, 255, **256,** 261, 264 ff., 288
Infinitivsatz 129, 150, 156 ff., 162, 174, 180 *ff.,* 212, 229, 246, 248, **256,** 265 f., 284
Intensitätspartikel 77, 81, 89, 92, 112, 146, 177, 240, **256,** 269, 288, 290
Interjektion **256**
Intransitives Verb 125, 166 f., 249, 271 f., 287

J

Junktion 34, 53, 55, 60 f., 77 f., 80 f., 91 f., 112, 126, 128 f., 149, 174, **257,** 266, 288

K

Kasus 13, 41 f., 44 ff., 49, 57 ff., 63 ff., 67 ff., 74 f., 88, 91 f., 96 f., 109, 111, 113 f., 116, 147, 154, 160, 192, 200 f., 210, 217, 222, 226, 238, 243 ff., 247, **257** ff., 266 f., 273, 287, 289, 292
Katapher 79, 87, 121, 242, 244, 255, **258,** 263
Kern 59, 65, 70 f., 74, 87 f., 95, 109, 113 ff., 143, 146 f., 176 f., 206 ff., 241 f., 252 f., **258,** 262, 266 ff., 275, 289, 292
Kommentaradverb 24, 153, 175, 192, 203 ff., 213 f., 217, 219, 225, 229, 232, 241, **258,** 264
Komparation 53 f., 59, 69, 77 f., 80, 89, 92, 110, 115, 125 ff., 141, 146, 171 f., 177, 192, 217, 224 f., 241, 250, **258,** 274, 289, 292
Komplexer Satz 79, 98, 119, 127 f., 146, 156, 158 f., 172, 181, 183, 255, 257, 265, 281, **282**
Komposition 68, 108, 110, 235, 240, 242, 250, 266, 287, **291**
Kongruenz 27, 35 f., 48, 56 f., 63 ff., 71 f., 75, 77 f., 80, 88, 93, 102, 109, 116 f., 160 f., 171, 179, 195, 203, 224, 234, 250, 253, **259,** 267, 272, 279 f., 289
Konjugation 14 f., 48, 58, 66, 238, 250, 255, **259** f., 273, 276, 286, 289
Konjunktion 19, 34, 53 ff., 70, 77, 80 f., 91, 112, 119, 129, 149, 152, 185, 218, 257, **261,** 278, 288
Konjunktionaladverb 144 f., 172, 183, 185 f., 190, **241** f.
Konjunktiv I 26, 125, 128, 131 ff., 166, 192, 194, 196, 204, 217, 220 f., 231, 233 f., 255, **261 f.**
Konjunktiv II 128, 131 ff., 166 f., 194, 196, 204, 234 f., 255, 259, **261 f.**
Konnektor 129, 150, 183, 185, 190, 242, 257, 261, **262,** 285
Konstituente 81, 91, 96, 115 f., 129, 146, 178, 208, 214, 218, 228, 249, 252 ff., **262,** 273 f.
Konversion 273, **291**

REGISTER

Koordination   61, 70, 91, 102,*106*, *116*, *119*, 143 ff., *166*, *172*, 218, 232, 242, 257, 261, 266, 269, **278**, 283
Kopula   26, *50*, 77, 80, 95, *105* f., *117*, 154 f., 202, **263**
Korrelat   129, 140, 143, 145, *171*, *183*, 193 f., 209, 211 f., *229*, 242, 249, **263**, 289
Kurzwortbildung   **291**

L

Lexem   23, *110*, 204, **263**, 265

M

Markiertheit   27, 82, *105*, *116*, *132*, 135, 137 f., *169*, 187 f., 199 f., *222*, *230*, 256, 258, **263** f., 276, 283, 287
Mittelfeld   85, 93, 100, *111*, *118* ff., 145, 152 f., 158, *171*, *174* f., *182*, 185 f., 212, *225* f., **249**, 281, 283
Modalverb   30, 77 f., 80, 84 f., 94, *106* f., *113*, 125, 128 ff., 136 f., 160, *165*, 207, *220*, **264**, 276, 288
Modus   44, 73, 95, *131*, *134* f., *142*, 196, 204, 250, 256, 258 f., **264**, 289, 292 f.
Monoflexion   46, *71*, 127 f., *138*, *176*, 239, 247, **265**, 267
Morphem   19, 23, 89, *111*, *173*, 191, 199, 256, 262, **265**, 274, 284 f., 291

N

Nachfeld   85, 99 f., *119* f., 149, 158, *174*, *182*, 212, **249** f., 254, 281
Nebensatz   27, 79, 81, 87, 91 f., 97 ff., *106*, *112*, *119* f., *122* f., *126* f., *129*, *132*, 145, 148, 150, 156 ff., *162*, *174*, *179* ff., *184*, *186*, 193 f., 207, 209, 212 ff., 218, *226*, 229, 234, 238, 242 f., 246, 249 f., 255 ff., 263, **265** f., 268 ff., 273, 277, 280 ff.
Negation   25, 34, 81, 93, 102, 103 f., *139*, 160 ff., *170* f., *179*, 213, 245 f., 253, 274, 277, **283**
Negationspartikel   77, 80 f., 93, 103, *112*, *179*, 245, **269**, 288
Nomen   19, 26 f., 31, 34, 40 ff., 49, 51 f., 53 ff., 57 ff., 61, 64 f., 67 f., *71* f., 74 f., 77, 80, 85 ff., 90, 96 ff., *107* ff., *113*, *117*, *120* ff., *125*, *128* f., *137*, *140* f., *143*, *147* ff., *155* f., *169* f., *173*, *177* f., *180*, 188, 192 f., 194, 199 f., 209, *222* f., 239, 244 f., 247, 250 ff., 257, **266** ff., 273 ff., 277, 284, 286, 288 ff. , 292
Nominalgruppe   15, 19, 26, 41, 47, 50, 53 f., 59 f., 61, 65, *68* f., *71* ff., 78, 80 f., 84, 86 f., 97 f., *109*, *113* ff., *120*, *122*, *127* f., *137*, *140* f., *143*, *147*, *155* f., *160*, *176* f., *180*, 193 f., 203, 207, 209, 214,
227, 239, 243 ff., 250, 252 f., 259, 266, **267**, 275, *277*, 289, 292. 293
Nominalisierter Ausdruck   80, *113*, **267** f., 292
Nominativ   45, 56 f., 62 ff., *68*, *72*, 75, 88, 92, *115*, *118*, 151, 160, *178*, *181*, 217, 247 f., **258**, 273, 284
Nullartikel   77, 87, 93, *109*, *112*, 239, **244**, 248, 253
Numerale   58, 89, **268**
Numerus   14 f., 42 ff., 49, 53 f., 56 f., 65, 66 f., 72, 74 f., 77, 80, 88, 97, *107*, *109*, *113*, *135*, *139*, *151*, *161* f., *171*, *178* f., 195, 247, 250, 258 f., 266 f., **268**, 273, 279, 284, 287, 289, 292

O

Objekt   26, 35 f., 41, 53 ff., 57 f., 60 ff., 71 ff., 75, 79 f., 85, 88, 93 ff., 100 f., *112 ff.*, *116 f.*, 119, 127 ff., *134*, *137*, *139* f., *149*, 154 f., *158*, 160, 165, *173*, *176*, *178 ff.*, 187 f., 192 ff., 201, 207 ff., 212 f., 215, *221 f.*, *227 ff.*, 234, 239, 254, 257, 265, **268 f.**, 271, 273 ff., 278 ff., 283 f., 286 f., 293

P

Parenthese   209 f., *230*, 244, **269**, 283
Partikel   19, 34, 60, 67, 70, 77 f., 80 f., 89, 92 f., 103, *106* f., *112 ff.*, *126*, *128* f., *140*, *146*, *151* ff., *171*, *175*, *177*, *179*, *186*, 191 f., 194 f., 204 f., 207, 214, 217, *226 ff.*, 232, 240 f., 244, 250, 252 f., 256, 258, 263, 266, **269 f.**, 279 f., 287 ff., 290 f.
Partikelverb   67, 78, 85, 93, *107*, *113*, *118*, 191, 207, 249, **270** f., 274, 287 ff., 291
Partizip I   77, 80, 83 f., *105 f.*, *125*, *157*, *166 f.*, **270**
Partizip II   53 f., 56, 62, *66 f.*, 82 ff., *105*, *136*, *157*, *165*, *197*, *220*, *222*, *233* f., 238, 251, 255, 264, **270 f.**, 272 f., 276, 288
Partizipsatz   127, 157 f., *162*, *181*, 265 f., 270, **271**, 284
Passiv   17, 93, 125, 134 f., *165*, *166 f.*, *189*, 192 ff., 197, 207, 217, *221*, *227*, 243, 252, 254 f., **271**, 287 ff.
Perfekt   53 f., 56, 66, 73, 77 f., 80, 82 f., 85, 93, *105 f.*, *118*, *130* f., *135*, *185*, 246, 249, 251, 255, 259 f., 270, **272**, 276, 285, 288 f., 293
Person   13, 15, 44, 46, 53 f., 56, 65, 66, 72, 75, 87, 94, *106*, *117*, *121*, *135*, *161* f., *179*, 195, 250, 259, **272** f., 277, 279, 284, 286 ff.
Personalpronomen   41, 43 f., 46, 48, 49, 53 f., 56, 59, 66, *68 f.*, *72* f., 75, 77, 87, *109*, *139* f., *170*, *195* f., *226*, 245, 249, **272 f.**, 277
Plural   27, 49 f., 61 ff., *67 f.*, 80, 86, *107 f.*,*116*, 129, 169, 226, 247 f., 255, 266, 268, **273**, 277, 284, 287, 291

299

Plusquamperfekt 78, 80, 83, 85, 93, *105*, *112*, 125, 130 f., 135, 160, *165*, 196 f., 246, 250, 255, 270, **273**, 285, 288 f., 293
Positiv 59 f., 69, *73*, 146, **258**, 264, 289
Prädikat 15, 19, 21, 35 f., 41, 44 f., 53 ff., 62 f., 65, 72 *f.*, 80, 85, 88, 93 ff., 98, 101 f., *113*, *116*, 128 f., 135 ff., 155, 158, 160 f., *172*, *176*, *179 f.*, 186 f., 194 f., 207, 209, 214, 218, *228*, 231, 233 f., 250, 253, 268 f., **274**, 279 f., 283 f., 287
Prädikativ 26, 35, 45, 55, 75, 79 f., 95 f., 100 f., *106*, *114*, *117*, 127 f., 128 ff., 149, 154 f., 157, *178 ff.*, 195, 200, 207 ff., 218, *227 f.*, 239, 250, 263, 271, **274**, 283, 293
Prädikatsadverbial 193 f., 213 f., 219, 229, 241, 243, **274**, 279 f., 282
Prädikatsverband 75, 85, 93, *113*, 136 f., *176*, 206, 209, 213, *229*, 241, **274**, 279 f., 293
Präfix 67, 136, 169, 240, 267, 270, **274 f.**, 287, 291
Präposition 26 f., 34, 53 ff., 60 f., 65, 69 *f.*, 77 f., 80 f., 88, 90 f., 94, *109*, *111*, *114 f.*, *117*, 126 ff., 143 f., 147 ff., 151, *169*, *173*, *176*, *178 f.*, 191 f., 194 f., 205 f., 208, 210, 212, 217 f., *226*, *228*, 242, **275**, 292
Präpositionalgruppe 27, 78, 81, 90 f., *115*, *117*, 122, 127 f., 134, 143 f., 148 f., 151, 155, 158, 165, *174*, *177 ff.*, *182*, 184, 193 f., 200, 205, 207 ff., 212, *226 ff.*, 243, 250, 273, **275**, 290, 292 f.
Präsens 26, 53 f., 66, 70, *73*, 77 f., 80, 82, *105 f.*, *113*, 130 f., 133, 135, *166*, *176*, 250, 259 f., 264, 272, **276**, 285, 293
Präteritum 53 f., 56, 66, *73*, 77 f., 80, 82 f., *105 f.*, 130 f., *166 f.*, 196, 238, 250, 259 f., 263 f., 270, 272 f., **276**, 285, 287, 293
Pronomen 34, 40, 43, 46, *49*, 53 ff., 58, 68, 70, 72, 77 ff., 87 f., 97 f., *109*, *115*, *121 f.*, 125, 128 f., 139 f., 160, *170 f.*, *173*, *177 f.*, 192, 194 f., 196, 206, 220, *223*, 231 f., 234, 244 ff., 249 f., 254, 257 f., 262, 268, 272 f., 275, **277**, f., 284, 286, 289, 292
Pronominaladverb 18, 143 ff., *172*, 186, 191, 231, **241 f.**, 263, 265 f., 286
Pronominalisierung 20 f., 79 f., *108*, *121*, *183*, 200 f., 216, 254, **277 f.**

R

Reihung (siehe *Koordination*)
Rektion 16, 35, 56 f., 65, 90, *115*, 257, **278**, 280
Relativer Anschluss 143, 145 f., 262, 265 f., *172*
Relativsatz 79 f., 88, 97 ff., *120*, *121* f., 146, 156 ff., *172*, *180*, *183*, 190 f., 242, 246, 249, 265, **278**

Rhema 65, 140, 164, 186, 193 f., 209, 215 f., *230*, 232, 249, **278 f.**

S

Satz 12, 19, 21 ff., 34 ff., 40 ff., 44 f., 47 f., 50, 51 f., 53 ff., 62 ff., 66, *70 ff.*, 75 f., 79 f., 83 ff., 93 ff., 97 ff., *196*, *112 ff.*, 127 ff., 135 ff., 140, 143 ff., 149 ff., 162 f., *165 ff.*, *172*, *175 ff.* *181 ff.*, 185 ff., 193 ff., 200 f., 203 ff. 208 ff., *223*, *225 f.*, *228 ff.*, 241, 243 f., 248 f., 251 ff., 262, 264 f., 267 ff., 274 f., 278, **279 ff.**, 282 ff., 286 ff., 292
Satzadverbial 193 f., 213, 218 f., *225*, 229, 241, 243, 253, 274, 279 f., **282**
Satzart 51, 53 f., 64, 72, 246, 250, 253, 256, 264, **282**
Satzform 51, 53 f., 64, 72, 80, 100, 132, 179, 209, 246, 250, 255, 266, **282**, 288 f.
Satzfunktion 36, 41, 53, *71*, *78*, 92, *113 f.*, 127 f., 143, 155, 157, *176*, *178*, 193 f., 195, 206 ff., 218, *225*, 227, 240 ff., 246 f., 268, 274 f., 284, 288, **292**
Satzgefüge (siehe *Komplexer Satz*)
Satzglied 15, 26, 28, 31, 35, 40, 45, 53ff., 60, 62, 65, *70 ff.*, 79 ff., 85, 89, 93, 95 ff., 100 ff., *112*, *114 ff.*, 127 f., 149, 151 ff., 161, 163 ff., *173*, *178 f.*, *182*, 187 f., 193 f., 198, 201, 208 f., 211 f., 214, 217 f., *223*, *228 ff.*, 240 f., 252 ff., 257, 262 f., 269, 278 ff. 282, **283** f., 286, 292
Satznegation 93, 102 f., 163, 179, 213 f., 253, 269, 274, **283**
Satzzeichen 47, 50 f., 53 f., 64, *72 f.*, 256, 282, **283**
Singular 43, 45, *49 f.*, 51, 63 f., *67 f.*, 78, 80, 86, 108, 125, 160, *169*, 199, 247 f., 255, 266, 268, 273, 277, **283 f.**, 286
Stamm 25 f., 51, 53 f., 66 *ff.*, 80, *106*, 128, 132 f., 166, 188 f., 194, 238, 256, 260 ff., 270 ff., 274, 276, **284**, 291 f.
Subjekt 15, 21, 26 f., 35 ff., 41, 44 f., 53 ff., 61 ff., 66, *71 ff.*, 74 f., 79 f., 93, 95, 98, 100 ff., *106*, *113 f.*, *116 f.*, *119*, 127 ff., 134, 139 f., 153 ff., 157 f., 160 ff., 167, 171, *176*, *179 ff.*, 187 f., 195, 197 f., 207 f., 213, *221*, *227*, 229, 232 ff., 239, 248 ff., 253, 257, 259, 265, 269 ff., 278 ff., 283, **284**, 286 f., 293
Subjunktion 19, 27, 34, 77 f., 80 f., 83, 88, 91 f., 98, *112*, *119 f.*, *126 ff.*, 144 f., 148 ff., 156 ff., *174*, *178*, *181 ff.*, 184, 186, 192, 205, 218, 226, 249, 257, 261 f., 265 f., 275, **284 f.**, 288
Suffix 43, 49, *67 ff.*, 90, *110*, *123*, *188*, 199, 240, 242, 265, 266 f., 270, 285, 287, 291
Superlativ 59 f., 69, *73*, 92, *110*, *114*, 141, 217, 240, **258**, 264, 269, 289

T

Tempus 55 f., 82, 135, *166*, 246, 250 f., 259, **285**, 287, 289, 292 f.
Textkohärenz 127 f., *183*, 184, 186, **286**
Textkohäsion 22, 127 f., *145*, 183, 184, 186, 190, 231, 241, **286**
Textpronomen 77, 88, *109*, 125, *170 f.*, 192, 201, *223*, 245, **277**
Trägersatz 18, 81, 129, 158 f., 162, *183*, 248, 255, 265 f., 282, 284, **286**
Transitives Verb 134, 165, 254, 257, 265, 271, **286 f.**

V

Valenz 36, 44, 84, 93, *116 f.*, 142, 148, 163, *177*, 179, 192, 198, *221*, 240, 247, 249, 257, 268, 279, 281, **286,** 287 f.
Verb 13, 40 ff., 44 ff., *49*, *50*, 53 ff., 61 ff., 65, *66 ff.*, *70 ff.*, 74 f., 77 f., 80, 82 ff., 90, 92 ff., *105 ff.* 113, 116, *118 ff.*, 125, 128 ff., 136 f., 149 f., 154 f., 157, 161 f., *165*, *168 f.*, *176*, *178 ff.*, 182, 188 f., 192, 194 f., 198, 200, 206, 208 f., 212, *220 ff.*, 228, 231, 233, 240, 249, 253, 259, 263 ff., 268, 270 ff., 274, 276, 279 ff., 284, 286, **286 f.**, 288, 293
Verberstsatz 100, *116*, 120, 215, 229, 266, **282**
Verbgruppe 41, 53, 56, 63, 65, *70 f.*, 75, 78, 80, 85, 94, 103, *113*, *116*, 127 f., 136 f., 160, *176*, 193 ff., 198, 201, 206 f., 209, *227*, 274, 279 f., 287, **288**, 293
Verbklammer 56, 77, 84 f., 94, 99 f., *106*, *118 ff.*, 150, 158, *165*, 179, *181*, 249, 270, 281, **288**, 289, 291
Verbkomplex 53 ff. 62, 66, *72 f.*, 77, 80, 82 f., 85, 93, 96, *106*, *113*, *116*, *118 ff.*, 128 f., 136, 157, *165*, *168*, *176*, 179, *181 f.*, 194 f., 207, 209, 222, 227, 233, 249, 255, 264, 279, **288**

Verbletztsatz 100, *120*, *179*, 266, **282**
Verbpartikel (siehe *Partikelverb*)
Verbzweitsatz 100, *120*, *179*, 229, 266, **282**, 288
Vollverb 47, *50*, 56, 62, *66 f.*, *72*, 82 ff., 92, 94 f., *105 f.*, *113*, *116 f.*, *120*, 128, 137, *165 f.*, *168*, *176*, *179 f.*, *182*, *220*, 228, 251, 255, 264, 270, 274, 279, 284, 287 f., **289**
Vorfeld 85, 99 f., *111*, *118 ff.*, 140, 158, *182*, 185, 212, *225*, **249** f. 253 f., 281 ff.

W

Wortart 13, 24, 28, 33, 41, 45 ff., 55, 58, 60 f., 66, 74, 80 f., 88 f., 92, 122, 129, 143 f., 151 f., 194 f., 217, 245 f., **289 f.**, 291
Wortbildung 25, 43, 49, 51, 53 f., 57, *66 ff.*, 77 f., 80, 89, *106 ff.*, *110 f.*, 123, 125 f., 128, 137, 142, 147, 160, *166*, *168 f.*, *171*, *173*, 192, 199 f., 204 ff., *222*, 235, 240, 242, 246, 248, 259, 263, 266, 287, **291**, 292
Wortfamilie 25, 53 f., *66 ff.*, 73, 77, 80, *106 ff.*, 110, 122, 125, 128, *167 ff.*, *172*, 194, **292**
Wortfeld 24, 53 f., *67 ff.*, 74, 77, 80, *106 ff.*, 110, 123, 125, 128, *167 ff.*, *172*, 192, 194, *222 ff.*,**292**
Wortform 61, 73, **292**
Wortgruppe 19, 24, 28, 31, 34 f., 41 f., 50, 52 f., 55 ff., 59 f., 62, 68, *70 f.*, 74, 78, 80 f., 85, 91, 95, 101, *113*, *115*, *118*, 127, 129 f., 147, 152, 161, *175 f.*, *178*, 188, 193 ff., 206 ff., *225 f.*, 231, 240 ff., 252, 258, 261 f., 267 ff., 274 ff., 282 ff., 288, **292**
Wortgruppe und Satzfunktion 206 ff., 240 ff., 246, 267 f., 274 f., 280, 284, 288, **292**

Z

Zeitstufe 55 f. 66, 270, 285, **293**

Das Standardwerk in vollständig aktualisierter und erweiterter Ausgabe

Winfried Böhm, Sabine Seichter
Wörterbuch der Pädagogik
ISBN 978-3-8252-8716-0
Schöningh. 17. A. 2018
523 S., geb.
€ 34,99 | € (A) 36,00

Fachwissen in über 1.500 Einträgen

Das unentbehrliche Nachschlagewerk *Wörterbuch der Pädagogik* bietet Studierenden und pädagogisch Interessierten mit über 1.500 Einträgen zu Fachbegriffen, Theorien, Methoden, Institutionen, Geschichte, Personen und Ländern kompaktes Wissen und zuverlässige Hilfe in Studium und Beruf. Ausgewählte Literaturhinweise liefern zudem eine kompetente Orientierung.

Für die 17. Auflage völlig neu überarbeitet und um viele neue Fachbegriffe ergänzt.

Mehr unter www.utb-shop.de

Sicher schreiben im Unterricht

Monika Hoffmann
Deutsch fürs Lehramt
Verstehen, üben, weitergeben
9783-8252-4406-4
Schöningh. 1. A. 2015
228 S., 29 Tab.
€ 12,99 | € (A) 13,40

Werden Sie zum Rechtschreibprofi!

Wenn Sie unterrichten, müssen Sie nicht nur in Ihrem Fach fit sein, sondern auch in der Sprache. Schließlich korrigieren Sie Arbeiten, Sie erklären Zweifelsfälle und Sie schreiben vor aller Augen. Sie sind mit zuständig für die sprachliche Bildung der Lernenden. Auf diese Aufgabe können Sie sich gezielt vorbereiten; Deutsch fürs Lehramt hilft ihnen dabei. Es erklärt Rechtschreibung, Grammatik und Zeichensetzung, bietet Ihnen Gelegenheit, nachhaltig zu üben, und gibt Ihnen damit die Sicherheit, die Sie beim Unterrichten brauchen.

Mit einem Vorwort von Josef Kraus, Präsident des Deutschen Lehrerverbandes (DL)

Mehr unter www.utb-shop.de

Für einen kompetenten Medieneinsatz

Gerhild Nieding, Peter Ohler, Günter Daniel Rey
Lernen mit Medien
StandardWissen Lehramt
9783-8252-4001-1
Schöningh. 1. A. 2015
224 S., 22 s/w-Abb.
€ 19,99 | € (A) 20,60

Unterrichten mit Bildern, Videos und e-Learning?

Was heißt eigentlich Medienkompetenz und wie wirken Medien? Wie können Medien das Lernen unterstützen? Wie können sie im Unterricht mit Gewinn eingesetzt werden? Und wann verzichtet man besser darauf? Gerhild Nieding, Peter Ohler und Günther Daniel Rey erläutern Studierenden, Referendaren und Lehrern die Grundlagen medialen Lernens. Eine Einschätzung, wie Medien sinnvoll genutzt werden können und wie die Schüler bestmöglich davon profitieren, ist auf dieser Basis kein Problem mehr.

Mehr unter www.utb-shop.de